孽海枭雄 戴笠

Nie Hai Xiao Xiong Dai Li

沈美娟 著

看 **戴笠心腹沈醉** 之女

如何解读戴笠这一历史反角

中国文史出版社

图书在版编目（CIP）数据

孽海枭雄——戴笠 / 沈美娟著. — 北京：中国文史出版社，2003.01(2020.5 重印)

ISBN 978-7-5034-1348-3

Ⅰ. ①孽… Ⅱ. ①沈… Ⅲ. ①戴笠（1897~1946）—传记 Ⅳ. ①K827=6

中国版本图书馆CIP数据核字（2020）第056164号

责任编辑：张春霞

出版发行：**中国文史出版社**

社　　址：北京市海淀区西八里庄69号　邮编：100142

电　　话：010-81136606　81136602　81136603（发行部）

传　　真：010-81136655

印　　装：北京新华印刷有限公司

经　　销：全国新华书店

开　　本：710mm × 1010mm　1/16

印　　张：22.5　　字数：400千字

版　　次：2009年1月第1版

印　　次：2020年5月第3次印刷

定　　价：56.00元

序

沈　醉

近些年来，国内外出版撰写军统特务头子戴笠的书刊为数不少，但往往有一个弱点：主观、片面。有的将其称为“杀人不眨眼的刽子手”“野心勃勃、声名狼藉的魔头”；而有的则称其为“旷世奇人”“功在国家的伟人”和“重情感、讲义气的豪杰”。

平心而论，这两种截然不同的观点都具有一定的真实性，作者也大多曾是戴笠的部属。然而这些人，有的受过他的恩惠，有的则因他而受牵连，所以著书的立场、出发点便不尽相同。加之许多作者并非专门从事写作，所以大部分反映戴笠的文章都只罗列戴笠及军统局所干的一桩桩事件、罪行，而对戴笠本人的经历、思想情感及其创办该特务组织时的特定环境、时代背景、发展过程等便都交代得很少。就拿我撰写的《我所知道的戴笠》及《军统内幕》等书来说，也存在着这样的不足。这两本书均为我在“文革”前所写，当时旨在揭露戴笠及其特务组织反共反人民的罪行，而对戴笠的生活经历、思想情感及该组织产生的时代背景、发展状况则写得极少，因而也未能使广大读者比较全面客观地了解戴笠这个反面历史人物，这不能不是一大遗憾。现在我女儿沈美娟撰写的这本《孽海枭雄》，正是力图弥补这一遗憾。

我女儿从事文史资料编辑工作多年，接触了不少军统的老人，也阅读了不少有关戴笠的史料。她完全同意我的一些想法，认为有必要更全面、更客观地把戴笠这样一个曾经操纵十万部属，在旧中国许多历史关头均起过重大作用的特务头子、反面人物写出来，使广大读者能更加全面、深刻地了解旧中国的历史状况。邓颖超同志曾在第四次全国文史工作会议上这样说过：“文史工作要高举爱国主义旗帜，但并不排斥收集整理出版一些反面的历史材料。我们教育人民、教育青年，只有正面材料不行，还要有反面材料。”所以，几年来，我女儿采访了许多有关人士和从台湾来大陆的我的许多老朋友、老同事以及学生旧部，并阅读研究了大量的有关资料，终于写成了这本较为全面、客观的纪实文学作品。

本书分为三部：第一部从戴笠的童年写起，一直写到戴笠担任特务处长之前20多年间的坎坷经历及思想生活状况；第二部主要反映抗战前戴笠及其主持的特务组织成立发展的时代背景、基本状况，以及他和他的部属在许多重大历史事件中所起的作用和对人民所犯的罪行；第三部则着重介绍八年抗战期间，戴笠的权势及其特务组织恶性膨胀的前因后果，以及戴笠及其团体既抗日又反共，忠实执行蒋介石“曲线救国”方针，竭尽愚忠之种种……

本书最大特点是能本着不虚美、不隐恶的实事求是的态度，把戴笠的思想发展脉络、特务组织成立发展的历史背景及戴笠复杂而又矛盾的性格，都交代得较为清楚；同时对戴笠个人的思想情感、婚姻爱情也作了较为翔实细腻的描写，把一个有血有肉的反面人物活生生地摆在了读者面前。这也正是我对此书感到满意之处。我希望广大读者看完此书之后，也会有同感。

1991年8月

于北京

目录

第二部

鸡鹅巷老板

第三部
战乱中的枭雄

引　子

1933年初，日寇继“九一八”之后，又悍然发动了对我华北地区的进犯，企图占领我华北五省，成立华北伪政权。此间，日本人重金收买了曾任过湖南督军的旧军阀张敬尧，让他暗中收罗旧部，勾结流氓败类，为日军攻占北平做内应，日后还将充当华北伪政权的傀儡。当时，日本人为了张敬尧的安全，特意从天津把他接到北平，化名“常石谷”，隐居在北平东交民巷与日本兵营及大使馆相邻的六国饭店三楼，每天还派有四个彪形大汉做保镖，跟随其出出进进。张敬尧以为如此安排，自己的安全便能万无一失了。他每天除了跟日本人密谈，积极联络旧部之外，就是抽鸦片、嫖女人，寻欢作乐，每天不到深夜不睡，第二天不到中午十一二点不起。是年5月7日上午，张敬尧像往常一样11点来钟才起床，在卫生间冲澡之后，便随手推开冲着楼道的窗户，这才让与其同居的女人帮他穿长袍。就在这时，三枚子弹相继从敞开的窗口射入。张敬尧这个卖身求荣的大汉奸，像个大面口袋似的，扑通一声倒在了浴室的地板上，当天中午便在附近的德国医院咽了气……

1934年11月13日，京沪公路上，一辆装有防弹玻璃的小轿车正向上海方面疾驶。车上坐着一个月前回杭州秋水山庄寓所养病的《申报》主持人史量才和他的儿子史咏赓及史咏赓的同学邓祖询。史量才的身体虽未完全康复，但精神尚佳。一路上他跟两个年轻人谈笑风生，显得兴致极高。汽车驶到海宁县博爱镇附近时，忽见一辆老式别克牌敞篷车横在公路当中，六七个壮汉围在车旁，像是在检修汽车。史量才刚要叫司机放缓车速，只见对方有人招手让他们停车。司机刚把车停下，就有几人同时拔出手枪，向坐在前排的司机及邓祖询射击。那手枪的威力极大，车前的防弹玻璃竟然被子弹打穿，司机和邓祖询当即身亡。坐在后排的史氏父子急忙从两边跳出车门，分头往路基下面的庄稼地里逃跑。史咏赓年轻跑得快，三个持枪的壮汉也未能赶上他，只得沮丧地往回走，史量才却因年纪大，身体又不好，根本跑不动，慌忙中竟躲进一所茅屋后面的水塘。过了好大一会儿，他以为追赶的凶手已走远，便探头向公路方向张望。就在此刻，一枚子弹射来，击中了他的头部……

1936年10月，广西梧州依然有些炎热，但傍晚时分，天气却变得格外凉爽怡人。是月20日黄昏，夜幕已徐徐降临，二三十年代曾在上海滩组织“斧头党”的洪帮头子王亚樵带着几名随从，正从梧州城巨商李任仁家赴宴回来，也许是多喝了几杯酒的缘故，他显得极为兴奋。半路上，他突然停住脚步，笑着对随从说道：“你们先回去吧，我到小婉君那里看看，马上就回来。”“要不要去一两个人陪你？”一个随从问道。“不用，小婉君又不是外人。”说完，王亚樵便独自走了。他所说的小婉君，乃其部属余立奎之小妾。几个月前余立奎在香港被捕，押进了南京监狱。不久，婉君带着孩子来梧州找王亚樵。王亚樵念及她乃部属家眷，对其照顾极周，不但在经济上常接济她，而且在自家寓所附近为她租了套住宅。几天前，婉君突然提出要去南京探望丈夫，王亚樵想写封信托她带去，所以，决定去她家一趟。王亚樵到了婉君家，像往常一样，习惯地推门就进。可他万万没想到，刚一跨进屋门，一包石灰就砸在了他的脸上。他还未明白怎么回事，就有几个壮汉举着匕首向他扑来。他平时臂力过人，动作敏捷，四五个人也难以近身，但此时，他毫无防备，双眼又被石灰迷住睁不开，只得乱抡乱打。他这个曾经行刺过淞沪警察厅长徐国梁、上海招商局总办赵铁桥、安徽省建设厅长张秋白以及宋子文、蒋介石、汪精卫等而轰动一时的“暗杀大王”，终因寡不敌众，死在了乱刀之下……

1938年9月30日，上海租界福开森路一所颇大的花园洋房门前开来了辆黑色的小汽车。两个伙计打扮的人从车上搬下两只极为精致的古花瓶，冲院门口两个身材魁伟的白俄警卫笑着点点头，便径直穿过花园朝客厅走去。洋房主人——年过八旬的国民党元老唐绍仪，一见来人带来的两只古瓶就高兴得嘴也合不拢了。前几天，他在古玩店看中了一个古瓶，可是价格太高，未能得手。今天古董商派人送来的这两只古瓶，比那一个年代更久、色彩更好，而且价格也不高。他捧着古瓶越看越喜欢，真有些爱不释手。岂料，正在他聚精会神地低头欣赏之际，送瓶来的“伙计”却从另一只古瓶中抽出把利斧，照准唐老先生的脖子砍了下去。唐绍仪，这个曾任民国政府第一任内阁总理、广州护法军政府财政部长、政务总裁等要职的国民党元老，就这样莫名其妙地死在了利斧之下。而且两个凶手竟还从容不迫地抱着古瓶，从保镖的眼皮底下，逃之夭夭了……

唐绍仪先生死后不到半年，上海孤岛上又发生了一桩轰动全城的凶杀案——

那是1938年除夕，沦为孤岛的大上海比以往任何一年都显得阴冷、凄凉。行人极少的大街小巷全然没有往年那种浓烈的节日气氛，只有刺骨的寒风裹着纷纷扬扬的雨雪，肆无忌惮地横冲直撞。然而在这茫茫都市里也有一个气氛异样的角落。居住在沪西愚园新村25号花园洋房内的大汉奸陈箓家却热闹非常。花园里鞭炮声声，银花飞溅，一片欢声笑语；厨房内，热气腾腾，熘、炒、烹、炸，忙得不亦乐乎；客厅里，更是张灯结彩，宾朋满座，谈笑风生。此时，陈箓，这个敌伪维新政府的外交部长，正坐在客厅中央供桌对面的长沙发上。他看上去已年过花甲，身着一袭玄色暗团花长袍，正得意地抚着下巴，与几个前来探望的亲友谈笑，并不时指点一下正站在祖宗牌位供桌旁摆放蜡烛、供品的女仆。祭祖，是他每年除夕吃年饭前例行的一件大事。至于他的祖先是否愿意接受他这个不肖子孙的祭拜，他就不管了，反正他真真假假地年年如此。就在这时，客厅旁门外闪进两个持手枪的年轻人，陈箓刚要张嘴问话，只见其中一人甩手就给了他一枪，子弹从他耳边飞过。他急忙抱起沙发上的绣花靠垫护住脑袋，顺势滚到沙发一旁，蜷在地上。就在这一瞬间，另一个青年飞奔过来，照准他的头部又是两枪，然后夺路而逃……

1940年4月初，四川蓉城城内发生了一连串的怪事：中共十八集团军驻成都办事处主任罗世文，中苏文化协会理事长车耀先，“核心社”负责人郭秉毅、汪导予以及唐鉴予、洪希宗、薛特恩、胡芷浒等十几名中共党员、进步青年，在几天内相继失踪。一个月后，他们中的唐鉴予、洪希宗、薛特恩等七人，被一辆大卡车拉到了成都东郊50里外的龙泉山下。这是一个乌云蔽月的深夜，由城内开出的大卡车停在了偏僻、荒芜的龙泉驿一所破庙前。唐鉴予等人被反绑双手，塞住嘴，蒙住眼，从车厢里推了下来，然后被推搡着，顺着庙后的羊肠小路，深一脚，浅一脚地摸黑向龙泉山深处走去。他们被拖着走出了二里来地之后，便又被人将手脚捆住，扔进了事先挖好的七个深坑，活活地埋掉了。

……

这一幕幕血淋淋的场面，笔者不愿再多列举。但凡熟悉历史的读者，只要看到以上罗列的种种凶杀案，自然知道——此皆军统特务头子、本书主人公戴笠及其部属所为。笔者撰写此书的目的，旨在全面客观地反映戴笠这个反面历史人物所生活的客观环境、时代背景，以及他个人的生活经历、思想情感和他对蒋介石的一片愚忠，使广大读者对旧中国的黑暗、腐朽，对维护这一制度的工具——军统局和戴笠其人有一个更为深刻、全面的了解。

第一部

江山浪子

孽海枭雄戴笠

一　仙霞岭下孤寡凄苦　文溪河畔春风得意

仙霞岭，地在闽、浙、赣交界处，迤逦蜿蜒百余里，如巨型屏障，环列浙江江山县之西南。其间，峰峦如蛟龙在云端迷雾中腾跃，须江若银河在奇峰怪石间奔流，古藤似长蛇在老树修篁上挂满。此岭山势陡峭，蹊径回曲，很难翻越。相传到了宋朝，有一姓史名浩的闽将，为通畅闽浙交通，着人修一山间小路，连接福建蒲城和浙江江山。此路五步一弯，十步一曲，蜿蜒曲折共20余里，360个台阶，每级皆用均匀的鹅卵石铺就。路修成后，他又着人沿路修了五道关卡，靠江山这边的山路上有三道，一曰关门，二曰关帝庙，三曰仙霞亭，统称仙霞关。由下至上，仙霞亭是最高的一个关卡，可以鸟瞰各峰，真乃“一夫当关，万夫莫开”之险隘。关帝庙位于山腰，是来往客旅歇息之所。许多文人墨客，常常慕名而来，游山玩水，吟诗作赋。

道出夸山乡思生，霞峰重叠面前迎。
岭头云散丹梯耸，步到天衢眼更明。

这是宋朝著名哲学家朱熹到此留下的诗句。而清代诗人方象瑛过此而写的诗，更是把仙霞岭的奇景险道描写得淋漓尽致：

复岭层崖势转横，千峰绝顶与云平。
路危似织蚕丛异，阁回遥看鸟道明。
古木阴森微见日，怪异嘈杂未知名。
九泥不蔽三关险，横睇山河百感生。

戴笠

清朝末年，在这风景幽绝的仙霞关龙井村内，有位姓戴名启明的乡民，听命相先生说，仙霞岭脚五里处的保安村，风水极佳，得此地者必昌。戴启明到那里一看，只见仙霞山峦屏环列四周，一水潆洄而过，果为一毓秀钟灵之胜地。于是，他便举家迁往保安村落户。从此，戴家果然人丁兴旺，连生三子，家道亦渐渐兴隆。美中不足的是，其二子戴顺旺，膝下一直无子，年迈之后，为后继有人，便将邻村郑姓之子收为养子，取名戴冠英。

戴冠英长得高大魁梧，但学文不成，学武亦不精，终日无所事事，就靠着老父顺旺挣下的几十亩田地和一座竹山度日。更令顺旺老汉不安的是，戴冠英到了而立之年，发妻病逝，只遗下一女春凤。顺旺老汉急于想再让他娶妻生子，续接香火。可是族中人一因戴冠英原非戴氏嫡亲，二因其游手好闲，皆瞧不起他，不愿为他的婚事张罗。这下可急坏了顺旺老汉。

一天，顺旺老汉和几个本村老人聚在当地乡绅蓝兴旺老汉家品茗闲聊。兴旺老汉有七儿五女，真称得上是儿孙满堂了。顺旺老汉看到他家的热闹情景，真是羡慕之极，不禁向老伙计们诉说自己的忧虑。

蓝兴旺老汉与顺旺老汉交谊甚笃。他一听顺旺谈到戴冠英的婚事，就热情地对在座的乡人们道："戴家人丁不旺，我看大家还得帮帮忙，替冠英物色个媳妇，让戴家香烟不绝才好啊！"

其间，一乡人心直口快。他"吧吧"地抽了几口长长的旱烟袋，说："你老先生不是有五个千金？为何不把你的一个闺女嫁他？"

正当兴旺老汉被问得不知如何答对之际，他的四女儿蓝月喜拎着水壶进来续茶，在座几位老人的目光便不约而同地集中在了这待字闺中的少女身上。这少女正值妙龄，长得眉清目秀，落落大方。特别是那双含羞带笑的眸子，忽闪忽闪地望着几位长辈，显得活泼伶俐，而那微抿的双唇，又蕴藏着某种坚毅和刚强。更难得的是，老人们知道，她已经熟读了《三字经》《女儿经》《朱子家训》《名贤集》等书。这在当时偏远山区是极少见的。

"爹！你们这是怎么啦？"聪敏的月喜一进屋就感觉到气氛异常。

"月喜，正说你呢！"一个老汉开玩笑地说。

"说我什么？"姑娘边往茶壶里续水，边忽闪着双眸问道。

"说给你找婆家的事啊！"另一老汉抽着旱烟倚老卖老地笑道。

"大伯看你！"月喜羞涩地瞪了老汉一眼，一甩长长的独根辫，迈着小小的三寸金莲走了。

兴旺老汉望着女儿离去的背影，突然表情严肃起来。他环顾了在座的几位老汉一遭，郑重其事地对顺旺说："老兄，你看把月喜许配给冠英如何？"

"兴旺兄，你这话可当真？"顺旺老汉一听，简直不相信自己的耳朵。兴旺肯把自己最心爱的女儿给冠英当填房，这是他想都不敢想的事。可当他看到兴旺肯定的表情时，高兴得连连说："这真是求之不得啊！我这就去请媒人，准备聘礼！"说着起身就要走，仿佛怕兴旺老汉反悔似的。

蓝兴旺早年当过太学生，在村里也是颇有名望的人。一言既出，怎会反悔？再说女儿的终身大事他又怎敢开玩笑？他既然做出此决定，自有他的一番道理。一则戴冠英一表人才，虽说无所特长，但也还知书达理，性情温和，女儿嫁过去不会受气；二则他家虽不太富裕，却也有几十亩田地、一座竹山，女儿嫁过去不会受穷；三则，其他三个女儿均许配了外村人，把自己最疼爱的女儿嫁给本村的老友当儿媳，彼此都有个照应。就这样，兴旺老汉一句话就决定了蓝月喜的终身。

蓝月喜结婚后，夫妻感情倒也融洽，1897年4月24日，便生下一个白白胖胖的儿子，夫妻自然高兴异常。顺旺老汉更是乐得合不拢嘴，总算有人为他续接香火啦！老汉一高兴，便打了酒，割了肉，去找蓝兴旺对樽畅饮，并为新生儿取名为戴春风。这戴春风，便是后来在中国曾一度赫赫有名的军统局特务头子戴笠。

戴春风出生后，顺旺老汉找命相先生为他算了算命。据命相先生说："此儿干支八字为丁酉、乙巳、丙辰、丁酉，乃'双凤朝阳'格，将来必贵无疑。"

全家人一听此儿属"双凤朝阳"格，必贵无疑，自然大喜过望，视其为掌上明珠。孰知好景不长，不久，兴旺老汉和顺旺老汉相继去世。戴春风6岁时，其父戴冠英又一命呜呼。年仅27岁的蓝月喜搂着6岁的长子春风和4岁的次子春榜，哭得死去活来。常言说，在家从父，出嫁从夫，夫死从子。如今蓝月喜也只有把全部的希望寄托在这两个尚未成年的儿子身上了。

"万般皆下品，唯有读书高"，在月喜的心目中，只有让孩子读书，才是培养孩子成才的唯一途径。她身上的孝服尚未脱去，就领着长子戴春风去见本村的私塾先生毛逢乙。毛逢乙是江山地区有名的秀才。这天他正在学馆教学生读《三字经》。只见他身着长袍马褂，双手背在身后，边走边念道："人之初，性本善，性相近，习相远……"念完一段之后，他望着教室内十几个学生问："我已经带你们读过三遍了，你们谁能把这一段读出来？"

"我会！"他的话音未落，教室门口却传来了一声稚嫩的童音。他转身一看，只见门边一个穿着白布孝鞋的孩子，正瞪着两只黑亮的大眼睛望着他，毫无惧色。

"你是谁？"毛逢乙见这孩子浓眉大眼，鼻直口阔，特别是那双眼睛又黑又亮，格外有神，便十分喜爱。

“他叫春风，是刚死的戴冠英的崽。”没等戴春风回答，教室里认识他的小朋友早已叽叽喳喳地说开了。

一听是刚去世的戴冠英之子，毛逢乙不禁生出一缕柔情。他抚摸着春风的头问：“谁教你读过书？”

“刚才你教的呀！”春风稚气地答道。

“春风，不要顽皮！”这时蓝月喜迈着小脚急急赶来。原来，春风听说是送他到毛逢乙书馆读书，就像只小皮球似的连蹦带跳地往书馆跑。蓝月喜的小脚走得慢，而且一路上断不了遇见熟人寒暄两句，所以远远地落在了儿子的后面。

戴春风见母亲责怪他顽皮，就不服气地一歪脖子，撅着小嘴说：“我真的会嘛，不信，你听：人之初，性本善，性相近，习相远……”他一口气背完了一大段，竟一音不差。

“这小团可真聪明，将来一定有出息。”毛逢乙又惊又喜。

“哪里！他就爱逞能。”其母自然打心眼里高兴。她儿子的干支八字属“双凤朝阳”格，她坚信他将“必贵无疑”，但口头上她还是责怪孩子。

当她将来意向毛逢乙说明后，毛逢乙立即高兴地收下了这个聪明的学生。

戴春风果然不负师望。几年工夫，他就轻轻松松地把《三字经》《千家诗》《朱子家训》等读得倒背如流。11岁那年，毛逢乙自觉才疏学浅，不能再继续教他了。于是，就极力怂恿其母送他到仙霞小学去继续读书。岂料仙霞小学除了多一门算术外，国语课程并不比私塾更深。初小的功课对戴春风来说就如同儿戏一般，毫不吃力。然而他读初小的这三年中，却让其母操碎了心。

戴春风生性好强，身体又好，精力便格外旺盛。他常常放学之后不回家，带着小伙伴们去爬仙霞岭，或者领着一伙同学打群架，每天回家不是衣服被撕破，就是人被打得鼻青脸肿，或者是他打了别的孩子，被人告到了家里。为此，他没少挨母亲鞭笞。有时，明知不是戴春风之过，但其母望子成龙，也责之甚严。

有一次，他放学回家，路过自家竹山，便和同学们一人折了一根竹枝当马骑。他们一边骑，一边吵吵闹闹地吆喝，看谁跑得快。跑到竹林深处，忽闻前面有砍伐竹子的声音。他对伙伴们嘘了一声，即悄悄地循声而去。走近一看，砍竹人竟是他的一位年轻的堂叔。他以前就常听人说，有人私砍他家竹子，可母亲怕惹事，总是忍气吞声不予追究，想不到这次竟让他碰上了。他毫不畏惧地冲到堂叔面前，指着堂叔的鼻子大骂：“好啊，你这个贼，偷我家竹子！”同去的小伙伴亦跟着他大喊：“抓贼呀！抓偷竹子的贼呀！”

堂叔恼羞成怒，追过来就要揍他，嘴里还骂道：“你这个小野种，你说谁是贼！”

“你就是贼，你就是贼！”戴春风不但不退缩，反而扬起手中的竹枝向对方脸上抽去，正好抽在堂叔的脖子上，堂叔痛得嗷嗷直叫，拼命似的猛扑过来，他这才撒开腿在林子里跟堂叔兜开了圈子。堂叔追不上他，只好破口大骂，一直骂到他家门口，还堵在门口跺脚叫骂，说他是“有人养无人教的野种”。

戴母是极自爱之人，何曾受过如此的侮辱！何况，她已从春风的小伙伴那里知道了事情的经过，心里又急又气，但为了息事宁人，也只好忍气吞声地向堂弟赔礼道歉。戴春风回家后，自然又少不了被其母狠狠地抽打了一顿。不过，这次挨打后，其母又搂着他痛哭了一场，并含泪教导道：“儿啊，常言说‘和为贵，忍为高’，我们孤儿寡母惹得起谁啊！这些年，我哪次不是打掉牙和血吞？你又何必为几根竹子与人争短论长？你这么大了，还终日给我惹是生非，不知长进，将来叫我依靠谁啊……”她说到这里，不由得又放声痛哭起来。

自父亲去世后，戴春风很少看见母亲流泪。这次母亲的恸哭深深地震撼了他，他开始体会到了母亲的艰难，下决心要出人头地，要为母亲争口气。

1910年，14岁的戴春风以优异的成绩考上了江山县独一无二的文溪高小。

文溪高小早年称为文溪书院，是一处风景秀丽、环境幽静的学习场所。它坐落在江山县城的文溪河畔。文溪河宽不过五六丈，两岸垂柳依依，河水温和清湛。河心有一八角亭，飞檐碧瓦，小巧精致，上书“仰止”二字，人称“仰止亭”，有一红栏小桥将文溪高小与仰止亭相连。文溪的学生常常三五成群地到亭上静读，或观赏对岸的景色。

戴春风报考文溪高小之时，学校出的作文试题为《试各言尔志》。他挥毫成篇，其主题和结论则是“希圣、希贤、希豪杰”。这正是他的理想，也是他母亲对他所寄予的厚望。文溪的老师和校长见其小小年纪竟有如此雄心壮志，便非常赏识他，他一入校即被任命为班长。遗憾的是戴春风入学后的表现却让校长和老师大失所望。他们失望的原因并非其学习成绩不好，而是他太爱惹是生非。

戴春风自幼就爱逞强好胜，交朋结友。在保安村时因戴母管束甚严，他不敢锋芒太露。如今到了离家100里外的县城住校读书，戴母鞭长莫及，他则如虎归山，如鱼入渊了。当时在校的住读生很多，而且年龄相差悬殊，大的有二十多岁，小的只有十一二岁。朝夕相处难免发生冲突，而且每次都免不了大欺小，强欺弱。每逢此时，也就是戴春风大出风头之际。他身强力壮，又能言善辩，常常以“保护神”的姿态出现，为弱者打抱不平。许多大龄学生讲理讲不过他，打架也打不过他，于是他渐渐成了许多同学崇拜的“老大”。他自己亦很得意，每月从家拿到零花钱后，总是邀一大帮同学去下饭馆，而且总是他抢着掏钱请客。天长日久，他与县城里所有的饭馆老板都混熟了，以至他手中无钱时，也常常可以赊账请客。对此，学校的老师和一些循规蹈矩的同学均对其嗤之以鼻，称其为“江山浪子”。但令他们费解的是，在崇拜戴春风的同学中，居然有许多是品学兼优、性格文静的优秀生。

其实，仔细了解一下，也就不难理解了。当时正值辛亥革命风起云涌之际，反对帝制、反对封建的革命思潮自然也传到了江山县文溪高小。许多学生跃跃欲试，但又无此胆量。而戴春风则不同，他敢想敢干，而且想怎么干就怎么干，思想颇为开放。当时崇拜他的优秀生中，就有后来成为他忠实部下的周念行、姜绍谟、毛人凤等同学。特别是周念行，他对戴春风说干就干的雷厉风行作风，简直佩服得五体投地。

1911年清王朝被推翻，许多拥护革命的青年纷纷剪掉拖在脑后的长辫，以示拥护。周念行自然亦跃跃欲试。但其老父担心时局变化，坚决反对他剪辫子，他也不敢据理力争。新学期开学之际，父亲送他回学校，刚到校门口，就遇见了剪去辫子的戴春风。

“帝制都推翻了，你怎么还留着这条封建尾巴？”戴春风毫不留情地质问。

“我爹不让剪！”周念行小声地答道，生怕父亲听见。

“哦！老伯您来啦，我来帮您拿包袱。”戴春风狡狯地一笑，转身迎上周父，并热情地帮他拎包。去宿舍的路上，他边走边对周父说：“老伯，如今我们浙江也革命了，大家都在为慰劳国民革命军捐款，你老人家说，该捐不该捐呀！”

“该捐，该捐！”周父随意答道。

“这么说你老同意念行捐款劳军喽！”他乘机紧逼。

“哦！我，我同意，同意。”周父把钱看得重，捐款这种事情，在他看来是拿钱在水上打漂漂，太不合算，但在戴春风的步步紧逼之下，他也只好点头。

正在这时，负责募捐的同学们迎面走来，戴春风忙喊他们说：“哎，你们过来，周念行同学要捐款！”

周念行一进校门见许多同学都剪掉了辫子，心里就很生父亲的气，如今听见父亲同意他捐款劳军，就赌气地把身上所带的15元生活费全部投进了捐款箱。其父站在一旁，心疼得直瞪眼。他正要责怪儿子，只听见“咔嚓”一声，戴春风不知何时拿来把剪子，冷不防地把周念行的辫子剪掉了。没等周氏父子说什么，他早已举着辫子对在场的众多同学说：“这下念行同学就是全班第一、全校第一啦！”

同学们都冲周念行鼓起掌来。周父见此情况也不好再说什么，气得转身就走。戴春风却急忙把辫子塞在周念行手中说：“用纸包好，让令尊大人带回去，交给你妈妈收起来。”

此时周念行的心情与其父完全相反，他打心眼里感谢戴春风，自己想干而又没有勇气干的事情，戴春风转瞬之间，就全帮他办到了。但是此事传到校长和教师耳中之后，他们却都认为戴春风的这种做法太不像话了，简直是有些欺人太甚。然而，这种“不像话”的事情，在戴春风身上却是经常发生。

开学不久，教他们班国语的老师为他们讲解《离娄下》中“君之视臣如手足，则臣视君为腹心；君之视臣如犬马，则臣视君如国人；君之视臣如土芥，则臣视君如寇仇”这一名句，老师却说：“孟子此话不对。常言说‘君在上，臣在下’，无论君如何待臣，做臣子的皆不能视君如国人或寇仇。”

老师这种封建落后的君臣观念立即引起了大部分同学的不满，但是谁也不愿公开指责老师。唯有戴春风，一下课就在教室里大发议论说：“老师这讲的是什么课？孟子的主张明明是正确的，他硬说不对，还宣传那套落后的封建思想。这样的人怎能为人师表？依我看应该让他‘走路’。”

“快算了吧，他总是老师啊，还是给他留点面子吧！”周念行悄悄地劝他，在学习上他俩几乎总是并列前茅，但在处理问题上，周念行却比他慎重得多。

“那怎么行？如今已经是民国了。学校聘用这种保皇思想严重的教员，岂不是误人子弟！”说到此，他立即跳到凳子上，向所有的同学发问：“你们说，该不该让这样的老师‘走路’？”

“应该，应该！”有十几个同学连声附和。

“那好，同意让他‘走路’的到我这里来签名！”于是戴春风领着同学们三番五次地签名上书，要求学校解雇国语老师。校方见戴春风聚众闹事，非常反感，但又怕承担“保皇派”的罪名，不得不将那国语老师辞退。此后，戴春风在校长和老师们心目中的形象更坏了，但在同学中间的威信却更高了，有时，他几乎可以做到“振臂一挥，聚者如云”的地步。

那是一个美丽的黄昏，夕阳已渐渐落入了远处的山峦。清澈的文溪河水映满了五光十色斑驳陆离的晚霞，一阵清风徐徐吹过，河水顿时波光粼粼，熠熠生辉。此时，周念行一人独自坐在与水天浑然相融的仰止亭中潜心读书。远远看去，他就像置身于绚丽的油彩画中一般。

“嗨！书呆子！你一个人躲这里看什么好书？”不知何时，戴春风带着两三个同学悄悄地来到他的背后，一把抢去了他手中的《诗经》。

周念行冷不防被他们吓了一跳，不满地去追打夺书的同学。那同学故意在亭内兜着圈子，笑着逗他：“有本事你抓住我呀！”

于是几个人在亭内和小桥上追逐嬉笑，打打闹闹。最后《诗经》落在了戴春风的手上，他趁周念行等几人正笑着扭成一团之际，反剪双手学着老夫子的样子，摇头晃脑地吟诵起来：“关关雎鸠，在河之洲。窈窕淑女，君子好逑……”

突然，一阵莺莺燕燕的笑语从对岸传来。原来河对岸正有几个少女在洗衣物。她们不知是因为看到学生打闹得有趣，还是觉得戴春风的怪模怪样好笑，总之一个个笑得蹲在河边直不起腰来。

姑娘们的笑声打断了学生们的嬉闹。“瞧！她们是笑我们呢！”一个同学见浣衣女们正笑着冲这边指点。

“她们呀，可能早就在欣赏我们的书呆子呢！”戴春风继续拿周念行开玩笑。

“那有什么？既然‘窈窕淑女，君子好逑’，那么翩翩少年，淑女也能爱嘛！”一个同学不乏幽默地打趣。

“瞧！她们一个个‘美目盼兮，巧笑倩兮’，不知我们的书呆子看中哪一个？”另一个同学也抢着说。

他们说话的声音很大。浣衣女听出这些淘气的学生是在说她们，于是嬉笑着，拎起衣物就跑。遗憾的是，她们可能都是新缠足不久的少女，跑起来一拐一跛的，样子十分难看。

“你们看中了你们就求吧。瞧她们那副走路的样子，有多丑！”周念行半开玩笑半认真地说。

“真可惜！好端端的女子硬是把脚绑成那个样子。这习俗不改，真不知糟蹋多少女子！”戴春风突然变得异常严肃起来。他习惯地抿着嘴，微微仰歪着脑袋，沉思片刻，猛地转身对身边的几个同学说：“哎！我们来组织一个取消缠足恶习的社团，帮助女子摆脱出来。你们以为如何？”

“我赞成，只要你带头，我们就跟着干！”

“我们可以分头组织同学，利用假期到处去搞宣传。”

“对！现在封建帝制推翻了，缠足的恶习也该废除了。”

同学们你一言我一语地表示赞成，并很快地在全校组织了一个以戴春风为社长的“青年社”。该社的宗旨主要是宣传男子剪发，女子放足。此后很长一段时间内，青年社的学生们一到假期就分散到各地去宣传、讲演，号召民众破除封建的陈规陋习。青年社的同学都非常佩服戴春风。他不但胆子大，口才好，而且组织能力极强。每次下乡宣传时，他都要先召开个社员会，讲清宣传的意义。下乡后，他总是带头演讲。当时他阅读了一本名为《神州光复志》的演义小说，那是一本揭露晚清王朝腐朽黑暗，并宣传孙中山先生革命事迹的进步书籍。戴春风读后，立即学以致用。每次演讲，他除了宣传剪发、放足外，还大讲特讲封建王朝的腐败和中华民国的优越、辛亥革命的伟大。他声音洪亮，情绪激昂，给当时的听众留下了很深的印象。

转眼第二学年即将结束了。周念行和戴春风的学习成绩一直名列前茅。周念行总觉得在文溪高小按部就班地读四年实在是有些浪费时间，他打算在暑期去报考衢州第八中学，很想拉着戴春风一起报考。但戴春风听后却连连摇头说："不！我要考就考省立第一中学。"

"到杭州去上学？那离家多远啊！"周念行天真地说。

"远？将来总得离家外出的呀！常言说'大丈夫理当立功异域，不当株守田园、老死牖下'啊！"戴春风慷慨激昂地说道。

"可省立第一中学是很难考上的，全省的高小学生，谁不向往？"周念行仍然企图说服他。

"所以我才要踏踏实实地在文溪读完四年高小才去考嘛！"戴春风理直气壮地说。

周念行见说服不了他，只好依依不舍地说："我预祝你将来考上省立一中。只是我们以后就很难见面了。"

戴春风亦有些依依不舍地说："是啊，以后见面的机会可就少啦！"接着，他突然若有所思地说，"哎，你要走啦，我们何不一道去游游江郎山和仙霞岭？否则，我们日后就很难再聚在一起啦！"

"这主意不错。一放暑假我们都先不要回家，一起游览一下名胜。我们分头去邀几个同学。反正这一路上都有同学，我们不用住店。"周念行也高兴起来。

"对，我们第一天可到石门镇，游灵石庙和江郎山，夜里可宿在王继祖同学家；第二天到峡口镇，可以在姜绍谟或徐昌俊同学家吃饭、住宿，游历毛大仙殿；第三天到保安，住在我家，然后我带你们去游仙霞岭……"一提到结伴游山玩水，戴春风的兴趣就来了，脑子里立即勾画出了游玩的路线。

一放暑假，戴春风、周念行即邀了王继祖、姜绍谟、姜超岳、毛人凤等六七个同窗好友一同出游。临走时，除毛人凤因事未能成行外，其他同学均如约前往，而且刚出校门便又添了一个低年级的小同学——年仅11岁的王蒲臣。

王蒲臣是刚考入文溪的新生，因年龄最小，常被老同学和年长的同学欺负。每次有人欺负他，戴春风总是挺身而出，为他抱不平。所以王蒲臣把他视为自己的保护伞，总爱跟在他屁股后面跑。这次戴春风等出游，并未邀他，可他得知后，硬是要跟他们走，戴春风等人也只好把他捎带上。一路上大家逗弄他说："走不动可不准哭脸。要是哭脸，我们就把你放在那三片石上，让你永远下不来！"

"三片石"即江郎山，距江山县城50余里。山上有三片高耸入云的巨石，自西而东成"川"字形排列，石高二三百米，站在江山县城的南门口，即可看见被云雾缭绕着的时隐时现、雄伟壮观的三片石。周念行、王蒲臣等虽住在江山县，天天能看见这三片巍峨孤峙的巨石，但谁也没爬到过山巅，因此攀登此山均乃神往已久。

头天下午，他们步行到了石门镇，游历了一下近处的石灵庙之后，天色已晚。第二天一大早，戴春风建议趁着清晨气候凉爽，去攀登江郎山，伙伴们一听，无不拍手赞成。大家匆匆吃了几口早点，便连蹦带跳地往江郎山出发。

山下部分道路尚平坦，有一石板小路倾斜而上。越往上道路越崎岖狭窄，过了山腰再往上，简直无路可走。他们不得不攀枝附壁，缓缓而行。快至山顶时，一巨石耸立眼前，石旁临悬崖绝壁处有一仅容一人的羊肠小径。戴春风牵着年仅11岁的王蒲臣，紧贴石壁侧身而过，姜绍谟等同学也一个个紧跟其后走了过去。唯独周念行望着脚下深不见底的悬崖绝壁吓得双腿发抖，说什么也不敢挪步。戴春风又重新过来，牵着他，让他闭上眼紧贴石壁，缓缓而过。走过了这小段险路，周念行还不敢睁眼。戴春风见前面已无危险，即松开手，说："好啦，睁眼吧！"可他话音未落，突然一声巨响，吓得周念行"妈呀！"一声，紧贴石壁，差点哭出来。直到大伙忍不住放声大笑，他才意识到是小淘气王蒲臣故意放了个爆竹吓唬他。他气得转身去抓王蒲臣，戴春风笑着拦住他说："谁要你那么胆小？连蒲臣都不如。应该罚你才对！"

"对！应该罚他，罚他！"大家说笑着继续往山顶爬。

"大家说怎么罚他？"

"罚他请客！不！罚他再走个来回！"

"罚他为这次游江郎山作首诗。他不是我们学校有名的才子吗？"

"这主意不错。念行，你就以眼前的景色作首诗吧！"

周念行出身书香门第，古书读得多，作诗可难不倒他。他也不推辞，只是笑着看看四周林立之怪石、高耸之山峦，以及山下那莽莽苍苍的云海树涛，便脱口吟诵道：

立石平如削，烟霞可接天。
登临多快意，佳景盈大千。

"好！念行不愧是我们文溪的才子！"戴春风连连鼓掌叫好，伙伴们也连声附和，把周念行夸得满面通红。周念行腼腆地说："我这算什么？哪比得上春风那篇'希贤、希圣、希豪杰'的文章？连校长都称赞春风的豪情壮志呢！"

"我那文章只是说说自己心里话罢了。孟子曰：'人皆可以为尧舜。'我江山县地灵人杰，又为何不能'希贤、希圣、希豪杰'？……"戴春风一手叉腰，一手往山下一指，满怀豪情地说着，那口气，那神态，那气魄，真是大有"当今之世，舍我其谁"的气概……

日后，成为戴春风部属的周念行、姜绍谟、王蒲臣等人，一提起戴某少年时期，总忘不了江郎山这一幕。

二　惹是生非学校除名　弃学投军连受挫折

1914年的金秋季节，环屏般的仙霞岭在阳光的照耀下，愈加显得苍翠欲滴。这一天，仙霞岭那拥菁披翠的山间小路上，有一列吹吹打打的迎亲队伍，直奔山下的保安村而来。花轿刚到村口，村子里就响起了震耳欲聋的鞭炮声和鼓乐声。这喜庆的喧嚣从村中主街道的尽头，一直响到街道中部的戴春风家中。

戴家今天格外热闹。屋里屋外站满了人，有来帮忙的，有来看热闹的。保安村小，一家有喜全村同庆。这天最高兴的自然是戴春风的母亲蓝月喜。你瞧，她穿戴得整整齐齐，头上还插了朵红绒花，迈着一双小脚出出进进，忙这忙那，乐得合不拢嘴。她的长子春风已从文溪高小毕业，并考上了杭州省立第一中学，今天又是他娶亲的大喜日子，家中添人进口，她怎能不乐？更何况媳妇是她亲自选中的。姑娘是本县凤林乡毛应升之女——毛秀丛，年方19岁，比戴春风长两岁。人长得不十分漂亮，却白白净净、端庄温柔，且又贤惠能干。戴母非常喜欢她。

鼓乐、鞭炮声中，花轿被抬到了戴家门前的坪场上。人们立即簇拥着胸佩红绸花、身着崭新灰绸长衫的新郎，让他用一条红绸带去牵引轿内的新娘。

17岁的新郎戴春风，如今已像个堂堂的男子汉了，少年的稚嫩已被一种较为成熟的气质所取代。他中等身材，狭长脸，鼻子挺而宽，双唇阔而厚，特别是那双眉眼，浓黑有神且变化莫测。这双眼睛有时具有一种摄人心魄的威力，令人生畏，不敢久视；有时则显得顽皮天真，使人觉得他活泼开朗；但有时却显得深邃而富有激情，这往往是他最让人觉得和蔼可亲的时候。不过，除了他那双眉眼之外，别的部位却不敢恭维。那宽直的鼻子、阔厚的嘴唇，与他那狭长的脸庞很不协调。不过，此刻他倒是显得颇为天真开朗，在人们的指挥下，像木偶似地作揖叩头，拜天地，拜高堂，夫妻对拜。不管干什么，他脸上总是挂着微笑，是讨好母亲，讨好亲友，还是确实开心？谁也猜不准。只见他把新娘牵到洞房之后，旋即转身回到前厅，给前来庆贺的亲友劝酒敬菜。他敬别人喝，自己也喝，直喝到深夜，客人一个个告辞而去，母亲亦回房休息，他才头重脚轻地回到洞房。

洞房内，陪伴新娘的女眷们已经离去。新娘依然蒙着红绸盖头，端坐床边。借着房内红蜡烛的光亮，他看见新娘胖乎乎的双手正紧张地绞着一条红绸手帕，也不由得有些紧张起来。在这之前，他曾远远地见过新娘一面，只记得女方的脸是白白胖胖的，圆鼓鼓的，说不上好看也不能说难看，眼睛不大，但透着温柔，给他印象最深的是她脑后的那根长辫子，真是又黑又粗又亮。此时，戴春风呆立在桌边，看着用红绸盖着脸的新娘，有点束手无策。半晌，他才想起母亲告诉他的一句话：进屋后，先揭开新娘的盖头，再跟新娘说说话。于是，他慢慢走过去，轻轻拉下了新娘的盖头。新娘羞涩地看了他一眼，立即低下了头。只见她原来那根长辫已盘在脑后，并插了枝金光闪闪的头簪。他记不得这金簪是她娘家的陪嫁，还是自家下的聘礼，总之这金簪插在黑亮的发髻上，顿时产生了一种富贵之气。

“你累了吧？”戴春风正望着那金簪出神，新娘突然抬起头来，腼腆而又关切地望着他说。戴春风毕竟是第一次这样近地挨着年轻女子，她目光中那抹少女的羞涩，那抹女性的温柔，搅得他因酒而飘飘然的双腿，此刻更加飘飘然了……

毛秀丛虽然不识字，却早记熟了“妻贤夫祸少，家和万事兴”“万恶淫为首，百事孝为先”等古训。婚后，她体贴丈夫，孝敬婆母，照顾小叔。一家人过得和和美美，夫妻俩亦恩恩爱爱。

转眼间新年已过。戴春风辞别母亲、妻子，到杭州上学去了。毛秀丛则代夫在家侍奉婆母，操持家务，是年秋，生了个白白胖胖的儿子。戴母抱上了孙子，更是喜上加喜。她托人带信给儿子，让他请假回家来看看。可是她哪里知道，她最疼爱的长子，此时早已被省立一中开除了……

原来，戴春风到杭州之后，仍改不了交朋结友、逞强好胜的旧习。开学仅仅一个多月，他就玩遍了杭州的山山水水。如诗如画的西子湖、波光粼粼的三潭印月、垂柳依依的苏堤白堤、弯弯曲曲的九曲十八涧、巍峨耸立的六和塔，以及庄严肃穆的岳王庙、寂静幽深的灵隐寺……均留下了他游览的足迹。自然，他又结识了不少新同学、新朋友。在新的伙伴面前，为了显示自己的与众不同，他常爱出出风头，以引起新伙伴们对他的敬佩。

一天，他邀几个伙伴去市区逛大街。有个同学突然对街边照相馆橱窗内的一张西服照发生了兴趣："嗨！我等也像这样穿身西服照张相，该有多神气！"

当时的学生，除学校规定的学生装外，平时大都穿长衫或中式短褂，只有留学生或为洋行办事的职员才穿西装，所以从各县考来的学生对西服非常神往。

"这还不容易！我这就给你拿套西装来。"戴春风立即接过那同学的话茬儿，并冲大伙诡秘地一笑。

"别吹牛啦！你自己不过两身长衫，到哪里去弄西装？"同学们混熟了，都知道彼此的底细。

"好！如果我五分钟之内给你拿来西装，你怎么谢我？"戴春风一副胸有成竹的样子。

"如果拿来，我请大家吃饭下馆子；如果拿不来，你请客吃饭，如何？"那同学笑着跟他打赌。

"你这顿饭是请定了。你们大家作证，我这就去取来。"戴春风笑着说完，转身就往旁边的一家旧衣店走去。他刚才走过时，早已注意到照相馆旁边的那家旧衣店，而且看到旧衣店的墙上挂了几身旧西装。所以，那同学一提，他立即想到了旧衣店的西装。

旧衣店铺面不大，墙上挂满了新旧不一的长衫、短褂和几套旧西装。店伙计是一个与戴春风年龄相仿的小伙子，此时正站在梯子上往高处墙上挂衣服。

"先生，你要买哪件？"见戴春风进来，店伙计立即热情地站在梯子上打招呼。

"小老板，我只想借这身西装照张相，一会儿就还给你。"戴春风边说边把衣服摘了下来，不等对方回答，拿起就走。

"哎！哎！你怎么不交钱就拿东西？"伙计急忙跳下梯子，边喊边追了出去。

"你看，你看，你这人怎么这么小气？先回去吧，我这就还你衣服，他们只照个相嘛！"戴春风早已把衣服交给了同学，又返身过来拦住小伙计。

那伙计比他瘦小，挣不脱他的手臂，只好被他拉回店里。既然人在，衣服丢不了，他倒是不太着急了，但对戴春风这种明目张胆的霸道行为非常恼火。他清楚，打架自己不是他们的对手，于是便牢牢地记住了戴春风胸前的校徽和同学们叫他的名字。等戴春风等人还来衣服，高高兴兴地下饭馆时，这伙计也关了店门，径直到省立一中告状去了。

为此，学校在全校大会上点名批评了戴春风，并给予一次记过处分。然而戴春风并未因此变得谨慎小心，仍旧不改他那爱出风头的毛病。

入学三个月后的一天夜里，戴春风和同寝室的三个同学睡得正香，突然一阵咚咚的脚步声把他们从梦中惊醒了。

“这个舍监太讨厌了，怎么就不懂得脚步放轻点！”一个同学不满地嘟囔。他们都知道，这是负责监察宿舍的老师查夜来了。由于他们的寝室紧挨着二楼楼梯口，常常半夜里被这舍监的脚步声吵醒。

“唉！有什么办法？快睡吧，谁让我们寝室紧挨着楼梯口，只好自认倒霉喽！”另一个同学翻过身，准备蒙头再睡。

“我还是等他下楼后再睡吧，要是再被他吵醒，我这一夜就别想睡着了。”第三个同学接过话茬儿。

一直没说话的戴春风，正憋着一肚子火，琢磨着用什么法子整治一下舍监。大家的议论刚停，他立即说：“你们看着吧！我今天非要教训一下他，让他下次一到这里就再也不敢叮叮咚咚地搅人美梦。”说完，他趿拉上鞋，从床下拿了个什么就溜出寝室。不一会儿，他又悄悄返回，对其他人说：“你们先别睡，等会儿有热闹看！”说完他自己钻进被窝，蒙头大睡起来。

其他三个同学不知他葫芦里卖的什么药，都悄悄地侧耳细听。不一会儿，舍监的脚步声越来越近了，突然，只听见舍监“哎哟”一声，紧接着就听见有什么叽里咕噜地滚下楼去。他们三人立即奔出寝室，借着楼道的灯光往楼下偷看。只见那50多岁、长袍革履、平时令人生畏的舍监，此刻正龇牙咧嘴地扶着腰，从地上往起爬呢。见此情景，三个同学吓得连忙退回了寝室。

“你还睡呢，你可惹大祸了！”一个同学忍不住掀开戴春风的被子，指责他。

“你到底怎么搞的？舍监摔成这样，肯定不会放过我们！”另一个同学担心地说。

戴春风也知道自己闯了大祸，但他还是硬着头皮充好汉地说：“放心吧，我一人做事一人担，不会连累你们！”

原来，他把一对木制哑铃放在了楼梯口，想绊一下舍监，吓吓他。没想到，舍监一脚正踩在哑铃上。木制哑铃是学生做哑铃操时用的，中间是细棒，两头为圆球状，所以舍监一踩，哑铃向前一滚，舍监便滚下楼去了。

戴春风本人也没想到会出现这样的情况，更没想到，他的这个恶作剧，竟断送了自己一生的学业。

第二天一早，被摔得鼻青脸肿的舍监找到校长，要求严办肇事者。在全省首屈一指的中学出现这种捉弄师长之事，自然是不能容忍的。校长亲自出马，当查明肇事者就是不久前刚受过记过处分的戴春风时，便毫不犹豫地开除了他的学籍。无论戴春风如何解释、哀求，均无济于事。他只好卷起铺盖，离开了省立一中。

出了校门，戴春风久久地在西子湖畔徘徊。这人间仙境，曾使他产生了多少美好的憧憬，寄托了他多少少年的雄心壮志！这里，曾是他视为自己一展宏图的跳板，是他在乡亲、同学面前引为自豪的资本，而如今，这一切均变成了泡影。他将如何回去面对慈母爱妻，面对同学乡亲？思来想去，他觉得不能就这样回去。“天生我材必有用！”他自信学业不成还可以在其他方面闯出一条路来，到那时再回去，也好向母亲、妻子有个交代。于是，他离开西子湖，直奔杭州城里的一个远房亲戚家。

那亲戚姓徐，是毛秀丛弟弟的岳父，在杭州城内开了家柴店。徐老板为人忠厚，得知戴春风的遭遇后，就热情地留他住在店内，并为他在附近豆腐坊找了个差使。戴春风平日自认为读了几天书，不屑于与苦工为伍，但事到如今，他也不好意思写信向家中要钱，只好硬着头皮卖劲地干。豆腐坊老板倒也蛮喜欢他，只是他本来就是小本买卖，给戴春风的工钱很少，仅够他吃饭和零花的。当戴母去信告诉他，他已有了一个白胖白胖的儿子时，他又喜又忧，喜的是自己已身为人父；忧的是自己不仅学业无成，而且事业也无望，竟连一件像样的礼物也无钱给孩子买，自己怎么有脸回去呢？

戴春风接到母亲的信后，就下决心要攒点钱，等过年的时候，好买些礼品带回去，然后再当面把被学校开除之事告诉她们。

转眼到了年关，戴春风平时花钱大手大脚惯了，所以除去路费，他几乎无法买一件礼物。这时徐老板的侄儿徐缙璜路过杭州，也要赶回江山去过年，便邀戴春风同行。

他俩一道由南星桥码头乘船，沿钱塘江逆流而上。船行到第一大站富阳码头时，戴春风忽然把铺盖卷儿交给徐缙璜，托他带回江山家中，说是有件送给母亲的礼物忘在杭州徐老板家了，他必须返回一趟。徐缙璜信以为真，只好把他送上岸，独自回江山。

其实，戴春风根本没有什么礼物忘在杭州，而是他上船之后，看到那滚滚而去的江水，想到离家愈来愈近，心情便愈加沉重起来。出门近一年了，母亲在家辛辛苦苦管理竹林、田地，妻子代他侍奉母亲，抚养孩子，听说弟弟因未考上高小，已被母亲送到江山县一家南货店当学徒去了。而他身为长子，上不能孝敬母亲，下不能养育妻儿，也未曾照料兄弟，上学又被学校开除，做工也仅能糊口，这叫他如何回去面对老母、妻儿？他越想心里越不是滋味，这个平日天不怕地不怕的人，此时却没有勇气再往前走一步了。所以，船一靠富阳码头，他立即找借口脱身，并于当天又返回了杭州。他路上打定主意，无论如何要设法弄到些钱，买些东西送给母亲和妻儿。堂堂男子汉，在外面可以能屈能伸，但在母亲，特别是新婚仅一年多的妻子面前，可不能太丢人，太让她们瞧不起啦！

走进徐记柴店时，徐老板一家正在吃晚饭。大家一见他都惊诧地瞪大了眼睛，“怎么？你不是和缙璜回江山啦？怎么又回来了？缙璜呢？”

听大家这么一问，他顿时心生一计，立即装出十分沮丧的样子说："唉！别提了。缙璜在桐庐被人掏了腰包。现在被困在桐庐客店，让我回来找你帮忙。"他编这段谎话时，竟然脸不变色心不跳，而且说得那样流畅，像是真的一样。

老实的徐老板信以为真，立即拿出50元钱给戴春风，托他转交自己的侄儿。戴春风轻而易举地得到了这么多钱，打心里往外乐。第二天一早，他便在街上为家人各买了些衣料和年货，高高兴兴地回家过年去了。他相信这些东西可以帮他过关。

不出戴春风所料，母亲、妻子见了他自然高兴，见了那些衣物更是喜出望外，当然谁也没想到他已被学校开除。直到一家人高高兴兴地过完年，戴春风才将自己被学校开除，再也不能去省立一中上学的事和盘托出。

戴母听后，不相信似地盯着他，半晌，才难过地叹口气说："也好，那就在家帮我照管田地、山林吧。"说完，她默默地走进厨房，边烧火，边暗自流泪。而他的妻子听后，一言未发，也只默默地抱着孩子走进卧室，边奶孩子，边心事重重地望着窗外愣神儿。尽管她们没说一句责备或埋怨他的话，但那沉痛的表情，却像一记沉重的耳光。戴春风自觉无地自容，便暗下决心，一定要好好帮母亲把田地、竹林管好，增加一些收入。

最初几个月，戴春风倒是真踏踏实实地干了一阵。但"江山易改，本性难移"，时间一长，被开除的耻辱感渐渐淡忘了，他那爱交朋结友、游山玩水的老毛病又开始发作了。

一天，他到离家25里外的硖口镇游玩，正好遇见已考上了衢州八中的姜绍谟。姜绍谟告诉他说："明秋，衢州联合师范招生，你何不去考考？总不能一辈子株守田园啊！"

姜绍谟与戴春风同岁，但比戴春风晚上三年学，故比戴春风、周念行等人低三届。戴、周等在文溪毕业两年后，他亦步周念行之后尘，提前一年去报考了衢州八中，并被录取。他现在刚在八中读了两年，又雄心勃勃地要去北京报考北大预科班了。而比他早两年考入衢州八中的周念行，则正在准备到日本留学。

听到以往钦佩而且追随过他的同学如今都在学业上遥遥领先了，戴春风自然深感震动，好胜之心亦随之而起。"我就不信我会不如他人！"他决心去报考衢州联合师范，行前，他信心十足地对母亲慷慨陈词。戴母自然盼着儿子有出息，盼着他能继续完成学业，所以又筹措了一些钱，让他奔赴衢州应考去了。

衢州就是如今的衢州市，早在唐代武德四年，朝廷即在此设置州府，因其境内的三衢山而得名。衢州府当时辖管江山、常山、衢县、开化四县，直到辛亥革命后，州府才被废除。但由于历史、地理等原因，衢州较之其他三县繁荣、富庶得多。戴春风一到衢州，就下榻在城镇鼓楼旁的集贤旅馆。这旅馆在衢州是较为干净整洁的，钱也贵一些。前来报考的学生大都住在建国旅馆，在文溪高小时比他低一班的同学姜超岳就住在那里。那里睡的是通铺，一屋住十几个人。戴春风自幼即有洁癖，身上的衣服必须干净整齐，睡觉的床铺被褥必须干净没有臭虫、跳蚤，否则他就觉得浑身不自在，甚至彻夜不眠。所以，他宁可多花些钱，也不肯住进建国旅馆。

考试前一天，姜超岳和几个同房间的青年一起来集贤旅馆邀戴春风同他们去逛集市。戴春风素好热闹，自然欣然相随。

集市就在城边上的城隍庙附近。摩肩接踵的赶集男女、吆喝喧嚣的商贾小贩，以及土路两边那活蹦乱跳的鱼虾、叽叽呱呱的鸡鸭、绿莹莹的青菜、各式各样卖土特产的地摊，使平日这块较为冷清的地角，显得异常热闹。当然，最热闹的还是城隍庙前的空坪上。那里除摆地摊卖杂物的之外，还有许许多多香气四溢的风味小吃挑子，以及耍猴戏的、测字算命的、押宝的、推牌九的……

戴春风、姜超岳等看了一阵猴戏，便挤出人群。有人提议吃点东西，戴春风立即大方地说："哎，你们大家想吃什么？馄饨？宁波汤圆？糖油粑粑？还是卤鸭掌、凉米糕？我请客！"

"我看一人来碗宁波汤圆吧。"姜超岳在文溪时就是青年社的成员，深知戴春风常常穷大方，其实他家生活并不富裕，所以想让他少花点钱。

"嗨！要吃就来两碗，一碗够干什么？"戴春风毫不理会老同学的苦心，继续粗声大嗓地吆喝。

"我看还是各吃各的吧，我们这么多人呢！"姜超岳还是不太愿意，因为这些人都是他带来的。

"你就别管啦！这钱马上就能找回来。"戴春风说着，往汤圆挑子旁边的一个押宝的赌博摊子一指。姜超岳立即明白了他的意思，便很不以为然地悄声制止，"不要这样！万一输了……"

"放心，我这就试试，你带着他们先吃吧！"戴春风仍然不顾他的好意，一转身挤进押宝的人群，撅着屁股喊道，"我押10个铜板！"

姜超岳见状，无可奈何地摇摇头。他对此很反感，特别是看到戴春风当着这么多新同学的面，做出这副无赖样子，实在不像话，更何况大家都是来考师范学校的，这种行为将来如何为人师表？当然，此时此刻他也不好说什么，只好装成若无其事的样子，和大家一起吃宁波汤圆。他们一碗还未吃完，戴春风就高兴地抓着一把零钱过来了："老板，每人再给他们来一碗，钱由我付！"

"我有一碗够啦！"姜超岳心中不悦，不肯再吃。

戴春风根本没意识到老同学心情的变化，依然自作主张地给每人又买了一碗。两碗汤圆下肚，戴春风似乎意犹未尽，他仍高高兴兴地问道："嗨，大家还想吃什么吗？我们来个就地得钱，就地花光吧！"

"走走再看吧，现在大家都饱啦！"一个同伴笑道。

忽然，一个同伴指着旁边一个举着鸟笼子的算命先生笑道："哎，明天就要考试了，我们不妨测测凶吉，如何？"

"想不到你老兄还这么迷信！"另一个同伴打趣地说。

戴春风一眼望去，立即被笼中那只小鸟给迷住了。那小鸟如麻雀般大小，浑身是鲜艳的棕黄色，中间还均匀地夹杂着许多小黑点。它最招人喜爱的，是那只尖尖的枣红色的喙和那对黑豆般圆溜溜的小眼睛。它的主人——那个蓄着山羊胡子，面目清瘦的老头，只要给它一颗谷子，它就顺从地从他手中啄出一张黄油纸做的纸签。纸签上书有字画，算命先生就根据字画来为求签者解说吉凶。

"想不到这小家伙这么有灵性！我们让它测测吧，准不准无所谓，好玩嘛！"戴春风来了兴致，一定要大家都测测。

小鸟这下可忙了。它在主人谷粒的引诱下，连着给他们啄出了六七张黄签。每人大都是一般的吉利话，只有姜超岳和戴春风的黄签较为特别。姜超岳的黄签画有一行柳树，写着："有心栽花花不放，无心插柳柳成行。"而戴春风的画的却是个池塘，而且正在下大雨，池塘的水眼看就要溢出来的样子，上面写着："一遭逢暴雨，决非池中物。"

姜超岳看看黄签，只是笑了笑，没说什么。而戴春风却故意装糊涂地问："老先生，此话怎讲？"

"后生囝，这可是个上上签啊！意思是说，你将来一旦遇着贵人提携或是什么好的机遇，就一定能飞黄腾达，决不会久居人下……"那老头眉飞色舞地解释着。戴春风虽然不信他说的，但这种近似于恭维般的吉利话，他听了心里自然很舒服，于是，高兴地把剩下的铜钱全给了他。那算命先生见他如此大方，就热情地说："后生囝，既然你给我这么多钱，就让我好好给你算算吧。你把生辰八字告诉我。"

"哦，那好啊！不过你要是算得不对，就莫怪我砸你的牌子喽！"戴春风开玩笑地说。他早就听母亲说过，他出生之后，祖父曾找人为他算过命，说他是属"双凤朝阳"格，必贵无疑。他对这种说法历来半信半疑，今天也不过是为了好玩才算算命，并不当真。

"你怎么知道我算得对不对？说说你的生辰八字吧！"老先生被他这一将，反而认真起来。

“快算了吧。我自己就能给自己算出来。”他装模作样地掐着手指，微闭双眼，故作神秘地说：“丁酉，乙巳、丙辰、丁酉。嗯！好命！属‘双凤朝阳’格，必定大贵！”说完，他又哈哈大笑地问，“老先生，怎么样？我算得对不对？”

“哦？你这后生囝懂这一行？”算命先生惊诧地瞪大了眼睛。

戴春风得意地瞅了同伴们一眼，说：“你不要管我懂不懂，只说说我算得对不对吧！”

老头默默地用手指掐算了一下，认真地说：“对是对，不过只说对了一半！你虽属‘双凤朝阳’格，而且五行中金、木、火、土齐备，但是命中缺水，有偏枯之象，美中不足啊！”

“哦？依你说，我这命中缺水又当如何？”戴春风依然不以为然，存心戏弄似地追问。

老头见他抿着嘴直笑，心知他并不相信，依然认真地劝诫道：“后生囝，我这不是说着玩的。你需将名字改为带‘水’字的，方可逢凶化吉，大展宏图。这是我给你的劝告，信不信由你，有人在等着算命啦！”说完，再不理他，转身去接待别的求签人。

“依我看，你就听他的话，把名字改一下。比如叫春雨、春泉，或者春什么，总之带有水的意思就行啦！”姜超岳边拉着他往回走，边好心地劝说。

“算了吧，想不到你也信那老朽的话。改个名字就能改变人的命运，这不是笑话？”戴春风不以为然，甚至有点愤愤然地接着说，“大丈夫行不更名，坐不改姓。岂能随便改名字？”

“我说也是，那老朽的话岂能当真？其实要证明也不难，明天就考试，春风兄要是考得好，就说明老朽的话不对；考得不好，就说明他的话有点道理。”一个同行的青年发表自己的看法。于是其他人也跟着议论起来，有人同意他的话，有人不同意这种说法，双方争执了一路。直到戴春风下榻的集贤旅店门前，戴春风才哈哈大笑道：“我看你们都不要争了。这次考试如果没有姜超岳在，我准考第一名。有他在，我就是第二名啦！”他的神情是那样自信，其他同伴面面相觑，无言以对。

第二天考完之后，戴春风果然考了个第二名，只不过第一名并不是姜超岳，而是其他人。当天晚上，戴春风非常高兴地邀请姜超岳等同伴到他下榻的旅馆畅饮了一番。当时他住的房间共有四个床位，其中一个没住人，另外两张床住着两个由杭州来的商人。他们饮酒时，两个商人外出未归，待他们喝得差不多了，这俩人才回房间。于是姜超岳等立即告辞出来。可戴春风尚未尽兴，便又硬邀两个胖墩墩的40来岁的商人与他同饮。那二人也不推辞，拿出点自备的酒菜摆到桌上，一起对斟起来。刚举起杯，门外又进来一个新旅客。那人五大三粗，一身灰色军装，一看就知道是个当兵的。

“嗬！赶早不如赶巧，刚下船还什么也没吃呢！”当兵的把背包往空床上一放，大大咧咧地笑着开了腔，仿佛他们已是认识多年的老朋友。

“老兄来得正好，一块吃点。”戴春风也是个见面熟，正好再凑凑热闹。

“是啊！一起热闹热闹。”两个商人也跟着邀请。

当兵的便不客气，手也不洗，捏起一块猪头肉就往嘴里扔。戴春风立即斟满一杯酒递了过去。当兵的接过酒杯呷了一口，才拖过张凳子坐下，问：“小老弟哪里来？”

“江山保安。”戴春风答道。

“他是来考衢州联合师范的。”一个商人介绍道。

“嗨！小老弟，看你这身架是块当兵的好料啊！考师范当孩儿王有什么劲？”当兵的说话直通通的，毫无顾忌。

“这倒也是。当年家父就精通武艺，光绪十年时，就在这里考中了武士。”戴春风知道，虽然俗语说“好铁不打钉，好汉不当兵”，可是民国以来，武人当道，挥戈驰马，即可得志，所以，谁也不以当兵为耻了，戴春风自然也不在乎。

“那你怎么不承父业去当兵？”那当兵的原来是浙一师师长潘国纲的部下，奉命来衢州招兵的。别看他说话大大咧咧，但粗中有细，一眼就看中了戴春风，想动员他去当兵。

“这我没考虑过。”戴春风边喝酒边说。

“小老弟，考虑一下吧。你看我们潘师长，几个月前还是个混成旅长。这不，奉命去讨伐张勋，刚到江苏，就听说张勋辫子军溃败了。他没动一枪一炮，返回浙江就升了个师长，你说升得快不快！”当兵的极力想说服戴春风。

两个商人似乎也看出了当兵的来头，便顺着他的话茬儿议论开来：“是呀，你看人家段总理(段祺瑞)、吴大帅(吴佩孚)，还有曹大帅(曹锟)，不都是小站练兵出身？”

“他们都不用说啦，就像老段手下的那个淞沪护军使卢永祥，不就是个行伍出身嘛，当年他还目不识丁呢！还有老段手下那个四大金刚之一的靳云鹏，小站练兵时，他才是个小小的炮兵，如今人家……”

几个人边吃边喝边议论，直至深夜，尽兴方休。当兵的和二位商人都很快进入了梦乡，室内鼾声四起。只有戴春风翻来覆去睡不着。他并不怕鼾声，而是这一晚喝酒时的谈话，真正触动了他心灵深处的某根神经。他认为当兵的话不无道理。“家有三斗粮，不当孩儿王。”他考上师范再学习几年，毕业之后不还是个“孩儿王”吗？这一辈子难道就这样平平庸庸地度过，最后落个一身粉笔末，两袖清风？这可不是他所企望的。如今当道的哪一个不是行伍出身？何况自己又有文化，如从军的话，在部队定是凤毛麟角，何愁不飞黄腾达？

思来想去，他决定放弃学业，去走“横枪立马闯天下”的路子。第二天，他从侧面得知，潘国纲正派人在杭州专门招收学生兵，组织学兵营。他认为学兵营定会与其他的兵营不同，提升的机会也可能更多，便请那当兵的写张介绍信，直奔杭州而去。找到学兵营招兵处时，他突然灵机一动，没有把介绍信拿出来，而谎称自己是省立一中的学生。因为他报名时身着原省立一中的学生服，站在一旁的学兵营营长李享便信以为真，又见他健壮精明的样子，便很感兴趣地走过来问：“你怎么不继续求学，而要投笔从戎呢？”

“报告长官，这是我的志向。即希圣、希贤、希豪杰。如此而已。”戴春风把过去得到老师赏识的一句话又搬了出来。

“好小子，有出息，我收下你啦！明天就来报到。”李享一拍他的肩膀，爽快地收下了他。

戴春风一听，高兴得像中了头彩似的，双腿一并，来了个90度的鞠躬礼，说声“谢谢长官！”转身就往外跑，仿佛他已经成了个横枪立马、指挥万马千军的将军。跑到街上，他才想起应该把这消息让家里知道，否则，家里还以为他在衢州呢。

杭州南星桥码头经常有来往于江山、杭州之间的客船或货船。戴春风赶到那里时，天已近午，该走的船只大都装满货物或旅客走了，该来的客、货船还大多没有到来，码头上只停泊着不多的几艘小篷帆船。有的船工正在收拾船缆，有的船主已离船上了岸，还有的在等着装货或者往下卸货。戴春风逐一问去，那些船大都不去江山。他不免有些失望，直等到最后一只帆船靠岸。那船不大，但它既能在江潮汹涌的钱塘江上航行，又能在较浅窄的小河中来往。船甲板上，一位被江风吹成黑红脸膛的老汉，正坐在那里抽着长长的旱烟杆，他身旁的小瓦炉上还咕嘟咕嘟地煮着米饭。

“老爹，你老人家这船走哪里？”戴春风一见这船，便做出一副彬彬有礼的样子上前打招呼。

“后生囝，你是江山人吧？”老爹一见他就高兴地问，他也是一口江山土话。

“老爹，看来我们是小同乡啦。我是保安的，你是哪个村的？”戴春风自然也听出了他的江山口音，猜准这船一定会回江山，所以打心眼里高兴，极力想套套近乎。

“嘿！越说越近啦！我是后溪街的，你要回江山啊？”老汉边说边起身拉他上船。

戴春风跳到船上，便将他参加浙一师学兵营之事述说了一遍，求他转告家人。老汉欣然允诺，并告诉他自己姓王，经常往返于江山和杭州之间运货，有事可以常来码头找他，还说了一番祝他走运的吉利话儿。

可是，戴春风在学兵营不到一个月就发现，被自己视为“通达捷径”的学兵营，不过是个由乌合之众组成的散漫、腐败的队伍，既没有整齐的装备，也没有严格的训练。那些当官的，每日除去四个小时轮流喊操列队之外，其余的时间不是聚赌就是酗酒，要么就去外面嫖娼。戴春风虽颇为放荡不羁，但他并不自甘堕落，他从军的目的，就是想奔个好前程。可是，这些庸庸碌碌的官长又岂是他能依托之人！

三个月后，部队奉命开往宁波平叛。当时，浙江省各实权派，如以夏超、周凤岐为首的“备武派”，以吕公望为首的“北洋派”，以及所谓的“陆师派”等，均在极力争夺浙江的军政大权。但段祺瑞却派杨善德到浙江任督军。备武派的周凤岐等因此而准备在宁波率部反对杨善德，要求“浙人主浙”。于是杨善德派浙一师前去平叛。

如果说，在杭州兵营时戴春风还能忍受那种无聊粗俗的生活，那么离开杭州之后的那种像牲畜般被驱赶、被当作炮灰使用的日子，他再也无法忍受下去了。

从杭州出发后，他们步行了两天两夜，第三天才像牲畜似的被装上了船。人一个挨一个地蜷缩在船舱内，想外出解手都必须从人的腿上、身上爬过去。更让他无法忍受的是，长途行军后，各个蓬头垢面，军装又脏又皱，像腌过的干咸菜。与其说他们是前去打仗的军队，还不如说是一队逃难的难民。素爱干净的戴春风夹在这些人中间，浑身刺痒，如坐针毡。他觉得自己简直像被打进了十八层地狱。他开始怨恨自己。为什么要放弃当教师那样高雅的职业，而挤到这些浑浑噩噩、当兵只为混口饭吃的人们中间来受这份罪？一路上，他痛苦地自责着，思考着，暗暗下定决心，要找个机会离开。

好不容易熬到了宁波，部队驻扎在城郊休整。戴春风带上自己原来的衣物，进城痛痛快快地洗了个澡，然后找了家便宜的旅馆住下，不准备回部队了。也就在这天晚上，浙一师接到命令开赴前沿，并一下子就被对方击溃了。第二天一早，消息传到宁波城内，戴春风更坚定了自己的想法，再也不回学兵营了。同时，他也决心不返回江山。他自觉无颜再见妻母，也无颜再见同学、乡亲。每次离家，他都是雄心勃勃，妻子老母都对他寄予莫大的期望，而他每次都是灰溜溜地返回。这次他觉得自己混得更惨，几乎是落到了社会最底层。他写封信把情况和自己的决心告诉了妻母，发誓说，若不混出个人样来，永不返乡。

戴母接到儿子的信，顿时慌了手脚。她自27岁守寡以来，在儿子身上付出了多少心血，寄予了多大的希望！眼看着他长大成人，娶妻生子，本以为可以松松心，过过舒坦日子，殊不知他竟这样自以为是，以致一错再错，如今竟糊涂到置妻儿老母和家产于不顾，宁愿漂泊他乡。更何况他在宁波举目无亲，又身无分文，将怎样生活？她越想越气，常常坐立不安，夜不能寐。有时即便睡着了，也常梦见儿子已为街头饿殍，或是躺在血泊之中。每逢此时，她总是半夜爬起来烧香拜佛，求菩萨保佑她的春风平安无事。

三个月过去了。地里的早稻已插完了秧，山上的春笋也挖回了家，戴母再也沉不住气了。她决定典掉几亩稻田，亲自到宁波去把儿子找回来。毛秀丛实在不忍心让婆母一人前往宁波，她知道，婆母长到40多岁，连江山县城也没去过几次，更何况她一双小脚，多走点路就疼痛不已，怎能从保安赶往千里之外的宁波？她很想陪婆母一同前往，可自己怀中吃奶的孩子和家里的竹林、田地交给谁呢？倘若不让婆母去找，又担心婆母思儿心切会憋出病来。于是，她建议请自己的娘家兄弟来，让他送婆母到杭州，再送上开往宁波的客船，这样婆母途中就可少受点颠簸之苦了。

戴母自然同意媳妇的主意，于是她带上些盘缠和一张儿子的照片，由浙江西部的江山，直奔千里之外的宁波而去。

宁波位于浙东东海之滨，为浙江最主要的港口。鸦片战争后，宁波被辟为通商口岸，这里的人们大都以经商、航运为业，来往的船只和商贾很多，较浙江其他城市更为繁华、开放。在偏僻幽静的保安居住惯了的戴母，一到宁波，就被码头上那繁忙喧嚣的景象、鳞次栉比的店铺、来来往往的车马商旅搅得眼花缭乱。在船上时，她想象着宁波城比江山县城大不了多少，城里的人彼此都认识，以为只要一打听就能找到儿子的下落。可是下船一看，她立即意识到自己原来的想法是行不通的。偌大的宁波城，她到哪里去找儿子呢？幸亏她是一个有主心骨的农村妇女，在城里漫无目标地转了一天之后，她决定先找个旅馆住下，然后再去打听。

第二天，戴母拿着戴春风的照片，逐个旅店地去打听。就这样，一个星期过去了，竟一点头绪也没有，眼看着带来的盘缠已所剩无几，儿子却仍无下落，她不禁着急地暗自流泪。好心的旅店老板娘很同情她，建议她去找个叫李铁嘴的算命先生，让他帮着算算吉凶。戴母本来就信神信鬼信运命，自然求之不得。在老板娘的带领下，她径直到了李铁嘴的家，向他说明来意，并把儿子的照片递给他看。李铁嘴不愧是久闯江湖之人。他看着照片，随口就来了一套安慰她的话："大嫂子，你家少爷不会有事的。你看他天庭饱满，鼻直口阔，面带马相。这是大富大贵之命啊！"

戴母早知道算命先生曾说戴春风的生辰八字属"双凤朝阳"格，是富贵命，也知道相书上说"面肖动物者，必大贵"，如今李铁嘴这样说，自然高兴。但是，她目前所急需的不是好听的话，而是儿子的下落。所以李铁嘴话音未落，她就性急地打断他的话说："先生能不能告诉我，我能在哪里找到他？"

李铁嘴用手指捻着唇上的山羊胡，沉思片刻说："既然你们在宁波无亲无友，他又是身无分文，则不妨到一些残寺野庙去看看。"

戴母一听，觉得很有道理，便立即向他打听周围野庙的方位。李铁嘴便一一相告。戴母牢记在心，又赶紧付了几毫钱，才千恩万谢地告辞出来，然后急不可待地匆匆奔去。

一连三天，戴母几乎跑遍了城内外的大小残寺野庙，直到第三天傍晚时分，才在城郊一座破旧的关帝庙中发现了儿子的踪迹。

这是一座位于荒郊野地的破庙。庙不大，由于多年失修，无人管理，庙里神龛上的关帝圣像早已变成斑斑驳驳、面目全非的泥胎。天花板和墙角，挂满了丝丝缕缕的蜘蛛网。但供桌和地上的尘土却被人扫得干干净净，供桌下还铺着一层干干的稻草，一看便知有人在它上面睡过，而且还有两块当作枕头的方砖。更让戴母欣喜的是，墙角的草绳上还晾着一双破了洞的布袜和一件洗净了的布衫。她一眼便认出，这是儿子的衣物，是儿子去衢州报考师范之前，她亲自赶制的。见到这些衣物，真如同见到了儿子一般，她激动得呜呜地哭了起来，悬着的心也总算放进了肚里。一阵激动过后，她才感到腰腿疼痛难忍，腹中已是饥肠辘辘。她从包袱中摸出两块烧饼，刚拿起想往嘴里送，但想到儿子可能还没吃晚饭，便又把两块烧饼放回包袱内，把腰间的裤带勒紧了一下，靠在供桌旁边睡着了。

不知过了多久，蒙眬中，她听见有人在叫她，摇晃她。睁眼一看，半跪在面前的，正是自己千里迢迢来寻找的儿子！只见他一手扶着她，一手举着盏用破碗做的油灯，正惊诧而激动地瞪着她。他那瘦长的脸在蓬乱的头发和黑黑的胡茬映衬下，愈加显得又黑又瘦，整个脸上仿佛只剩下那双黑洞洞的眼睛和厚厚的大嘴。

“春风，你……”戴母心疼得说不出话来，眼泪就像开了闸似的，一个劲儿地往下淌。

“妈——”戴春风万万没想到母亲千里迢迢来寻他，实在不忍看见这种情景。他把灯往地下一放，扑在母亲的肩上，抱头痛哭起来，“妈妈，你找我做什么！你就当我死啦！就当没生过我这个不争气的儿子……”

戴春风的一番话，像刀一样刺伤了戴母的心，她不禁放声大哭道：“你怎么能这样没良心？我一个寡妇人家，辛辛苦苦拉扯大你，容易吗？你这样自暴自弃，叫我往后依靠哪一个啊……”

母亲的痛哭深深地震撼了戴春风，他慌忙双膝跪下，痛哭流涕地说：“妈妈，你莫伤心，是我不好，我对不起你老人家，我再也不说这种话了……我明天就跟你回去，再不让你老人家操心……”

看到他悔恨交加的样子，戴母强压住自己的哭声，又反过来抚慰劝解他，“春风，你也莫哭了，知道错了就好。你爹去世时你才6岁，春榜才4岁，我一个寡妇人家，还不是拉扯你们走过来啦？你一个男子汉，又有什么提不起，放不下的？今天，当着关帝老爷的面，你记住娘的话，无论如何，人在穷途，也决不可丧志。你还记得《孟子·告子下》篇中的话吗？”

戴春风默默地点点头，然后擦去脸上的泪水，低声说道：“孟子曰：天将降大任于斯人也，必先苦其心志，劳其筋骨，饿其体肤，空乏其身……”

戴母站起身来，又伸手让戴春风起来，从包袱里拿出那两块烧饼，塞在他手上，说：“把这吃了吧！只要你能记住这几句话就好。不管怎样，人决不能丧志，不要自甘堕落，才能成大事……”

关帝庙的母训，对戴春风来说，确实刻骨铭心。在他成为戴笠以后的几十年的生活道路上，这几句话几乎成了他行动的准则和口头禅。

三　冒领钱财欺骗义士
涉足赌场初识大亨

这年初春，仙霞岭地区连降了几场春雨，重峦叠嶂的仙霞岭，显得更加苍翠清丽。这一带的乡民们，个个脸上都露出了笑容——春雨贵如油啊，今年准会是个丰收年。男人们闲来无事，都聚集在堂屋里，抽烟品茶，望着屋外淅淅沥沥的雨丝，谈论着今年的庄稼、收成。女人们总是没有闲着的时候，她们有的坐在一旁边纳鞋底边听男人们谈话，有的则在灶房里忙着做乌饭。

按当地的习俗，每年四月初八佛祖释迦牟尼的诞辰之日，家家都要泡糯米，把南烛树叶子捣成汁，做成晶莹乌黑的乌饭，供在佛像面前，以兹纪念，或做成各种各样的甜糕，让大家吃，传说可以免病消灾。戴春风的母亲和妻子均是虔诚的佛教徒，自然不会轻易放弃任何一个亲近佛祖的机会。这天，婆媳俩都在灶房内忙着做乌饭。戴母挽着袖子在淘糯米，5岁的小藏宜时而蹲在母亲身边，帮她把一片片洗净的紫红色南烛叶扔进特制的木缶中，让她捣碎取汁，时而又颠颠地跑到祖母身边，奶声奶气地问东问西，祖孙三人忙得乐乐呵呵。只有戴春风一人独卧床上，枕着双臂，望着窗外的雨丝出神。

戴春风向来是爱热闹的人，但今天怎么也打不起精神。几天前，他参加了二姨的女儿王秋莲的婚宴，自那日之后便总是心事重重。这也难怪，表妹夫张衮甫是自幼跟他一起玩大的小伙伴，如今人家已从杭州商专毕业，到了上海商务印书馆当职员，这次回保安完婚后，便要带着妻子一起回上海。而他自己呢？读了这么多年书，到现在还是一介草民。更让他心潮难平的是，婚宴上他见到了从硖口镇赶来的老同学姜绍谟。从他那里得知，自己过去的几位好友都学有所成，比自己强得多了。姜绍谟考入衢州八中后成绩优秀，如今已成了北京大学预科班的学生。周念行则跑得更远，他中学毕业后考上了日本公费留学，如今在日本明治大学学习。当年同他一起报考衢州联合师范的姜超岳，虽然当年考试成绩远不如他，可如今人家却因成绩优异而留在衢州联合师范任教。就连混得最不济的毛人凤，从杭州省立一中毕业后，因家庭经济困难，也已留在江山某乡村做了教员。而他自己呢，却是一步走错，步步错。

自从两年前，戴春风随母亲从宁波一路乞讨回乡后，他在乡亲们眼里就成了个像他父亲一样的、文不成武不就的浪荡子。尽管他自己也想牢记母训，痛改前非，老老实实在家读书并经营竹山和田地，无奈时间一久，便又故态复萌，怎么也安不下心来经营田地，总断不了隔三岔五地邀几个闲散同伴一道走乡串镇，游山玩水，或边饮酒边小赌一番。这种放荡不羁的行为，更让乡民们瞧不起他。他也就自暴自弃，越发地放肆起来，常常为一点小事与人打架斗殴，有时甚至故意酗酒闹事。没多久，他便成了保安村远近闻名的地痞、无赖。其实，在他内心深处，也常常因此而痛苦，特别是见妻子为他的不争气而暗自流泪，见母亲为他的不肖而求神拜佛，愁眉不展，他更是羞愧得无地自容。遗憾的是，他总是不能把握住自己。每当他想到自己很可能会就此终生躬耕田亩，老死牖下时，内心便泛起一阵阵的焦躁和不安，就禁不住又要出去酗酒、赌博，甚至打架斗殴，仿佛不这样便不足以发泄内心的苦闷，不这样便不能消磨这单调而乏味的时光。他这样像混世魔王似的日复一日、年复一年地混着日子。他也知道，其他的同学、好友，都在日新月异地向前、向上发展，他却好似心如死水，冷眼旁观。这次，他在表妹的婚宴上看到儿时伙伴张衮甫和高小好友姜绍谟，就像被人猛击一掌，惊觉到自己与当年的同伴、好友之间已然有了多么大的差距。自己也是身为人子、人夫、人父的堂堂男子汉，竟然无一立业之长，无一养家之本，实在是无颜面对往日崇拜自己的同学好友，更无颜面对含辛茹苦养育自己的母亲。

戴春风躺在床上，思来想去，理不出个头绪。他觉得自己若不离开江山，决不会有什么发展；而若离开江山，又到哪里去？继续求学，已不可能，年龄和家庭经济状况均不允许；出去做买卖，又没本钱，而且自己对此也不感兴趣；若外出求职，也并非易事，宁波流浪的教训清楚地告诉他，像他这种无甚学历之人，除干苦力外，是找不到什么斯文工作的，弄不好又会像上次一样流落街头，夜宿破庙……

第二天，雨过天晴。戴春风穿着自家染制的土布衣裤和草鞋，闷闷不乐地去巡视竹林。他家的竹山位于仙霞关附近。一踏上五步一弯、十步一曲的仙霞关的鹅卵石山路，他不禁又想起了周念行、姜绍谟等同窗好友。

那是一个暑假，他邀周念行等几个同学来仙霞岭游玩。当年大家真可谓风华正茂，一路上说说笑笑，谈古论今。他们从山间的鹅卵石路谈到筑路的宋将史浩；从关帝庙里的大刀谈到侠义刚直的关云长；特别是他们在关帝庙东侧的浣霞亭旁，看到亭中那刻有历代名人诗词的亭壁字迹已模糊不清时，周念行曾提议说："以后我们中间谁发达了，千万别忘记把这亭子和关帝庙重新修缮一下……"因为念行的世伯周学仁早年在此教授过学生，因而他对此地的感情颇深。

"这事就包在我身上了。这本应是由我这个保安人来负责的嘛！你们几位都住得远啊！"当时，他信誓旦旦地夸下了海口，自以为他戴某将是同学之中最出类拔萃的人物，这件公益之事自然该由他来承担。可是如今的他，竟是同学中间最没出息的一个……

戴春风不由得长长地叹了口气。想起这桩往事，他心中更是焦躁不安。此时，那苍翠欲滴的仙霞岭，那密密匝匝、枝繁叶茂、丰收在望的竹林，以及竹林里那一堆堆、一簇簇、奇迹般破土而出的春笋，均引不起他丝毫的兴致，仿佛这一切都与他无关。突然，他看见一个包着蓝花布头巾的女子正蹲在他家竹林边上挖着什么。"偷笋的！"这三个字一下撞入了他的脑海。好啊，我戴春风就够背时的了，现在连个弱女子都敢到我家地里来挖笋，我可不是好欺负的！他心里想着，便一个箭步冲了上去。那女子见有人跑来，立即提着篮子起身要走。戴春风不问青红皂白，便扬手给了她一巴掌，嘴里还骂道："好啊，你竟敢偷我家的竹笋！"

那女子被打倒在地上，手中的竹篮也滚到了一边。戴春风看也不看篮子里的东西，伸手就想去抓那女子。

"混账东西！光天化日之下，你竟敢欺负良家女子，你看她挖的是你家的笋吗？"突然，戴春风的身后传来一声怒骂，手臂上也挨了一棍。

戴春风痛得"哎哟"一声跳转身来，这才发现一个身材高大的中年人正用文明棍指着他。他气得一把抓住手杖的一端，想夺过那文明棍。不料对方手劲极大，猛地一抽，险些把戴春风拉个狗吃屎。戴春风更是火冒三丈，不顾一切地向对方扑过去。谁知对方把身上的长衫衣襟一撩，挥起手中的文明棍，劈头盖脸地朝他打来，打得他顿时鼻青脸肿。他索性双臂抱住脑袋向对方撞去，俩人扭打起来。但是论力气，论武功，论个头，戴春风皆不是那人的对手，不一会儿，戴春风就被对方按在地上打得遍体鳞伤。

"哎呀，华乡长！你们这是干什么？快不要打啦！真是大水冲了龙王庙，一家人不识一家人啦！"保安乡的一个砍柴老人路过，见他俩打得不可开交，立即上前拉劝。原来，那持文明棍的中年人，正是附近广渡乡乡长华春荣。他同时也是戴春风长房侄儿的岳丈，说起来他俩还是亲戚，只是过去只知其名，未见过面罢了。如今被打柴老人一说破，俩人都很尴尬。华春荣一向性情耿直，行侠仗义，但此时，他也有些不知所措。放开戴春风后，他即指着那女子竹篮中撒出的野菜、猪草对打柴老汉说：

“你看，人家明明挖的是猪草，他硬说人家偷了他家的竹笋！”

“好啦！都是误会，都是误会！”打柴老汉边劝说边拉起浑身是泥、鼻青脸肿的戴春风。他原想让戴春风与华春荣当面和好，可戴春风挨了打，正在气头上，他甩开打柴老人的手，鼻子里“哼”了一声，转身就走。

一进家门，戴母和毛秀丛都吓了一大跳。毛秀丛忙着给端水，拿换洗的衣服。戴母则心疼地跟在他身后，一个劲地追问：“春风，你这是怎么啦？怎么弄成这样？”

戴春风却是一言不发，洗换之后，就钻进被子，把脑袋一蒙，倒头便睡。

事后，戴母从打柴老人那里得知了事情的经过。她劝导戴春风说：“这件事你做得也不对，别说人家没挖我家的笋，就是挖几个，也不要打人呀！唉！这个春荣啊，手也是太重了……”戴母说着，又心疼地摸着儿子那青紫的面颊，轻轻地叹了口气，过了半晌才又接着说，“不管怎么着，我们总归是亲戚。冤家宜解不宜结！伤好啦就去跟春荣认个错吧！我们孤儿寡母的……”老人说到伤心处，又想起当年同族兄弟砍了她家毛竹还堵在门口谩骂之事，不禁老泪纵横。

“妈妈，你莫难过，我是不对，我去认错！”戴春风见母亲伤心，就慌了手脚，连忙跪在母亲面前认错。母亲这才抹去眼泪，抚摸着他的头说：“春风啊！你也二十三四啦，该明事理啦，你要是再这样混下去，将来让我依靠哪一个？”

“妈妈，我从今以后一定好好做人，改邪归正。你老人家放心吧！”戴春风又信誓旦旦地说着。这也确实是他的肺腑之言。这次遭痛打，他更加意识到自己的渺小和卑微，更加意识到自己在乡亲们眼里是何等的无足轻重，他必须改变这种局面。不打不相识，华春荣打了他，倒引起了他的敬重。一则人家不是为自己，是“路见不平，拔刀相助”；二则他也服了人家的好武功。大丈夫能伸能屈，他决心先从结交华春荣做起。华春荣在江山地区是个很有声望的人，他为人耿直，急公好义，乡亲们都敬重他。而且他家经济实力也较雄厚，不但有田有竹山，而且还有个造纸作坊，年收入相当可观。戴春风想，若结交上这样的人，兴许以后就能打开一个新的局面。

华春荣的造纸作坊与保安村只隔着一座小山坡。戴春风伤好之后，立即前往造纸作坊登门认错。华春荣自然很有气度，也自责了一番。戴春风更是反过来安慰他说：“春荣兄，以前的事就让它过去算啦，咱们兄弟这就叫‘不打不相识’嘛！”

“好！想不到春风你是这么个痛快人。来，咱们今天好好喝上一盅！”华春荣见他挨了打还能主动上门认错，确非一般乡人可比，顿时对他产生了好感，于是，马上让人摆上酒菜，边喝边谈。戴春风毕竟是读过几天书、走过一些地方的人，俩人越聊越投机。此后，戴春风便成了造纸作坊的常客。华春荣早已忘了他们之间的芥蒂，对他以诚相待。

这天，戴春风闲来无事，又去造纸作坊找华春荣。他像往常一样，进了作坊，直奔客厅。因为他是华春荣的亲戚兼朋友，又是常来常往的熟人，所以他的到来，谁也没在意。戴春风进了客厅，见室内无人，又冲客厅旁华春荣的账房喊了一声，亦不见有人答应，正要转身出去，只见华春荣平时不离手的文明棍立在客厅的八仙桌旁，估计他没有走远，便又转身回到桌旁，自己倒了杯茶，边喝边玩弄着靠在桌边的文明棍。见到这根棍，他自然又想起了在山上挨打之事。“妈的，老子就让他白打啦？”他脑子里突然闪出了这样的念头，而且不由得脱口而出。话一出口，他自己也吓了一跳，赶紧环顾四周，见并无一人，这才放下文明棍，去端那杯刚沏好的茶。就在这时，他看见八仙桌上放着一张写废了的信笺。信笺上部有几个被涂改过了的文字，下面还留有大半页空白和华春荣的图章印记。戴春风下意识地把那信笺抓过来，叠好，装进衣兜。起初，他并不十分明确自己拿这信笺有什么用，但到家之后，他已非常清楚地意识到自己到底要干什么了。在与华春荣交往的过程中，他深切地体会到了一点，那就是人必须得有钱。有钱则能乐善好施，有钱则能兴办公益，有钱才能受人尊重。他觉得像自己这样靠一点薄产勉强维持一家老小生活的人，自顾不暇，哪有余力去像华春荣那样急公好义？他现在需要的是钱。他回到家，把盖有华春荣印章的信笺抹平，裁去有字迹的上半页，又提笔在下半页写了张领条，便跑到江山清湖镇帮华春荣经销草纸的鼎丰钱庄，以华春荣的名义领取了100块银洋。

戴春风知道，华春荣每年年底才与钱庄结算账目，若发现是他所为，也得半年以后。当时正值盛夏之际，他曾听张衮甫说，上海夏天热得厉害，有时外地人运船扇子到上海码头，一会儿就会被小贩们抢购一空。所以戴春风想用这钱置一船扇子到上海去碰碰运气，若挣多了，将来把本钱还给华春荣，他也不会说什么；若赔了钱，顶多向他认个错了事。主意拿定，他辞别妻母在江山县城购了一船麦秆扇，直奔上海而去。

当时的上海已是个极为繁华的码头。从外白渡桥到大东门码头，沿江停泊着悬挂各种国旗的洋船和运货的木船。沿码头的江岸上更是人声鼎沸，人来车往。戴春风雇的小木船刚一靠大东门码头，好些专营批发的小贩就围拢过来，问船上装的什么货。虽然有人一听说是麦秆扇，就摇着头走开了，可也有不少的人忙问价钱，忙看货。刚刚半天工夫，戴春风的一船扇子就被小贩们这个200，那个300地买得差不多了。眼看天色已晚，戴春风担心找不到张衮甫家，数了数卖扇子的钱，连本带利已有130元，等于净挣了30元。戴春风觉得够本了，即把船上的百多把扇子留给船老大出售，自己去找张衮甫，想顺便再从上海捎一船货物回江山，这样不仅船不会放空，而且两头有钱挣。

戴春风上了岸往东，走出不远就被那栉比鳞次的店铺、灯红酒绿的酒楼、川流不息的车马，以及巍峨耸立的钟楼，搅得昏头涨脑，分不清东南西北啦。他走到一个酒楼前，正想找个人问问路，就看见一辆小汽车缓缓驶近酒楼。车尚未停稳，不知从哪里钻出十几个衣不遮体的小叫花子来。他们拥到车前，围着一个面目清癯身着绸料长衫的中年人喊叫着："月笙哥给点钱吧！""杜大爷，可怜可怜我们吧！"他们像对老熟人似的跟中年人拉拉扯扯。那中年人亦不急不恼，笑着冲身后一个保镖模样的大汉说："快！快给他们钱！"那大汉从衣兜里抓出一把小面值的钞票往空中一扬，小叫花们立即饿狗抢食似的，跑去抢钞票，中年人连忙乘机走进了酒楼。

戴春风把这一幕看了个满眼，他好奇地拉住一个路人问："这人是谁？他怎么怕那帮叫花子？"

"还能有谁？十六铺的水果月笙呗！"路人不屑地说。

"水果月笙？"戴春风第一次听到这个名字，自然不知他是何许人也。当晚，他找到宝山路宝光里的表妹家时，就急不可待地把一路见到的事告诉张衮甫。张衮甫这才告诉他说，"水果月笙"就是当时在法租界仅次于黄金荣的帮会头子杜月笙，早年他父母双亡之后，从浦东流落到上海十六铺的一家水果行当学徒，经常为人代削水果，或摆小摊出售水果，所以人们给他取个绰号叫"水果月笙"。这人少年时期吃喝嫖赌无所不沾，结识了不少三教九流的朋友，而且屡屡因赌博输得挪用水果店的公物，所以被老板开除，便常常在码头上与小叫花们为伍。后来他被人介绍到黄金荣公馆当差，渐渐得到黄氏夫妇的宠信，如今不仅是法租界黄金荣办的三大赌场之一——公兴记俱乐部的当柜人，而且是法租界专营烟土的三鑫公司的股东之一。

"嘀！这个人真不简单！"听了张衮甫的介绍，戴春风不禁钦佩地赞道。

"有啥子不简单，不过是一个坑蒙拐骗的流氓头子呗！"表妹秋莲对杜月笙轻蔑之极。戴春风却不以为然。

第二天，张衮甫利用假日陪戴春风在上海城内转了一大圈。戴春风就下决心暂不回江山去了。上海这个比宁波还要繁华、开放得多的城市，对他来说真是太新奇、太富有魅力了。想他杜月笙，从一个流浪儿、水果铺学徒，能混到今天的地位，我戴春风识文断字，身上还有100多块银洋，难道就混不出个人样来？拿定主意后，他决定在上海混一混。打发走木船，他就安心地在表妹家的亭子间里住了下来。

戴春风在江山时就是个好赌之徒，到了上海这个堪称"赌城"的城市，可真是"瞌睡遇着枕头，口渴遇见清泉"了。在上海，赌博场所随处可见：街边有赌摊、赌棚；弄堂里有赌亭、赌房；高级的有赌博俱乐部；简陋的有露天大赌场。赌博的方式更是形形色色，有的他甚至闻所未闻。除一般的掷骰子、押单双、推牌九、挖花、花会之外，还有什么跑狗、跑马、买彩票等名目。最初，戴春风只敢站在赌摊旁或钻进赌棚里去赌，渐渐地他觉得不过瘾，又跑到露天赌场去玩花会赌。花会赌较为特别，其方法是：在一幅彩布上写有36个人名，每个名字附以动物生肖，称为花神。赌客只需把自己选中的花神和所下的赌注写在一张纸上扔进一个柜子，开赌时，随着"轰"的一声爆竹般的震响，赌家身边悬挂的一幅彩布便徐徐展开，布上写有一个花神的名字，谁押中了这个名字，谁就赢了，否则就是输了。这种赌博方法的引人之处在于，它规定，赌客若赢了，则押一赔二十七，也就是说，所赢额为所下赌注的27倍。这个诱惑太大了，许多穷得身上只有一文钱的人也想到这里来碰碰运气。戴春风自然也不例外，每天张衮甫上班一走，他就往花会赌场一钻，不到天黑不离开。几个月下来，他身上的钱已输得所剩不多。但他仍然不肯罢休，总想把本钱再捞回来。

转眼秋风乍起，花木凋零。戴春风身上那套用旧灰布军装改成的便服已挡不住秋风的寒意了。他想，该是回家的时候啦。可是身上的钱输得只剩下20元，回去如何向母亲、妻子交代？倘若华春荣发现是他冒领了100元钱，追究起来，拿什么还人家？他决定倾其所有，孤注一掷地再去花会赌一次，赌输了，大不了输掉这20元钱；赌赢了，则可得到500多元。这天一大早，他就赶往江湾的露天花会赌场，赶着第一局就把20块钱全押上了，并选中了一个叫"林太平"的花神名字，将其写好，然后蹲在一旁等着开赌。时间过得真是太慢了，由于紧张和寒冷，他不禁缩肩抱肘，浑身瑟瑟，真恨不能跑上去扯开庄家身边的彩布，看一看结果。终于，他听到了那"轰"的一声巨响。和所有的赌徒一样，戴春风两只眼都瞪直了——彩布上赫然写着"林太平"三个大字。

"我押中啦！"戴春风兴奋地大喊一声，从地上蹦了起来。这一次破天荒地赢了这么多钱，一切问题都解决了，他能不激动？当他看着那一沓沓堆在面前的钞票时，简直有些不知所措了。

"用衣服包呀！"旁边一个干瘦的少年替他出着主意。

戴春风感激地冲他点点头，也顾不得里面只穿一件土布坎肩，"呼"地脱下灰布外衣，数也不数，就把几叠钞票包了起来，然后转身就走。

"嘿！这位老大，怎么赢了钱就走啊？再下注啊？"不知谁喊了一声，其他的赌客也你一句我一句地乱喊了起来："对呀，老大赢了这么多，让大家分点红呀！""嘿！请客吧！莫一人独吞啊！"

"下次吧，各位！兄弟下次再来！"戴春风怕大家动手，急得一个劲儿地点头哈腰赔笑脸。

"是啊！总得让这位大哥去换换衣服吧！"那干瘦少年挥着他那又肥又长极不合

体的上衣袖在一旁帮腔。见几个无赖模样的赌徒嬉皮笑脸地走过来，他便立即抡胳膊挽袖子地对戴春风讲："大哥你快走，我给你保驾！"

"嗬！这小瘪三是不是皮痒痒啦！"一个赌徒一把抓住那少年干柴般瘦小的胳膊，狠狠地往前一拖，险些把那少年拖倒在地上。

"各位，莫动手，这是小弟请各位喝酒的钱！"戴春风急中生智，从衣包里抓了一把零散钞票往空中一扬，拖过那少年就往圈外跑，一直跑出老远，见无人追来，才放慢脚步。

"大哥，你也真大方，扔那么多钱给他们干啥？他们不敢动真格的，你没看见场边那几个大个子，那是赌场雇来的保镖。别人不敢动你的！"那少年用肥大的袖子抹了抹脸上的汗，装出一副蛮内行的大人模样。

"嗬！你这位小老弟好像啥都知道嘛！"戴春风蛮喜欢这个瘦精精的机灵少年，故意逗着他。

"我是老码头啦，上海滩的事，没我不晓得的！"少年颇为洋洋得意。

"那好！你先陪我去买身西服，再去泡泡澡堂子，我给你20元钱，好不？"戴春风向来爱热闹，身上有了钱也就变得大方起来。

"当然好！大哥你就跟我走吧，保你满意。"那少年并未因此而受宠若惊，而是一副不卑不亢见过大世面的样子。

戴春风买了身西装，痛痛快快地洗了个热水澡，然后换上新装，对着镜子一照，顿觉判若两人，往日身上的那份土气荡然无存了。

"大哥穿上这身衣服，活脱脱一个大阔佬，就是大摇大摆走进公兴记俱乐部，也不会有人拦你的！"那少年洗了个澡，面色变得红润起来，他见戴春风对着镜子自我欣赏，就不失时机地递上两句好听的，捧得戴春风更加洋洋得意，忘乎所以啦！

"嗬！小老弟此话当真？那我们就到公兴记玩玩去如何？"戴春风知道，公兴记就是杜月笙当柜的那个大赌场。平时，赌场门口车水马龙，进出那里的客人大都是衣着华丽、珠光宝气的阔佬。他平时路过那里，只能远远地看上一眼，今天身上有500元钱，何不去充一次阔佬？在里面转上一趟，也不枉来上海一遭啊？即使进去花个100多元钱，身上还有400元，连还债带买年货，足可以对付了。

"大哥真有你的。走！我这就陪你去！"那少年没等他把话说完，就迫不及待地拉着他走。戴春风还以为这少年跟他一样，出于好奇，急于想去看看。他哪里知道，这少年正是公兴记专门雇来拉赌客的"航船"。戴春风虽不是什么阔佬，但今天身上的钱确实不少，所以成了小"航船"的引渡目标。

到公兴记俱乐部时，夜色已经降临，夜场赌局也已经开始了。这里赌博的情景与花会上截然不同。去花会赌场的大多是干苦力、做小贩的赌客，他们一个个面黄肌瘦、衣衫褴褛；而这里的赌徒大都是有头有脸的生意人，个个红光满面，衣着华丽。他们下的赌注大，赌得也斯文一些，每个赌台前都坐着一圈人，赌台四角均放有一张摆满瓜子、花生、香烟、清茶的小茶几。赌客们边玩边吃，边聊边赌，一副悠闲自得的样子。

那少年领着戴春风在公兴记内，里里外外地转了一遭，让他看了看俱乐部内抽鸦片的烟榻，喝酒吃点心的小酒吧，以及一小间一小间的各种赌台。最后在一个三缺一的麻将牌桌前，怂恿地对戴春风说："大哥，你不坐下玩两圈？"早已赌瘾难耐的戴春风，二话不说，就掏出100元钱去买筹码。一到赌桌前，戴春风就把原来的计划忘得一干二净。他越赌越上瘾，越赌下的赌注越大，最后，直赌得身无分文，还气急败坏地把新买的上衣脱下，要作为赌注，接着翻本。

"算了吧！老弟！明天再来，现在快打烊了。"庄家看看时间已晚，而且其他赌客已开始离座，就好言劝他。

"不行！大家不能走，我500元钱都扔在这里了，不能就这么算啦！"戴春风这下还真有些急了。

"老弟，外面冷得很，还是穿上吧。"正当戴春风把上衣往赌台上一甩，拖住一个赢得最多的赌客要无赖时，突然有人在他肩上轻轻地拍了一下，并把桌上的上衣塞在了他的手里。

戴春风不禁一惊。他知道每个赌场都雇有保镖、打手，自己的这一举动，说不定要招来一顿好打。但他回头一看，也就不那么紧张了。他身后那人看上去只比自己大七八岁，瘦高个，面颊白皙而清癯，端正的五官，炯炯有神的双目，透着精干和老练，加上他身上那合体的一袭暗花绸料长袍，又衬着他是那样的斯文，全然没有一般保镖、打手的那副凶煞相。更为特别的是，戴春风总觉得他是那样的面熟，好像在哪里见过。

"这位大哥，我好像见过你！"戴春风见对方正冲自己微笑，也不好意思要泼了。

"那还用说，他就是我们当柜的月笙大爷。"做庄家的那个年轻后生忙讨好地给戴春风介绍。

"哎呀！你就是月笙兄呀！难怪这么面熟。幸会，幸会！"戴春风自第一次在黄浦江边的一家酒楼门前见到杜月笙，又听到有关他的种种传说后，便打心眼里佩服他，认为他赤手空拳能打出个天下，很不简单。所以，一听说眼前这个人就是他第一天到上海时见过的杜月笙，竟高兴得连输钱的事也忘了，像老友重逢般地双手握住杜月笙的手连连摇晃着，把在场的人弄得面面相觑，直怀疑他有神经病。

“老弟贵姓？在哪里见过我？”杜月笙友好地问他。

“鄙人姓戴，名春风。我刚一到上海就见过你！”戴春风做梦也没想到会在这里认识他，高兴得有些忘乎所以。

“春风老弟来这边坐坐！”杜月笙并非是无缘无故地突然来到戴春风面前。原来，杜月笙今晚到这里来巡查时，正碰见领戴春风来的那个干瘦少年。那少年为了讨好杜月笙，就绘声绘色地把如何认识戴春风，又如何粘上他，把他引到这里等情况一一说了一遍。杜月笙夸了他几句，赏了他几块钱，把他打发走后，就坐在一旁观察戴春风。从少年“航船”的嘴中，他觉得戴春风这人很爽快，非一般人可比，又见他长得浓眉大眼，口阔容拳，按相书所说，此乃将才之相，将来绝非等闲之辈，故生结交之心。所以，见戴春风输得精光时，他便主动上前搭腔，想跟戴春风交个朋友。

杜月笙这个人有两个最大的特点，这也正是他成功的秘诀：一是广交朋友；二是舍得花钱。钱和朋友对他来说是不可分割的两件法宝。他用钱去维朋友，又利用朋友去为他挣钱。只不过外人看来，这两者的关系并不明显，因为他交朋友并不一定要对方当即回报，而是在为以后“万一”之时做准备，就如同他刚到公兴记俱乐部来当掌柜时一样。当时，每个大赌场都面临一个多年解不开的难题，那就是如何解决赌客返家时被抢的问题。在当时的上海滩上，专门有一批抢劫夜间返家赌客的小土匪。他们多以抢夺钱财为生，并不害人性命。但是许多赌客却因此而不敢参加夜间赌博，这自然影响赌场的生意。为了杜绝这一现象，杜月笙自作主张地通过过去“打流”时认识的朋友，打听到这伙小土匪的头领，并未与黄金荣商量，便许诺每月送给他们一笔可观的“俸禄”，使每个小土匪的生活有一定的保障，条件则是让这些小土匪永不抢劫法租界三大赌场的赌客。生活有了保障，又不用去铤而走险，何乐而不为？打那以后，法租界再未发生赌徒被抢，甚至被剥去衣服的案件。渐渐地，华界、英租界的许多赌徒也转到了法租界的三大赌场。赌场挣回的钱远远超过了奉送给小土匪的。而且这些小土匪因每月都能领到“俸禄”，则对杜月笙感恩戴德。后来就是这些小土匪，拼着性命去替杜月笙、黄金荣抢回不少走私烟土，从而奠定了三鑫公司的物质基础，也使杜月笙由黄金荣的伙计——公兴记俱乐部的掌柜，一跃而成为三鑫公司的股东之一……

杜月笙的这种做法，就如同北极探险者沿途总是把食物埋在地窖里一样，为的是以备将来有一天走到那里时取用。所以他平时连要饭的乞丐都不轻易得罪，对戴春风则更是热诚备至了。他一面让人摆上瓜果点心，一面让人包上100元钱，悄悄塞到戴春风的衣兜里，还约好第二天晚上请戴春风去附近的大饭店吃饭。

戴春风受宠若惊。第二天醒来，他就兴冲冲地把这段奇遇告诉表妹夫妇。不听则已，一听到此事，其表妹就面色阴沉地说："表哥，你在这里吃、住多久都可以，可要是你和那个大流氓杜月笙来往，就莫怪我不客气！"

兴高采烈的戴春风被表妹的一席话说得脸上红一阵白一阵，尴尬得半天也说不出一句话来。但当天晚上，戴春风还是瞒着表妹夫妇去大饭店赴宴了。戴春风有生以来，这是第一次走进这样豪华的饭店：光洁照人的大理石地面，古香古色的红木餐桌和茶几、靠椅，晶莹明亮的莲花大吊灯。一个侍者把他引上楼，推开一扇褐色的合页双开门。杜月笙和另外几位客人都正坐在餐桌旁的沙发上抽烟，品茗，聊天。杜月笙把戴春风介绍给其他几位朋友。看得出，这些人既非知名人士，也非杜月笙的门徒、帮友，大都是像戴春风一样的无名小辈，而且交往并不深。席间，杜月笙几乎对每个人都热情、周到，不过跟戴春风谈得最投机。他们边吃边喝边聊，酒兴正酣之际，杜月笙无意识地往上挽了挽袖子，他那入青帮后刺在手腕和手臂上的青黑色花纹立即露了出来。在座的一个客人好奇而又冒失地盯着他手腕上的花纹问道："杜大哥，你那手臂……是怎么回事呀？"

"哦！哦！这，这是入会时刺的文身……"杜月笙尴尬地支吾着，因喝酒而变得青白的脸，顿时又变得通红。

敏感的戴春风立即意识到杜月笙的那份难堪和内心深处那难言的自卑。他怕冒失的朋友再说出什么不得体的话来，立即装成什么也没听见的样子，举起酒杯对在座的说："各位，小弟借花献佛，敬大家一杯。小弟在上海人生地不熟，还望各位，特别是杜大哥多多提携！"最后，他把酒杯捧到杜月笙面前，很自然地转移了话题，使宴席间的气氛又活跃起来。从此，杜月笙更加赏识戴春风，交往亦愈频繁。此时戴春风若要加入青帮，成为杜月笙的门徒是不费吹灰之力的。但是戴春风与杜月笙交往越深，就越不愿加入帮会组织，也越瞧不起帮会。他认为上海滩的青帮也好，洪帮也好，无非是民间的一些无业游民，为争取自身的利益而纠集在一起的乌合之众，成不了什么大气候。正如杜月笙有次酒喝多了，在半醉半醒之际说出的肺腑之言一样："你们看我今天酒宴何等气派、排场，像是鲤鱼跳龙门，化鱼为龙，身价百倍。但你们哪里晓得，我跳龙门可比你们难得多啊！你们本来就是鲤鱼，只要修炼500年就能跳龙门，而我只是条泥鳅，先要修炼1000年变成鲤鱼之身，再修炼500年才有资格跳龙门。可是万一失败了，你们不过还是条鲤鱼，而我就又会变成条泥鳅……"

杜月笙的这段肺腑之言，给戴春风的印象太深了。他深切地体会到杜月笙从流浪儿到水果店伙计，到黄金荣的门徒，进而成为亲信，成为三鑫公司股东……其间的酸甜苦辣，是可想而知的；其间的苦闷和自卑，也是一言难尽的。而戴春风觉得自己毕竟是个有产业、有知识的乡绅，与杜月笙交朋友，称兄道弟，与帮会其他人交往，结拜金兰，甚至利用他们，求助于他们，均未尝不可，但让他真正置身其间，成为帮会中的一员，他却觉得太降低身份，也太没出息了。所以，杜月笙曾有意要收他入帮会，他均含糊其词，不说行也不说不行，一直拖到年关将至，戴春风索性来个不辞而别，回江山老家去了。

不过，杜月笙那慷慨大方，广交朋友，从而使自己办事得心应手，并能飞黄腾达的处世方式，却使戴春风心领神会，受益匪浅。后来，他掌握军统之后，也曾广罗人才，广交朋友，利用三教九流为军统服务，并施以小恩小惠笼络部下，此等做法，不能说没有杜月笙的影响。

四 闯荡上海广交朋友 喜下湖州结拜金兰

新春佳节，乃我国最隆重热闹的传统节日，地处偏远的仙霞地区也不例外。此起彼伏的鞭炮声从除夕之夜一直响到正月十五；红红绿绿的民间龙灯队、花灯队，踩着高跷，划着旱船，从一个村子演到另一个村子，好不热闹，就连高耸入云的仙霞山峦也能感受到这民间欢快的节日气氛。

戴春风生性好动，好热闹，这年春节期间，他像其他男人一样忙着备年货，送灶神，祭祖宗，走亲访友，观龙灯，但是没好意思去拜访华春荣。这天，硖口镇唱大戏，他自然不肯放过这热闹的场面，邀了几个同村的伙伴，一大早就赶往20里外的硖口镇。正当他挤在人群中聚精会神地看得津津有味之际，突然肩上被人拍了一掌，回头一看，心里不禁“咯噔”一下，眼前站着的正是他最怕见到的华春荣。然而戴春风毕竟是戴春风，愣了片刻，立即满脸堆笑地拉着华春荣的手惊喜地叫道：“哎呀！是春荣哥！我正想去给你拜年呢！”

“是吗？不怕我向你讨债？”华春荣冷冷一笑，面色沉沉地盯着他问，并毫不客气地推开他的手。

戴春风心知冒领银钱之事已被戳穿，想赖是赖不掉了，索性低声下气地满口承认，连连认错：“春荣哥，那事都怪我不好，还望春荣哥多多包涵！”

“哼！这事不能这样完，等过了年我再找你算账！”华春荣说完，挤出人群，扬长而去。

戴春风自然也无心思再看戏。他知道华春荣是个说一不二的人，此事若公之于世，不仅自己脸上无光，难以做人，而且母亲又会为此痛哭一场，这是他最害怕的。

当年，他在杭州徐记柴店骗取徐老板50元之事被揭发后，戴母曾气得大哭一场。她一辈子好强，27岁守寡，苦苦把两个儿子拉扯大，小儿子春榜自幼不学无术，指望不上；大儿子春风聪明能干，戴母一直视其为老年的依靠，不料他到杭州上学三个月就被开除，再加上骗取亲友钱财之事，怎能不让戴母悲痛欲绝？戴春风清楚地记得，母亲曾为那事气得两天不吃不喝，急得他和毛秀丛双双跪在地下央求，认错，下保证，她才开始进食。冒领华春荣的钱时，戴春风也不是没有考虑过。不过当时他只想以那冒领的100元做本，做生意挣了钱，再退还给华春荣。可现在本利全输光了，拿什么去还华春荣？此事若再让母亲知道了，后果真不堪设想。戴春风越想越觉得对不起母亲，越想越后悔。他独自悄悄地返回保安村，找到自幼一起玩耍过的村长张培森，托他帮着求求情，容他日后有钱时再还。

张培森便借去广渡乡拜年之际，帮戴春风说了几句话。华春荣也不再坚持让他立即还钱，只是让戴春风写个“悔过书”，保证不再干这种骗人的勾当。戴春风无奈，只好写了份“悔过书”，交张培森送去。可是，“悔过书”拿走后，戴春风越想越不是滋味，这不明明是授人把柄吗？将来自己在他华春荣面前如何抬得起头？倘若此事被他人知晓，自己又如何在乡里待下去……

戴春风躺在家中，辗转反侧，冥思苦索。一两天之后，他决心把那“悔过书”要回来。他连夜给华春荣写了一封信：

春荣兄台鉴：

增广昔时贤文中云：礼义生于富足，盗贼出于贫穷。望兄长高抬贵手，退还悔过书，戴某日后自当重谢……

此信仍是求张培森送去的。华春荣一看，沉默半晌才蹦出一句话：“不行！他戴春风若不彻底改邪归正，若不退还这笔欠款，此书决不退还！”

其实华春荣为人十分正派，并不是存心跟戴春风过不去，他是可怜戴母这个寡妇亲戚，想帮她管教约束一下戴春风。而且他也清楚，戴春风是个极聪明的青年，若走了正道，必定大有发展；若走了邪道，必贻害乡里。为了给他施加点压力，迫使他改邪归正，因此他坚持不肯退还“悔过书”。

张培森将华春荣的话如实转告戴春风。戴春风顿时气得浑身颤抖。他恨自己，更恨华春荣。他紧握拳头，咬牙切齿地对张培森说：“姓华的也太瞧不起人了！我戴某日后若不超过他姓华的，决不再言退书之事！”

这件事对戴春风的刺激是很深刻的。他下定决心要再出去闯荡一番，他不相信偌大的中国会没他戴春风施展抱负的天地。如今上海滩上白手起家的大亨、名人还少吗？除去黄金荣、杜月笙这些帮会头目之外，正经八百的商界名人虞洽卿、黄楚九，当年不也是白手起家吗？据说如今拥有200万资财的三北轮船公司董事长虞洽卿，当年只是个光着脚板由宁波乡下来上海当学徒的憨小子；如今创办了上海“大世界”游乐场，经营上百家药铺及其他企业的巨商大贾黄楚九，当年随寡母到上海时只有15岁，他从摆地摊开始，一步步创下了偌大的家产。既然他们都能闯出一番事业，难道他戴春风就不能打下一块天地？他坚信，别人能办到的事，他也一定能办到……

春播一过，戴春风仅带了几块零花钱，便搭熟人的货船到了杭州。初到杭州时，他托熟人介绍，先在杂货铺当了些日子伙计，挣够个把月的吃饭钱，就辞掉工作，到处去走亲访友。因为他这次出门的目的非常明确：要闯出一番事业。他给自己规定了两条：决不再涉足赌场；一定要自重自爱，再穷再苦也要给人一个好的印象。当时，他只有一身像样的灰色府绸长衫和一双白球鞋。每次外出，他总要把衣服洗得干干净净，用白粉把球鞋涂得白白的，力求给人以干净整洁、神采奕奕的印象。

转眼天气渐热，杭州的气候更是闷热难耐。戴春风是个极爱出汗的人，一身衣服只要穿上一天就汗臭难闻。为了保持自己整洁的形象，他常常就近找个水塘，先洗净衣服，晒在岸边草地或树杈上，再泡在水里，边游泳，边洗个痛快澡，待衣服晒干，再穿上去找人或办事。

这天，天气格外炎热，像在燃烧着的骄阳，把整个西子湖烤晒得雾气腾腾，连岸边的依依垂柳，都仿佛被这些漫漫的雾气所笼罩。戴春风外出办事正好路过灵隐寺，此时早已汗流浃背了。他一见到寺旁那波光粼粼白雾蒙蒙的西子湖，就情不自禁地跑到隐蔽处，连人带衣一齐跳入水中。清凉怡人的湖水令人暑气全消，周身舒爽。他真想像儿时在须江游水一样，挥臂摆腿，游个痛快。但此时他并未先去随心所欲地畅游，而是瞅瞅左右无人，便洗净长衫，将其摊晒在草地上，再去享受那游泳的乐趣。这次还真不凑巧，他刚游出不远，就瞅见一群小学生顺着湖畔的柳荫嬉笑打闹着跑来，有几个淘气的小学生还拾起他压在湿衣上的碎瓦片，比着往湖里打水漂漂。戴春风担心衣服被风吹跑，也担心孩子们会弄脏他洗净的衣服，急得在湖中又跳又喊。那群孩子只顾嬉闹，哪里管他又喊又叫。戴春风只好边喊边往岸边游。就在这时，一个身材不高但挺敦实的青年教师从一株大柳树后走过来，喊着让那些学生捡几块小石头压在衣服上，然后对水中的戴春风抱歉似的一笑。戴春风也笑着在水中拱了拱手，以示感谢。他们一个在岸上，一个在水中，相对而视，虽未曾说一句话，但彼此都留下了极深的印象。戴春风上岸后，穿上晒干的衣服，在返回住所的途中，又遇见了那群小学生和那位年轻的教师，他立即主动上前致谢。那青年闪着一对不大但极为机敏的眼睛，打量他片刻，旋即也认出了他来，便主动地笑着自我介绍：“鄙人姓胡名宗南，字寿山，别号琴斋，小学教员。”

戴春风亦做了一番自我介绍，并友好地说：“寿山兄，当年我若不是放弃了衢州联合师范的学业，说不定我们就成同行喽！”

戴、胡二人年龄相仿，气味相投，竟然一见如故。当天晚上，两人把灯畅谈，各抒志向。当时，胡宗南的志向是投身于教育事业，他以为教育才是立人、立国之本。戴春风则雄心勃勃，想干一番“横枪立马闯天下”的大事业，但他也不得不承认胡宗南“教育是立人、立国之本”的观点，颇有点后悔自己当初没就读衢州联合师范，以致落得如今四处漂流，无立业之本。胡宗南不免也宽慰他一番，并对他的热情豪爽表示钦佩。不过。当时他俩萍水相逢，虽然谈得投机，但分手时谁也没想到，他俩以后会走上同一条道路，并成为互相提挈、无话不谈的莫逆之交。

不久，戴春风觉得杭州实在没有亲友可提供他腾达的机会，于是挣足了路费，又跑到上海去了。这次他到上海前就下定决心，不到迫不得已之际，决不去找杜月笙，免得陷入帮会之中而不能自拔。上海海关大楼依然如故，戴春风颇有点老友相逢般的喜悦。他知道，在这繁华热闹的上海，找碗饭吃并不难，难的是找一个腾达的机会。

这天戴春风路过上海三马路，他刚走到上海证券物品交易所附近，立即被那里的情景吸引住了。交易所那幢灰色水泥大楼门前，热闹得像上海“大世界”游乐场，各式装束的人们出出进进，摩肩接踵，站在大门外还能清清楚楚地听见交易所内那一阵阵海涛般的喧嚣。不同的是进出交易所的人们大都是男人，而且来去匆匆，其中有坐汽车而来的阔老板，有坐洋车来的小商人，也有身着粗布短装或长衫的伙计、听差。出于好奇，戴春风随着人们往交易厅里走去。一进大厅，他顿时被眼前的情景惊得目瞪口呆：宽敞的大厅内挤满了面红耳赤、汗流浃背的人们，这些人的头上大都戴着顶写有号码的白帽子，他们喊叫着，比画着，谁也听不清他们在喊什么。在大厅的正前方有座高高的台子，上面站着三个身着制服的公务员，他们时而在身后的一块黑板上写着什么；时而冲台下大声喊几句，情绪也很紧张激动，那情景就如同他们正坐在一艘在人海中航行的小船上，被人的海浪冲击着，随时都会被人海吞没似的。

戴春风也曾听张衮甫和杜月笙对他谈到过这个证券物品交易所，但具体情况他并不知道。原来，早在1916年孙中山先生为筹措革命经费，便采纳了日本某友人的建议，申请在上海创办证券物品交易所，经营证券、花纱、金银、杂粮等物，但农商部以证券、物品不能同时交易为由，未予批准。到了1919年，戴季陶、张静江、蒋介石等人因孙中山辞去政务总裁职务，政治上无法施展，经济上颇为拮据，便又想起办证券物品交易所之事。不过当时他们三人在广州国民革命军内领取津贴，而且戴季陶还在朱执信创办的上海《星期评论》刊物任主编，既没精力，也不便直接出面创办交易所。于是他们一面拉拢上海商界名人虞洽卿等人，请他们出面申请创办，一面组织了一个秘密社团“协进社”，暗中参与策划。交易所成立后，虞洽卿任理事长，戴季陶等人自然也以“协进社”的名义加入了股份，企图从证券、股票、花纱价格的升降中大挣其钱。

不过，戴春风也听张衮甫说过，凡是来买卖股票、证券的股东，大都是有钱的大老板，他们往往是委派经纪人帮着察看行情买进卖出，他们自己只是有时来交易所看看行情，在股东休息室与合作者们碰碰头，谈谈生意，交流交流信息。所以，戴春风绕过那些拥挤激动的经纪人，在股东休息室的门外探头探脑地打量。他原以为股东休息室不准一般人进入，可往里一看，顿时释然。这休息室实际上也是个宽敞的大厅，不同的是，这里像茶馆或赌馆一样，整齐地摆着一排排方桌。衣着整齐的股东围坐在桌边，或抽烟、品茗、聊天，或边嗑着瓜子搓着麻将，等候经纪人来通报消息。在那些西服革履或长袍马褂的股东中，也有不少身着粗布短衫的小伙计跑前跑后，为他们沏茶、倒水、递热毛巾。戴春风壮着胆子走进去，好奇地打量着那些令人羡慕的股东。

“喂，后生团，帮我买盒香烟好哦？”一位身着长绸衫、看似斯文儒雅的中年人把戴春风当成了在这里跑堂的小伙计。

戴春风一听，此人满口的江浙口音，而且目光和语气都是那样和蔼可亲，不禁心中暗喜：若能结交这样一位有钱的同乡，岂不是前途有望吗？

“先生，请问你要什么牌子的香烟？”戴春风彬彬有礼地用地道的江山话问道。

“哦，买两盒骆驼牌的！”中年人递给他一张钞票，然后继续打他的麻将，他并没有看出戴春风与其他伙计有什么不同。

戴春风一溜小跑地买回香烟，又毕恭毕敬地把香烟和找回的零钱一起递给中年人。

“这些你就拿着吧！”中年人大方地把零钱塞在戴春风手上。

“不，先生！这怎么好意思！”戴春风故意推辞着。

“哦？你不是这里的伙计？”中年人颇为惊诧地看着他。

“不是，我刚由家乡到上海来，看到这里很热闹，就进来看看。”戴春风依然彬彬有礼地回答。

“哎呀，那太对不起啦！听口音你也是江浙人。姓什么？多大啦？”中年人知道自己搞错了，颇有点歉意地跟他聊起来。戴春风便一一据实相告。

原来这中年人不是别人，正是当时在上海《星期评论》当主编，后来任国民政府考试院长的戴季陶。他当时正与蒋介石、陈果夫等在交易所做股票生意，挣了不少钱，所以心情好，手面也很大。他见戴春风精明能干，既年轻又有文化，非常喜欢他，便笑着对戴春风说："看来，我们不仅是同乡，而且还是当家子呢。我也姓戴，吴兴人。"

"那太好啦，往后还望先生多多关照！"极善察言观色的戴春风，自然不会放过这套近乎的机会，他边说边端起桌边的茶壶为戴季陶斟茶。

"好！好！谢谢！以后你打算干什么事？"戴季陶边道谢，边关心地询问。

"现在我也不知该干什么。不过，要是能像陈英士那样干出一番惊天动地的革命事业……"戴春风为进一步讨戴季陶高兴，特意举出吴兴名人的名字。

"哎！传贤兄，快出牌呀！跟那小瘪三啰唆什么？"戴春风正谈得起劲，突然被旁边的一个声音打断了。他抬头一看，只见戴季陶身旁，一个二十八九岁西服革履的青年，正在用手拽戴季陶的袖子。此人长得干瘦干瘦，且面色青黄，猛一看，活像个痨病鬼。一见这副尊容，戴春风就起反感，加上他称自己为"小瘪三"，更是火不打一处来，顿时像受到莫大侮辱般，脸红脖子粗地指着对方说道："你说谁是小瘪三？我看你才是个大瘪三呢！"

"哼！你也不看看你那副穷酸样，还提我叔父的名字？"原来那痨病鬼不是别人，正是陈英士的侄儿陈果夫。此时，陈果夫正作为蒋介石、戴季陶的经纪人，在交易所内搞投机倒把的勾当，他翻手为云，覆手为雨，为自己和蒋介石等挣了不少钱，所以有些飘飘然。再者，他的叔父陈英士，曾留学日本警监学校，参加过同盟会，回国后成为青帮大头目，深得孙中山先生器重，辛亥革命后，又曾任沪军都督，蒋介石就是陈英士一手提拔起来的。1916年陈英士被袁世凯的部下张宗昌派人杀害，蒋介石为报答恩师，尽量拉拢关照他的侄儿陈果夫。所以，陈果夫自视高人一等，当然没把衣着寒酸的乡下毛头小子戴春风放在眼里。

"果夫，怎么能这样以衣帽取人？"戴春风正怒不可遏地要回敬陈果夫几句，就听见有人用训斥的口吻在责备陈果夫。戴春风一转脸，发现说话的人也不过30多岁，但长得英俊端庄，气宇不凡。他顿时对此人肃然起敬，把想顶撞陈果夫的话咽了回去。原来，此人正是后来决定戴春风命运的蒋介石。此时的蒋介石，虽被孙中山派在粤军中任职，并拿着革命党的津贴，但他因受到粤军内部的排斥而郁郁不得志，所以他常离开粤军泡在上海搞证券交易，一边捞钱，一边静观待变。

戴春风当时自然不知道蒋介石就是他日后命中的"救星"，只是莫名其妙地对他有些敬畏。他正想对他说点什么，就听戴季陶说："兆元兄说得对！这位小同乡也是知书达理有抱负的后生啊！"说着，又转脸对戴春风说，"小同乡，别往心里去，这点钱你先拿着，以后有什么难处，再来找我，我常来这地方。"他说着，又把几块零钱塞在戴春风手里。

戴春风还想推辞，蒋介石在一旁和蔼地帮着劝道："后生囝，你就拿着吧，以后有什么困难，找我们谁都行！"他因见戴季陶很喜欢戴春风，为讨这位把兄弟高兴，也对戴春风客气起来。

戴春风自然受宠若惊，他不再推辞，把钱收下。以后，他一有空就往交易所跑，帮戴季陶等跑跑腿，沏沏茶。他满以为天长日久，这些有钱的同乡一定会提拔他的。孰知，好梦难成。几个月后，戴季陶、蒋介石等人突然再也不在交易所出现了。戴春风颇为失望，同时也有些怨恨这几个有钱的同乡太不讲义气，怎么就这样不辞而别了呢？其实他哪里知道，蒋介石等人由于股票交易失败，负债累累，又跑回广州去了。他们哪里会顾及戴春风这个萍水相逢的小同乡呢？而戴春风当然不同，几个月来，他对他们寄予了极大的希望，他们这一"失踪"，戴春风便失去了追随的目标，又陷入了混混沌沌的黑暗之中。

戴春风在上海奔波了些日子，依然走投无路，几乎又心灰意冷，自暴自弃，想再去投奔杜月笙了。就在这一天，他无意中在路上遇见了曾在花会赌场认识的赌友阿三。阿三得知戴春风仍像一年前一样在上海"打流"，就一本正经地说："老弟，你跟我去见个人吧！只要他答应收下你，就准保你不会饿肚子。"

"哦？这人是谁？我们现在去哪里？"戴春风正走投无路之际，听阿三这么一说，简直有些喜出望外。

"咱们这就去我们安徽同乡会馆。等下见着你就知道了。今天说不定还能看场好戏呢！"阿三故意卖关子，说得戴春风恨不能一步就跨到安徽同乡会馆所在地——日晖巷。

刚走入日晖巷，戴春风一眼就看见一扇挂有"安徽同乡会馆"牌匾的红漆大门，门口挤了不少看热闹的人。"嘿！好戏开场啦，快走！"阿三兴致勃勃地拉着戴春风挤进人群，径直往大厅内走去。厅堂很宽敞，正面墙上悬挂着一块巨大的万寿牌，牌下摆着一套古香古色的八仙桌，倒蛮有点气派。不过当时的情景却让戴春风无暇去欣赏。大厅内，一个活像出土文物般的干瘦老头，脑后拖着根猪尾巴似的黄灰长辫，正冲着一个蓄着一字胡的中年人打躬作揖，带着哭腔哀求道："……这会馆可是李总督的家产啊！老夫奉李总督之命，管理会馆多年了，未敢有半点疏忽，你们可不能收走。柏都督你可得说句公道话，不能光听他王亚樵的一面之词啊！"他说着，恨得咬牙切齿地指点着另一个留着八字胡、身着劳工粗布短衫的中年人。

"余老，现在是民国10年啦！过去的老规矩不破不行啊！他李鸿章的好多家产不都被政府没收啦？这会馆当然要由我们安徽乡亲自管喽！"那被称为柏都督的中年人，不紧不慢地捋着一字胡，眯缝着那双细长的眼睛，笑着答道，还不时有意无意地瞅那被称为王亚樵的八字胡两眼，仿佛是在说笑话，又像是在向他询问什么。见此情景，戴春风不禁仔细地打量着这两个中年人。那被称为“柏都督”的人看上去50来岁，长方脸，鼻挺唇薄，浓浓的双眉，挺拔的腰板，透着一股军人所特有的刚毅和威严。那蓄着八字胡，被称为“王亚樵”的中年人，显然年轻得多，看上去不过30多岁，个子不高，长得较白，但他那见棱见角的四方脸和脸上见棱见角的眼眉、双唇，都显得硬邦邦的，像钢浇铁铸般冷峻刚毅，特别是那双炯炯有神、目光犀利的眼睛，更是让人望而生畏。

“他们是谁？要干什么？”戴春风站在阿三身后，悄悄俯耳问道。

“他呀！他就是当年赫赫有名的讨袁都督柏文蔚啊！那个就是我要给你介绍的王九哥。他原名叫王亚樵，现在叫王九光，我们都叫他九哥。他对朋友是最讲义气的。以后，你就知道了……”阿三还想说些什么，只见那个“出土文物”突然转身跪倒在象征皇帝的万寿牌前，鸡啄米似地叩着那灰黄的小脑袋，嘴里还连连喊道：“万岁爷啊，公理何在！公理何在啊！”

所有在场的人都被他这一举动惊得目瞪口呆，面面相觑。只有王亚樵不为所动，反而冲旁边一个彪形大汉使了个眼色，那大汉立即从怀里掏出把剪刀，几步走到“出土文物”身后，拉起他脑后那根灰黄的辫子，齐根就是一剪刀，那辫子像根猪尾巴似的，掉在了地上。这一下可非同小可，那“出土文物”“嗷”的一声惨叫，抱着脑袋就号啕大哭起来。柏文蔚似有不忍，上前扶起“出土文物”，好言相劝，又把辫子拾起放在他手中。而王亚樵依然泰然自若，临出门时还恶狠狠地甩出一句：“哼！再不交出会馆！今天剪辫子，明天割脑袋！”说完，拥着柏文蔚就往外走。

事到如今，戴春风才明白柏文蔚是来帮王亚樵夺会馆的。他觉得事情的缘由虽不清楚，但像柏文蔚这样的名人肯出面帮助王亚樵夺会馆，就足以说明王亚樵也非等闲之人。出了会馆大门，王亚樵把柏文蔚送上洋车，转身对随从的人们笑道：“我们办复炎小学的经费就算有着落了，料他明天也不敢不交。”

“还是九哥有办法！”众人笑着附和着，一起往巷外走去。阿三乘机向戴春风解释说，王亚樵也曾是追随孙中山的同盟会员，后因参加社会党被安徽军阀通缉，逃到上海，并与安徽籍的许多名士如讨袁都督柏文蔚、李鸿章的侄儿李少川等过往甚密。前不久，柏文蔚等老同盟会员委他筹办复炎小学，以纪念被江苏军阀李纯杀害的老同盟会员韩复炎。王亚樵选中了上海李梅路的一幢楼房做校址，并准备请安徽同乡会会馆拿出部分资金，把小学办起来。孰知王亚樵去找馆长余诚格商量时，竟被余诚格大肆辱骂了一顿。王亚樵一怒之下，说服柏文蔚、李少川等人强行接管会馆，以把多年被余诚格独吞的会馆经费用于学校或救济贫困同乡，于是就演出了刚才戴春风看到的这一幕。

戴春风听后，觉得王亚樵很有魄力，不过眼下这种过于强硬的做法，似乎不太妥当。但他如今已然处于走投无路之际，又何妨找个吃饭之所，多结交一个朋友呢？

戴春风正在心中权衡利弊，阿三已不失时机地凑到王亚樵面前，把戴春风介绍给王亚樵："九哥！这位浙江朋友早就仰慕你的为人，今天特来拜访你。"

"岂敢，岂敢！我王某不过一布衣寒士而已……"此时的王亚樵与刚才简直判若两人。他那见棱见角的面容此时已被笑意填得柔和起来，给人一种和蔼可亲、平易近人的感觉。他热情地与戴春风握手后，即扶着他的肩膀关切地询问他的情况。戴春风以实相告，并表示想拜他为老师。王亚樵听后，二话没说就痛快地答应下来。他像兄长般拍着戴春风的肩说："老弟，你放心好啦，以后只要有我王某吃的，就不会让你饿肚子……"

对王亚樵的慷慨热情，戴春风自然感激不尽，他回去后连忙写了张门生帖子，托阿三呈送上去。这之后，王亚樵给他的门生散发生活费，戴春风自然也分得一份。特别是王亚樵接管会馆以后，常常把会馆的收入拨一部分给复炎小学做经费，另一部分就分给部下。因此他的门徒也越来越多，所包揽的事情也越来越多，仅他们组织的安徽旅沪劳工会就有会员1万多人，每月会费收入也不少。当时戴春风混在他的门徒中，帮着跑跑腿，抄抄写写，倒也挺轻闲。不过这种生活远不是戴春风所追求的。特别是当他了解到王亚樵的团体也是一个属于洪帮的帮会组织后，心中自然不快。他想，我戴某若要加入帮会，一年前就拜杜月笙为师了，何待今日？相比之下，杜月笙的地位和财产远比王亚樵优越得多。而且王亚樵当时为了惩办那些欺辱工会会员的工头、老板，专门组织了"斧头党"，人手一把小斧头，专门对付工头、恶霸，连杜月笙手下的亡命徒都谈"斧头党"而色变。戴春风越来越感到不能再跟着王亚樵混下去了，自己毕竟还不是一个离开帮会就真的走投无路的人。既然王亚樵都能筹资办学校、组织工会，我戴某为何不能回到家乡，也从乡间教育着手？这样既能扭转乡亲们对自己的印象，又能以教育造福于桑梓，远比在上海滩上与王亚樵、杜月笙这些帮会人员厮混强得多。主意一定，戴春风即告别王亚樵返回保安。不过临别时，他对王亚樵本人还真有些依依不舍，觉得王亚樵确实够朋友，讲义气。王亚樵对他的印象也极佳，觉得戴春风精明能干，是个有抱负的青年，他也认为戴春风应有更好的发展。所以，他不但不责怪戴春风要离他而去，反而给足了他返乡的路费，并鼓励他在家乡多干些造福于桑梓之事……

回保安后，戴春风认认真真地在仙霞乡任了两年不要报酬的学务委员，虽说没干出什么名堂，倒也多少扭转了一些以往的不良影响。戴母与其妻毛秀丛见他能株守田园，不再外出游荡，也心中暗喜。此时其子藏宜年已9岁，白白胖胖、天真活泼，戴春风非常疼爱，常常亲自教其诵读诗文。一家人和和美美，倒也其乐融融。

由于浙江督军卢永祥通电不承认曹锟贿选的总统地位，因此于1924年春，传来福建军阀孙传芳欲讨伐浙江之消息。江山百姓顿时惶恐不安。江山之仙霞关乃闽、浙之必经要道。孙传芳若入浙，闽、浙两方必争夺仙霞关这唯一的险关要道，居住在仙霞一带的乡民必遭兵乱之灾。其时，仙霞地区的各乡各村为使家园少受乱兵骚扰，纷纷集资组织自卫团。安保乡地处仙霞关下，若有兵乱，必首当其冲。戴春风即发起组织保安自卫团，并自任团总。每日里他领着乡里青壮年操练、备战。为了购置枪支，供给自卫团伙食，他不得不到处赊借。结果，时间不久，戴春风就负债累累。他自己无力偿还，乡绅们又多不肯负担自卫团的供给，反而责备戴春风欠债不还。戴春风十分苦恼，他又一次意识到，在家乡这样偏僻的小地方要想搞一番事业，实在太难啦！可是，他如今已是骑虎难下，欲罢不能了。

正当他负债累累，进退两难之际，突然接到了王亚樵的来信。信中说，他已被浙江督军卢永祥任命为浙江别动队司令，正在湖州地区招兵买马，组织军队，希望他前去协助。这信对戴春风来说，简直是“大旱逢甘霖，迷途见灯塔”，既然王亚樵是本省督军卢永祥正式委任的别动队司令，不再是当年上海滩的洪帮头目，他戴春风若带着自卫团投到王亚樵名下，不仅名正言顺，而且自卫团亦可供给有着。更让戴春风兴奋的是，这次他有自卫团作为资本，王亚樵也定会封他一官半职，这也许就是他实现抱负，飞黄腾达的起点了！不过，王亚樵怎么突然会成为浙江别动队司令的？戴春风百思不得其解。所以也急于想弄清真相。接到信的第二天，戴春风把自卫团的事稍加安排后，便独自赶往湖州。

当时，王亚樵的司令部设在湖州地区的八雀寺与三对门山相对的中间地带。这里依山傍水，人迹稀少，确是个练兵习武的极好场所。戴春风被人领往司令部去见王亚樵时，正碰见王亚樵陪着一个身材矮小而敦实的青年往外走。戴春风不禁一愣，这不正是他曾在西子湖畔遇见的教书先生胡宗南吗？他怎么也到这里来了？

“哎呀，春风兄，是你呀！”胡宗南显然也认出了他，大步向他迎来。王亚樵也看出了戴春风，高兴地喊道：“春风，你来得好快呀！你们俩早就认识？”

“九哥！我认识琴斋兄比认识你还早呢！”戴春风兴奋异常地答着，并激动地紧握胡宗南的双手问道，“琴斋兄，你怎么投笔从戎啦？”

“说来话长，你老兄这些年在干什么？”胡宗南也异常关切地询问。

“二位老弟还是到我房里边喝酒边谈吧！”王亚樵见他俩这样亲热，便高兴地拍着他俩的肩头，邀他们一同进屋。

落座之后，早已有人端上了酒菜。前来陪酒的是个叫胡抱一的浙江人，他们四人边喝边谈。戴春风急切地向胡、王二位询问情况，胡宗南即告之说，由于他在学校竞选校长失败，愤而辞职到了上海，寄居在同乡开办的毛竹行内，同时也认识了王亚樵。由于曹锟贿选成功后，直皖军阀之间的矛盾进一步深化，江苏的督军齐燮元属直系军阀，而浙江的督军卢永祥却属于皖系军阀，二者为扩大地盘，便争夺上海这块风水宝地，已明争暗斗多年。上海本属浙江管辖，卢永祥派有护军使何丰林坐镇，而齐燮元的爪牙徐国梁却在上海任淞沪警察厅厅长，拥有几千武装警察。卢永祥担心直皖战争爆发后，徐国梁会就近攻进杭州，故买通王亚樵，让其暗杀徐国梁，答应事成之后，除重金犒赏外，还任其为浙江别动队司令，划湖州地区给他做营盘，任其招兵买马。不久，徐国梁被杀身亡，卢永祥履行前约，故王亚樵被委为司令，胡宗南等亦跟随而来……

戴春风听后兴奋不已。他本来就是个心里憋不住话的人，酒兴犹酣之际，便将自己的情况、困境一一相告。王亚樵一听他手下已有个自卫团，更是如获至宝，便不仅满口答应帮助戴春风偿还自卫团所欠的债务，而且封戴春风为纵队长，同时，也封了胡宗南、胡抱一为纵队长。四人越谈越高兴，越喝越兴奋。胡抱一见状即开玩笑地说："九哥，看你们三人如此情投意合，何不效仿刘、关、张，来个'桃园三结义'？"

"好主意！既然我们有缘，何不来个'桃园'四结义，不知三位意下如何？"王亚樵不仅拍手赞成，还拉上了胡抱一。

胡宗南和戴春风刚刚被任为纵队长，正觉春风得意，都以为自己从此将平步青云，如今，再能结拜几个生死与共的把兄弟，岂不更是如虎添翼，哪有不允之理？于是四人择吉日，焚香歃血，结拜金兰。他们四人跪在香案前，学着"桃园结义"的样子信誓旦旦地表示："既结为兄弟，则同心协力，救困扶危；上报国家，下安黎民；不求同年同月同日生，但愿同年同月同日死。皇天后土，实鉴此心。背义忘恩，天人共戮！"四人之中王亚樵年龄最大，当为大哥，戴、胡等三人为小弟。以王亚樵当时"司令"的职位而言，戴、胡等人自然唯命是从。

不久，酝酿了两年之久的直皖之战终于爆发，战争的主战场就是江苏、浙江。当时，卢永祥拥兵10万，远远超过了江苏的齐燮元。王亚樵和戴春风等人满以为齐燮元不是卢永祥的对手，卢永祥自当胜券在握，他们几人亦能随之一道扶摇直上。当时，王亚樵的别动队奉命镇守湖州地区。孰知，天不作美，战争一开始就遇上了阴雨连绵的天气。他们不得不冒雨在泥泞潮湿的工事、战壕里滚爬。一向酷爱干净整洁的戴春风此时也顾不得这些了，他常常跟随在王亚樵身后去查巡工事，或者蹲在战壕中给手下的人打气。生活虽然艰苦并充满了危险，但戴春风心中就像燃着一团火，总以为战争一结束，即会苦尽甜来。可是，他哪里知道，战争一开始，战局就对他们不利。江浙的齐卢之战一爆发，直系头子曹锟就急令安徽、江西、福建三省的军阀一起协助齐燮元，进攻卢永祥。相比之下，卢永祥的10万军队就处于劣势了，加上卢永祥派往仙霞岭镇守仙霞关的炮兵团团长张国威举白旗投降了福建的孙传芳，于是，孙传芳的军队顺利通过仙霞关，进入浙江，长驱直入，直捣杭州。卢永祥腹背受敌，寡不敌众，只好通电下野，出走日本。战争从开始到结束，仅用了40多天。

树倒猢狲散。卢永祥下野，王亚樵等人只得作鸟兽散。王亚樵返回上海重操旧业，胡宗南不久后即前往广州，报考黄埔军校去了；戴春风垂头丧气地返回保安。因孙传芳已经占领了浙江，戴春风担心参加齐卢之战一事被人告发，便只好深居简出，蛰居家中，静观待变。

五 寻觅出路赶赴羊城 改换名字报考军校

戴春风在家乡蛰居的一年多时间内，中国的政局有如舞台上的魔术表演，瞬息万变。冯玉祥发动北京政变，曹锟下台，被囚禁；段祺瑞赴京组织临时执政府，皖系得势；孙传芳乘机扩大势力范围，成了苏、浙、皖、闽、赣五省联军总司令。不久，奉系军阀张作霖率兵入关，进驻徐州、蚌埠、上海，直打到北京，辖制了北京政权。然而在广东，孙中山先生改组国民党，提出“联俄、联共，扶助农工”三大政策，重新解释三民主义，从而在苏联和中国共产党的帮助下建立了国民革命根据地，并创办了培育革命军队的黄埔军校，粉碎了商团叛乱，取得了第一次东征的胜利，使广州革命根据地得到了进一步的巩固，成立了广州国民革命政府。遗憾的是，不久，孙中山先生病逝北京，廖仲恺先生亦遭暗杀身亡……

面对这纷繁复杂的政治局面，戴春风深感迷惘和痛苦。这种军阀混战的局面何时才能结束？中国的希望在哪里？自己的希望又在哪里？倘若他只是一个没有抱负、没有理想的乡间小地主倒也罢了，靠着祖上留下的竹山、田地，安分守己地陪着妻子、母亲度日，倒也其乐融融，然而不幸的是，他内心深处却有着一个不安分、不甘寂寞的灵魂。他总想有所作为，总想使自己活得更有价值。两年前，他投奔王亚樵，帮卢永祥作战，险些成了军阀混战的牺牲品，每想起此事，他总有一种受骗上当的感觉。他越来越强烈地意识到，自从杭州省立一中失学之后，他就没有一步走对过，总是像没头的苍蝇，浑浑噩噩地瞎闯，十几年大好光阴就如此蹉跎而过，以至于眼看到了而立之年，尚一事无成。他明白，往后的人生旅途必须慎而又慎，一定要看准方向，再向前迈进。时不我予，他不能再走弯路了，一次也不行，否则他的一生将一事无成。

基于以上种种考虑，戴春风在家乡深居简出，并密切地关注着政局的变幻。他除了让在县城当伙计的弟弟春榜常往家捎些报纸外，自己还隔三岔五地乘去县城办事购物之机饱览诸报，或从南来北往的旅客那里打听些消息。对于孙中山在广东建立革命政权之事，他早有耳闻，且听说在衢州联合师范教书的姜超岳已经偷偷地跑到广州，投考黄埔军校去了；还听说有的浙江青年欲去广州被人告发，便被当局抓去关进了监狱。他也曾想去投奔广州，因他已意识到广东国民革命政府是一种完全不同于各派军阀的革命政府。但是广东国民革命政权到底能坚持多久？能否取得全面胜利？这正是戴春风所担心的。所以，一年多来他一直抱着观望的态度，总下不了决心。

这天，他去江山县城联系毛竹、春笋销售之事。事毕之后，天已黄昏，他习惯地沿着文溪河前往距码头不远的悦来客栈歇息。路过文溪高等小学校时，一群少年学子的嬉戏声从河对岸传来，他抬头望去，只见几个少年正在对岸追逐打闹，另有几个少年站在河中的仰止亭上比赛打水漂漂，搅得波光粼粼的河面上，泛起一道道细碎的浪花。望着这群无忧无虑的少年，戴春风情不自禁地想起当年他和周念行、姜绍谟等同学在这仰止亭商定成立“青年会”，组织同学节假日下乡搞宣传，提倡放足，反封建，以及驱赶迂腐的国文教员等等往事。那时的自己是何等的雄心勃勃，何等的受同学拥戴！而如今的自己……

想到此，戴春风长长地叹了口气，郁郁不乐地前往悦来客栈。悦来客栈是一幢临街的二层木结构的楼房。楼下进门处有两三张八仙桌，供旅客吃饭饮茶及打牌之用。后厅和二楼均为客房，每个客房内均有两张挂着蚊帐的单人床，床上被褥洗得极干净，叠得也极整齐。到这里来的大都是有点身份的乡绅或商贾。戴春风每次进城都习惯住在这里，跟店里的老板、伙计混得挺熟。戴春风一进门，伙计立即笑呵呵地招呼他，并热情地为他沏茶，端洗脸水，让他稍稍歇息一下再回楼上客房。戴春风边喝茶，边请伙计拿些报纸来。其实，不用他吩咐，伙计也知道他的习惯，早已把近期的本省报纸和上海《申报》都拿了出来。戴春风洗把脸，旋即坐下来仔细翻阅报纸。从报纸上他了解到，广东国民革命政府在中国共产党的倡导下，已发布了北伐宣言，表示要出师北上，打垮一切军阀，而且委任黄埔军校的校长蒋介石为北伐军总司令。看到这条消息，戴春风激动得难以自已，禁不住把桌子一拍，忘情地喊道：“这可太好啦！”

这一拍把茶杯里的水震洒了一桌子，也把在一旁擦茶壶的伙计吓了一大跳。伙计惊愕地转身望他一眼，手忙脚乱地抓过抹布，边擦桌子边问：“戴先生，怎么啦？”

“哦，没什么，没什么……这些报纸我带回客房去看吧。”戴春风意识到自己不应喜形于色，连忙卷起报纸，问清房号，就要上楼。可才跨上楼梯，没走两步，就听见身后有人喊道：“哎呀！这不是春风兄吗？”

戴春风转过身，一眼就看见店门口站着个与自己年龄相仿的青年。此人身材较高，着长衫，手提藤条箱，一副风尘仆仆的样子。他那双不大不小、眼角微微向上翘着的双眸和那见棱见角的四方形厚嘴唇，戴春风是那么熟悉，却又一时想不起来对方的姓名。

“春风兄，我是毛人凤！你认不出我啦？”来人正是戴春风高小时的同学毛人凤。

“哎呀，人凤兄！十多年没见啦，你变化可真大。过去你是又瘦又小，现在竟这么高大啦！”戴春风惊喜地跑过去，紧握着毛人凤的双手，一个劲地打量，并连珠炮似地发问道：“人凤兄，你这是从哪里来？这些年都干什么？还在边嘉湖小学教书吗……”

毛人凤知道戴春风是个急性子，索性等他问完，才微微一笑说：“说来话长啦，还是让我放下行李，喝口水，慢慢谈，如何？我这是才从船上下来啊……”

“对！对！伙计，我就跟毛先生住一个客房吧。你帮我去买几样好菜，把好酒也快快端来！”戴春风从衣兜里掏出两张钞票塞给伙计，又接过毛人凤手上的提箱，就往楼上请。进了客房，戴春风忙不迭地为毛人凤沏茶，端洗脸水。毛人凤边洗脸边告诉他说，他头年去广东报考了黄埔军校的潮州分校。可是入学不久，他就得了场大病，只好中途退学。病好之后，本准备重新报考军校，不料又遇上老父病故，他此行便是回乡奔丧……

戴春风一听他是从广东来，就忍不住打断他的话，问道：“原来你老兄是从广东来的？快说说，那边到底怎么样？”

毛人凤正要说什么，房门被推开了，伙计用托盘端着四小盘菜和两小壶酒走了进来，戴春风和毛人凤忙抬过靠窗边的小长条桌，帮伙计把饭菜摆好。两人相对而坐，待伙计退出之后，毛人凤压低声音对正在斟酒的戴春风说：“春风兄，依我看，中国革命的朝气就在广州，中国革命的希望就是黄埔……”接着他把自己所知道的有关广东革命政府以及黄埔军校创办、训练、招生等等情况一一相告。说得高兴起来，毛人凤还轻轻地哼起了黄埔军校的校歌：“怒潮澎湃，党旗飞舞，这是革命的黄埔。主义须贯彻，纪律莫放松，预备做奋斗的先锋。打条血路，引导被压迫的民众，携着手，向前进……”

戴春风听得入神，连酒菜也顾不得吃。室内光线越来越暗，他却浑然不觉，直到毛人凤提醒，他才点着煤油灯，边喝酒边继续问这问那。毛人凤以往是不太爱说话的人，这天他或许是多喝了两杯酒，或许是老同学相见格外高兴，突然变得格外能说会道起来。说完自己的经历，他又把听到的一些情况，比如黄埔军校如何严格训练学生，如何领导学生英勇奋斗，取得两次东征的胜利，以及孙中山先生生前所说的关于黄埔军校的一些话，通通倒了出来。他告诉戴春风，孙中山先生说过：“……我们今天要开办这个学校，是有什么希望呢？就是要从今天起，把革命的事业重新来创造，要用这个学校内的学生做根本，成立革命军。诸位学生就是将来革命军的骨干。有了这种好骨干，成立了革命军，我们的革命事业便可以成功……”

“太好啦！吾辈总算报国有门，前途有望啦！”戴春风听到此，兴奋得双手一捶桌子，“腾”地站了起来，仿佛他已经考入了黄埔似的。

“嘘！”毛人凤伸出右手食指，轻轻地嘘了一下，示意他小声点。他这才警觉地走到门口，看看门外无人，才又关门返回桌边说：“在这里是得小心点。对了，你在潮州分校见到过蒋介石先生吗？”

“见过一次。他也是我们潮州分校的校长。只不过，平时是何应钦先生代理校长，主管校内事务。蒋校长个子高高大大的，英俊不凡。他还是我们浙江人呢，讲的一口宁波话。”

“你听没听说过一个叫戴季陶的人？”戴春风曾经在报纸上看过蒋介石的戎装照片，他总觉得这个蒋介石就是当年在上海交易所见过的那位蒋兆元。为了证实这一点，他特意先打听戴季陶。

“此人没见过，但听说过。据说他担任过军校的什么主任。现在军校的孙文主义小组，据说就是根据他的什么主义成立的……”

“果然是他们！”毛人凤话未说完，戴春风便不禁拍案而言。

“你认识他们？”毛人凤不禁好奇地问。

“在上海见过几面。不过他们地位太高，恐怕也不会关照我们这些无名之辈啊！”戴春风自然羞于说出自己在上海交易所“打流”之事，便含糊其词地答道。

“你不用担心。我们的老同学周念行和姜超岳都在广州，找他们，会关照你的。他们已经是一二期的老大哥啦！”毛人凤又告诉了一个戴春风意想不到的消息。

“念行他也在广州？他可是日本留学生啊！”

“哦，那里的留学生多着呢！不过小学文化程度的也有。你尽管放心去，一定能考上。”毛人凤一个劲儿地鼓动他去广州，并从衣兜里掏出20元钱放在戴春风面前，说是送给他做路费。

其实，戴春风近来一直在盘算着投考黄埔之事，所以格外关心报纸上的有关消息，现在经毛人凤一讲，心中主意已定。他感激地收下毛人凤送给他的20元钱，并表示日后定将报答。

第二天，戴春风辞别毛人凤，又在县城的熟人及朋友处筹集了80元钱，便匆匆赶回保安村。路费有了，但母亲和妻子那里尚无把握，尤其是母亲那一关。因为齐卢之战失败后，戴母曾认真地告诫他说，她已日渐年迈，再也不许他出远门了，更不许他再去当兵。戴春风知道母亲向来说话算话，要想闯过母亲那一关可实在不太容易。为此他一路上苦苦思索，可也没想出什么好法子。离家越近，他越犯愁，以至于身后有人喊他，他也没听见，直到对方连喊几声，他才回头。

来人叫柴鹿鸣，三四十岁，中等身材，穿着一身土灰色的军装，连军帽也没戴。他当时是江山县政府保卫团驻保安乡的一个班长。不过，此人一向对戴春风不错。戴春风手头拮据时，他常借钱给他；戴春风遭乡人讥笑时，他总为其辩护说："你们莫小瞧他，他若时来运转，绝非一般人可比呢！"于是戴春风一向视其为知己，有什么难处总愿跟他说说。而他虽没多少文化，但毕竟是个老兵油子，见多识广，往往能说出一两句很有分量的话。此时戴春风一见他，没说上两句寒暄话就把自己的打算一股脑儿告诉了他。柴鹿鸣一听，立即拍手称赞："春风，这样好的机会，千万莫错过！我要是年轻10岁，有你那一肚子墨水，我也跟你一起去！"

"唉！我母亲和妻子不会让我走啊！我该怎么办？"戴春风想让他出个主意。

"好办！藏宜他娘平日不都听你的！这次你也只要说服她，偷偷准备好行装，先放在我那里，瞒着老伯母一走了事。事后她老人家也没办法。"柴鹿鸣把瘦瘦的长脸凑在戴春风耳边，仿佛怕旁人听见似的轻声说着。

"老兄，还是你有办法，就照你的办！"此言正中戴春风下怀，他高兴得直拍柴鹿鸣的肩膀。

当天晚上，戴母领着孙子回房睡觉去了。戴春风温存地望着因操劳家务而眼角上已出现鱼尾纹的妻子，轻声细语地把自己的打算告诉了她。可是他的话还没说完，妻子的脸色就为之一变，惶惑不安的眸子里渐渐涌出了泪水。无论戴春风如何解释，她只是一个劲地低头落泪，一言不发。

这是个极贤良的妇人，可她理解不了丈夫，在婆母面前也担不起这个责任，她只会哭。

"哼！这次让走也得走，不让走也得走！你要是敢告诉母亲，就莫怪我不客气！"戴春风急性子，遇上这种局面他就冒火，索性甩出一番气话，独自上床睡觉。

第二天一早醒来，妻子早已下厨房烧火做饭去了。戴春风起床之后，无意中发现自己从县城拿回的那100元路费已不翼而飞。他急得满头大汗，到处翻找，在卧室内走来走去。他最担心的是妻子把钱拿走，交给母亲，那他可就很难脱身了。吃完早饭，好容易等母亲领着孙子到菜园摘菜去了，他才忙不迭地把在厨房洗碗的妻子一把拖进卧室，怒冲冲地吼道："你把我的钱放哪里去啦？赶快给我！不然我打死你！"

"你打吧！打死我，我也不给你！"妻子怯怯地望着他，但语气很坚决。这大概是她进戴家以来，第一次违背丈夫的意愿。昨夜，她整宿未曾合眼，鼓足了勇气，才想出这万般无奈的一招。

戴春风急得把她的手臂一甩，跺着脚吼道：“你！你这个鬼婆娘，你是想让我就这样不死不活地守你一辈子！……”他越想越气，恨不得真给她两下子。但一见妻子那可怜巴巴的样子，想起她在戴家的千辛万苦，又强压住心中的火气，压低声音哀求道：“秀丛，我眼看就30岁了，若错过这个机会，可能就永无出头之日了，你就忍心看着我无声无息地老死乡里？”

这几句倒还真起了作用。毛秀丛的口气松动了一些。她含着眼泪，委屈地说：“不是我不愿让你出门，只是你前脚一走，婆母回头就会责怪我，骂我没能耐，连个丈夫也拴不住……”说到伤心处，她索性掩面痛哭起来，边哭还边哀求他：“你就不能看在婆母和儿子的份上，不再出门？”

戴春风本也是个极重感情的人，虽说这个比自己大两岁的妻子并非理想伴侣，但十多年来，她以她的温顺、体贴、善良、勤劳，给他带来了多少安宁和温馨，为他承担了多少责任和义务！他确实依恋她，需要她，尽管他这种情感很少表露，但内心深处确实是感激她、尊重她的。此时此刻，他完全体会到了妻子内心深处的委屈与痛苦，深感自己对不起她，便也忍不住鼻子发酸，喉头发紧，泪水衔在眼眶里直打转。他动情地把妻子搂在胸前，哽咽地轻声说道：“我知道你为我受了不少委屈，受了不少苦。我这次出门就是要洗心革面重新做人，好闯出一番事业，让你和妈妈也过几天舒心日子……”说着说着，戴春风的眼泪也止不住滚落下来。

戴春风的眼泪比他的怒吼更加使妻子为之震撼。十多年来，她很少见到丈夫如此动情，更难见到丈夫落泪。她的心早软了，没等丈夫再说什么，也顾不得抹干自己的眼泪，就忙不迭地从自己的枕头套内掏出那100元钱，同时还取出自己结婚时佩带的金簪，一并捧到丈夫面前，含泪说道：“我所有的私房钱早给你花光了，只剩下这支金簪，你带上吧，万一路费不够，也能派些用场。只望你这次多少能有些成就……”

戴春风感激地捧着妻子的双手，一句话也说不出来……

一连几天，妻子早起晚睡，暗中为戴春风缝制了两套新衣和一双新布鞋，并准备了其他上路所用之物，让丈夫分几次悄悄地送往柴鹿鸣处。这天夜里，夫妻俩依依不舍地相互叮咛嘱咐，直到鸡叫头遍，戴春风才告别妻子，轻轻地走出家门。毛秀丛强忍着眼泪，目送他消失在灰蒙蒙的晨雾之中……

此时此刻，整个保安乡都沉浸在一片寂静之中，只有远处偶尔传来几声鸡鸣狗吠之声。不知为什么，这次出门戴春风心中总有一股难以言状的兴奋，又有一种莫名的依恋。他出了家门之后，并不急于赶往村口与柴鹿鸣碰头，而是站在街头，久久凝视着尚在灰蒙蒙晨雾中酣睡的村庄，默默地告别生他养他的故乡和母亲，暗暗地发誓：不闯出一番事业，不混出个人样，决不返回故里！

“春风！你站在这里干什么？”柴鹿鸣在村口等得不耐烦，沿路找了过来。

“鹿鸣兄，让你久等啦！”戴春风这才接过对方手中的行李卷，装成若无其事的样子。

“我还以为弟妹变卦了，不让你走了呢！”柴鹿鸣开玩笑地说着。但此时的戴春风哪有心思开玩笑，他背好行李，就要走。柴鹿鸣一把又抢回行李卷说：“我先扛着吧，你要走的路还远呢！”

柴鹿鸣一直把戴春风送出村子，这才紧握着他的手说：“这次进军校，一定要争口气，扛面红旗回来！可莫像过去一样，两手空空啾！”

“放心，鹿鸣兄。这次我不闯出点颜色，也没脸面再见你。你待我的恩情，小弟没齿难忘。我若有出头之日，定将报答！”说完，他头也不回，大步而去。

一路上，戴春风时而乘船，时而坐车，无车无船就靠两条腿走，饿了就啃几口妻子偷偷为他准备的干粮，困了就近找个旅店或农舍住宿。他这样日夜兼程，足足走了20多天，才来到他心目中的革命圣地——广州。

5月的羊城繁花似锦。红红绿绿的革命标语比比皆是；三三两两身着军装的青年来来往往，呈现着一片朝气勃勃的景象。戴春风一踏上广州的土地，立即就被这革命摇篮中那轰轰烈烈的神圣气氛感染了。他深切地感到，广州的天空比别处的更晴朗，广州的太阳比别处的更明媚。他那由于十多年坎坷经历及在孙传芳等军阀统治下长期压抑的心情，顿时变得格外舒畅起来。他习惯地找了家干净宽敞的旅馆住下，痛痛快快地洗完澡，穿戴整齐，就按毛人凤告诉他的地址去找周念行。遗憾的是，周念行等一、二、三期毕业的黄埔生，大都被拉到野外训练，做北伐的准备去了，连姜超岳也没能见着，这不能不使戴春风有些扫兴。

不过，更让他扫兴的是，黄埔第五期的招生考试刚刚结束，而第六期的招考时期尚未确定。这不能不使戴春风忧心忡忡。他担心等候时间太长，在这举目无亲的广州，旅费花光了又怎么办？即便坚持到考试，万一考不上，又该怎么办？不过，这种种烦恼只在他脑海中一闪而过。他决心已定，无论等多久，无论遇到什么困难，也决不退缩，一定要考上黄埔军校。主意一定，他立即搬出那家较为昂贵、舒适的客栈，迁往宏兴客栈。这是一家专供穷学生居住的便宜客栈，每日只交三四毫钱即可付清房饭钱。不过这家客栈的居住条件确实很差，它夹杂在一条终年潮湿不堪、腥臭熏天的小巷里。这小巷，是专门经营水鲜海味的。由于经营海鲜的小贩们往往是楼下做铺面，楼上住家，所以一走进巷子，脚下就是黏糊糊的泥水，头上则飘着住户们晾晒的像万国旗似的衣裤，空气中从早到晚都弥漫着一股鱼虾的腥臭。自幼酷爱干净整洁的戴春风虽然厌恶这种环境，但为了最终目标，他咬着牙忍受着，每天坐在那狭小且架着两张上下铺的客房内埋头复习，自学那些初中生才学的数、理、化等功课，不懂的地方就向住宿在这里的初高中学生请教。那些十来岁的小青年们知道这位已为人父的老大哥是来报考黄埔的，也都愿意帮他的忙。凭着戴春风的聪明和勤奋，三个月时间内，他总算把该考的功课都学习了一遍。然而，他身上那本来就不多的钱也花光了。他几次想卖掉那支金簪，却又有点舍不得。这金簪能使他想起十多年前的新婚之日，想起夫妻之间的情爱，想起妻子对他无微不至的体贴和殷切的希望。每当他在这人地生疏、语言不通的南国感到孤独、寂寞之时，看看这支黄澄澄、沉甸甸的金簪，他心中就会感到一丝温馨，一缕安慰。在这茫茫的大千世界里，除去母亲之外，毕竟还有一位弱女子在关心着他，思念着他啊！所以，他决心不到万不得已之时，决不轻易卖掉金簪。然而交房饭钱的日期已近，囊中所剩无几，他便决心到码头或店铺去找些零活干干。可是，当时从各地来投考黄埔的青年成千上万，像戴春风这样囊中羞涩的青年又何止一人？谁不打算找份零活干干？更何况年已30的戴春风，早已非当年浪迹沪杭等地之时那放浪形骸的流浪汉了，他如今显得清癯、白皙、老成持重，倒很像一个文弱儒雅的教书先生。码头的重活没人找他干，店铺的零碎杂活，不便让他干。所以他找来找去，都被对方客气地拒绝了。

不过，戴春风并不因此而气馁。广州的革命气氛如同兴奋剂，总使他兴奋不已。特别是这年7月，他从传单、标语上得知了北伐军已挥戈北上并节节胜利的消息，就更加激动了。北伐宣言上不是说，中国人民一切困苦之总原因，在于帝国主义之侵略及其卖国军阀之暴虐吗？如今北伐的目的和任务不就是要“剿卖国军阀之势力，建设一个人民的统一政府”吗？只要北伐军节节胜利，那么成立一个属于人民的、没有军阀统治和帝国主义侵略的统一政府，不就指日可待了吗？他越想越兴奋，仿佛觉得一个崭新的为人民所需要的国家已经出现了似的。此时此刻，他遗憾的是自己没能早日来到这里，没能赶上参加北伐战争。但他坚信自己考上黄埔之后，将会大有用武之地。眼下，当务之急乃是考上黄埔，只有考上黄埔，自己的理想、抱负才能得以实现，将来才有面目回去见妻子、母亲和好友柴鹿鸣。所以，他抱定决心，无论等多长时间也不能打退堂鼓。然而愿望终归是愿望，现实终归是现实，眼下怎么办呢？

这天，戴春风在外奔波一日，仍然一无所获。由于交房饭费的期限已过了五六天，老板娘早已停止供应他的伙食，他不得不天天去门外的小饭摊上花两个铜板买包荷叶饭或腊味饭充饥。他刚走到客栈门口，不意遇见了面色沉沉的老板娘。由于天热，那胖得像面口袋似的女人，穿着一身短肥短肥的玄色香云纱裤褂，一手叉腰，一手拿着把大蒲扇不停地扇动着。一见戴春风，她就似笑非笑地说道："戴先生，现在总该交房饭钱啦！不然，我这小客栈可赊不起啊！"

"师徒婆，你就再宽容几日吧，我不在店里吃饭，只占个床位！"戴春风学着广东话称呼她，并和颜细语地向她解释。

不知是戴春风的江山口音让老板娘费解，还是由于没能要到钱让她恼火，总之戴春风话没说完，她便横眉立目地用蒲扇指点着戴春风嚷道："先生，我这不是济贫院，今天不拿出5块钱房钱，就从这里搬出去吧，不要在这里要无赖……"

老板娘的吵嚷声引出了好几个青年学生，他们好奇地打听着。老板娘仿佛更来劲儿了，吵嚷得更凶。

"你，你怎么这么说话？我又不是想赖你的账，不过让你宽容几日嘛！明天我一定把钱给你就是了！"当着这些年轻娃娃的面，被她如此羞辱，戴春风顿时脸臊得通红，他决心一会儿就上街去卖掉金簪。

老板娘仍然不依不饶地嚷道："不行！你今天就得把钱拿来！"

"行啦！这5元钱我替他付了。"围观的人群中一位个子瘦小的青年见戴春风被老板娘逼成这样，很是同情，便毫不犹豫地掏出5元钱塞在老板娘手上。那女人见了钱，铁板似的胖脸顿时烟消云散，似笑非笑地嘟囔句什么，扭扭地走了。这突然的变化，戴春风是万万没有想到的。此时他仍气得发蒙，只认出这青年是头一天才住进他隔壁客房的新客，却想不起应该向他道谢，就愤愤地一甩袖子走了。直到他在街口找了个钱庄，把金簪卖掉，换了几十元钱之后，才想起应该好好地谢谢那位青年。

当天晚上，他轻轻地敲开了隔壁的房门。

客房内，那瘦小的青年正与另一位身材粗壮的青年一起在灯下促膝而谈，见戴春风进来，便都站起身来招呼他，并主动地做了自我介绍。原来他俩也是来报考黄埔军校的。瘦小的青年叫徐亮，江苏无锡人；另一个青年叫王孔安。他们都是听到北伐军相继在湖南等地取得辉煌胜利之后，才偷偷跑出家门来投考黄埔的。三人一见如故。因为戴春风比他俩年长好几岁，显得较为老练持重，所以徐、王二人都尊他为兄长，那日之后，便与他形影不离。

由于北伐军的节节胜利，全国各地投奔广州的青年骤然增多，军校入伍生部终于定于8月底、9月初招考第六期的第一批学员。考场就设在广州惠爱东路的中山大学，先口试，后笔试。口试的题目因人而异，笔试的内容却是相同的：作文、数学、理化等。试毕，戴春风自以为考得不错。口试时，主考老师问完他的经历后，问他为什么要报考军校？他的回答简洁有力："国家兴亡，匹夫有责。"老师表示满意。可是他却不知道自己的笔试太差劲。他毕竟初中只上了三个月，数、理、化没基础。更不幸的是，他对新三民主义的内容，以及什么《建国大纲》《建国方略》《中国国民党第一次全国代表大会宣言》等书，看都没看过，而作文的试题便是《试阐明三民主义为何能救中国》和《三民主义之主要内容是什么？》。他对旧三民主义倒是背得挺熟，所以只能用“民族、民权、民生”等观点来阐述。

发榜之日，戴春风与徐、王二人一道，同去看榜。三人既紧张又兴奋。结果，徐、王二人均榜上有名，俩人忘情地拍手蹦高，欢呼起来。而戴春风前前后后看了两遍，也没找到自己的名字。他原来那带着笑意的长脸渐渐地变红了，继而又变白，最后他整个人就像木头似的僵立在那里。从离家到考试、发榜，整整等了近半年之久，他万万没想到竟会是竹篮打水一场空……

“春风兄！还没找着？不会吧？我们再帮你找找！”徐亮高兴了一阵，猛然发现戴春风神情不对，立即意识到什么，连忙拉过王孔安帮着查找，担心戴春风看落了。

戴春风知道他们二位是真心关心自己，但事实已如此，谁也帮不了他的忙。他愣了一阵，趁二位到一旁看榜之际，便转身往回走。此时此刻，他脑海里变得一片空白，他不知该怎么办，也不知该往哪里走。不知什么时候，徐、王二人追上了他，悄悄地跟在他的身后，默默地走着。到了拐弯处，戴春风才发现他俩，见他俩为自己的落榜而垂头丧气，心里很感内疚。他强笑着搂着二人的肩膀说：“走！我请两位老弟喝酒去，为你们庆贺一下。”

“春风兄，改日吧！我们……”徐亮知道，这是戴春风不忍让他俩扫兴，才故作欢颜，所以极力推辞。

“我看喝两杯也好！放松一下，再想想办法。春风兄盼了半年，不能就这样打道回府啊！”王孔安似有所思地说道。

“唉！我看也没脸面回去了，不行的话，就到北伐军中去当兵算啦！”戴春风觉得已无路可走。说着，他们进了家小酒店。

“春风兄，不能泄气啊！孟子曰：天将降大任于斯人也，必先苦其心志，劳其筋骨，饿其体肤，空乏其身，行拂乱其所为嘛！”徐亮故作轻松地说笑着，想以此来宽慰戴春风。说到此，他像突然想起什么似的，比手画脚地冲戴春风说：“哎呀，我们怎么就没想到！春风兄，你可以再考一次嘛！我们帮你补习！如何？”

原来，第六期入伍生第一批招考时，北伐军已攻占了汀泗桥、贺胜桥。这是打败直系军阀吴佩孚的决定性的两次战役。就在这捷报频传之际，中国共产党为了促使北伐战争胜利发展，发表了《对于时局的主张》一文，号召全国人民热烈响应和支持北伐军。这样一来第六期第一批学员刚考完，各地来报考的青年又有不少，军校入伍生部决定9月底再招考第二批学员。这消息戴春风等人都知道，但他们原指望一次考中，并未放在心上，刚才一见戴春风落榜，都有些发蒙，便谁也没想到这一层。经徐亮这一提醒，戴春风心中顿时为之一亮，但他并不马上表现出自己的心情，反而有所顾虑似地说："再考一次？让他们认出来怎么办？"

"嗨！你不会改个名字！那么多人，他们哪能认出你？"王孔安一旁出着主意。

"对！改名字！改个有意义的。春风这个名字既不好听，又有点像女人名字……"徐亮也在一旁喋喋不休地说着。

于是三人围绕改什么名字讨论起来。戴春风看到这两个好朋友如此为他着想，并不因他俩高中，自己落榜而轻慢自己，深感友谊之珍贵。蓦地，他想起了《风土记》上的一段话："卿虽乘车我戴笠，日后相逢下车揖。我步行，君乘马，他日相逢君当下。"旋即，宋代孔平仲赠张天觉的诗也涌上心头："万世倏忽如疾风，莫以君车轻戴笠。"这两句古诗文均言朋友之交不能以贵贱相论，其中"戴笠"者乃代表贫贱之人，正如他自己眼下的处境。戴春风心想，若改名字，何不就改为"戴笠"二字？既能纪念今日与徐、王之友谊，又能告诫自己交朋结友不能以贵贱而论。戴春风把自己的想法一说，徐、王二人均拍手称妙。

"这名字不错，很有诗意，很高雅。听人说，人的名字可重要啦，有人一改名字，顿时就时来运转！"王孔安边喝酒，边发表自己的高论。

他的话一出口，戴春风脑海里立即闪现出当年报考衢州联合师范时，集市上那算命先生说过的话："你虽属'双凤朝阳'格，而且五行中金、木、火、土齐备，但命中缺水，有偏枯之象……你须将名字改为带'水'字的，方可逢凶化吉，大展宏图……"

想到此，戴春风觉得算命先生的话或许有一定的道理。当初自己不愿听他的，不肯改个名字，命运一直不济，如今何不按他的说法改个与"水"有关的名？他喝了两口酒，稍加思索后笑着对徐、王二人说："我想好啦！再报名时，我就这样写：姓戴名笠字雨农。以前算命先生说我五行缺水，要用名字补，这'雨农'想必'水'是够多的啦！"说完，他自嘲地哈哈大笑起来。其实，此时此刻他对算命先生的说法还是半信半疑，只是觉得既然现在不得不改名字，何不按他的说法去改呢？人到穷途末路之时，难免要讲点迷信了。打这以后，戴春风便正式改名为戴笠，字雨农，并以此名又一次参加了黄埔的考试。

一个多月以后，黄埔六期第二批招生考试发榜，戴笠名列前茅。他本人自然是欣喜若狂，徐、王二人亦为他高兴，并不时地跟他开玩笑说："春风兄，哦，不对！应该是雨农兄！你这一改名字，果真是时来运转啦！"大概这就是命吧，此时，他似乎对这一点也深信不疑了。

黄埔第六期共招收了4400人，徐、王二人被分配到伍生部第六期一团二营七连；戴笠被分到伍生部直属团十七连。当他们领到新发的军装时，都忍不住立即穿上，在镜子前面照来照去地自我欣赏。五六期的学员比前几期神气，他们发的是苏式黄卡叽布军装，再配上宽皮带、大壳帽，确实威风。年轻的学员们是在欣赏自己身着军装的英姿，而戴笠却把这身军装看成是一对供他腾飞的翅膀。他强烈地意识到，一切都刚刚开始，自己必须处处小心，步步留意，不能有些许差错。记得当年那位算命先生解释小黄雀啄出的那张黄纸签上的话“一遭逢暴雨，绝非池中物”时曾说过：“你将来一旦遇着贵人提携，或是好的机遇，就一定能飞黄腾达，决不会久居人下……”如今，“贵人”虽未遇上，但这震撼全国的北伐运动，不就是一场暴风骤雨吗？不就是自己腾飞所需要的“暴雨”吗？如今自己考上黄埔，不正是一个腾飞的绝好“机遇”吗？他越想越兴奋，越想越觉得自己应特别珍惜这寻觅多年的绝好机会。他暗暗下定决心，要紧紧抓住这个将彻底改变自己命运的良机，即使吃尽千辛万苦，只要最终能实现自己多年的理想和抱负，也在所不惜……

至于徐亮、王孔安二人，日后都成了戴笠的忠实部属。当然，这是后话。

六 韬光养晦思凌青云 茅塞顿开方识“贵人”

黄埔军校位于广州之南三四里处的珠江中流的黄埔长洲岛上。该岛20里见方，一座高山面江而立。山的西头被称为平岗，有军校创建的平岗疗养院；东头为蝴蝶岗，岗上筑有几座炮台，可俯瞰珠江来往船只，并与珠江对岸的新洲炮台、鱼珠炮台遥遥相望。若是站在蝴蝶岗上，背江而立，黄埔军校校本部的大操场、大礼堂、军械库，以及教学楼和宿舍楼，都会尽收眼底。黄埔军校实际上用的是原广东陆军学校和海军学校的旧址。孙中山先生创办军校之前，这里早已是一片废墟。后来在廖仲恺先生积极筹款加上苏联的经济援助下，逐渐修缮发展到了这种规模。

戴笠等第六期的入伍生初次来黄埔时，乘坐的是一艘“大南洋”号轮船。该轮沿江行驶约一小时左右，就到达了黄埔码头。码头呈“工”字形，一律由洋松木建造。码头的水位很高，据说建校之初，苏联军舰运枪械来时，还能在此停靠。戴笠等人一上码头，抬眼就看见了黄埔军校的正门。正门门楼为灰色的水泥门墩，门楣上悬挂着写有“中央军事政治学校”几个醒目大字的校牌；门两边则有一副新书写的对联：“升官发财行往他处，贪生畏死勿入斯门。”看到这副对联，站在这军校的大门口，人人都会产生一种神圣而庄严的责任感和一种难以抑制的激情。不过，更使戴笠热血沸腾的是第一次聆听教育长方鼎英和政治部主任熊雄的讲话，以及集体举行的入党仪式。

方鼎英、熊雄二人在讲话中都一再强调孙中山先生的遗训：“……要用这个学校内的学生做根本，成立革命军。诸位学生就是将来的革命军的骨干，有了这种骨干，成了革命军，我们的革命事业便可以成功……”“革命事业就是救国救民。我一生革命，便是担负这种责任。诸君都到这个学校内来求学，我要求诸君从今天起，共同担负这种责任……”

这些话夹杂在教育长和主任的讲话之中，一般学生往往没太留意，而戴笠却紧紧地抓住了这几句话。他强烈地意识到，自己再也不是一个无声无息的山野村民，而是一名担负着救国救民重任的革命军人了；自己再也不能像以往那样只想着如何出人头地、光宗耀祖，而应真正以国家民族的兴亡为己任。他越想越觉得心里荡漾着一种神圣的责任感和自豪感。

不久，当他们第六期学生在校党部委员的带领下，面对着孙中山先生的遗像和青天白日的国民党党旗举手宣誓，集体加入国民党时，那种责任感和自豪感又一次更强烈地袭上他的心头。他觉得自己的人生价值又一次得到了升华。其实，当时的集体入党仪式完全只是个形式。许多20来岁的小青年还完全沉浸在新入伍时的新奇、兴奋之中，甚至有些人事后连自己是否加入过国民党都说不清。但戴笠则不同，他在文溪高小时就阅读过有关孙中山先生事迹的《神州光复志》一书，对孙中山和他所领导创建的国民党佩服之至。不过那时他才是一个十几岁的少年，参加国民党，跟随孙中山闹革命，那只是个可望而不可及的梦。但如今，这梦终于成了现实，他能不珍惜？另外，他所在的直辖团里，他比其他同学年纪都大，在那群活蹦乱跳的青年同学中间，他总有一种时不我予的紧迫感。过去的十多年已蹉跎而过，如今他必须珍惜这具有重大意义的岁月，他要从每分每秒中抢回以往流逝的时光。还有一点就是，戴笠曾亲身经历过学兵营的生活，以及卢永祥统率下的别动队生活，他深切地感受到，在中国这片土地上，黄埔这样具有浓烈的革命气氛、高昂的革命热情、严格紧张的军事训练、艰苦朴素的生活作风的军队，是独一无二的，是会无往而不胜的，所有的军阀，都将拜倒在这支生机勃勃的崭新的革命军队面前。所以，入黄埔后的戴笠与过去相比，简直判若两人。他不再浮浅地夸夸其谈、大出风头、滥交朋友，也不再哗众取宠、乱凑热闹，而是沉默寡言，少说多听，多观察，多思考，竟被不少同学认为是个不苟言笑的乡巴佬，或是个老成持重的老夫子。

第六期入伍生在校本部集中几天之后，就开往广州燕塘营房驻扎。燕塘营房的条件比校本部相差甚远，宿舍、教舍均是茅草盖顶的竹棚，床铺也是竹子绑成的二层铺。躺在床上就跟躺在野外差不多，四面通风。条件虽说是很艰苦，但学员们个个精神饱满，毫无怨言。不过正式训练开始以后，有许多人就吃不消了。按新兵教育规定，新兵以操场训练为主，每天除早操外，必须操练四个小时。这四个小时的立正、稍息，摸、爬、滚、打，活动量是相当大的。这种训练无疑是培养军人体力、意志必不可少的环节，也是对入伍生最严峻的考验。在这种严格的训练下，许多身体差、意志薄弱的青年，往往就被淘汰了，还有的病倒了，甚至还有个别的开了小差。戴笠虽属壮年，也常常感到力不能支，但他牢牢记住孟子的那句话：“天将降大任于斯人也，必先苦其心志，劳其筋骨……”无论多苦多累，他总是咬牙忍着。而且闲暇之余，他就苦读教材，并认真研读了《曾文正公家书》《曾胡治兵语录》和《俾斯麦传》。因为他听说校长蒋介石最佩服清末镇压太平天国的主将曾国藩、胡林翼和德国18世纪的宰相俾斯麦，很爱读曾国藩的著作和《俾斯麦传》。戴笠通过对这些著作的研读，渐渐摸出了蒋介石的一些执政思想。他觉得蒋介石重视黄埔军校，是受曾氏先“强兵”后“富国”主张的影响；而蒋介石率部东征、北伐，则如同俾斯麦当年推行铁血政策，发动丹麦战争、普奥战争、普法战争一样，是为了建立一个统一的政权，结束封建军阀割据的局面。他越来越崇拜曾国藩和俾斯麦，也越来越崇拜蒋介石。他认为曾氏与俾氏是古代的英雄，而蒋氏则是当今的英雄。特别是当北伐军胜利进军上海，打败了孙传芳，浙江等省已被北伐军所占领之后，他对蒋介石更是崇拜之至，认为蒋介石是当时中国唯一的当之无愧的统帅。

不过，戴笠并未把自己的想法轻易地说出来。因为当时共产党和国民党右派势力的思想斗争在学生中反映得非常激烈，而且入伍生部的主任和连队的一些领导、同学都是共产党员。军校内以共产党员为主的青年军人联合会和以国民党右派势力为主的孙文主义学会进行着激烈的斗争。他虽然没有加入孙文主义学会，但是他内心的天平是倾向孙文主义学会的。以往，他与共产党无任何接触和了解，所以一直认为孙中山创建的国民党才是唯一的正统的政党，而且他还听说，孙文主义学会实际上是在戴季陶理论的指导下诞生的。尽管他当时还没有看到过戴季陶所写的《国民革命与中国国民党》的小册子，但在个人感情上总觉得交易所那个善待自己的和蔼、斯文的同乡，总要比为工人、种田人说话的共产党人高明。不过，蒋介石既然按孙中山先生的新三民主义办事，实行“联俄、联共、扶助农工”的政策，自己又何必跟共产党作对？所以，一直到“四一二”蒋介石推行“清党”政策前夕，他都是抱着一种冷眼旁观、深藏不露的态度。一直到“四一二”前一个来月，三期毕业的胡靖安、陈超等出现之后，他才渐渐地把自己真实的思想暴露了出来。

1927年初，由于前几期的学员大都上了前线，维持广九沿线治安的责任就落在了第六期入伍生的肩上。戴笠所在的十七连和其他三个连队，被派往东莞，边维持治安，边操练。这正是初春的黄梅季节，阴雨绵绵，除了站岗值班的学员外，大都在营房内休息，看书。这天，连长带来两个中年军人，其中一人矮小而强健，另一位较高且白皙。连长介绍说：“这二位是我们的三期的学长，老大哥，现在是入伍生部的监察干部，特地来连队了解情况的。同学们有什么问题，都可以跟他们谈谈。”后来，那个矮个子自我介绍说，他叫胡靖安，而另一位叫陈超。

胡、陈二人在连队住了几天，分别找一些同学谈话。这天，戴笠正坐在宿舍看《曾文正公家书》，胡靖安大咧咧地走过来笑道："老弟看什么书？"当戴笠把书的封面翻给他看时，他满意地说："嗯！不错，这正是校长爱不释手的书。怎么样？你看后有什么想法？"

戴笠不知他的来历，也不肯轻易表态，故避重就轻地说："我觉得文正公的父亲可是个了不起的人物。天下人恐怕也只有他有资格写出那样的对联。"说着，他便微微摇头吟道，"粗茶淡饭布衣裳，老夫享了；齐家治国平天下，儿辈为之。"

"说得对！若无曾麟书这位博学多才的老夫子，恐怕也教育不出曾国藩、曾国荃这样的儿子哟。要不然，校长怎么对曾氏父子推崇备至呀！"胡靖安见戴笠谈吐不俗，一副城府很深的样子，很是欣赏。

戴笠见他每句话都离不开"校长"，仿佛他与校长挺熟似的，心里就有了几分底。当胡靖安问他毕业后打算干什么时，戴笠立即毫不犹豫地大声说："我想给校长当警卫。"

他的话一出口，周围的一些同学不禁哈哈大笑起来，有人甚至嘲讽地说："雨农啊雨农，你也太没出息啦！校长培养我们，难道只是让我们去给他端茶、递水、扫地、当听差？"

"这有什么不好？校长统兵打仗，日理万机。他一身系革命成败、国家安危、民族存亡，还有比卫护校长安全更重要的吗？我若能给校长当听差，就是莫大的荣幸！"戴笠竟毫不脸红，回答得理直气壮。

在座的同学大都嗤之以鼻，而胡靖安却认为戴笠正是他要找的联络对象。他认为，只有像戴笠这样崇拜蒋介石的人，才是值得信任的人。所以，他暗中送给戴笠一本戴季陶写的反共小册子《国民革命与中国国民党》，叮嘱他不要让其他同学看见，并让他暗中注意连队里共产党员的活动，及时向他汇报。

戴笠对胡靖安的举动和谈话，深感惊慌。此时此刻，他还不愿卷入学生中间的两种思想的斗争旋涡，而且他早就听人说过，国民党第二次全国代表大会上曾批判过戴季陶，说他"未经中央委员会许可，即以个人名义发布《国民革命与中国国民党》一书，以至发生不良影响，惹起党内纠纷……"并要"促其反省，不可再说，禁止三年不得作文字"。所以戴笠尽管个人感情的天平倾向戴季陶，但他还不想以自己的前程去冒这个险。他犹豫地指着那小册子对胡靖安说："这小册子，听说是反中山先生新三民主义的。校长不是也反对这小册子吗？"

"老弟，你别太迂腐啦！校长反对？为什么那次会上开除了谢持、邹鲁的党籍，而戴先生却能仍当他的国民党员、宣传部长？不瞒老弟说，校长让我和陈超从武汉返回军校，不是没有目的的。你按我说的办，不会有错。当然，你不要轻易暴露自己……”胡靖安仿佛看穿了他的心思，便启发似地点了点他。

戴笠的脑子是何等机敏！他一听是校长让胡靖安返校并传达其旨意的，便立刻想到，那么胡氏一定是蒋校长的人了。于是他毫不犹豫地接受了胡靖安派给他的任务，一发现共产党学生的活动，就立即报告，并且连那些常接近共产党的学生、常看《向导》《中国青年》的同学，也都被他汇报到了胡靖安那里。

说起来，胡靖安还真是蒋介石派回广州的。原来，蒋介石率北伐军挥戈北上之后，总担心共产党乘机掌握他苦心经营的黄埔军校。他曾一度把思想左倾的教育长邓演达调往前线，改派方鼎英为教育长。方鼎英是个典型的军人，以服从命令为天职，易于驾驭。不过方鼎英毕竟是个忠厚长者，对于学生，无论是共产党还是国民党，都一视同仁。因此，蒋介石还是不放心。北伐军到达武汉之后，他立即派自己心爱的学生胡靖安、陈超等人遄返广州，暗中联络非共产党学生，监视或限制共产党在军校的活动，为日后的“清党”做准备。所以，胡、陈等人方敢于有恃无恐地四处活动。

戴笠跟胡靖安挂上钩后，除对连队中的共产党员暗中监视、及时汇报外，还认真地学习了戴季陶的那本反共小册子。他对书中所宣扬的“共产主义不适合中国国情”，共产党“害了空想病”，是一群“无政府主义的信徒”，以及反对国共合作，反对工农进行阶级斗争，把共产党视为“癌肿”等观点，均能接受，而且觉得言之有理。与此同时，他也意识到国共合作的局面迟早会破裂，因此，对后来的“四一二”清党之事，戴笠毫不惊诧。

这是4月15日的清晨，起床号像往常一样划破寂静的晨雾，入伍生们像往常一样迅速、紧张地用不到五分钟的时间起床，整理内务，跑步到操场集合。灰蒙蒙的晨雾中，连长的脸沉得像块铁板。他目光犀利地扫了一眼整齐排列的学员，声音低沉而冷峻地宣布：“共产党阴谋暴动，在东莞成立了军事委员会。现奉校长命令，进行清党。凡共产党员者，向前三步！”

连长宣布之后，操场上顿时像死一般寂静。大多数入伍生都被这突如其来的情况搞蒙了。大家大眼瞪小眼地面面相觑，戴笠却毫无表情。

“是共产党员的站出来！”连长又一次命令。这时，队列里陆陆续续地走出了几个早已暴露了的共产党员。连长看了看这几人，又掏出一张名单，点了十来个人的名字，让他们也站出来。这些人大都是平日表现较活跃，与那几个共产党员关系密切的人。好多人都不明白为什么会点到他们，但戴笠心里清楚，这都是自己平日向胡靖安汇报时提到过的一些人。他们有的确实是与共产党员打得火热，而有的只是看过共产党办的《向导》《中国青年》等杂志。后来，这些青年都被带走了，有的关进了监狱，有的被集中囚禁到了珠江中流停泊的两艘轮船上。戴笠对他自己的第一次告密，开始还有些不安，但很快在胡靖安等人的影响下，渐渐释然了。不久，胡靖安被蒋介石任命为入伍生部的政治部主任，并取得了军校清党委员会的权力。他利用职权胡作非为，凡是他平日看不惯的入伍生，就捏造个莫须有的“共党嫌疑”的罪名，把人押起来，搞得学校乌烟瘴气。

此时，第六期入伍生第一期训练期满，调回到校本部进行考试。考试及格者方能继续分科学习。这期入伍生最初共招了4400名，到分科学习时，只剩下了1500多人。那两千多人有病退的，有开小差的，有清党后被捕的，也有考试不及格被淘汰的。戴笠总算考试及格，得以升学。与此同时，蒋介石因考虑中原作战需要骑兵，故电令黄埔第六期增设骑兵营，戴笠等300名体魄强壮的学员便被选入。骑兵营中的戴笠，自以为比同期学员又高了一等，加之有胡靖安等人的赏识，胆子也越来越大了。他一改以往被动、谨慎的态度，主动进取，开始发挥自己那压抑已久的演说才能，大谈对局势的看法，大谈清党的必要性，大谈国共两党破裂的必然性，其理论依据不外乎是戴季陶的那一套。他的这些演讲，倒也吸引了部分同学，更得到了清党后被国民党右派把持的校党部的赞赏，不久就被推选为骑兵营的党部执行委员。这项任命虽说无足轻重，但在戴笠的心目中，这也和胡靖安一样，是他实现梦想的一个阶梯。

然而，好景不长。由于胡靖安、陈超等人自恃有蒋校长撑腰，多行不义，他们不仅滥抓学员，连教育长方鼎英也不放在眼里。他们在《黄埔日刊》上连篇累牍地攻击他，说他有意放走共产党员、原政治总教官并任校政治部主任熊雄，破坏清党。方鼎英很恼火，但他知道胡、陈是蒋介石偏爱的学生，对他们也无可奈何。不久，方鼎英接二连三地接到许多被胡靖安等人陷害、关押的学生的求援信。看到学生们那求生不能、求死不得的诉说，这位忠厚长者忍无可忍了。他亲自跑到南京，向蒋介石提出辞呈，若不获准，他便要对胡靖安等人实行纪律制裁。此时，蒋介石已因清党而遭到国民党内许多进步人士的反对，南京、武汉实际上已成分裂之势，他自顾不暇，自然不会为一个学生而得罪方鼎英这位日本陆军士官学校的老同窗。他安抚方鼎英说：“你是教育长，对学生和军校的任何问题，都可以照章处理嘛！”

方鼎英有尚方宝剑在手，于是返校后立即决定制裁胡靖安等人。胡靖安闻讯，便销声匿迹，逃往南京，投奔蒋介石去了。戴笠怅然若失。胡靖安走后不久，戴笠所在的骑兵营亦奉蒋介石之命开往苏州集训，离开了黄埔。

一路上，戴笠对自己的前途还是充满了信心。他觉得自己作为蒋介石所偏爱且仅有的一个骑兵营的成员，将来必受重用。况且骑兵营300名学员中，自己岁数最大，也深得营长沈振亚的赏识，若有提升之机，定能平步青云。

然而，事与愿违。骑兵营到达苏州不久，蒋介石迫于各方面的压力，采取了“以退为进”的策略，于1927年8月14日在上海发表了“辞职宣言”，并带着自己的亲信侍从返回了老家浙江溪口。这就是蒋介石的第一次下野。

蒋介石一下野，刚刚组建不久的骑兵营，便如同孩子没了娘，行政上无处接洽，经费也无处领取，沈营长急得像热锅上的蚂蚁。他与广州校总部联系，得到的回答是，“离校学员的安置、经费问题，尚在研究之中”，让他们先自己设法解决经费问题。沈营长觉得这种局面应及时向蒋介石汇报。蒋介石虽然下野了，但毕竟还是他们的校长。而且，蒋介石只不过辞去了革命军总司令之职，并不等于永不参政。所以，他便特意派了他最赏识的戴笠和另一个学员，代表骑兵营去溪口陈情，希望蒋介石早日复职。

戴笠虽然对蒋介石的下野感到很震惊，但他也同沈营长一样，认为像蒋介石这样的大人物不可能一蹶不振，自己若能在他危难之际，向他表示忠诚，一定能给他留下极深的印象，这对自己将来的前途肯定有好处。这就如同孙中山先生被陈炯明逼离总统府，在永丰舰上避难时，蒋介石跑去追随左右，从而得到孙中山先生的信任和重用一样。他明白，自己此行必将取得意想不到的收获。

溪口乃浙江奉化县一个小镇，距宁波不过三四十公里，并有公路直达镇上。全镇六七百户人家，大都居住在沿剡溪北岸的一条三里多长的街旁。街上多为平房，间或有几家杂货店、米面店、饭铺和茶馆。蒋家的丰镐房为一处二层木楼的庭院，位于这条街的东头，大门面街临水，并与对岸的笔架山遥遥相对。

戴笠等人到达之时，蒋介石已去了附近的四明山雪窦寺。蒋介石的长兄蒋锡侯，让副官安排他们在丰镐房住下。戴笠以为蒋介石不屑见他们这些无名小辈，故以去寺庙礼佛为托词，便疑惑地问那副官：“校长也信佛教？”

副官笑道：“太老夫人和毛氏夫人，都是虔诚的佛教徒，校长自幼就信。”他说着，看到戴笠疑惑的目光，又接着说，“校长每次回来都要去雪窦寺跟太虚法师单独谈好长时间呢。这次校长要在那里静憩一阵子。”

“哦！我们有事想向校长汇报，什么时候可去晋见校长？”戴笠担心这次又见不到蒋介石，颇为着急地问道。

“放心！你们今天就在这里歇息一下。如果愿意，明天可以先拜谒一下太老夫人的陵墓，然后，径直去雪窦寺。”副官似乎很理解他的心情。

次日，戴笠等人在丰镐房吃过早餐，便请一名卫士陪他们去拜谒蒋母陵墓。戴笠早就听人说过，蒋介石非常孝敬母亲，母亲去世后，他曾为其修了一座很大的陵墓，并请孙中山先生及汪精卫、胡汉民等国民党元老题写墓碑、墓志。戴笠如今既然到了溪口，哪有不去拜谒之理？

蒋母陵墓位于溪口白岩小鱼鳞岙中垄，从丰镐房到那里要走很长一段路。路上，戴笠掏出高级香烟请卫士抽，并尽量地恭维他，想从他嘴里多听到一些有关蒋介石的情况。

这位卫士并未因主子下野而沮丧，他深知这下野是假，以退为进是真，来日还要大展宏图的。更何况他早已得知，蒋介石不久将去日本，并已决定带上自己和另外20名卫士一同前往，让他们去日本学习军事，将来学成回国，还愁不受重用？所以，他现在的心情比以往任何时候都要兴奋。此时戴笠只提了个头，他就滔滔不绝地把自己知道的一些有关蒋介石的情况，以至一些逸闻轶事通通倒了出来。他从自己如何当上蒋介石的警卫讲起，一直讲到随蒋东征北伐，就连即将随蒋去日本学习之事也一一道来，说得戴笠羡慕不已，悔恨自己去黄埔太晚，错过了许多接近蒋介石的良机。后来，卫士还讲了一件蒋介石在北伐中的求签之事，这又使戴笠想到，凡事都是命中注定，不可强求。

原来，北伐军包围南昌之时，总司令部设在南昌城外的牛行车站附近。这天傍晚，蒋介石与参谋长白崇禧外出散步，遇见一座关帝庙，便信步走了进去。此时，一位老和尚从大殿迎出，见蒋介石等人身后跟着几名卫士，知道是大官，立即笑着迎至大殿，并吩咐身后一个小和尚看茶。蒋介石笑着摆手制止。他见香案上放着一个签筒，便含笑上前，一言不发地从中抽出一根签，交给老和尚，问战争胜败。老和尚看签后，笑道："恭喜长官，战争大吉大利。"说完，他又看了看签，接着说，"但有一句话很重要，要预防'剪刀叉'。也就是说，要防止切断后路。"蒋介石点点头，又俯耳副官，让他送给老和尚200元钞票。回到营地，他即让白崇禧调两团预备部队，靠近总司令部。事也凑巧，第二天夜里，守南昌城的孙传芳部属卢香亭师即派出一部分军队前来袭击总司令部，企图切断后路。当时，预备团尚未到达，只有蒋、白二人的两个卫队进行阻击。战斗打得很激烈，蒋介石卫队的副队长被打伤，白崇禧卫队的队长被打死，幸亏头天白崇禧遵蒋之命调来的两个预备团及时赶到，才很快结束战斗，卢部死伤惨重，还被活捉了1000多俘虏……

听完卫士有声有色的叙述，戴笠等人不禁失声叹道："真是天助校长啊！命中注定，校长不该遭难！"

"那还用说，总司令即便不是'真龙天子'，也是庙堂有德。"卫士越说越来劲，"不信？你等下看看太老夫人的墓穴，就清楚了。"

蒋母陵墓确实修筑得十分气派。一色花岗石墓碑和围栏，孙中山先生题写的"蒋母之墓”四个大字赫然在墓碑之上，十分醒目。墓碑上方横刻“壶范足式”四个小字，两旁题有“祸及贤慈，当日梗顽悔已晚；愧为逆子，终身沉痛恨靡涯”的对联，为蒋介石自撰，张人杰书写。另外还有一方由汪精卫、胡汉民撰文，大书法家沈尹默书写的墓志铭，亦是别具一格。戴笠等人观赏片刻，即走到墓碑前，毕恭毕敬地对着墓碑三鞠躬，然后四周环顾一番。只见北面山峦由远而近，层层叠叠，似长龙般蜿蜒而来，到了墓前则微拱起一座小丘，直通山巅，有如游龙之龙头；陵墓的西面山峦一直向东环抱，又掉头向南方奔腾而去；而墓穴的东面则有曲折如飘带般的剡江从南飘来，又转向东南飘去……

“好一处山环水抱的幽胜宝地！”戴笠脱口赞道。他突然想起卫士刚才的话，又接着问道：“这墓穴可有何说道吗？”

卫士笑道：“我等肉眼凡胎，自然看不出墓穴的奥妙。但据太虚法师说，太老夫人的陵寝位于龙脉之上。你看这连绵而来的山峰，不像一条长龙？”他指指北面的山峦，又指指墓前的小丘，接着说：“你看这小山包，像不像一尊大肚弥勒佛？有印山，有明堂。太虚法师说，这墓穴正好在弥勒佛的肚脐上。这里是一方天设地造的宝地，风水极好，子孙后代必大显大贵。”戴笠听了，觉得颇有道理，连连点头称是。而同来的另一个学员却略有所思地问：“照这么说，校长应是一帆风顺，平步青云才是。可如今好端端的却又要引退辞职，这……”

“嗨！这算什么？太虚法师讲，从校长的生辰八字来看，今年是流年不利，犯天狗星，交秋之后冲动，不死也伤。不过校长正在行运，后福无穷，决不碍事，一两年之内必东山再起，权位至贵。这就叫‘飞龙返渊，腾骧在望’……”卫士不等对方说完，就抢过了话头，一副煞有介事的样子。

说者无心，听者有意。卫士这番有关求签算卦、风水八字的闲话，把个原本并不甚信神、不甚信命的戴笠说得心中暗喜。现在他倒宁愿信其有，而不愿信其无了。他认为，论公而言，只要校长能东山再起，实行宁汉合作，继续出兵北伐，就能打败奉系军阀，统一中国，建立统一的中华民国，这将是中华民族之大幸；论私而言，他自己作为黄埔生，定能受到重用，有所发展。而且按算命先生所说，自己亦是属“双凤朝阳”格，只要得到贵人提携，定能大富大贵。现在自己也已改名换字，弥补了命中五行缺水之不足，只是那命中的“贵人”却还一直迟迟未曾出现，莫非就是蒋介石吗？戴笠越想越兴奋，此行真乃天赐良机啊！他决心要在晋见蒋介石时，给对方留下个良好的印象。那么，提不提当年的上海交易所呢？戴笠反复权衡，却一直拿不定主意。

拜谒完蒋母陵墓，卫士即领着他们沿一条石板小径，直往雪窦寺而去。该寺乃四明山区的一座名刹，始建于东晋年间，寺庙规模不大，气势却非同寻常。它位于群山众壑之间，且有两道溪水从寺后的山顶蜿蜒而下，环寺两侧汇于寺前一荷花池中。远远望去，寺庙上下，云烟缭绕，真若蓬莱仙境一般……

“好一个福地洞天！”戴笠又禁不住大声赞叹道。

“这还用说，总司令每次返乡，必先在此小憩数日。”卫士说着，加快了脚步，并回头又说，“你们慢慢走，我先去通报总司令。”

卫士一走，戴笠等人无心观赏，也快步往寺庙走去。就要见到蒋介石了，戴笠心里又紧张又激动。他一个劲儿地告诫自己，见了校长切不可造次鲁莽，一定要给校长留下个好印象。

他们站在寺内两株约有四人合抱那么粗的白果树下，稍等片刻，卫士即来告诉他们，总司令同意接见他们。于是他们跟随卫士走过大雄宝殿，来到后院的一间禅房。只见蒋介石身着长衫，端坐一香案之侧，见他们进来，抬眼看了看。他们便毕恭毕敬地向他行军礼。只听老蒋低沉而缓慢地哼了两声说：“嗯，好，好！你们有什么事？”

戴笠立即双手递上沈营长及全营学员给蒋介石的陈情信，同时干脆利索地说：“我们恳请校长收回辞呈宣言，带领我们继续北伐！”说完，他即垂手而立，等候问话。蒋介石接过信，边看边点头，嘴角现出一丝难以觉察的笑意。

此时此刻，戴笠心中异常激动。他希望老蒋能认出自己，这样或许能很快就成为他的亲信；可同时，他又怕老蒋认出自己就是当年上海交易所里那个被陈果夫称为“小瘪三”的跑腿打杂的青年，这样，无论对自己还是对现已身居高位的蒋介石来说，都是很尴尬难堪的。自己最好什么都别说，一切顺其自然吧，他想。他恭顺地望着蒋介石，觉得他比交易所时期清瘦、憔悴了一些，但其英武之气，威严之态，却比当年更盛。

“嗯，嗯！很好！”蒋介石看完信，鼻子里哼了两声，然后，接着问，“现在骑兵营情况怎么样？”他平静地望着戴笠和另一个学员，看神情，他根本没认出戴笠来。

戴笠等向他如实汇报了营里的情况，表示对蒋的下野很难过，对骑兵营的前途很忧虑。蒋介石听后微微点点头，站起身，在室内踱了几步，沉思片刻，拖腔拉调地说道：“放心！困难是暂时的。你们都是我党的宝贵财富，会妥善安排的……”

正说着，一名副官进来报告说，张静江、吴稚晖求见。蒋介石说了声：“好！请他们在客房歇息，我就来。”说完，他转身对戴笠二人说：“回去告诉沈振亚，困难是暂时的，让他好好维持一下，会解决的。嗯，你们回去吧，谢谢你们。”

这几句话无疑是送客之意，戴笠等知趣地向蒋介石行了个礼，说声“校长保重！”便随一同前来的卫士走了出去。此时的戴笠心情很复杂，他既为自己参加黄埔后第一次见到蒋介石而兴奋，同时，也为这次见面太仓促，甚至可能根本没给他所崇拜的人留下任何印象而遗憾……

溪口之行并未解决骑兵营的经费困难。戴笠等人回营不出一个星期，沈营长已经窘迫得只能让自己的妻子变卖首饰来维持全营学员的菜金了。许多学员不忍让营长夫妻为难，纷纷设法自谋出路。戴笠正不知该怎么办时，突然接到家中来信，说他的族侄女戴学南在杭州因涉及共党嫌疑被关押，有生命危险，让他赶快去营救。而当时在浙江主持清党工作的，有他文溪高小时的同窗好友姜绍谟，于是，戴笠只好请假离开骑兵营前往杭州。连他自己也没想到，这次离开，他就再也没回骑兵营，甚至连黄埔第六期各科学员在南京举行的毕业典礼，他都没去参加。

七 落魄潦倒幸逢故旧 忍辱吞声奉献忠诚

与姜绍谟文溪一别，整整15年了。这15年中，戴笠绝大多数时间都在四处漂流，一事无成，好不容易考上黄埔，却又遇上老蒋下野。他离开骑兵营时，军衔只不过是个陆军中士。而姜绍谟却与他截然不同。他自幼勤奋好学，循规蹈矩，生活道路也平平坦坦，一帆风顺。早年，他离开文溪后即考上了衢州八中，接着又考上了北京大学预科班。六年之后，他以优异的成绩毕业于北大政法系，并在北京加入了国民党，从事秘密工作，曾一度被段祺瑞执政府通缉。1926年，北伐军胜利进军湖南之际，他与马叙伦等奉广东国民政府之命，返浙策反孙传芳部的浙江省省长夏超，并委任夏超为国民革命军十八军军长兼浙江省省长，姜绍谟则被委任为十八军政治部主任。虽然夏超反正不久，又被孙传芳部击败，但这对动摇孙部军心，瓦解士气，起到了不可忽视的作用。这以后，姜绍谟又转道福建，在何应钦率领下的东路北伐军总指挥部任少将参议，随军北伐。攻克杭州之后，他即被任命为浙江省党部委员、青年部部长，并参加西山会议派在上海召开的第二次全国代表大会，被选为候补中央执行委员。

“四一二”清党之后，姜绍谟更是官运亨通。他除担任浙江省省防军政治部主任、省立法政专门学校校长外，还被委任为浙江省清党委员会委员，负责情报、审查工作。他在当时浙江省的年轻人中间，可算得上是数一数二的头面人物。

戴笠对他的情况早有耳闻。尽管少年时期二人是情同手足的同窗好友，但如今，两人生活经历的差别，社会地位的悬殊，不能不使戴笠有所顾忌。所以，戴笠为救族侄女戴学南到杭州后，没有直接去找他，而是在杭州昭庆寺的黄埔同学会借住了两天，一直踌躇不决。

这天，他走出昭庆寺，决心去省党部找姜绍谟，探探情况。他想，如果姜绍谟不忘旧情，他就向他提出戴学南之事；倘若姜绍谟待自己很冷淡，就再想别的办法。他边走边低头沉思，突然听见有人在叫“戴春风！”他回头一看，不由愣住了。站在他面前的这个矮小精悍、佩戴上校军衔的年轻军官，不正是他的结拜兄弟胡宗南吗？尽管对方比过去黑瘦了一些，但他那对相距极远、又短又宽、且浓而粗的眉毛，以及那细长的双眼，是绝对不会错的。可他何时参加了黄埔？又何时晋升为上校？

“嘿！春风，连我也认不出来啦？”胡宗南见他张着大嘴，愣愣地盯着自己衣领上的上校领章，不禁笑了起来。

“琴斋兄，真的是你？这些年你到哪里去啦？你什么时候当上了上校？你现在在谁的部队里？你……”戴笠这才又惊又喜地紧握对方的双手，激动地连连发问。

“你呀，还是那么性急！你什么时候去黄埔的？”胡宗南笑着直拍他的肩膀。

“别提啦，我去年才考上黄埔第六期，还是考了两次才考上的。现在我改名叫戴笠，戴雨农。”

“哦！雨农？想不到我们俩还真是对难兄难弟呢！我考黄埔一期时，主考官嫌我个子不足一米六，复试时把我刷下来啦！气得我站在军校门口直哭。”胡宗南说到此，不好意思地摇摇头，两手一摊，颇为幽默地一笑。

“后来呢？后来怎么又考上啦？”戴笠性急地问道。

胡宗南故意笑而不答，望着他，见他那副性急的样子，便拍了他一巴掌，拉着他往寺里走去，边走边说：“后来，正好被军校党代表廖仲恺先生撞见。他问明情况后，立即给我写了张条子。我记得纸条上写的是这样几句话：国民革命，急需大批人才。只要成绩好，身体健康，个子矮点是不应该不录取的……下面还有几句，我记不得了。当时，我就把纸条给主考官送去，马上就被录取啦！唉！可惜，廖仲恺先生现在已经被人暗杀了，他可是个很有魄力的人……”胡宗南说到此，颇有点伤感的样子。

“是啊！不过，你总算运气还不错，不像我虚度到去年才报考。”戴笠颇有感触地说着。两人不觉来到了戴笠借宿的房间。戴笠与其饮茶之际，便把自己在骑兵营的情况，以及去溪口见老蒋等情景简单地说了一遍。

提到蒋介石，胡宗南立即来了情绪。他笑道：“说起来我也算是幸运的。我刚入黄埔不久，校长就找我谈话。你知道我第一次见校长时那样子才狼狈哪！我也不知怎么搞的，慌张得手也举不到帽檐上，两腿哆嗦得站不直。校长扑哧笑了，他说：‘胡宗南，你紧张么子？本校长又不会吃了你，快坐下吧！’校长当时还把手帕递给我擦汗呢！”说到此，两人都不由得哈哈大笑起来。接着他告诉戴笠，黄埔一期毕业后，他最早是任排长，后来跟着老蒋东征北伐，一直打到上海。如今他在一师一旅二团任上校团长……

不过，胡宗南有一点没好意思说出来，那就是由于他的原籍是浙江镇海县，距溪口仅几个小时路程，老蒋便将他视为最亲近的小同乡，总是不断地提拔他，以至仅仅几年工夫，就由小小的排长升为了上校团长。可是戴笠又是何等精明之人？他从胡宗南的叙述中，早已听出校长对胡宗南的偏爱之情。他既羡慕老友的好运，又叹息自己未能有此良机……

最后，胡宗南邀请戴笠到他的团部去当副官。但戴笠觉得这差使不可能得到很大发展，故婉言推辞说，他此行是专为救族侄女戴学南来杭州找同窗好友姜绍谟的。胡宗南一听，即鼓励他大胆前去拜访，不要多虑，并说他也有意结识一下像姜绍谟那样的政界朋友。当天下午，戴笠欣然与胡宗南一道，去找姜绍谟。

姜绍谟变化很大。早年那个圆头圆脑胖乎乎的、一双圆圆的大眼睛总是带着一抹腼腆的少年，如今已是个身着整齐中山服、英俊潇洒、一脸书卷气的青年党政干部。猛一见面，戴笠几乎没敢上前相认。还是姜绍谟先认出了他。大概这些年，戴笠除了个子长高了一些之外，那狭长的面庞、浓黑的剑眉、圆大的虎眼，以及那挺而宽的狮子鼻，均无甚变化之故。

姜绍谟一见他，就惊喜地喊着："春风兄！"随即便扑了过来，紧紧地握住他的双手，久久不放。姜绍谟的热情令戴笠激动不已。文溪时形影相随的岁月，在仰止亭结社，以及畅游仙霞岭等情景，都一一呈现在眼前。两人仿佛又回到了童年，把同来的胡宗南忘在一旁。

胡宗南在一旁看到这两位同窗好友如此亲热，也不急于上前。直到他俩的目光转向他时，他才笑眯眯地迎上去做自我介绍。戴笠这才自责地一摸后脑勺，歉意地说："看我！见了烈次兄倒把琴斋兄忘了！"于是，他详细地为胡宗南做了介绍。姜绍谟表示能结识胡宗南，感到非常荣幸，并邀请他们到附近的酒楼饮茶。三人整整聊了一下午，聊得非常投机，直到天黑，用罢晚餐，胡宗南有事告辞走了，姜绍谟又邀请戴笠到自家住宿。

当天晚上，两人同室而卧，聊到很晚才歇息。对戴笠族侄女之事，姜绍谟痛快地拍着胸脯说："令侄女之事包在我身上，你放心地住在我家里，好好玩几天吧！"

不出三天，姜绍谟果然查清了戴笠族侄女之事，认为这个北师大毕业的女子，只是一时"糊涂"，并非真正的"共党分子"，于是亲笔下令，将其释放，还特意买了一张由杭州至江山的船票，将其送返老家。同时姜绍谟极力挽留戴笠，让他在自己家中多住些日子。盛情难却，戴笠便又在姜家居住了数日。此时，胡宗南已去南京，临别时一再叮嘱戴笠，若有闲暇，定要去南京找他，他的部队在南京鸡鹅巷设有办事处，随时都能与他取得联系。

戴笠有姜、胡二位莫逆好友，自然很是得意。不过，他自信将来他戴某定能闯出一条属于自己的路子，现在决不能轻易倚重或依附朋友。他暗中的打算是，想方设法也要赢得蒋介石的青睐。他认为，只有这样，才是平步青云的捷径；也只有这样，将来才能与二位好友平起平坐。

就在他闲来无事，每天骑着姜家的自行车，在杭州城内东游西逛、走亲访友之际，突然听说蒋介石路过杭州前往上海去了。他立即辞别姜绍谟，尾随老蒋到了上海。最初，他仍下榻在表妹夫张衮甫的亭子间里，但每天早上出门后，再也不去逛大街或赌场，而是军装整齐地到上海拉都路20号老蒋下榻的公馆门外去义务站岗、放哨，企图以此来博得老蒋的注意。

头两天，老蒋乘车进出时，见门外有一位军装整齐的年轻军人站在那里，向他的汽车行礼，他并未在意，只以为是负责警卫的补充团团长王世和特意安排的卫士。但第四天早上乘车出门时，他突然觉得这卫士很面熟，于是问身边的补充团团长王世和："门口这个站岗的叫什么名字？看他挺面熟的。"

"先生，他不是你原来警卫队的吗？"王世和被问得莫名其妙。

原来，宁汉分裂之后，迫于各方压力，老蒋宣布下野，不过是"以退为进"，所以，他离开上海返回溪口时，选了20多名卫士，准备将他们带往日本深造，以便日后为己所用，其他的卫士大队队员，全部编入他最信得过的以王世和为团长的新编第五补充团，并决定由王世和派人负责他在溪口和离沪赴日前的保卫工作。可是，被选去日本深造的许多卫士坚决要求，在赴日学习之前，仍然追随老蒋左右。所以王世和还以为戴笠也是老蒋原来的卫士，才没有去过问这个站在大门外的军人。此时听老蒋这样一问，方觉得事情有些奇怪，但由于老蒋第二天就要离沪东渡，有许多事情尚需他来安排，故没让车停下来去询问。一直到了晚上八九点钟，他陪着老蒋参加完何应钦为蒋饯行的宴会返回时，发现那青年军人仍站在大门外，冲他们的汽车行军礼，王世和准备送蒋进门后再出来盘问他。"停车！"突然老蒋低声说道，并对王世和说，"你叫他过来。"

原来，老蒋见戴笠从早到晚都笔管条直地站在大门外，毕恭毕敬地向他敬礼，颇为感动，故有此吩咐。汽车一停，戴笠简直有点喜出望外，他来此站了四天，不就是为了等这个机会，好向老蒋表示他的忠心，从而引起老蒋对自己的注意吗？所以，见车一停，他就忘乎所以地朝车门跑去。殊不知，戴笠这一举动把王世和吓了一跳，他跳下车，嗖地掏出手枪，喝道："站住！你是干什么的？"

戴笠乖巧地停住脚步，冲车内的老蒋又来了个举手礼，并大声答道："报告校长，黄埔六期学生戴笠，特为校长的安全，前来担任警卫！"

王世和本来就因他的举动受了场虚惊，此时一听他说是来保卫校长安全的，气就不打一处来，“你？你是谁派来的？”

“我是校长的学生，自动来的！”戴笠理直气壮地大声答道。

“好！好！我记得你，黄埔六期骑兵营的。”老蒋借着大门门灯的光亮，认出戴笠就是前不久骑兵营派去溪口陈情的学生代表，便隔着车窗对他笑道。

“校长还记得我？我正是骑兵营的。不过，以前……”戴笠想多和老蒋套套近乎，突然想提起交易所的事。

“很好！你回去吧，好好努力，明天就不用来啦！”不知老蒋是不愿他再提交易所的事，还是根本就没认出他这个当年在交易所常为他们跑腿的小青年，反正他是很快地打断了戴笠的话头。

戴笠不明其意，还想说点什么，老蒋却已挥手让司机开车走了。此时，戴笠以为老蒋拒绝接受他，心里有说不出的沮丧。他愣愣地瞧着汽车消失在大铁栅栏门后，才长长叹了口气，转身往回走。谁知未走两步，就险些跟迎面而来的一个人撞了个满怀。他正想发作，可定睛一看，来人竟是胡靖安。他不禁兴奋地叫了起来：“哎呀，主任，是你！”

“戴雨农！你怎么在这里？”胡靖安见是戴笠，亦十分高兴。他任入伍生部政治主任时，对戴笠的印象极深。

戴笠简述了一下自己的情况，又反过来问胡靖安：“主任，你现在哪里高就？”

胡靖安有点得意地一笑，“我现在是校长的随从副官。不过，校长明天就去日本，我留下组织情报联络组，负责收集各方面的情报，提供给校长。”他说到此，故意停了一下，看了看戴笠那急于想知道下文的探询目光，才又接着说，“你来了正好。只是不知你是否愿意参加这项工作，因为校长尚未复职，搞这工作没有固定经费，也不隶属任何政府机构，只是我们黄埔生义务为校长服务，提供各种情报……”

“为校长效力，我戴某责无旁贷！”能在蒋介石身边工作，对戴笠无疑是一千载难逢的良机，他岂肯放过？于是胡靖安一说完，他便把胸脯一拍，毫不犹豫地答应了。

“你要明白，这工作可是没有报酬的哟！生活费得你自己去想办法……”胡靖安又特意重复地说。他的话还没说完，戴笠就抢过话头说：“这无关紧要。为革命工作嘛！”

“好！那你先回去，明天下午按这地址来找我，我们再具体谈谈。”胡靖安递给他一张名片，又补上一句，“校长今晚召我有事”，说完即握手而别。

此时，戴笠的兴奋实在难以言状。他觉得自己来上海的这着棋走对了，虽然表面上看没有跟老蒋拉上关系，但却找到了胡靖安这个接近老蒋的“跳板”。只要牢牢抓住这个“跳板”，搞好情报工作，日后还愁得不到老蒋的赏识？他越想越兴奋，兴冲冲地往表妹家走去。不过，他几乎一天没吃什么东西，此刻已是饥肠辘辘。一阵阵萧瑟的秋风，吹得他禁不住浑身战栗。他不得不掏出身上仅有的几个铜板，在街边的小摊上买了碗汤圆充饥取暖。回到表妹家时，夜已深了，他还是想尽快地把这好消息告诉张衮甫，让他也替自己高兴高兴。

他摸黑推开虚掩的小厨房门，拐进紧靠墙边、又陡又窄的小木梯，准备径直上楼，到表妹夫妇的卧室去，可刚走到拐弯处，在他借宿的亭子间门口，就听见表妹夫妇的一番对话："你给表哥留门了吗？别又像那一年一样，把他关在门外。"这是张衮甫的声音，看样子他已上床睡觉。原来，戴笠过去在上海"打流"时，曾被表妹在门外关过一夜。

"留啦！留啦！我这里简直成了不花钱的旅店！"表妹不耐烦地说。

"你呀，少说两句吧，万一让表哥听见，多不好！"

"听见又怎么样？我正想让他听见呢！"表妹愤愤地说着。紧接着，传来"噗"的一声，吹熄煤油灯的声音。

"行啦，快睡吧！依我看，表哥并不是那种一生潦倒之人。他现在不也是黄埔六期的学员吗？他终究会发达的。"张衮甫轻声地开导妻子。

"哼！人家参加黄埔还能混上一官半职。他！参加了黄埔，还不是到处'打流'……"接着，她把戴笠以往在家乡闹事，在宁波漂流，以及在上海、杭州、南京等地漂泊之事，一一数落了一遍。

戴笠站在黑漆漆的木梯上，一动也不敢动，但内心深处却像打摆子一样，一阵冷一阵热。这一夜，他躺在亭子间的地铺上，翻来覆去睡不着，他来上海时，身上只有姜绍谟送给他的几元钱，他不敢住店，才又住在表妹家里。刚才胡靖安说搞情报没有固定经费，他还打肿脸充胖子，不愿在胡靖安面前露出自己的寒酸，其实，他现在最需要的就是孔方兄。他想明天见到胡靖安谈妥之后，再设法另找住处，表妹家是再不能住下去了。

第二天，天蒙蒙亮，张衮甫刚起床下楼，戴笠即将他拉进亭子间，悄声把头天的事情告诉了他。"这确实是个难得的机会。如果日后用得着我，我一定帮忙！"张衮甫一向与戴笠感情不错，戴笠每到上海，必跟他畅叙，他始终认为戴笠终非久居人下之辈。

戴笠见他如此热情，又想起头天晚上他为自己辩护之事，不禁感激地说："谢谢你！日后我戴某若有出头之日，决不会忘记你！"

当天下午，戴笠按名片上的地址找到了胡靖安家中。胡靖安告诉他说，他的联络组已联络了蔡劲军、成希超、王兆槐、东方白等几个黄埔同学，负责收集各方情报，他让戴笠也和他们一样，利用自己的亲戚、朋友、同学，广泛地搜集有关共产党以及一切反蒋势力的情报，寄到他的手中，由他来归纳、汇总，寄给蒋介石。

戴笠想了想，觉得此事很好办。他在上海等地“打流”时，认识了不少三教九流的朋友，在军界、政界，又有胡宗南、姜绍谟这样的朋友，他相信他们不会不积极支持自己。于是，他决定先到南京去找胡宗南，跟他商量一下。

离开胡靖安后，他到张衮甫上班的商务印书馆话别，而对他表妹则连声招呼也没打。他很生她的气，认为她太小瞧自己，将来发达了，一定要让这个“黄脸婆”为她的话付出代价。而对表妹夫，他却是打心眼里感激。戴笠腾达之后，果真怂恿张衮甫娶了个小老婆。当然这是后话。

临别时，张衮甫又塞给了他几块钱，他去南京的路费也就有着落了。当天晚上，戴笠赶到火车站，买了张火车票后，手中只剩下几个铜板。望着那几个铜板，他摇头苦笑了一下，但心情却是愉悦的。他觉得眼下生活虽贫苦，但前途总算有望了。

在火车上，他意外地遇见了文溪高小时比他低几班的小同学王蒲臣。王蒲臣此时亦无固定职业，正在为出任江山县教育局局长之职而四处奔走。他乡遇故知，而且又是儿时的好友，戴笠自然乐不可支。他心里一高兴，肚子里就存不住事，便将自己正要为老蒋收集情报之事悄悄地告诉了王蒲臣，让他也多注意、多打听着点，协助自己做好这一工作。王蒲臣从少年时起就把戴笠作为自己的保护神一样敬佩，如今对他仍有几分敬意，所以，他答应在没有正式工作之前，尽力协助。

戴笠这个人最大的特点之一，就是凡事一拿定主意，就立即行动。这次也不例外，离开胡靖安后，他就说服了张衮甫为他提供情报，现在又拉了个王蒲臣为他工作。

到了南京，他在黄埔同学会找到胡宗南，将情况相告之后，胡宗南非常赞成他的决定，并答应鼎力相助。为了帮助他解决食宿问题，胡宗南特意介绍他去南京黄埔同学会毕业生调查处工作，工作量不大，却每月能领到十几元钱的生活费，还能利用工作之便，广交黄埔同学，探听各方情报。此后，戴笠一得到情报，就伏在油灯下书写，写得工工整整，给胡靖安寄去。

大约过了一个来月，胡靖安突然来信让他急返上海，说有要事相商。原来，胡靖安江西老家有事催他回去，他认为戴笠对情报工作非常热心，就决定在他走之后，由戴笠来负责联络组，汇集各方面寄来的情报，将来也好向老蒋交代。戴笠到了上海，胡靖安就把自己的打算告诉了他，并把原联络组的成员许忠五、成希超等人介绍给他，让他们都住在自己上海的家中，同时还给了他们一笔生活费，答应等老蒋回国复职之后，为他们每人在总司令部申请一个正式职务。这一番安排，戴笠自然求之不得，便立即辞去南京黄埔同学会的工作，和成希超等四五个联络员一起住在上海胡靖安家中，专门搜集情报。

有一天，他听王蒲臣说，共产党派到江山县党部的一个特派员到了上海。此人原本就是江山县人氏，王蒲臣和张衮甫都见过他。于是，戴笠便邀王、张二人协同他一起寻找，意欲把那人抓起来，送往清党委员会。寻找数日，好不容易获悉了该特派员下榻的旅店，然而赶去之后，却扑了个空。听店老板说，他当天让人买了张去苏州的车票。于是戴笠立即带着王蒲臣赶往苏州。结果那特派员没抓到，却在火车上发现了一名神色慌张的乘客。戴笠立即盯上了那人，并尾随其下了火车，直到与当地政府联系，搞清那人是个越狱潜逃的犯人，又把他抓了起来，方才罢休……

这段时期，戴笠的日子并不太好过。胡靖安给他们的钱不几天就花光了，几个人只好到亲友处东挪西借。最后实在没办法，他们见胡靖安家有一只大木箱子，几个人一商量，决定把它送到当铺去，渡过难关再说。不料，他们把箱子抬到当铺之后，当铺伙计见箱子里全是小孩的旧衣服，说什么也不肯收。戴笠只得低声下气地说好话，表示不久就拿钱来赎回。正说着，从柜台内走出一个身着长衫的中年人。戴笠抬头一看，认出此人正是当年与杜月笙打交道时在公兴记俱乐部见过的一个杜氏门徒。他不禁心中一喜，忙迎上去叫道："这位大哥，你不认识我啦？我是杜先生的朋友啊！"

那人早已记不得他了，可一听戴笠之言，又将他上下打量了一番，也觉得有些面熟，就客气地问道："看先生是有些面熟，不知有何贵干？"

戴笠又把刚才的事情述说了一遍，那人随即翻看了一下那只木箱，面有难色地说："这些东西实在不好抵押，不过看在熟人的份上，就抵押5块钱吧！"

戴笠等人一听，才押5块钱，都明白这还不够他们几个几天的伙食费。怎么办呢？许忠五便俯在戴笠耳边悄声怂恿道："雨农兄，既然你认识杜老板，何不先跟这位先生借几十块钱？"

"这方便吗？我们可是革命部队的人。"戴笠言外之意是不愿与帮会交往，降低了身份。

许忠五把戴笠拉到一边，讪笑道："雨农兄，亏你还是搞情报的。你知不知道，校长率部队进上海后，还去拜会过黄金荣和杜月笙，听说还送给黄金荣一块金表和几万块钱呢！我们又有什么不可以跟他们打交道的？"

"果有此事？"戴笠半信半疑地问。

"我还能骗你？不信你打听去啊！"许忠五头一晃，表示不想跟他多费口舌。

其实，许忠五也只知道一点皮毛。蒋介石进上海后，不仅送给黄金荣礼物，而且还买通黄、杜等人，让他们的手下人扮成工人纠察队，聚众斗殴，并以此为借口，收缴了上海工人纠察队的枪支，策划了"四一二"大屠杀，全面展开了清党运动，事后，又在南京召见了黄金荣、杜月笙、张啸林三个青帮头目，并封他们以少将头衔。

这些暗地里的勾结，一般人自然不明真相。不过戴笠眼下并不需要明白真相，他觉得老蒋既然都可以与杜月笙等交往，他也就不必自视清高了。他没有采纳许忠五的建议，索性让人把木箱抬回，自己便径直去臬格路找杜月笙了。

此时的杜月笙比当年更加神气了。他不但成了上海滩上与黄金荣并驾齐驱的大亨，而且深得南京国民政府的器重，真可谓是春风得意，万事亨通。不过，他以往那种广交朋友、一掷千金的脾气，却依然如故。他见戴笠来找他，非常高兴，又听说戴笠参加了黄埔，现仍为下野的老蒋工作，更是热情倍增。因此一听说戴笠眼下经济拮据，便毫不犹豫地拿出100元要送给他。可是戴笠并不想滥用自己与杜月笙的交情，只肯收下50元，并一再表示，日后真有困难时再向他来借。杜月笙也不勉强，一再表示，他杜氏的大门永远向朋友敞开着，只要戴笠需要，随时都可以来找他。闲谈之间，戴笠见杜月笙对蒋介石非常敬佩，便提出请杜月笙帮助收集有关共产党和所有反蒋势力的情报。杜月笙一口应承，后来，他也确实向戴笠提供过不少情报。这也就为日后杜月笙和戴笠的多次合作打下了基础。

事隔不久，老蒋从日本回到了上海。在他下野的这段时期，国内形势发生了巨大的变化。由于桂系军阀在此期间乘机扩大地盘，何应钦也乘机扩充实力，各地新旧军阀都在蠢蠢欲动，根本不服从中央调遣，国内的政治局面更加混乱。于是国民党内各派人士纷纷呼吁，敦请蒋介石再度出山，为宁粤合作奔走。老蒋见时机已然成熟，便俯允所请，回到南京，并于1928年初召开国民党二届四中全会，重新获取了国民革命军总司令职位，并被推举为国民党中央政治会议主席和军事委员会主席。从此，党权、政权、军权，全集中老蒋一人之手。

老蒋复出后，胡靖安返回南京，立即为戴笠请准了总司令部上尉情报员头衔，并正式任命戴笠为联络组组长。至此，戴笠正式成为国民政府任命的军官，每月能在总司令部特勤处领取薪水，并可以学生名义直接向老蒋提供情报。戴笠自然感激不尽，他自己也没想到，这半年之间能取得如此巨大的进展。因此，他更加相信了太虚法师对老蒋的预言，也更加坚定了追随老蒋的信念。不过当时，情报还是要通过胡靖安转交。

就在他暗自庆幸自己的成功之时，胡靖安被老蒋派往德国留学去了，原来联络组的成员蔡劲军、成希超、东方白等，均相继另谋出路，联络组只剩下戴笠一个光杆司令，工作很难开展。为了能搜集到有价值的情报，他不得不四处奔波。

当时，蒋、阎、冯的部队，正在徐州前线与奉系军阀作战。戴笠为了得到有价值的军事情报，常常深入徐州前线了解情况。但是，司令部发给他的经费为数甚少，根本不够来往的车费和食宿费。戴笠为了取得蒋介石的赏识，不得不向江山的老母要钱，来支付所需费用。其母为了儿子的前途，也在所不惜，常常寄钱给他。这样，戴笠才得以深入各地，通过胡宗南及胡介绍的朋友来探听军情，甚至常常可以得到一些很有价值的第一手材料。

为了能及时把这些情报送到老蒋手中，戴笠常常蹲在总司令部门口，等候老蒋的汽车。最初，他打算请王世和代他转呈。可是已成为蒋介石侍卫长的王世和，一见他就不胜其烦，连连挥手喝道："去，去！小瘪三，又来捣什么乱！"而且还不由分说地叫他闪开，给老蒋的汽车让路。

众目睽睽之下，受到如此凌辱，戴笠常常羞愤得无地自容。若是别人如此待他，他早就会据理相拼了。可是他深知，王世和非等闲之辈，不能轻易得罪，只好忍气吞声。原来，王世和的父亲早年就是老蒋的同乡兼随从，退休后，又把十几岁的王世和交给老蒋。最初，老蒋让他在第二夫人姚怡诚身边当勤务兵，黄埔建校后，老蒋便把他送入黄埔一期学习，可谓是老蒋身边最吃得开的侍从，戴笠自然不敢得罪他。

不过，气能忍，情报不能不送。于是，戴笠决心冒险拦车递送情报。他先是躲在司令部的附近，等王世和开路走过，老蒋的汽车刚在门口一停，他便立即不顾一切地冲上去，想把情报直接送到老蒋手中。但不知内情的随身侍卫们，见他直奔老蒋而来，误以为是前来行刺的，有人立即拔出了手枪；有人立即扑上去将他拦腰抱住，不由分说就是一顿拳打脚踢。戴笠急得举着手中写好的情报，抱头大喊："我是校长的学生，是给校长送情报的！"

前面的王世和闻声赶来，气得恶狠狠地瞪了他一眼，当着众人的面，只好接过情报转呈给老蒋。但等老蒋一进司令部，他就大声地对部下说："这个小瘪三，如果再来捣乱，就把他押送军法处严惩！"其实，他这话是存心说给戴笠听的。但戴笠并不因他的威胁而停止"拦车投书"，为此不知挨了侍卫多少拳脚。直到有一次，他被侍从们打得口鼻出血，被老蒋看见，过来询问，老蒋才联想起那一份份送到他面前，署名"学生戴笠"的情报。他承认，那些情报有的确实有一定价值，却不知得来如此不易。戴笠之忠诚给他留下了强烈的印象，于是后来他指定机要秘书毛庆祥负责与戴笠联络，传递情报，并特意关照毛庆祥说，倘若戴笠确有紧急情报，可带他随时晋见。

当毛庆祥转达老蒋的这一指令后，戴笠兴奋得几乎发狂。真是苍天有眼啊！他凭着自己的勤奋执着，甘愿受辱，终于敲开了直通老蒋的大门。更让他兴奋的是，事隔不久，蒋军在津浦沿线展开了对奉军的攻势，急需情报人员，蒋介石便指示司令部正式委任戴笠为上尉参谋，并派了个勤务兵贾金南，随戴笠前往徐州前线，专门为他了解战斗情况，搜集军事情报。

戴笠这个江山浪子，就这样结束了他的浪荡生涯，踏入了国民政府的正式机构。

八　风餐露宿搜集情报　出生入死进行策反

1928年初春，蒋(介石)、冯(玉祥)、阎(锡山)、李(宗仁)联合反奉(张作霖)。蒋军负责攻打津浦沿线的奉军。就在这硝烟滚滚、枪炮隆隆的前沿阵地上，戴笠身背小包，冒着呼啸的子弹，往来匆匆。贾金南跟在他的身后，扛着副折叠行军床，紧紧相随。他们有时骑马，有时骑自行车，但更多的时候是凭着两条腿来回奔走。往返途中，若遇到农舍村庄，尚可向村民们讨顿热饭、借住一宿，但有时跑了一天也见不到一个村落，便只得啃几口干粮充饥，或把行军床往野地一支，和衣而睡。甚至他们有时到设在徐州的北伐军总司令部参谋处汇报战况、情报时，也不能很好地歇息、休整一下。因为司令部根本没有给他们这些流动的下级军官准备住处。他们汇报完工作就得立即返回前沿阵地，即使当天赶不回去，也只能自行解决住宿问题。戴笠在徐州没有亲友可投奔，只能住旅店。而他每月的薪水仅有十几元，也没有什么行动补贴，所以每当钱花完之后，戴笠便不得不常常把行军床支在火车站的候车室休息……

条件确实很艰苦，但戴笠却像着了魔似的，非常热衷于他这种单枪匹马“跑单帮”的工作。有一次，他听说砀山前线战斗非常激烈。为了及时了解那里的战况，他便把贾金南留在某部营地，自己要了一匹马，日夜兼程地赶往砀山。待他赶到砀山县城时，战马已经快站不起来了。他不得不牵着马进城，以便找到当地驻军，给马喂料、饮水。正巧，他一进城门就遇见了在广州投考黄埔军校时结识的好友徐亮。徐亮此时正在这里任上尉副官。他一见戴笠牵着的这匹马浑身上下汗渍渍的，四条腿上的肌肉在不住地颤抖，仿佛马上就要倒下，便不解地问：“雨农兄，你怎么把马累成了这个样子？”

“是啊，这畜生跑了两天两夜。你快帮我找个地方喂喂，让它歇上一晚，明天还得赶去前线呢！”看得出，戴笠满脸倦容，却在极力装成若无其事的样子。

徐亮这才注意到戴笠的声音干哑，面色发青，他说道：“雨农兄，我看还是先给你找个饭店吃点东西，再去喂马吧。我看你也跟这马一样，快不行啦！”说着，顺手拍了拍马鞍。就在这时，他感到手上黏糊糊的，猛地一抬头，竟发现马鞍上有一片殷红的血迹。他不禁惊叫道：“这马鞍怎么有血？你负伤了吗？”

“没有啊！是不是鞍子把马皮磨破啦！”戴笠一本正经地回头来看马背。

“雨农兄，你真糊涂啊！”徐亮嗔怪地说着，又指了指马鞍道，“马皮磨破了，血怎么会跑到上面来？还是看看你的屁股吧！”

戴笠这才若有所思地摸了摸自己的臀部，紧接着轻轻地“哎哟”了一声。徐亮低头一看，禁不住又心疼又生气地叫了起来：“我说雨农兄，你可真是个怪物。屁股磨成这样，自己还不知道？”原来，戴笠的臀部被马鞍磨破了一大块，殷红的鲜血把单薄的灰军裤渍湿了一大片，而且已经粘在了肉上。

“看你，何必如此大惊小怪！你不说我一点也不觉得疼呢！”戴笠还是装出满不在乎的样子。

徐亮也不再听他解释，不由分说地把他拉进一家旅馆，吩咐伙计替他喂马、烧水，他自己跑去为戴笠买饭菜，请医生。这天晚上，戴笠总算吃了顿热饭，洗了个痛快澡，还让医生在伤口上敷了药。徐亮一直看着他躺到了床上，才婉言劝道：“雨农兄，你何必这样拼命？前线战局胜败，非你我所能左右，迟一两天向总部报告情况，也无妨嘛！”

“老弟，此言差矣！”戴笠本来已躺下了，一听徐亮的话，又翻身坐了起来。可这一坐不要紧，刚敷过药的臀部顿时疼得他直冒冷汗。徐亮连忙按住他：“你何必又起来？有话躺着说嘛！”

“老弟，争取时间就是胜利。总部若能及早掌握敌我情况，岂不是能更准确及时地做出英明决策？”戴笠说到此，稍停片刻，颇为感慨地说，“时不我予啊！当年我虚度的光阴太多了，现在真恨不能一天当十天用……”

“好啦，好啦！你的心情我完全理解，但这两天你得听我的，好好在这里养伤。”徐亮知道戴笠因参加黄埔太晚，年岁又大，总有种紧迫感，所以不等他说完，就打断了他的话。

戴笠深知徐亮是出于对自己的一片关心，便感激地笑笑说：“好！我听你的！”徐亮这才回去休息。

第二天一早，徐亮特意很晚才去旅馆，想让戴笠多睡一会儿。可是他上午9点来钟给戴笠去送早点时，客房内早已不见了戴笠的踪影。向茶房一打听，才知道天刚蒙蒙亮时，戴笠又骑马走了。“这个不要命的怪物！拿他真没办法！”徐亮深情地望着戴笠睡过的床铺，又生气，又有种由衷的敬佩。

随着战斗的胜利，蒋军阵线渐渐北移，从前沿阵地到徐州总部的距离也越来越远。为了在回徐州汇报时能在旅馆恢复一下体力，他又不得不去信向老母要钱。然而这里是前线，邮递极为不便，其母汇来的钱，常常不能按时收到，戴笠只好仍在火车站的候车室休息。一天，他正蜷缩着身子躺在车站那肮脏、嘈杂的候车室内看书，正好被参谋处的王兆槐看见了。王兆槐也跟戴笠一样是个上尉参谋，不过他的任务是负责传送总部命令，所以在司令部里有他休息的一个铺位，对徐州的情况也比较熟悉。他见戴笠蜷缩在车站，非常同情，于是，他走过去关切地问：“雨农兄，你怎么不去住旅馆？这里怎么能休息？”

戴笠在南京黄埔同学会工作时，曾见过王兆槐，到徐州后也见过几次，但两人并无深交。戴笠不清楚王兆槐的为人，同时也不愿让同事把自己看得太寒酸，便故作轻快地说：“我们明天就去前线，在这里凑合一夜算了。我最怕旅馆里的臭虫、跳蚤，所以……”“谁说的？我可不怕臭虫……”一脸憨态的贾金南傻乎乎地在一旁嘟囔。

王兆槐一听，就知道戴笠在掩饰自己的拮据。他苦笑一下，更加同情他。因为他自己也是个下级军官，除了有个落脚之处外，其他方面也不比戴笠强多少。有一次，他受命送个急件给前线的陈调元，让他第二天向奉军发起攻击。他走出总部大门时，正好遇上参谋总长杨杰和陆军第五师师长熊式辉在上汽车，准备赶往前线。他们的警卫和副官也都上了后面一辆卡车，与其同行。王兆槐高兴地想：这下好啦，可以搭车去前线。他立即对熊式辉等立正敬礼道：“报告长官，我去前方送急件，能否搭乘一下卡车？”

杨杰看了看他没说什么，而熊式辉却不耐烦地把手一挥：“你可以骑马去嘛！”说着飞车而去。

王兆槐只好骑马赶往前线，待公文送到陈调元手中时，已是凌晨3点，把马都累死了。这件事使他感触很深。同病相怜，他便主动提出，让戴笠搬到一个早已停产的小印刷厂去落脚，那个小厂的看门人与他挺熟。为了不伤害戴笠的自尊心，他婉言建议道：“你明天去前线，休息不好怎么行？这里太脏太乱，不如搬到那里去。那里厂房虽很简陋，但总比这里强啊！”

这个建议，戴笠当然求之不得，他打心眼里感激王兆槐，但表面上却装得很平淡。这样，他在徐州才总算有了个落脚之处。

同年4月，由于戴笠工作成绩显著，徐州戒严司令部提升他为少校参谋，并分给他一间办公兼住宿的房间。这一小小的提升和生活待遇的改善，有如一支兴奋剂，戴笠工作的劲头更加高涨。他觉得今天的提升，正是昨天风餐露宿、吃苦耐劳所换来的成绩。他坚信“吃得苦中苦，方为人上人”这句格言，只要肯吃苦，世上就没有办不成的事，没有登不上的高峰。当然，机遇和道路选择得正确与否也是至关重要的。就如同他自己一样，参加黄埔之前，也吃了不少苦，也曾努力拼搏过，但十几年一事无成。而如今追随老蒋之后，只要他动脑筋想办法，吃苦耐劳就能有所收获。所以，这次提升之后，他更加坚定了效忠蒋介石的信念，蒋介石简直成了他心目中最崇拜的伟人，成了不可替代的革命领袖。凡是反对老蒋的人，他即视之为仇敌；凡是追随老蒋的人，他即视其为同志、挚友。

一天，他在徐州总部汇报工作时，遇见一个新来报到的年轻上尉，约有20岁出头。他见这青年英俊洒脱，一脸阳刚之气，即上前询问其情况。对方恭敬地答道：“我叫邓展谟，字侃如，军校五期炮科毕业后，曾在第六军十九师服务。”

“哦！邓老弟，你这么年轻，还是我的学长呢！我是军校六期的。你怎么又不在第六军干啦？”戴笠搞情报工作后养成了个好打听的习惯，见了邓展谟也不例外。

邓展谟不好意思地笑道，“这怪我一时意气用事。有次纪念会上，程潜军长诬蔑校长，说校长第二次北伐的目的是想独揽大权，扩充个人势力。我一听就很生气，觉得跟随他不会有前途，就离开了第六军……”

“好老弟，想不到你这么年轻，就这么有头脑。”戴笠高兴地拍着邓展谟的肩膀称赞他，接着又热情地说道，“小老弟，你还没找到住处吧？要是不嫌弃的话，就住到我那里去，如何？”

邓展谟新来乍到就遇上了这样一位热情的“学弟”，自然感激不尽。但他做梦也没想到，戴笠一见面就待他如此热情，完全是由于他自己刚才那几句不满程潜反对老蒋的话。而且，那几句话也就决定了他后来的前途和命运。

1928年6月，奉系军阀张作霖在皇姑屯被日本人炸死，东北易帜，讨奉战争结束。戴笠回到南京不久，被选派到北平，仍然负责搜集各派势力的情报。然而事隔不久，由于老蒋企图削弱各派系的实力，提出裁兵方案，并想利用全国编遣会议，把他的“削藩策”计划实施到底。然而，李宗仁、冯玉祥、阎锡山等实力派均有自己的打算，不肯俯首听命。蒋介石清楚自己的实力难以对付所有实力派，只能设法各个击破。于是，蒋桂之战、蒋冯之战，相继爆发。戴笠又奉命从北平调出，以“军事杂志社记者江汉清”的身份，出入于交战各方的防区，收集情报。

1929年底，粤系的张发奎联合桂系再次讨蒋。曾帮助老蒋打败桂系的唐生智和蒋冯战争中投蒋的石友三，认为时机成熟，突然一反联蒋的立场，开始向蒋反戈。老蒋得到消息，立即命令驻扎在武汉的蒋军赶赴河南，翦除唐军。戴笠便又及时从徐州赶往河南唐生智部防区。

此时，河南地区突降大雪，天寒地冻，滴水成冰。毫无防寒装备的蒋军，由武汉乘火车到达河南地区时，首先遇到的就是刺骨的寒风、纷飞的大雪。他们尚未与唐军相遇，兵士就被冻伤不少。待他们把棉衣、棉裤备齐后，山路已被大雪覆盖，行军异常艰难，好不容易在向导带领下赶到唐军防区时，又被山谷中一人多深的积雪所阻隔。双方只能隔着山谷互打冷枪，无法正面交战，谁也不能前进一步。这种对峙的局面持续了一个来星期，双方都冻伤无数。

戴笠得知此情，即潜入唐军后方驻地，多方了解搜集驻地情况，协助蒋军袭击唐军。不仅如此，他还试图在唐军内部进行策反。这天，他身着便装，带着贾金南准备混入信阳城内，去找原黄埔二期毕业生、时任唐生智司令部军警稽查处处长的周伟龙，企图让他投蒋反唐。戴笠本人并不认识周伟龙，而是仅从他的朋友东方白嘴里听说过。他认为，凡是黄埔生都是蒋介石的学生，都应效忠蒋介石。周伟龙服务于唐生智部，乃是因为当年北伐时，唐生智投降了老蒋，而如今唐生智反蒋，那么周伟龙便理应反唐投蒋。所以，他有恃无恐地拿着东方白的名片去闯信阳城。

戴笠赶到信阳城外时，正是夕阳西下之际。他远远看见城门口军警正在逐一搜查行人，气氛极为紧张。戴笠见状，便没有直接进城，而是转身就往城外的李庄小学走去。

李庄小学的李校长，前不久在徐州与戴笠相识。他俩趣味相和，谈得很投机，很快成了朋友。此时李校长正在灯下批阅学生作业，见戴笠突然不期而至，慌忙把他拖进屋内，惊诧地说："雨农兄，你怎么这个时候还到处乱闯？他们正在抓人呢！"于是，李校长告诉他说，周伟龙正下令搜捕蒋军密探，宪兵、警察在城内外挨家挨户查户口，搜查旅客、行人，稍有怀疑者，就不由分说地押送稽查处，严刑拷问。而且对能抓到密探的人，根据密探的身份而付给其数量不等的赏金……

戴笠一听，故意开玩笑说："那好啊！你老兄不是有了发财之机了吗？"

"你把我看成什么人啦？既然来了，就在我这里先避几天吧！"李校长哭笑不得地把他按坐在椅子上，就张罗着要让人给他做晚饭。戴笠却拦住他说："吃饭先不忙。你还是想想办法明天帮我混进城去。唐生智反叛总司令，我怎能袖手旁观？我要进城去见见周伟龙。"

"你疯啦，这不是自投罗网吗？"李校长一听，惊得手中的茶杯都险些掉在了地上。他连连摇头摆手，"我不干！我不能帮你去送死！"

"你放心吧，我进了城，自有办法！"说着戴笠掏出东方白的名片，对李校长说，“他与周伟龙在黄埔时感情甚笃。利用它，怎样？”

“我看不怎么样。这太冒险！”李校长还是不同意。

“不入虎穴，焉得虎子？老兄，还是帮我进城吧！”戴笠急切地站起身来，紧拉住李校长的手，仿佛怕他溜走似的。

“好！好！拿你真没办法！明天一早，我设法让你进城就是！”李校长无可奈何地摇摇头。

第二天一早，戴笠头戴獭皮帽，身着绸面皮袍，脚蹬一双黑亮的皮鞋，胸前别着一枚清华大学校徽，再配上副金丝边的平光眼镜，神气活现地像个富家子弟的模样，坐在贾金南拉的人力车上，直奔信阳城门而去。

城门口，已有一大群路人在接受检查。戴笠乘坐的人力车刚到，军警尚未来得及吆喝停车之前，李校长就从城门内奔出，大声喊道：“哎呀，大少爷！你怎么刚到？老太爷什么都准备好啦，就等你这个新郎官喽！”

他这一喊，在场的人无不抬头打量他俩。门口的士兵班长也闻声赶了过来。李校长不等他问话，就抢先说道：“老总！你不认识他吧？他就是城里安泰钱庄的大少爷，这次特意从学校赶回来完婚的！”

“老总，先抽支喜烟吧！回头请去喝盅喜酒！”说话间，戴笠已从车上下来，拱手作揖，并从车上的小包里拿出一整条香烟递了过去，满脸堆笑地望着那班长。

“好说，好说！大少爷，你快请吧！”那班长见了香烟，眼睛早笑成了一条缝，一个劲地挥手示意，让戴笠上车进城。戴笠又坐到车上，还转身向目送他的班长招招手，叮嘱道：“老总，你可一定来啊！”

“好！我一定去，一定去！”那班长真有点受宠若惊了。

戴笠大摇大摆地进了信阳城。李校长早已在军警稽查处旁边的一家旅馆内为他订好了房间，把他们安顿好之后，即告辞而去。戴笠和贾金南在城里转悠了一天。他们看见信阳城内军警林立，防守极严。戴笠心里清楚，如果这次说服不了周伟龙，自己是很难活着离开此城的。

当天晚上，戴笠把贾金南打发回旅馆，叮嘱他说，万一自己没返回旅馆，他就要设法返回徐州，报告自己殉职的经过，以及信阳城内唐军的部署情况。一切安排妥当，戴笠就直奔稽查处，把东方白的名片交给门卫，说是周伟龙的老朋友，要见周伟龙。

周伟龙一见东方白的名片，高兴地连声喊：“请！”并迅速穿上棉大衣，奔往门外相迎。刚到二门口，就碰上了随门卫而来的戴笠。他一见来人不是自己的挚友东方白，顿时把脸一沉，厉声问道：“你是谁？”

戴笠坦然一笑：“伟龙兄，我是东方白的朋友，是他托我来看望你的。”

“有什么事？”周伟龙警觉地打量着戴笠。

戴笠看看身边的门卫，有点为难地说：“这不是说话的地方吧……”

周伟龙只好让门卫退下，将戴笠让进自己的办公室。戴笠一进办公室，立即反手把门闩插上。这一举动把周伟龙吓了一跳，一把抓住放在桌边的手枪，喝道：“你到底是谁？想干什么？”

戴笠见状，反而不慌不忙地摸着自己的后脑勺，故作天真地一笑说：“我跟学长一样，是校长的一名学生，也是一名国民革命的军人。”

周伟龙心中一惊：这小子好大的胆子！两军对峙之际，他竟敢自己找上门来。“你到底要干什么？”不知为什么，周伟龙的语气已然不那么凶了。

戴笠看他一眼，索性往一旁的椅子上一靠，摆出了一副玩世不恭的样子，慢条斯理地说：“我们的校长不是说‘友爱精诚’吗？现在我戴笠主动把自己送到学长手中，请学长把我交给唐生智，学长不是又能得钱，又能升官啦？这个便宜总不能让别人得去吧！”

周伟龙被他这出乎意料的一番话，说得不知所措，手中的枪不由自主地放了下来，直着两眼望着他，愣愣地说不出话。

戴笠这才轻轻叹口气，站起身来，表情变得极为严肃地说：“一个堂堂的黄埔学生，怎么可以帮助一个反复无常、背叛中央的军阀，为虎作伥？他唐生智难道是中央的对手？他一旦失败，你怎么办？”

“别说啦！”周伟龙突然恼怒地把桌子一拍，大声吼了一句，便颓丧地坐在办公桌前的椅子上，不由自主地把脑袋埋在自己的手掌之中。戴笠的话正捅着了他的痛处。他也清楚唐生智不是老蒋的对手，但自己已上“贼船”，而且唐生智一向待自己不薄，虽说自己是黄埔生，但目前已是骑虎难下，进退两难。

“你就是枪毙我，话我还是要说完的。”戴笠知道自己的话点到了他的痛处，不但不住口，反而往前挪了一步说，“眼前摆在你面前的只有两条路，一条把我交给唐生智处置，你将来跟他一起失败；另一条就是跟中央合作，向中央提供情报，策反部队投靠中央，这才是你光明的前途。何去何从，你自己选择。作为同学，我也只有这些话啦！”戴笠声音不高，但字字句句说到了周伟龙的心坎上。他抬起头，慢慢走近戴笠，既敬佩又感激地望着他，面带愧色地说：“感激戴笠同学的指点。我周伟龙又何曾想与中央、与校长作对啊！只是早年唐司令与校长合作时，我被分到唐部服务，谁又会想到他会突然反对中央？你来之前，我总是以军人服从命令为天职做理由，为自己辩解。其实，我作为黄埔生，怎不愿追随校长，而与军阀为伍？可是我目前该怎么办呢？”周伟龙极诚恳地向戴笠请教。

戴笠这才紧握对方双手，激动地说："我就知道，伟龙兄是愿意效忠中央、效忠校长的。"说着，他伏在周伟龙耳边悄悄地说了一阵，周伟龙连连点头称是。

第二天，戴笠、贾金南在周伟龙的护送下，带着他提供的情报，登上火车，离信阳而去。

不久，周伟龙策反部分唐军已有成果，于是按戴笠的指点，找到驻防在河南漯河车站胡宗南率领的整编第一师第一旅联系，要求配合。当时身为旅长的胡宗南因公外出，接待他的正是在旅部担任警卫一连连长的邓展谟。邓展谟听说他是按戴笠的指点前来接洽的，知道事关重大，立即引其见副师长徐庭瑶。双方商定里应外合，不久唐军被蒋军击败。周伟龙弃官直奔南京投蒋。老蒋见他策反有功，效忠自己，即亲自召见。周伟龙便将戴笠如何闯入信阳策反的经过，一一据实相告，蒋介石也颇为感动。从此，"戴笠"二字，在蒋介石心目中的分量更重了。

1930年初，在蒋介石连续击败李宗仁部、冯玉祥部和唐生智部之后，一直在观望投机的阎锡山，意识到蒋介石很快要收拾自己了，于是提出"党人治党，国人治国"的主张，企图以此来分散老蒋的权力，把老蒋的独裁政治变成新军阀各集团首领的共裁政治。阎锡山的主张立即在各反蒋势力中引起了巨大的反响。以汪精卫为首的改组派，打出了国民党的党统旗号，号召反蒋；原来与阎锡山为敌的冯玉祥，也与阎言归于好，携起手来；早在北伐前就遭老蒋压制的西山会议派首领邹鲁、谢持等又开始蠢蠢欲动，向改组派及阎锡山靠拢；蛰居在香港的唐生智也准备转道日本，回国参加反蒋斗争；桂系也极力怂恿阎、冯出面，领导反蒋……

面对各反蒋派的联合攻势，老蒋仍紧抓"中央"大旗，声称"全国军队必须要始终服从中央，竭诚拥护中央"，否则他就要用武力"铲除封建势力，制止反动行为，以实现国家和平统一"。

老蒋的强硬态度，更加促进了各反蒋势力的大联合。于是第一次反蒋的联合阵线正式成立。阎锡山于1930年4月1日在太原宣誓，就任总司令，冯玉祥、李宗仁分别在潼关、桂林就任副总司令，联合通电反蒋。反蒋联合阵线集中70万大军，准备进攻南京，而老蒋亦投入了五六十万兵力，亲自指挥迎击。于是，一场规模浩大的群雄逐鹿的大战，又在中华大地展开了。

在此期间，身为小小少校参谋的戴笠，自不甘心错过这又一可以表现自己效忠老蒋的机会。他还像前两次战争一样，不遗余力地往返于各地战区，搜集情报，而且还恳请他在广州结识的老友王孔安，介绍适合人选去策反冯玉祥部的邓宝珊和赵冠英。后来，他又让王孔安佯装改组派成员去北平参加阎锡山、汪精卫等主持召开的反蒋扩大会议，了解会议情况。他的这些活动，成效虽然并不很大，但他对老蒋的一片忠诚，却进一步赢得了老蒋对他的器重。

中原大战整整打了七个月之久，打得双方精疲力竭，死伤三四十万兵员，耗资不计其数，给人民生命财产都造成了巨大的损失。致使举国上下，民怨沸腾。但双方谁也不肯率先罢手。直到是年9月中旬，张学良率东北军入关，协助老蒋打击反蒋联军，结成声势浩大的反蒋联盟，方以阎、冯、桂失败，老蒋大获全胜而告结束。

中原大战之中，戴笠的老友胡宗南，因作战勇猛而被提升为第一师中将师长，而戴笠仍然仅是个少校参谋。但戴笠并不因此而有所怨言。他认为，自己是在为国家的统一而工作，是在为他所崇拜校长而效忠，自觉其乐无穷。此时的戴笠对老蒋的崇拜和折服，几乎到了无以复加的地步。他觉得老蒋能把势力雄厚的李宗仁、阎锡山、冯玉祥一个一个地击败，结束了军阀割据的局面，实在是曾国藩第二，俾斯麦再生。他自认能为这样一个有计谋、有魄力的“革命领袖”效忠，是他戴某的莫大荣幸。在他心目中，老蒋已是中国无人能替代的“革命领袖”。可是他做梦也没想到，中原大战结束之日，也正是老蒋和南京国民政府危机四伏之时。

由于新旧军阀连年争战，劳苦百姓苦不堪言，于是在短短的两年多时间内，中国劳苦大众在中国共产党领导下，纷纷组织了革命武装，开辟了许许多多的革命根据地。特别是江西中央革命根据地及闽浙赣、鄂豫皖根据地，均靠近南京、上海等政治、经济中心，直接威胁着国民党的统治。

另外，广东的陈济棠，利用大战时老蒋急于消灭桂系之际，坐收渔利，大量扩充军队，已达15万之众。他早已暗中准备坐镇西南，与老蒋抗衡。

更让老蒋头痛的是，原来与其合作的西南派首领胡汉民，此时也跳将出来，反对他提出的《训政时期约法》，打破了他企图通过国民大会从法律上来确定以他为总统的独裁政府的美梦。然而对待胡汉民其人，老蒋又不能完全置之不顾，我行我素。因为胡汉民本为国民党元老，早年与孙中山先生一起创建了同盟会，在国民党内资历深，地位显赫，且有广东财团和陈济棠等军阀势力的支持，故而凭着这些客观条件，以及当时他所处的立法院院长和中央执委会常委的地位，完全可以与蒋介石较量一番，以此来打破老蒋的独裁，实现他“以党治国”，“一党专政”的愿望。尽管胡汉民也是为了自己的私利，但他的提法却迎合了大多数想削弱老蒋之权的国民党要人的心理。老蒋清楚，与胡汉民争论下去，于己不利，于是他索性采取强硬手段，以宴请为名，将胡软禁起来，逼胡辞职。然后，他又一手操纵召开了国民会议，通过了《训政时期约法》，并当选为中华民国政府主席，成了不是总统的总统。

老蒋这一意孤行的做法，不仅激起了全国人民的反对，而且再一次激化了国民党内部的矛盾。于是，以陈济棠为霸主，以国民党内的改组派、胡汉民派、孙科太子派、西山会议派，以及李宗仁、唐生智等各方势力组成的第二次反蒋大联盟，正式成立。他们在广州另立中央，成立了广东国民政府，与南京的国民政府抗衡。

就在这两个政府、两个中央剑拔弩张之际，一场更大的灾难降临到了中国人民的头上。但这场导致中华大地生灵涂炭、国土沦丧的灾难，却给戴笠这个昔日的江山浪子，提供了大显身手的机会，为他平步青云，晋升为南京鸡鹅巷的“老板”，打下了基础……

第二部

鸡鹅巷老板

孽海枭雄戴笠

九 内忧外患老蒋下野 知恩图报戴笠得宠

1931年9月18日夜晚，夜色笼罩着整个中华大地。这夜色是那样黑暗，那样昏沉，像死一般寂静，又像坟墓一样令人窒息。

突然，在广袤富庶的辽沈平原上空，响起了一声惊天动地的巨响和一阵阵暴雨般密集的枪声。驻扎在沈阳城郊的东北军第七旅北大营的官兵们，被这突如其来的爆炸声震得从睡梦中惊醒。他们还没来得及弄清发生了什么事情，一枚枚炮弹已飞进了北大营营房……

“日军向我们营进攻啦！”“日军已爬上了城墙……”“我们坚持不住了，怎么办？”……一个接一个电话，一阵又一阵铃声，在东北边防司令长官公署办公厅响成了一片。留守办公厅的参谋长荣臻，急得满头大汗，他冲着每一个电话吼叫着同一句话：“不准抵抗！把枪放进仓库！我马上跟副总司令联系，请示！”

此时，远在北平的东北军首领、国民政府陆海空军副总司令张学良，正带着夫人和赵媞小姐坐在前门外中和剧院的包厢内，津津有味地欣赏着梅兰芳主演的京剧《宇宙锋》。他前两月因患伤寒住进了协和医院，此时，大病初愈，面颊清瘦。也许是台上梅兰芳那优美的唱腔和精湛的表演令他迷醉、激动，他那本来苍白的脸色，居然像喝了酒般地红润。“报告副司令！”他的一个随从副官，突然神色惊慌地急匆匆闯进包厢，俯在张学良耳边低声说了句什么。只见张学良的脸色“刷”的一下，由红变白，由白变青。他直愣愣地坐在那里，张着嘴，半响没说出话来。

“汉卿，汉卿！你怎么啦？”坐在他两旁的两位女士惊慌地连声呼叫。

“走！回医院！”张学良从座椅上弹了起来，转身就往外走。此时张学良的心情，如同当年突然得知其父张作霖在皇姑屯车站被炸身亡时一样悲愤，一样欲哭无泪。中原大战后期，他为了协助老蒋打阎锡山、冯玉祥，以及那个时而叛冯投蒋、时而又叛蒋投冯、反复无常的石友三，他几乎把东北军全部调进了关内，东北边陲只剩下七个旅的兵力，日本人于是乘虚而入。前不久，日本人多次制造事端，企图借口进犯。“中村事件”发生后，他的拜把子兄弟蒋介石，却于8月16日发来电报指示：“无论日本军队如何在东北挑衅，我方应予不抵抗，力避冲突。吾兄万勿逞一时之愤，置国家、民族于不顾……”

对于老蒋的指令，他曾经忠实地贯彻了下去，一再告诫部下，不要把“事态扩大，致使兵连祸结，波及全国”，一再强调“要依靠国际联盟，听命于中央”。可是，如今日寇真的进犯了东北，东北的乡土必惨遭践踏，东北的父老乡亲必惨遭杀戮。他这个负有守土之责的东北军统帅，又岂能袖手旁观？

回到协和医院，他立即分别给沈阳和南京打电话。沈阳方面的答复是，日军已攻入沈阳城，北大营和城内部队正在往后撤退；南京方面的答复是，蒋总司令正在江西前线指挥军队“围剿”工农红军……

“号外，号外！日军昨夜炮轰北大营，占领沈阳城！”第二天凌晨，随着报童嘶哑的喊声，上海、天津、北平等十几个大小城市沸腾了。“打倒日本帝国主义！”“坚决要求对日宣战！”口号声震撼着中华大地，震撼着每个炎黄子孙的心灵。各界民众，特别是青年学生，纷纷走上街头，成立请愿团、示威团。一队队民众拥向各地政府机关，拥向南京国民政府，拥向国民党中央党部，拥向外交部……随着日本侵略军在东北三省的迅速推进，民众要求抗日、停止内战的呼声亦日益高涨。从全国各地涌向南京的示威请愿的民众，如汹涌的海浪一般，一波又一波地冲击着金陵这座古城……

1931年12月15日，蒋介石终于在这内外交困的形势下，第二次宣布下野。

消息传来，戴笠如丧考妣，悲愤不已。此时，他已在南京鸡鹅巷53号有了个落脚点。这是一处红漆大门的二进院落，总共有20多间平房、两间停车房及一个青砖铺地的坪院。当时，这里还是胡宗南第一师驻京办事处，戴笠只不过借用了进门处停车房旁的两间小屋及后院的几间房子，作为他的家宅和密查组联络点。

自从中原大战结束之后，戴笠把大战中结识的十来个曾为他收集过情报的朋友和同学，都招罗为他的密查组成员，义务为他提供情报。当时有周伟龙、徐亮、王天木、王兆槐等人。他们不定期地向他提供情报，后来被人称为“十人团”。不过，当时戴笠并不敢公开活动，而是像胡靖安当年那样，暗中活动，有了重要情报则交老蒋的机要副官毛庆祥转呈老蒋。他的行动除胡宗南之外，就连鸡鹅巷53号第一师的留守人员，都不清楚具体情况。当时，他把母亲、妻子、儿子都接到了南京，住在53号的后院，表面上只是借几间房子住家。戴母当时已五六十岁，身体还像以前一样硬朗；毛秀丛还像以前一样贤惠温顺；儿子戴藏宜已长成16岁少年，眉眼长得酷似其父，只不过身材比其父还要高一些。老蒋下野之前，戴笠心境极佳，在家里也是乐呵呵的，一家人相处得很是和睦。可是老蒋一宣布下野，戴笠就像丢了魂似的，坐立不安，整天阴沉着脸，动不动就冲妻子及勤务兵贾金南发脾气。除了戴母之外，家里人谁也不敢跟他多说一句话。

这天，天气阴沉沉、灰蒙蒙的，大街上请愿学生的口号声，像海浪般一阵阵传来。戴笠独自在自己那间卧室兼办公室的小屋内背剪双手，心绪不宁地踱蹀着。他不时抬头望望窗外那灰蒙蒙的天穹，心里有一种难以遏止的悲哀，仿佛天已经塌了下来一般。

自从老蒋第一次下野到如今，戴笠经历了蒋桂之战、蒋唐之战和中原大战。随着老蒋在这些战争中所取得的一个又一个的胜利，他心目中老蒋的形象和威信也随之一步一步地升级。他对老蒋那纵横捭阖的政治手段和指挥若定的军事才能，佩服得五体投地。他也曾暗中把李宗仁、汪精卫、胡汉民，以及阎锡山、冯玉祥等几个国民党内部能与老蒋抗衡争天下的头领，逐个做过分析比较，得出的结论是，老蒋是这些国民党要人之中最有头脑、最有远见、最有能力的领袖。更何况老蒋还是他的同乡和校长！所以，他坚定地相信，无论如何，只有追随效忠老蒋，拥其为中国最高的统治者，才能利国利民利己。中原大战之后，他原以为，中国的领袖已非老蒋莫属。孰知转眼之间，老蒋又宣布下野啦！他这个搞情报的联络参谋，虽然早已知道“九一八”之后，粤方乘老蒋主动议和之机，就曾提出过以老蒋下野为条件，方肯取消广州国民政府之事。但最初听到这消息时，他只是不屑地一笑。他认为，这简直是痴人说梦。而且蒋介石在国民党四次全国代表会上，曾一再表示，“为了实现团结，共赴国难，什么都可以忍受”，甚至还恢复了中原大战后，曾被开除了的阎锡山、冯玉祥等481人的国民党党籍。老蒋在会上曾表情沉痛地说：“……他们实际上并未叛变本党。其反对攻击者，系对我蒋某个人。故一切罪恶，皆由我个人而造成。假使无我，各同志或不至于如此分崩离析，而帝国主义者抑或不致如此压迫。故对党内同志，对总理，我承认是有罪的人……”对此，戴笠感动得涕泪交流。他为他心中崇拜者的“宽容、忍让”精神所感动，为他所追随者那“博大高深”的胸怀而自豪。他想，就冲这番讲演，老蒋也不应该下野，也不可能下野。可是他哪里知道，老蒋的这番表演，只能感动像戴笠、胡宗南这样的忠实追随者，以及已经被蒋打下政治舞台如今又被蒋请回来的阎锡山等人，而汪精卫、胡汉民、陈济棠等粤方要人，依然坚持要老蒋下野。

如今老蒋真的通电下野了，这对毫无思想准备的戴笠来说，简直不知如何是好。头一天，他就听说胡宗南要从河南驻防地回南京，然后去溪口探望老蒋，所以，这天早上一起床，他就在急切地等待着胡宗南的到来。戴笠这已经是第五次掏出中山服上衣兜里的怀表看了。那只半新不旧的怀表指针，已经指到了下午1点20分。怎么还没有来？今天是不是不回来了？戴笠那阔而厚的双唇紧紧地抿在一起，两只深邃的大眼睛直愣愣地盯着墙上的那张两边贴有"革命尚未成功，同志仍须努力"条幅的孙中山先生遗像，仿佛只有这样，才能压抑住内心的悲愤，才不至于大声喊出几天来一直萦绕在他内心深处的一句话：校长！我能为你干些什么？

他心里非常清楚，自己位卑职低，除了老蒋和胡宗南之外，目前当权者没有一人知道他戴笠，甚至连黄埔一二期的许多老大哥，也没把他这个"跑单帮"的六期小老弟放在眼里。老蒋下野了，他很想学当年胡靖安那样，为老蒋搜集些情报。可是，目前的情况似乎又跟当年不尽相同，所收集到的情报似乎也帮不了老蒋什么忙。所以他更加急切地想见到胡宗南，想听听他的看法。

正想着，贾金南用托盘端着午饭送了进来。这已是第二次给他热好饭了。

"长官，你快吃饭吧！不然又该凉啦！"贾金南走到他面前，恳求般地对他说道。

"谁说我要吃饭啦？谁让你热啦？你给我端走！"戴笠等胡宗南等得心焦，没好气地冲贾金南吼开了。

贾金南跟他时间久了，说话也很随便。他略有不满地嘟囔道："就是天塌下来，也得吃饭嘛！"

"你！你给我滚出去！"戴笠的无名火一下蹿了出来，只见他抢前两步，夺过贾金南手中的托盘，"哗"的一声，连饭带菜一齐摔在了地上，房间里顿时一片狼藉。贾金南也吓得站立一旁，不知所措。

戴笠还要发作，突然听见汽车的"嘀嘀"声和大门打开的"吱吱"声。第六感觉告诉他：胡宗南来了。他顾不得再去理会贾金南，整整衣襟，快步走了出去。

红漆大门已经打开，第一师驻京办事处的留守人员早已整齐地站立在大门口，迎接他们的师长。胡宗南那矮小的五短身躯刚刚钻出车门，就看见了急急走来的戴笠。"雨农！你在家？我正要找你呢！"胡宗南一见他，眼睛就笑成了一条缝，边向部属点头还礼，边冲戴笠喊着走来。

"琴斋兄，你怎么才回来？"戴笠仿佛怕他再溜掉似的，紧紧握住他的双手。

"嗨，一下车就被曾大哥他们拉走啦！走，到你屋里去。"戴笠还没来得及阻拦，胡宗南已大步进屋。

"哟，这是怎么回事？"胡宗南一见地上的饭菜，先是一愣，转眼看见噘着嘴的贾金南，心里就明白了八九分。“还不赶快扫掉？”戴笠着急地冲贾金南吼道。小贾这才转身到门背后去拿笤帚。他走到胡宗南面前时，胡宗南见他那副顺从的憨态，不禁戏谑地笑道：“戴先生脾气这么大，你还跟他干什么？跟我去吧！”

“不！戴先生脾气大，可人好！”小贾一脸憨态，说得非常认真，惹得一旁的戴笠也忍不住扑哧一声笑了。

“算啦，我们还是到玄武湖去转转吧！”胡宗南说着，又神秘地俯在戴笠耳边轻声说道：“我有件要紧事告诉你。”说完，回身看见他的部下还都站在门外等他，这才赶紧向他们说道：“你们先忙去吧，有事等我回来再谈。我好久没去玄武湖啦，想去转转。”他说得那么轻松、随便，真像那么回事似的。戴笠不知他葫芦里卖的什么药，只得随着他上了汽车。

玄武湖距鸡鹅巷不远，坐汽车几分钟就到了湖畔。两个多月之前，玄武湖尚是翠荷滚珠，垂柳依依，一泓碧水，烟波浩渺，但如今却是枯枝败叶，满目残荷，一片凋零破败的景象。走出汽车的胡宗南和戴笠，仿佛被眼前这肃杀的景象震慑了。两人相对无言，望了望那耸立在湖边的玄武门城楼，以及那已结了一层薄冰的玄武湖，半晌没有开口。胡宗南那刚才还神采飞扬的面容，此刻也挂上了一层薄霜。“国破山河在，城春草木深。感时花溅泪，恨别鸟惊心。”胡宗南突然吟起了杜甫的这首名诗。

戴笠明白，此时虽非春天，又无花草飞鸟，但对山河破碎的忧愤之情却是与诗的意境相通的。他也不禁深深叹道：“是啊！国难当头，校长又被他们逼走。我中华河山如此多灾多难啊！”

说完，两人沿着湖畔小径，慢慢地并肩走着。这时，胡宗南才恢复常态，从衣兜里掏出份名单，递给他说：“刚才人多，不便说话。你看看这份名单。我今天上午就是被曾大哥他们叫去商量此事了。”

戴笠知道，曾大哥就是黄埔一期的曾扩情。由于他年岁较大，为人和蔼稳重，也深得老蒋的器重，所以同学们都称他为“曾大哥”。戴笠展开名单一看，上面约有二三十人，打头的有：贺衷寒、桂永清、曾扩情、郑介民、胡宗南等，戴笠的名字排在了最后。上面是清一色的黄埔学生，而且大都是一二期的毕业生，只有戴笠等少数几个人是后面几期的。

“琴斋兄，这……”戴笠疑惑地望着胡宗南。

胡宗南笑而不答。他知道戴笠是个急性子，故意想逗逗他。

“琴斋兄，你只管笑什么？快告诉我，这到底是怎么回事？”戴笠果然着急地停住脚步，直晃胡宗南的肩膀。

“雨农啊，你就是改不了这个急脾气。这是件好事。我一说，你保准高兴。”原来，老蒋一下野，曾扩情、贺衷寒等人就四处联络同学，准备组织一个秘密的组织——力行社，专为老蒋东山再起而效力。他们已经联络了20多个对老蒋忠心耿耿的同学，不过一般都是搞政工的，在军界他们仅仅拉了个胡宗南和桂永清。那天上午，胡宗南就是被曾扩情等人拉去商量此事的。他当然乐意参加这个秘密组织，并且还替戴笠把名字也填了上去。一方面他认为戴笠是自己最要好的朋友，而且对校长忠心耿耿；另一方面他认为戴笠在搞情报方面可说是具有特殊的才能，而这个秘密组织是不可缺少像戴笠这样专搞情报之人的，所以他提出让戴笠也参加。尽管许多同学认为戴笠资历不够，但中原大战后已升为少将师长的胡宗南坚持，大家也不好说什么。于是，戴笠的名字就被填在了名单的最后。而且胡宗南还告诉戴笠说，明天他去奉化探望校长时，将把成立力行社的宗旨及名单向校长汇报……

戴笠没等他把话全说完，就兴奋得直搓双手，"琴斋兄，这可太好啦！谢谢你！你知道，这几天我想的就是这件事，就是不知如何干起。有你们这些老大哥指点，让我戴某赴汤蹈火，也在所不辞……"戴笠越说越兴奋，几天来冥思苦索的问题迎刃而解，他顿时觉得浑身有用不完的劲。

其实，戴笠、胡宗南等人都只不过是杞人忧天罢了。老蒋的这次下野，实际上跟上次一样，还是一种"以退为进"的政治手腕。他宣布下野之时，早就做好了上台的准备。在政治方面，他早已调兵遣将，把中央委员会的委员大都安排上了他的亲信；在经济方面，他支持宋子文辞去财政部长之职，拿走了重要档案，并串通江浙财团一起抵制新政府。这一条对于新政府来说，无疑是个撒手锏、催命符。所以，曾扩情等人创办的力行社尚未正式成立，下台仅仅一个多月的蒋介石，就在一片呼吁声中，在日本发动"一·二八"事变后十九路军还击的枪声中，又回到南京，并在洛阳召开的国民党四届二中全会上，获取了军事委员会委员长及军事参谋部参谋长的宝座，牢牢地掌握了全国的军权。

老蒋复职后的第一件事，就是召集贺衷寒、曾扩情等力行社成员开会，在会上，他提到日寇侵占东三省以及"一·二八"淞沪抗战问题。他清楚，并非力行社成员都同意他的不抵抗政策，所以他愤愤地说："你们以为我不想与日本人一战吗？就我个人而言，'九一八'以后，我就想对日宣战，无论战胜战败，我都会成为全国人民心目中的民族英雄，受人尊敬。但是，作为国家的领袖，我要对整个国家民族负责。若明知不能取胜，却要逞一时之快，对日宣战，这就是谋国不忠！"说到此，他把拳头在桌面上狠狠地捶了一下，以加强"谋国不忠"四个字的分量。然后，他稍停片刻，语气稍稍缓和地接着说："中原大战，我军元气大伤。事后，我们党内的一些人又这样那样地捣乱，更严重的是共党武装又聚集江西，时刻伺机夺取我民国政权，我们若不全力‘剿除’共党，加强我们自身的团结和实力，怎么能一致对外，一举取胜？所以，我们要记住这一点：攘外必先安内，安内必先‘剿共’。”

就这样，老蒋在为自己不抵抗政策辩护之后，立即提出了“攘外必先安内”的口号。

1932年3月1日，老蒋又召集力行社成员开会，将力行社改名为中华复兴社，他自任社长，并宣称，该组织的目的是复兴中华固有的民族精神、道德，加强民族信心，协助他本人整顿军队、组训民众、严肃纪律，剿除“共党”及一切异己分子。在复兴社成立的会上，他一再强调：国家只应有一个主义(三民主义)，一个领袖(就是他自己)。他说，要实现主义，只有重振革命，身体力行；要抵御外侮，只有在领袖的领导下，加强团结，清除腐败，振兴中华。

中华复兴社，这个所谓的青年群众秘密组织成立之后，又在社内分设了干事会和检查会。在干事会下，还设有书记处、组织处、军事处、训练处、总务处及特务处。对于特务处，老蒋格外重视。他说，要想复兴中华的民族精神和道德，搞好一切工作，就必须知己知彼，所以情报工作是复兴工作的最重要的一环；负责情报处的人选，一定是要对党国和领袖绝对忠诚，并有搜集情报经验的同志。在老蒋宣布各处负责人名单之前，戴笠心里就清楚，这个特务处长的位置非他莫属了。

早在成立大会前四天的那个下午，戴笠就得到通知：委员长将于当天晚8点在中山陵园的蒋氏办公室召见他。这是老蒋第一次主动召见他。戴笠得到通知后，简直有些诚惶诚恐。他不知道此次召见是祸是福，便立即奔往胡宗南下榻的饭店，想先从老友那里探探口风。

胡宗南不等他开口就两眼一眯缝，狡黠地笑道：“恭喜恭喜，雨农，校长召见你，是要委你重任啊！”

“委我重任？会是什么差事？”戴笠疑惑地问。他见胡宗南戏谑的笑脸，心里似乎也意识到了什么，但又不敢相信那会是真的。

“瞧你这急脾气！到了那里就知道啦，总之会是好事。走，今天你陪我去吃晚饭吧，你我弟兄俩好久没在一起畅饮啦！”胡宗南说着，就拽着戴笠的胳膊往外走。

“吃饭可以，喝酒就改日吧，我不能带着一身酒气去见校长啊！”戴笠认真地说道。

“嗯，言之有理。”胡宗南见戴笠一脸严肃认真的样子，只好又接着说道，“我估计校长是为特务处的事找你。前两天我和曾大哥、贺衷寒他们一起商量复兴社干部名单时，我保举你去当特务处长，因为你搞情报有经验，也有现成的班底。不过，有的人不同意。仅特务处长一职，被保举的人选就有五六个，最后要看校长如何定夺了……”

戴笠一听，又是喜，又是忧；又是感激，又是惶惑。他紧紧握住胡宗南的双手，连声说着“谢谢！”但脸上的表情却很古怪。他感激胡宗南对他的保举，可心里又有股说不出的辛酸。从他内心深处而言，他绝不想干一辈子的特务情报工作。当年，他是在走投无路的情况下，才去“跑单帮”搞情报的，其目的也不过是借此接近老蒋，图谋发展而已。当年许多随胡靖安搞情报的黄埔同学，如今不早已都一个个另辟蹊径了吗？就是目前帮他收集情报的密查组成员，也各个另有职业，只不过顺便帮忙而已。谁都愿意有个堂堂正正的职务，有个头衔，像胡宗南那样领兵打仗的也好，像姜绍谟那样搞党政工作的也罢，都是既神气又受人尊敬。而他这些年专搞情报工作，除了个别人知道他工作的重要外，大多数人还都是把他这种搞特务情报工作的人视为登不了大雅之堂的蹲墙根、扒门缝的包打听之辈，很瞧不起这职业。几年来，这项工作中的酸甜苦辣，他尝了个遍。为了搞到情报，他常常得忍受来自各方面的轻慢和侮辱，常常不得不打掉牙还要和血吞，真可谓是“忍人所不能忍，苦人所不能苦”。然而，工作搞出了成绩，没人会赞扬你，更不能在人前夸耀；工作若没搞好，又会遭到各种批评、指责。老蒋第二次上台后，他也曾希望能委派自己到一个公开的政府单位去工作，或者索性到部队上去轰轰烈烈地干一场，这才合乎他那爱热闹、爱表现自己的性格。而如今看来，这个愿望又要落空了。所以，他一听胡宗南说保举自己当特务处长之后，心情非常复杂。

胡宗南似乎也猜到了他的心思，拍着他的肩头说道：“雨农，谢我什么？如果校长选中你，那也是你自己走到这步了，别的事，你就不必多虑了。”说完，他又看了看表，接着说，“我看今天你也没心思陪我去吃饭，还是改日吧。你先回去准备准备，好好想想。”

戴笠自然求之不得。他连忙告辞，先去澡堂洗了个澡，又回去换了身整齐的黄军装。这番沐浴更衣，真像是个虔诚的教徒去朝拜自己心中的神像一样，直到收拾得干干净净、整整齐齐，戴笠才去谒见老蒋。他知道，这次召见，将是决定他命运的时刻。

当晚8点，戴笠准时来到中山陵园老蒋的别墅。老蒋身着一袭长衫，正坐在灯下批阅文件。

戴笠被卫士领进门来，便向老蒋来了个举手礼，同时高声说道：“报告校长，学生戴笠奉命来见校长。”

“嗯，”老蒋抬头看了一眼，鼻子里“哼”了一声，又低下头接着写了几个字，这才合上卷宗，靠在太师椅背上，双手扶着桌面，毫无笑意地看着垂手恭立一旁的戴笠，不紧不慢地说道：“我叫你来，是想讲讲特务处的工作。”说着他站起身来倒背双手走到桌前接着说，“特种工作是我们革命工作的重要一环。特种工作人员应该是革命的灵魂，是领袖的耳目。现在已有人保举了六个人，我认为只有你才适宜主持此项工作。”

老蒋话音刚落，戴笠便毕恭毕敬地双腿一并，立正道：“感谢校长栽培！”说完，他略犹豫片刻，又接着道，“我恐怕做不好这项工作。”

“为什么？”老蒋转过脸，目光犀利地盯着他。

戴笠低下头，吞吞吐吐地说道：“团体中，许多人都是我的老大哥，而且这项工作本身就不容易做好。”他说的是实话，也是推辞的借口。

“这不要紧，”老蒋目光温和地看着他，语气亲切地说，“现在就是你有没有决心的问题。你在这方面的能力我是清楚的，只要你有决心，事情就一定可以做好的。”

老蒋这几句充满信任和理解的话语，有如一杯醇香的美酒，使戴笠全身心都暖融融、甜丝丝的。他强烈地意识到，自己这几年的出生入死，这几年的含辛茹苦，都没有白费，都给他心目中崇拜的领袖留下了深刻的印象。他戴某能得到校长的如此厚爱和信任，还有什么艰难困苦不能克服，又有什么个人利益不能抛弃呢？“士为知己者死”嘛！想到这些，戴笠兴奋、激动得不知如何是好，竟愣愣地望着老蒋，半晌没说出一句话来。

“怎么样？有决心没有？”老蒋又紧跟着问了一句。

戴笠这才定了定神，挺了挺腰板，语气坚定地答道：“我是校长的学生，是领袖的部下，只有绝对服从命令，尽我的能力来做！”

“嗯，很好！”老蒋说罢，又吩咐站在一旁的侍从，立即写委任状。侍从在一旁伏案填写委任状时，老蒋又坐回到了他办公桌前的座位上，接着问道：“你知道我为什么要在现在成立这个组织吗？”

“知道！这是抵御外侮的需要。”戴笠毫不犹豫地答道。

老蒋鼻子“哼”了一声说：“你只说对了一半。成立这个特种工作处，既是要对付日本人，又是要对付共产党。你知道吗？‘清党’以后，共党在城市的组织已转入地下，他们一面在边区组织工农武装，一面在城市秘密组织民众和青年来反对我们，颠覆国民政府。所以，我们必须建立一个更为严密的新组织，来对付他们。要防止他们的一切活动，要把更多的优秀青年吸引到我们的新组织中来，为民族保存新生力量，为我党的复兴增加新鲜血液……”侍从把写好的委任状送到老蒋面前，请他签名。老蒋这才止住了话头，提起桌上的毛笔，在委任状下方挥笔写下了“蒋中正”三个字，然后，还轻轻地吹了吹纸上的墨迹，站起身来递给戴笠说：“我把这项神圣的工作交给你，你要尽力干好！”

第二天一早，戴笠兴奋地拿着委任状去找胡宗南。胡宗南一看，高兴得一拍戴笠说："雨农，果然被我言中了吧！今天中午总该庆贺一下了吧！"

"没问题，我来请客。不过琴斋兄，此时可不能张扬啊，须等校长正式颁布后再说。"戴笠深知，在复兴社中他的资历最浅，让他当特务处长，肯定有人不服。

"这不用管他。有校长为你撑腰，你用不着再多虑。对了，校长说让你在哪里办公了吗？"胡宗南关切地问道。

"还没有。现在人员少，你借给我的那几间房子可以先将就。"

"那怎么够用？这样吧，我把办事处换到别的地方去，鸡鹅巷的房子全归你用！你就是鸡鹅巷53号正式的老板啦……"

戴笠自然大喜过望，可还没等他答话，只见一个黄埔一期的复兴社成员来找胡宗南。他刚进门，一眼就看见了桌上的那张委任状，便不无轻视地笑笑，说："好啊，原来是你当处长啊！"说完，他突然一本正经地宣布说："关于特务处的人事和经费，校长要我负责。"

戴笠一听，心里顿时酸溜溜的。校长既然要他负责人事和经费，那还要我当处长干什么？沉不住气的戴笠，第二天下午便又去谒见老蒋。

老蒋成立特务处的想法由来已久。早在第一次世界大战时，意大利法西斯党魁墨索里尼就利用法西斯党徒进行秘密活动，来刺探情报，进行恐怖的绑架、暗杀等，后来又发动"罗马进攻"，篡夺政权，建立独裁统治。其间，他的特务组织对他夺取政权、维护政权都起了很大的作用。所以，老蒋于中原大战之后，就有意要成立这样一个特务组织，只是当时危机四起，无暇着手。如今，他再度夺得最高统治地位后，便立即抓紧此事了。他的设想绝非当时戴笠等人理解的那样——专搞情报工作，而是要把它建成一个除军队之外的、重要的、维护他独裁统治的另一部专政机器。对于如此重要机器的头领，他是经过反复权衡比较的。戴笠早年"拦车投书"、策反周伟龙等情况，他至今记忆犹新，加上胡宗南在他面前对戴笠的几番推崇，他认为论忠诚、论能力，戴笠都是最合适的人选，因此，他明知许多黄埔生不会服气，但仍决定让戴笠负责。

不想次日戴笠又来向他说明原因，提出辞职，老蒋自然不予批准。为使戴笠安心，他索性把自己决定的事情和盘托出。

原来，老蒋早有了个初步设想。他准备在特务处下设两科一室，指定由郑介民、邱开基分别任侦察、执行科长；由唐纵任书记室书记；其他100多人的编制、人员安排，以及每月2000元的活动经费，则由戴笠全权负责。老蒋还告诉他，已决定调拨徐家巷2号的一处院落给戴笠，作为特务处以后的办公地点，但目前最主要的是培养忠实可靠的特工人员，所以另外还调拨了高道井洪公祠后院的一幢二层小楼，为特务处首批干部训练班的教室及宿舍……

听了老蒋这一初步设想，戴笠简直有些受宠若惊。他清楚，郑介民是黄埔二期的学长，而且去莫斯科留过学；邱开基则是黄埔三期的学长，是日本留学生，都比自己资历深、学历高，可老蒋却指定他们做自己的部下，这是对自己多大的信任和提携啊！更让他兴奋的是，从老蒋的谈话中，他意识到特务处的工作绝非他理解的那样，仅搞情报，而是像老蒋亲口所说："这是一项维护革命政权的全面性的政治任务，是革命的灵魂，领袖的耳目……"这无异于告诉他，特务处将是一个极其广阔的天地，可以让他大大地施展自己的聪明才智。想到这些，戴笠突然打了个立正，信誓旦旦地说道："校长放心。学生的这颗脑袋从此刻起，就拿下来了！"

"你这是什么意思？"老蒋被他说得一愣。

戴笠也觉得自己没把话说明白，歉意地咧咧嘴巴笑道："我的意思是说，这个工作干得好，头可能会被敌人杀掉；干得不好，就当然要让领袖杀掉喽！"他这番话的言外之意就是：自己将以性命来报答领袖的知遇之恩。

"嗯！很好！"老蒋显然也很受感动，声音变得比平常低沉得多。他握住戴笠的手，轻轻地说："你马上着手筹备吧。一切有我呢！"

十 雨农创业招兵买马 宗南为友忍痛割爱

这是一幢旧式的两层木板楼房。一个个扛着铺盖卷的青年来到这幢楼前时，都忍不住要上上下下地打量一番，内心深处在问着同一个问题：让我们来干什么？

他们大都是从南京特别政治训练班中挑选来的。当然，此时他们并不清楚让他们来干什么。起初，他们只知道政训班的康兆民通知他们到鸡鹅巷53号去个别谈话。接待他们的是一个自称为“马行健”的长脸先生。此公与青年们谈话时，询问得极为详细，从出身、经历、家世，直问到对时局的看法。几天后，康兆民就分别通知他们，让他们单独到高道井的洪公祠对面，也就是《中国时报》社办公大院后面，一处挂有“外国语言训练班”牌子的院子去报到，听候命令。

这幢二层楼房内，上下都被木板隔成南北两大部分。楼下南头是大饭厅，北头是大厨房；而楼上南头为大教室，北头是集体寝室。寝室没有门，只有一块白布做门帘。寝室内，除了几张半新不旧的桌子之外，就是用木板搭成的床铺，陈设是再简陋不过的了。不过，条件差对他们这批学员来说确实不算回事。因为他们都是黄埔各期毕业的学生，由于种种原因未能得到合适的工作，才被康兆民招收到特别政治训练班受训，继而又来到这里。这里的条件较之当年在黄埔住的那种四面透风、抬头能看见天、低头能看见草的竹棚营房，自然是强出许多了。但让他们迷惑不解的是，来这里的30名学员，原来都是特别政训班的同学，不知为何康兆民却要秘密地单独通知。如果真像后院门口挂的那块牌子一样，是“外国语言训练班”，那又何须如此神秘？

然而，更让他们不解的是当天晚餐后，自称为政治指导员的李士珍，拿着名册点了点名，然后郑重其事地宣布了三条纪律：从现在起，全体学员在受训结束之前，不得离开这个院子；不得请假外出；不得与外界通信联系，连写家信也不准许。

一听此三条规定，学员们顿时哗然。“为什么？”“这到底是什么训练班？”“让我们整天龟缩在这里，不成了‘乌龟班’了吗？”大家七嘴八舌地质问李士珍。

“够啦！你们还是不是受过训练的军人？过不了几天，自然会有人告诉你们的。”李士珍拍着桌子吼道。这一着还真灵，30个学员顿时鸦雀无声，面面相觑。

几天之后，这个谜终于揭底了。这是1932年4月1日的前一天，戴笠身着蓝布长衫，头戴大礼帽，走进了教室。学员们一眼就认出了，他就是那个找他们谈话的马行健先生。原来，马行健是戴笠当时的化名，其含义是：像马一样为老蒋奔走效劳。

李士珍本想简单地向学员们介绍一下戴笠，可他刚说了句“马行健先生是我们这训练班的领导……”戴笠就接着话茬儿说：“士珍兄，你不要介绍了，我们早都认识啦！”李士珍笑笑，讪讪地退到一旁。戴笠把礼帽摘下来，往讲台上一放，双手支撑着桌沿说道：“同学们，大家都知道‘九一八’以后，日本帝国主义公然想用武力征服我们，亡国之祸，迫在眉睫。我们每个黄埔同学，每个有志之士，都应重振革命精神，救亡图存，进而贯彻革命宗旨。鄙人奉校长之命，创办这个特种工作人员训练班，所以我特意挑选了你们这些优秀的青年同学，到这里来接受特殊而严格的训练，将来担起国家的重大任务。常言说：‘人才为政事之本，而学校尤为人才之本。’校长对我们这个首期特工人员训练班非常重视。明天将要亲自来此，主持训练班的开学典礼……”

戴笠兴奋地望着对面30名年轻的学员，心里就如同喝了杯甘醇的美酒，激动得两眼闪闪发光。他强烈地意识到，对面的学员，就如同老蒋的黄埔学生一样，将是他事业上的政治资本和贵重的财富，他戴笠将来事业的发展，定要依靠这些受过特殊训练的学生。这个训练班的主要目的，就是要培训出一批既忠诚可靠，又具备情报、侦察、射击、擒拿、驾车、摄像等多方面特工技能的人才。他的特务处目前刚刚成立，实在是太需要这方面的骨干和帮手了……

4月1日这天，整个金陵城笼罩在蒙蒙雨雾之中，巍峨苍翠的中山陵园，碧波荡漾的玄武湖，都被这灰蒙蒙的雨雾缠绕包裹。虽是初春，但天气阴冷，仍让人感到阵阵寒意。如此恶劣的天气，老蒋还是冒雨来到了特训班，戴笠简直有些受宠若惊。此时此刻，洪公祠对面楼上的教室里，30名学员正在宣誓。他们换上了一色的藏青色中山服，各个面容严肃地举着右手，面冲着墙上的孙中山先生遗像和蒋介石的肖像，跟随着蒋介石宣读誓言：余誓以至诚，奉行三民主义，服从领袖命令，遵守团体纪律，尽忠职守，严守秘密。如违誓言，甘愿受最严厉处分。谨誓。宣誓人：

“赵理君！”

“陈恭澍！”

“赵世瑞！”

……

此时，戴笠、郑介民、唐纵、邱开基等几个特务处头子，也都立正站在讲台两边，面向孙中山遗照，随着宣誓的学员一道，举着右手，重复着誓言，面部表情都很严肃。戴笠面色凝重，厚而阔的双唇紧抿着，两只眼睛闪烁着难以抑制的激动。特务处成立之始，他与郑介民等十来人已正式宣过誓，但场面没有这么庄严正规，更没有校长亲临现场主持。

这才是我们特务处真正成立的神圣时刻，这才是我戴某腾达的真正起点！戴笠看着老蒋稳稳地坐到一张太师椅上，激动地想着。

宣誓完毕，戴笠将每个人手中的誓言稿纸收集在一起，当众烧毁。这时，老蒋才笑眯眯地从太师椅上慢慢站起，步履稳健地走到讲台前，扫视了一眼台下的学员，清了清嗓子开口说道：“我知道，你们都是我的学生，是我们国家最优秀的干部。今天，你们很荣幸地被选入首期特种工作训练班，你们将是革命的先锋，革命的保障。现在许多人不了解特种工作的性质和它的重要。特务人员是国家民族的灵魂，领袖的耳目。特务工作，是一种非常的工作，要有坚韧不拔的精神，抱定不成功便成仁的决心，要做无名英雄，方可完成所负之任务……最后，我还要你们记住一点。特务工作是一种终生职业，不得中途变更……”

老蒋的这番讲话，虽然是对特训班学员讲的，但戴笠心里清楚，这话也是对他及特务处所有工作人员的指示。自受老蒋青睐以来，老蒋从未对他讲过这么多话，更没有如此明确深刻地谈过特务工作的任务和性质。这番话不仅使他明白了以往尚不明了的许多问题，而且使他更加意识到老蒋对自己寄予的重望，以及自己肩上担子的沉重。他把老蒋这番讲话的字字句句都铭刻在脑海之中，成了他往后十几年特务生涯的灵魂，也成了这个特务团体的行为准则……

回到鸡鹅巷53号之后，他立即把所有未参加典礼、没听到老蒋训话的特务召集到饭厅里，详细地传达了老蒋的这番讲话，他要把每一个特工人员的思想、行动都统一到这个准则上来。

被召到饭厅的，有当年在广州资助过他的黄埔六期同学徐亮，有中原大战中协助他策反冯玉祥军队的王孔安，有在他贫困潦倒时从不怠慢他的表妹夫张衮甫，有在平津搞暗杀闻名又曾被他招至密查组为他提供过情报的王天木，以及中原大战结束后赠他路费让他返回南京的邓展谟和蒋唐之战时受他策反而投蒋的周伟龙等等。这些人都是他凭借私人关系找来的亲信，是他的左膀右臂，在这些人面前，他可以无话不谈。

这天下午，他传达完老蒋讲话之后，郑重地提出：特务处将以每年的4月1日，作为成立纪念日，以示不忘老蒋对特务工作的指示。会后他又特意让贾金南等勤务人员比平时多准备了几个菜，还特备了两瓶酒，几个人边吃边聊，议论着老蒋的讲话和特训班之事。

进餐时讨论问题，已成了特务处的习惯。只要是戴笠没出门，他总是不会放过和大家一起进餐的机会。往往许多决策、计划和情报，都是在这餐桌上定下来或汇总起来的。

“古人云：‘致安之本，唯在得人。’我以为当今内忧外患之际，当务之急即是广罗人才，方能负起做领袖耳目之重任。仅一两个特训班是远远达不到工作需要的。”王孔安呷了一口酒，若有所思地发表自己的看法。

“孔安说得对！要想做好领袖的耳目，必须每个主要城市和单位都得有我们的同志才行。我们还得加紧培养干部。”王天木满口京腔地说道。

“依我之见，不如借警官学校的名义帮我们培养干部。如果警察工作能与我们的特工工作结合起来，定能发挥极大的效能！”徐亮也不慌不忙地发表自己的看法。在这几个至交和部下之中，徐亮可算得上是戴笠最得力的“参谋长”，许多规章、制度，大都是由徐亮制定或建议的。

“我认为，我们培训干部一定要挑可靠的青年。但又不能仅仅限于黄埔同学，应该面向社会才行……”

大家你一言，我一语，边吃喝边发表意见。戴笠虽然没说话，但大家的意见他却是一字不漏地记在了脑子里。即便是他认为可行之事，他也不轻易表态，而是事后立即采取行动。此时他也同以往一样，只是边吃边喝边听，有时还会停下筷子，津津有味地含笑倾听，俨然一家之主的样子。所以，后来鸡鹅巷的特务们背后都称他“戴老板”，用南京人的话说，就是“一家之主”。

一个多月以后，戴笠已经把腿插入了杭州警官学校，被老蒋任命为该校的政治特派员，同时还任命了王孔安为特派员办公室书记长，主持特务培训工作。以警官学校做掩护，这样就大大提高了特务培训工作的速度。即使这样，戴笠仍然觉得这样培训特务太慢，又号召特务们尽量介绍自己信得过的亲朋挚友来特务处工作，他自己也把早年被他营救出来的族侄女戴学南调到警校做女生管理员，帮他培训女特务。

这天，戴笠正在警校翻阅报考警校的学员履历表，想从中挑选出适合参加特训班的青年。正在这时，勤务兵贾金南憨笑着走进来，递给他一封由杭州发出的字迹陌生的信件。他习惯地歪着脑袋想了想，怎么也猜不出是谁来的。他便打开信封，先看信后的落款。一见“毛万里”三个字，戴笠更茫然了。他记性一向很好，怎么也想不起这个毛万里是何许人也。他只得老老实实地从头看信——

戴先生：恕余冒昧打搅。吾乃江山吴村乡人氏。在家乡时即久闻先生大名，甚为仰慕。今吾等小同乡结伴来杭报考警校。临来之前，家兄毛人凤告之曰，先生正在警校主事。故吾趁发榜之前，寄函问候，希能见先生一面……

戴笠看着，不禁面露欣喜之色，且越来越浓。他很看重家乡人对他的看法。早年在家乡曾为人所不齿，如今却有人如此仰慕他，自然令他欣然自得，更何况毛万里就是文溪同窗毛人凤的胞弟！

“贾金南，你到这个旅馆去，把毛万里先生请来！”不待把信全部看完，戴笠就跳起身来，冲门外喊道。就在这一瞬间，他便已拿定主意，一定要把毛万里选入特训班。一则，他的特务处工作急需可靠之人；二则，他要报答其兄毛人凤当年赠款促其投考黄埔之恩。原来，在他急需用人之时，也曾想到过毛人凤，但听说毛人凤当时在衢州行政督察专员公署任秘书，混得还不错，也就打消了让他参加特务处的念头。此次，其弟毛万里自己找上门来，他戴笠岂有不重用之理！

戴笠见毛万里一袭蓝布长衫，简朴而整洁，心里就很满意。谈话之间，得知毛万里高中毕业后，便在家乡县政府任过几年文书，做文牍工作，现已年过30。他一听此言，当即决定，马上让毛万里参加特务处的工作，不必先在警校学习。毛万里不明了戴笠所主持的工作性质，尚有些犹豫。戴笠即劝说道：“大丈夫志在四方，何必非要读书？可以先参加工作，在实际工作中去求真实的学问嘛！”戴笠这番话，确实也是肺腑之言。他深切地体会到，自己以往四处闯荡，生活所赋予他的知识和经验，远远超过了许多科班出身的人。他见毛万里已年过30，所以建议他直接参加工作。

毛万里当时抱着试试看的心理，答应第二天去鸡鹅巷报到。可是他哪里能想到，只要一迈进此门，他一生的命运也就决定了。

就在毛万里准备报考的这批警校新生中，戴笠又挑出了20多名到特训班受训，其中就有几个江山籍人，如毕业于衢州联合师范的毛森和刚从杭州中学毕业的工匠之女姜毅英(此人后来成了军统局唯一的女少将)，以及后来成了胡宗南夫人的叶霞娣……

这样，特务处成立后的一两年之内，其人数便由原来的10人猛增到了100多人。除特训班的人员外，还有许多人是特务介绍来的亲属。后来成为戴笠得力助手的沈醉，就是当时被在杭州警校任主任教官的余乐醒介绍加入的，而且很快就得到了戴笠的信任。

在吸收人员方面，戴笠虽无一定之规，但心里却有把尺子，并不是所有的亲朋好友都可以到他的特务处工作的。一天，他听说原六期的黄埔同学叶彦世闲居上海，无事可做，便立即让徐亮去信请他来鸡鹅巷会晤。由于戴、叶二人在军校时感情甚笃，所以叶彦世一见戴笠就热情地拍着他的肩头极随便地说："老戴，看样子你现在混得不错嘛！有没有要小弟帮忙的地方？"

戴笠一听此话，顿时愣了一下，但很快就依然笑呵呵地与其寒暄，晚上还让人准备了一桌丰盛的酒菜，邀徐亮、王孔安和唐纵几个六期的老同学一起进餐。席间，几个人谈得很痛快，但徐亮和唐纵等人称呼戴笠时，总是一口一个"戴先生"，叶彦世却不以为然地笑道："你们这都是怎么啦？左一个戴先生、右一个戴先生，显得多生分？我们都是老同学、老朋友啦，还是随便点好，你说是不是，雨农？"

"当然！朋友嘛！"戴笠平静地笑笑，还一个劲地为叶彦世布菜，敬酒。饭后，王孔安带叶彦世歇息去了，戴笠立即吩咐徐亮，让他去找新设的交通、人事科长胡子萍买火车票，要第二天就送叶彦世回上海，他另赠20元钱旅费。徐亮大惑不解地问："戴先生，你不是让他来参加工作的吗？"

戴笠苦笑一下说："叶彦世只能做我的朋友，不能做我的干部。"徐亮一听，立即明白他的意思了，二话不说，就去找胡子萍。

胡子萍一听，也有些不解，问："怎么，老板变卦啦？"

"嗨！这家伙也是莫名其妙，当着老板的面，左一个'老戴'，又一个'雨农'，还嫌我们叫戴先生是生分了！你说，老板能不送他回去？"徐亮凭着自己的臆测解释道。

胡子萍听罢，立即赞同地点点头。他是新近才被戴笠招来并委以重任的。戴笠当年"打流"时就结识了他，因为他家住在兰溪，戴笠每次乘船往返江山与杭州之间时，必在兰溪停一夜，常常在胡家借宿。后来，胡子萍先戴笠参加黄埔，两人才中断联系。前不久，戴笠从报纸上看到胡子萍的结婚启事，立即送上20元礼金，并约其蜜月之后来鸡鹅巷找他。相见之时，胡子萍既未重提他当年落魄之事而使他尴尬，也未因自己比他参加黄埔早而摆学长的架子，而是既热情，又尊重，其中原因也只有胡子萍心里清楚，这主要是那20元礼金所起的作用。因为在当时，一般职员的工资只有十几元钱。这20元礼金就很不寻常了。聪敏过人的胡子萍已然从中猜测出戴笠目前的处境，故而格外表示敬重，并且主动提出想协助戴笠工作。戴笠自然非常高兴，但他并不马上表态，而是开玩笑似地说："子萍，常言说，糖果是给人家的孩子吃的，最好不要给自己的孩子吃。"说完，他才言归正传，"我们团体就好比个大家庭，凡是愿来参加工作的同志，我们就得先把丑话说在前头。我们是个革命的团体，工作很辛苦，纪律也极严格，待遇也很微薄。如果子萍不怕这些，我当然是双手欢迎你来工作。"

"雨农兄！你我都是委员长的学生，都是革命军人，只要是革命工作，又岂能斤斤计较个人得失？”胡子萍说得诚恳、真切，连戴笠也感动得紧握着他的手说：“子萍，有你这句话，我就放心啦！”从此，对其愈加信任，任他为交通、人事科长。

胡子萍想想自己被重用的经过，再看看戴笠对叶彦世的态度，他总结出一条经验，那就是戴笠要求部下的条件是必须忠于蒋介石，同时也必须尊重他戴笠本人，作为部下，是决不能允许与其平起平坐的。所以，当胡子萍当上人事科长之后，总是在这两点上重点考察要求来参加工作的人员。

其实，胡子萍的这条经验也只对了一半。戴笠用人的原则其实也是非常严格的。他除了要求部下在政治上可靠外，还非常注重部下的智力和观察、判断的能力。他要的是在任何紧急情况下都能应付自如的干将。

有一次，戴笠准备在南京中央军校军官班和政治班中挑选20名学员，于香林寺再办一个特训班。当时军官班有1700多学员，均是来自各个部队的年轻军官。戴笠办这个训练班的目的是企图把耳目安置到军队中去，以便及时掌握部队的思想动态。为促使学员们报名，军校谎称要在察哈尔北部办个张北分校，需从军官班、政治班中考试挑选一批军官，而且还要以北方军官为主。当时，许多北方军官都希望能回到北方，所以有200多人报名。通过考试，只录取了20人。就这20人，戴笠和复兴社的桂永清，还亲自进行口试，以观察每个人的反应能力和思维能力。口试时，戴笠等人提的问题非常古怪。当第一名学员被叫进去后，戴笠先问他：“你结婚了吗？”

“结了。”学员回答。

“嗯！假如你回到家中，发现你妻子正在与别人通奸，你怎么办？”戴笠笑着问道，仿佛在谈家常。

“我立刻把那奸夫杀死！”那学员脱口答道。

“不！你再好好想想，有什么更妥当的办法？”戴笠还是笑眯眯地诱导。

那学员低头思考片刻，又说：“那我就把他们两个人都杀了。”

“不行，不行！这只是匹夫之勇，不足取。”戴笠连连摇头。

“那我就不知道该怎么办了。”那学员沮丧地望着他。

“作为革命军人，凡事都不能凭感情用事，要用理智来处理，做到有理有利有节。永清兄，你给他说一遍。”最后戴笠又冲一旁的桂永清说道。

桂永清笑着站起来，做示范般地连讲带比画地说：“如果遇到类似情况，应该极力保持镇静。如果你深爱你的妻子，不愿失去她，你就应认真地跟她谈谈。如果你并不爱你的妻子，那就应该通过司法机构，提出离婚或提出控告……”

第二名学员进行口试时，戴笠提的还是这个问题。这个学员的回答令戴笠非常满意。那回答几乎跟桂永清刚才说的一字不差。

“好极了，你很有自制力和法律观念！说说你是怎么考虑的，为什么要这样处理。”戴笠歪着头，颇感兴趣地望着眼前那个挺拔而英俊的年轻军官。

“报告长官，我没有想法，只是刚才趴在门缝里偷看了桂主任作的示范，所以……”

“好，你真是特务天才！”没等对方把话说完，戴笠就高兴得站起身来，迎过去紧握对方的双手，显得非常激动。

“特务？”那学员不由一愣。

“对！我们这是个特务训练班，你很合乎我们的条件啊！”戴笠对这个机灵的学员很欣赏，竟没有注意到他的异样。

“我们是来参加张北分校隧职军官训练的，如果不是这样，我还是回军官班去。”学员声音不高，但口气却很坚决。

戴笠一听此话，顿时愣在那里，半晌才生气地说：“你是不是军人？”当他看到对方点点头承认之后，又紧接着严厉地说道：“军人以身许国。如今，国难当头，国家需要你做什么，你就得做什么！从200多报名人中才录取了你们十几个人，这本身就说明，特务工作要求更高，任务更难、更重。进了特训班，你就不许再说这类话……”

这番话把对方说得哑口无言，那青年再不敢言退出之事了。

随着特训班数量的增加，特务人数迅速增长，特务工作的范围也越来越扩大。一两年的时间内，全国20多个大城市及几条主要的铁路干线上，都成立了特务区，负责收集各方情报。工作面扩大了，随之而来的问题也越来越多。由于他们是新建的秘密单位，自己没有发报的电台和电信人员，各特务区的紧急情报只有先申报，再由各地的中央党部调查科代为拍发，或者是用军事委员会的电报纸，交军政部各地军用电台拍发。但许多单位却不把他们的电报当回事。有一次，戴笠在北平得到一份紧急情报，需要及时发往南京，就去找在北平行营任机要科长的文溪老同学姜超岳，结果却被姜超岳压了好几天。原来，姜超岳当年与戴笠同时报考衢州联合师范学校后，由于成绩优异，毕业后留校任教，1925年赴广州报考黄埔，后被委任为黄埔军校秘书处书记。北伐时，任国民革命军总司令部机要秘书。中原大战前后，任北平行营机要科长。由于当年戴笠放荡不羁的行为使他很反感，特别是后来戴笠考上师范又不去就学，反而去当了兵，更让他觉得戴笠虽然聪明，却是个反复无常的浪荡子，成不了大器。所以，他虽是戴笠的同乡同学，却非常瞧不起他。尽管南京方面有令，让其代拍戴笠的电报，他还是不以为然。常常把戴笠的电报一压就是好几天。当时甚至有人说：“这个戴某人，不知什么来路，会不会是乱党？以后不要给他发电报……”

凡此种种，对戴笠的刺激太强烈了。他决心要建立一个自己的无线电通信网，不再仰人鼻息。

这天，胡宗南由常州驻地来杭州警校看望戴笠。一进门，戴笠就向他提起建立无线电通信网的设想，并托他介绍个懂无线电业务的人员来协助他创办无线电通信培训班。胡宗南一听，笑着说："雨农，你算是找对人啦！我手里正好有个全国数一数二的无线电通信好手，他发报又快又清楚。"

"琴斋兄，他是谁？现在哪里？"戴笠一听，就急不可待地盯着胡宗南问。

胡宗南笑着指指他说："你呀！"又故意停了停，喝口水，才接着说，"他叫魏大铭，是帮助我们一师培训电台人员、管理电台通信的教官。"

"那你舍得让给我？"戴笠急切地问。

"你戴雨农要嘛，我舍不得也得舍得呀！"胡宗南说完哈哈大笑。

"琴斋兄，你可真是我的好兄长。怎么样，什么时候让我见见他？"

"等我一师迁走的时候，他自然就来啦。"

原来，魏大铭最早是一家外国轮船上的无线电专家，北伐军到上海后，他被邀请到国民军交通处，在温毓庆手下创办短波无线电通信网。"一·二八"淞沪抗战时，他参加了上海民众后援会前线电台组，战事结束后，才被人介绍到胡宗南的第一师。现在，第一师奉命调往甘肃天水。魏大铭表示不愿随部队前往，所以胡宗南只得忍痛割爱。

1933年春，一个身着灰绸长衫的青年来到杭州上仓桥的警官学校。他身材颀长，举止潇洒，英俊的国字形面孔上一脸书卷之气。他到了传达室，把一张名片递了过去。传达一看，立即满脸堆笑地说："魏先生，特派员正等着你呢！"

此时，戴笠办公室内，戴笠、王孔安、校长赵龙文及女生指导员四人，分别坐在一张长条会议桌的两边。传达领那青年一走进办公室，戴笠立即热情地迎了上去，说："你来得正好！坐下一起开会吧！"他把那青年领到桌边就座，然后高兴地对其他人说："这位就是魏大铭同志，我特地请来为我们主持无线电工作的。我们今后就有自己的电信网啦……"

戴笠得到魏大铭，简直如虎添翼。魏大铭不仅给戴笠培养了一批又一批的电信特务，而且还发明制造了特务专用的小型发报机。特务处的情报电信网，很快就在全国各大城市铺开了。当然，这都是后话。

那次会后，戴笠告诉魏大铭，胡宗南已应邀在西湖畔的楼外楼饭店等他们去共进午餐呢。原来这是戴笠为迎接魏大铭，特预订了一桌酒席，请胡宗南作陪，同时也是想为胡宗南饯行。于是，戴笠、魏大铭、王孔安等人一同驱车前往。他们到达饭店时，胡宗南却尚未到来，等了半个来时辰，胡宗南才驱车匆匆赶到。一进预订好的餐厅雅室，他就连连抱歉道："对不起，对不起，让各位久等啦！"说着，他边入座，边笑道："雨农，我这个无线电专家怎么样？要不是这位老弟过不惯军旅生活，我说什么也不会把他让给你，现在也只好忍痛割爱了！不过，你可不能亏待我这位老弟哟！"

"得啦，琴斋兄，你我兄弟还不是一样？你怎么待他，我也会怎么待他。他在我这里，说不定比在你那里还强呢！"戴笠开玩笑地说着。几个人都不约而同地哈哈大笑。

就在饭店伙计端上一盘盘热气腾腾的西湖糖醋鱼、香酥鸡等名菜之际，胡宗南突然俯在戴笠耳边悄声问："刚才我在车站看见一份悬赏捉拿王老九的布告，这到底是怎么回事？"

他俩都知道，这王老九就是当年他们在湖州的结拜兄长王亚樵。戴笠深深叹口气说："唉，这位老兄，真是糊涂呀！去年，日本天长节，他派人在虹口公园炸死白川大将。校长很高兴，请上海杨虎司令去劝说他离开李济深，投到校长这边来，可他硬是……"

"这事我知道。当时校长知道我跟他拜过把兄弟，还让我派人送过一张3000块钱的支票和一封信，劝他去南京。结果这位老兄连信带钱都给我退回来啦！"胡宗南说着，沮丧地摇摇头，又接着说，"这次他怎么惹校长发这么大的火啊？"

"他呀！唉，你知道，前年校长在庐山遇刺，宋部长在上海车站遇刺，原来都是他让人干的……"戴笠还想说什么，只见贾金南满头大汗地赶来，递给戴笠一封用"急件"签封口的信件。戴笠赶忙打开，阅毕，又立即递给胡宗南。胡宗南阅后紧皱双眉，说："这么说，已经发现他的藏身之所啦！"

"对！我得马上去上海。琴斋兄，我不能再给你饯行啦！"说完，他又转身对赵龙文说，"你就代我招待一下胡师长和魏大铭同志吧！"

"你还是吃完午饭再走吧，也不在这一会儿啊！"胡宗南劝道。

"不行，我得赶1点钟的火车回南京。"戴笠又对魏大铭说了声"对不起！"转身便带着贾金南走了出去。

十一 结拜兄弟反目成仇 特务奉命初开杀戒

淞沪警备司令杨虎家的客厅里，灯火通明，笑语声声。杨虎夫人及陈华等几位姨太太，正陪着杨虎作竹林之戏。女仆进来通报："戴先生来啦！"

"请进！请进！"身材魁伟的杨虎连忙喊道。可他屁股还没离开椅子，戴笠已风尘仆仆地走了进来。

"雨农，你来得好快！"杨虎笑着站起身来。

"接到信我就赶来了。杨司令，进展如何？"戴笠不待落座，就急急地问道。

"雨农，看你这急脾气，轻易不来，来了就谈工作！先喝口茶嘛，我让人给你做饭……"戴笠来过杨家几次，姨太太陈华见了他就像老朋友似的，一把将他按在椅子上，嗔怪地笑着说，又从另一位姨太太手中接过沏好的香茶，递了过去。陈华30多岁，白白胖胖，虽不漂亮，却能说会道，体贴周到，一口甜腻腻的吴侬软语，让人听着就舒服。

"谢谢，谢谢！我在火车上吃过了。"戴笠最欣赏杨家这几位家眷的热情周到。戴笠每次到了这里，都有种宾至如归的亲切温馨之感。

"不吃饭就吃茶点，玩几圈牌。王老九他跑不了，我的人把整个弄堂都封锁了，正挨家挨户搜呢！"杨虎指指另一位姨太太端上的水果和糕点说。

"正好，我不想玩啦，雨农帮我打几圈吧！"陈华大大方方地拉过牌桌旁的一把椅子，请戴笠打麻将。

若在平日，戴笠自然高兴陪杨虎及几位太太玩几圈，但今天他怎么也踏不下心来。若是捕捉其他人，戴笠决不会如此心焦，但现在要抓的对象，正是他当年的结拜兄长王亚樵，他的心情确实是很复杂的。

戴笠过去对王亚樵一直十分尊重。尽管王亚樵是洪帮头目，曾相继派人暗杀过直系军阀齐燮元的干将淞沪警察厅长徐国梁、安徽省建设厅长张秋白、上海招商局局长赵铁桥等人，但那些人被杀，皆事出有因。王亚樵平日待朋友门徒十分重交情、讲义气，而且具有非凡的组织才能和讲演才能。戴笠也曾想过请他参加特务处的工作，以报往日善待之恩。考虑到王亚樵在上海滩颇有名气，不便像对一般人员那样轻易招用，所以，他曾特意在老蒋面前提到吸收王亚樵的想法。不料，老蒋脸色一沉，口气坚决地说："不行！此人爱招摇，革命团体不能用这种人！"戴笠从此再也不敢言及此事。

本来，一个在朝，一个在野，井水不犯河水，事情不成情义在。可谁知，"九一八"之后，王亚樵因痛恨老蒋的不抵抗政策，一再派人行刺蒋介石和宋子文，最近又派人准备行刺国际联盟为"九一八"事件派来的调查团团长李顿爵士。虽说屡次行刺未遂，但事情被王亚樵手下几个因抢劫钱庄被捕的门徒供出。老蒋大为恼火，急令戴笠配合杨虎捉拿王亚樵。戴笠自然对王亚樵胆敢行刺老蒋等人非常痛恨，在政治利害与把兄弟的情分之间，天平自然要发生倾斜。他曾写信警告过王亚樵："不管我们私人关系如何。如果你有危害领袖之举动，我必杀你。"但是他配合杨虎的部下，多次追捕王亚樵，均未得手。此次若再抓不到王亚樵，他真不知如何向老蒋交代了。

"报告司令，我们挨家挨户都搜了，没有发现王亚樵。"突然，一个便衣警察进来，向杨虎如此报告。

"你们不是明明看见他拐进了那条弄堂吗？"杨虎眼睛一瞪，从牌桌边站了起来。

"是！可我们搜了整整一下午……"来人怯怯地望着杨虎答道。

"够啦！你们这些饭桶！给我滚！"杨虎不等对方说完，一拍桌子大骂起来。

那警察狼狈退出，女眷们亦知趣地回避了。牌桌前只剩下气呼呼的杨虎和一言不发的戴笠。

"我看，是不是先把他弟弟王述樵抓起来。不然，我们不知还要等到什么时候才能抓到他。"隔了半晌，戴笠才歪着脑袋若有所思地说出自己的想法。他知道，王亚樵最疼爱自己唯一的、比他小十几岁的弟弟王述樵。十多年来，他一直精心培养其弟，让他上大学，学法律，当律师，不要重蹈自己的旧辙。

"这样怕不行吧？王述樵可是个规规矩矩的律师。"杨虎犹豫地望着戴笠。

"这我知道，我们只拿他作诱饵嘛！"戴笠坚持己见。

"那就试试吧，这办法不一定有用。"

于是，杨虎派人把王述樵及正在他家的王亚樵的门徒洪耀斗一起抓了起来。谁知这一招不但没引出王亚樵，反而在社会上引起了一场令老蒋头痛的风波。原来，王述樵的恩师正是全国律师公会会长沈钧儒。王述樵被捕后，沈钧儒对当局这种无视法律、侵犯人权的行为极为愤慨。他立即以律师公会的名义在报纸上发表了一篇题为《王亚樵犯罪，其弟何罪？》的文章，谴责当局无视法律，滥抓无辜。文章登出后，律师界及上海各阶层人士纷纷向当局提出抗议。

此时，戴笠还只是个无名小辈，社会舆论的矛头自然直指蒋介石。老蒋对这种弄巧成拙的做法极为恼火。幸亏杨虎仗着自己当年与老蒋一起在永丰舰上护卫过孙中山先生的老交情，一口承担了此事，老蒋才未过多责备戴笠，只是命他尽快设法与王亚樵谈判，释放王述樵等人的条件则是让王亚樵遣散部属，本人出国或到南京投蒋，在这之前，把家眷送往南京居住，权做人质，并对反蒋的西南派胡汉民、陈铭枢等人打上一枪，以示告诫。

戴笠想方设法，终于辗转托人跟王亚樵开始了对话。可是，当时的戴笠毕竟不是王亚樵的对手。王亚樵一面答应戴笠提出的条件，一面暗中将妻儿老母送回乡下，并积极筹划自己离沪赴港之事。家眷顺利返乡之后，王亚樵立即亲笔给戴笠写了一封信："……我对你是没有话讲，委员长礼贤下士，你就和颜悦色；委员长疾言厉色，你就疾恶如仇。我清楚你所提之条件均为委员长之旨意。其他条件尚能照办，但让我卖友求荣，我不能答应。如果你们因此而不释放我的人，我誓与之周旋到底。"

戴笠见信，气得拍案大骂："王老九啊王老九，你也太不识抬举了！"不过此事未了，戴笠已无暇滞沪再与王亚樵纠缠了。因为当时日本人已占领山海关、热河省，并向长城防线各关卡进逼，平津危在旦夕。可是，当时老蒋正集中兵力，亲临江西，指挥部队对中央革命根据地进行第四次大"围剿"，根本抽不出兵力援助长城守军。蒋介石只得急命戴笠亲赴北平，加强对日军的情报工作，以了解华北形势。

"蓝钢"列车在津浦线上飞驰着。这种车身被漆成蓝色的客车，是当时南京开往北平的一列最快的客车。身着绸夹袍、装扮成大老板模样的戴笠坐在车窗旁，默默地望着窗外那一闪而过的房舍、树木、小路、原野，内心深处有一种难以言状的兴奋和激动。1928年至1931年间，他大部分时间都是独自在这条铁路线上奔波的。多少个日日夜夜，他风餐露宿，以步代车；多少次大小战役，他出生入死，到前沿收集情报……跟随他的只有一个贾金南。那一切总算都熬过去了。今天，他手下已有了100多个情报员，而且在全国20多个省市及铁路干线都设立了情报站。仅仅一年的时间内，特务处就由十来个人发展到如此大的规模，确实使他志得意满。他再一次认识到了自己在特务工作方面的才干和活动能力。同时，报答老蒋知遇之恩的心情也更加迫切。他清楚，若无老蒋提挈、重用，他戴某本事再大，也无用武之地。因此，工作愈是有成绩，他愈是告诫自己谨慎小心，不可有些许的骄傲、松懈，否则多少年的心血和努力就可能毁于一旦……

“老板，该去餐车吃饭了。”身着西装的毛万里从另一节车厢走来，毕恭毕敬地对戴笠说着，那模样活像是大老板的随从秘书。原来戴笠这次赴北平带了五六个随从。除贾金南和已提升为机要秘书的毛万里外，还有警卫、译电员等随从。为了不暴露身份，大家都称戴笠为“老板”。其他人装扮成随从秘书或伙计。为了适合他们各自的身份，除贾金南扮伙计陪戴笠坐在二等车厢外，其他的人都坐在三等车厢。这既是为了不引人注意，同时也是为了合乎特务处规定的财务制度。按规定，一般特务是不予报销头等或二等车厢差旅费的。

到了北平，也是按这种规定来住旅店。戴笠带着贾金南住在北京饭店，其他人都住在较便宜的西城花园饭店。戴笠到达的第二天，北平站的负责人陈恭澍、天津站的负责人王天木，便都闻讯赶到北京饭店，向戴笠汇报工作。

陈恭澍来北平建立情报站才两三个月。他是黄埔五期的毕业生，同时也是洪公祠特训班首批毕业的学员。由于他曾经生长在北平，所以戴笠派他带了另外两名同期特训班学员杨英、戚南谱一同来北平设立北平情报站。但是陈恭澍太年轻，才20多岁，既无工作经验，又无人际关系，更谈不上攀附上层人士了。所以，几个月来，他除了在北平租房住下站住了脚跟，吸收了一个名叫白世维的黄埔七期学生加入北平站工作，并与负责华北区工作的顶头上司郑介民取得了联系之外，其他的工作几乎无一点头绪。他见了戴笠，很难为情地汇报了北平站的情况后，便诚惶诚恐地站立一旁，等着戴笠批评。

而天津站负责人王天木的情况则完全不同。他40岁左右，相貌堂堂，一双大眼东顾西盼，透着一种悠然自得的神情。甚至连他那身打扮也与众不同：时髦的西装配方头皮鞋，高挺的白衬衣领子，配着条丝质的花领带，完全是一副生活优裕、举止潇洒的绅士派头。他一见戴笠，就像老朋友似的无拘无束地说笑，连汇报工作也似乎在聊闲天似的。戴笠亦不以为然，还口口声声称其为“天木兄”。这也难怪，王天木不仅比戴笠年长，而且论才干、论学历，戴笠都是望尘莫及的。王天木曾就读于保定军官学校和日本士官学校，回国后曾在西北军当过参议，在河南一带收编土匪自任过司令等职。他在北平、天津一带认识的人很多，上至政府官员，下至八大胡同的姑娘，他都有熟人，都搭得上话。所以，天津站的情报工作做得较为出色，戴笠自然也很满意。

不过，戴笠听完汇报后既没有批评陈恭澍，也没有表扬王天木，而是笑呵呵地说：“天木兄，往后你可得多引导引导小陈他们哟！”

“放心吧！恭澍老弟不是外人，这还用说！现在我内人和小女都住在北平，我会常来常往的。”

“哦！嫂夫人和侄女都在北平！那我得去看看嫂夫人，再尝尝嫂夫人的手艺。”戴笠呵呵笑道。原来，戴笠早在1928年就结识了王天木一家，知道王太太做得一手好菜。

“欢迎，欢迎！你准备什么时候离开北平？”王天木问道。

戴笠若有所思地歪着脑袋想了想，“这次我准备在北平多待些日子。住饭店太贵，你能不能帮我租套房子？”

“没问题。这事包在我身上。”王天木一口应承下来。不出两天，他就在东城楼凤胡同为戴笠租得一幢带庭院的二层小楼，戴笠和随行人员全部搬了进去。

原来，戴笠听完陈恭澍的汇报之后，深感自己有必要多留些日子，帮北平站打开局面。只见他在北平天天忙着摆酒设宴，游山玩水，干的净是些吃喝玩乐的事。其实，他是在通过王天木以及自己过去认识的一些朋友的介绍，在北平广交朋友。各个阶层的人士他都结交，从做衣服的裁缝，到东北“四公子”之一的吴幼权，以及军事委员会北平分会委员长何应钦、驻平津的部队长官关麟征、黄杰等政府官员，他都很快地跟他们拉上了关系，并把陈恭澍等人介绍给他们。当然，他结交这些人的目的，并不是要吸收他们加入特务处，而是为了蓄积人际关系，以备日后急需之用。他的这种做法，其实完全是吸取了杜月笙那套为人处世的经验，只不过，他自己浑然不觉而已。直到为平津站打通了人际关系之后，他才召集平津特工人员开会，传达老蒋关于加强平津情报工作的指示，强调华北局势的严重性，让他们多方开辟情报线路，既要竭力搜集日方的军事情报，监视汉奸的叛逆活动，又要注意共产党人的政治动向……

一切安排就绪之后，他才离开北平返回南京。原以为这下可以稍稍松口气了，可哪里知道，一连串的棘手问题，又已然在南京等着他了。这些问题将搅得他坐卧不宁，也搅得他周围的人提心吊胆。

这一天，戴妻毛秀丛和白发苍苍的戴母正坐在院子里剥毛豆。毛秀丛梳着巴巴头，身着大襟蓝布衣褂，依然是一身农村妇女的打扮。此时，她正和婆婆拉着家常。突然，传来一阵戴笠拍桌子、骂人的声音，她立即皱起了双眉，惶惑不安地看看大门旁边的戴笠办公室，又望望正侧耳细听的婆婆。只见戴母听了一会儿，立即站起身，习惯地拍拍衣襟，迈着小脚，急匆匆地循声而去。毛秀丛也连忙紧跟其后，想劝婆婆别去。她知道这几天戴笠总是在发脾气，闹得院里的勤杂人员都屏声敛气，不敢大声说笑，也不敢有半点怠慢，否则就会招来戴笠的一顿臭骂。毛秀丛怕婆婆看了担心生气，所以不想让婆婆去劝说。可是，戴母不等她开口，就已经到了戴笠办公室门口，推开了房门。

戴笠像只焦躁不安的老虎似的，双手叉腰，在那用草席当地毯的小屋内快步走动着，嘴里还气呼呼地骂道："你这不中用的东西！这么点小事你都办不好，你以为这里是白吃饭的！"

被骂的贾金南委屈地哭丧着脸，呆立一旁，两眼直盯着自己的脚面，一声不吭。戴母一进门，轻轻地喊了声："春风！"这声音不高，但对戴笠却有一种难以言状的威力。戴笠抬头看了母亲一眼，那因恼怒而气势汹汹的目光顿时变得温和多了。他"唉！"了一声，像个泄了气的皮球，一屁股坐在办公桌前的椅子上，把脸埋在双掌中，不再说话。

戴母怜爱地看了看戴笠，又转身劝慰贾金南："金南，走吧！莫生他的气。你也知道他就是这个火暴脾气，过后就没事啦！"

"老太太，我知道，不生气！"说完，贾金南便转身退出。戴母这才走到儿子面前，爱抚地摸着他那浓黑的头发，自言自语似的轻轻说："妈也知道你有烦心的事。不过，总这么发脾气也不是事啊……"

"妈，没什么事。怪我脾气不好，让你老人家跟着操心了。"戴笠从椅子上站起来，反过来又安慰老太太。他边扶着老太太往门口走，边冲一直站在门边的毛秀丛使眼色，示意她把母亲带走。毛秀丛这才走过去搀扶着戴母的胳膊，低声说："妈，走吧！"说着，婆媳俩走出门去。可是到了门口，戴母又不放心地回头看了看，无可奈何地轻轻叹了口气。

"知儿莫若母。"戴笠情绪的变化，戴母一眼就能看出。近些日子，戴笠确实是有许多烦心之事。摊子大了，事情多了，老蒋下达的任务也愈来愈棘手了。王亚樵未抓到，老蒋虽没说什么，但看得出，他对此很不满意。不过此事对他而言，这实在算不得什么。在他看来，即便是老蒋指着鼻子骂他一顿，也不过就像他骂贾金南等部下一样。骂他，是因为他是自己最贴近、最信得过的亲信部下。目前真正让他头痛的是，蒋介石又给特务处下达了一项他过去从未想到过，也没有任何思想准备及人员、技术准备的任务——暗杀。

戴笠从北平返回南京后，老蒋即给他秘密地交代了一项任务——在法租界内暗杀杨杏佛。

杨杏佛曾留学美国，担任过孙中山先生的秘书、孙中山葬事筹备处总干事及中央研究院总干事等职。这位颇具名望的国民党元老，1932年与宋庆龄、蔡元培、鲁迅等人组织了中国民权保障同盟，宋庆龄任会长，他任副会长兼总干事。该会以反对独裁、争取民权为宗旨，进行营救因抗日救国而被囚禁的共产党人及进步人士等活动，并到处宣传言论、出版、结社、集会的自由。老蒋对此非常恼火，他认为，宋、杨这些活动是在有意识地配合中国共产党领导下的抗日反蒋斗争，是意在动摇他的一统天下。但该会会长是宋庆龄，老蒋自然不敢轻易惹她，干生气没办法。可是民权同盟近来活动日益频繁，他们大造舆论，强烈要求当局释放其非法拘捕的许德珩师生，抗议江苏省主席顾祝同枪毙《江声报》记者刘煜生之事。更让老蒋恼火的是，他们积极营救被捕的共产党员罗登贤、廖承志、陈赓等人。杨杏佛还亲自出面，为营救廖承志聘请律师而奔走，巧妙地掩盖廖承志的真实身份，并组织代表赴南京进行营救，还组织了“营救政治犯委员会”。

蒋介石恼羞成怒，即命戴笠派人在法租界暗杀杨杏佛，以威胁宋庆龄，制止民权保障同盟的活动，同时又要求不得有任何把柄落在外人手中，以免造成更大的反蒋浪潮，出现更大的“内乱”。

这项任务对当时的戴笠而言，无疑是非常棘手的。首先，他一向以搞情报为主，搞行动也无非是秘密抓抓人而已。暗杀这一行当他以前从没干过，也没有这方面的经验和人手。再者，老蒋命他杀的不是一般人，而且指定要杀在法租界宋庆龄住宅附近。租界地区巡捕很多，万一被他们发现、逮捕，损兵折将不说，暴露了暗杀杨杏佛的阴谋内情，他戴笠将是首当其冲的替罪羊。那么，他苦心经营的特务处以及他的前程，很可能因此而毁于一旦。但是他心里更明白，老蒋成立特务处的目的，就是要让特务处担当起公开军警无法办到的“安内”的任务。民权保障同盟的活动对老蒋的统治而言，当然是一种不安定的因素，他戴笠理所当然要承担此项任务。但是派什么人去呢？特训班迄今为止从未开设过“暗杀”课程。许多学生被骗入特训班后，一直就不安心这种包打听似的鬼鬼祟祟的工作。如今突然要他们去杀人，而且是去杀一个颇有名望的国民党要人，他们肯去干吗？即使不告诉他们暗杀对象的姓名，但谁又能担保他们事后不泄露真情？

连日来，戴笠一直被这些问题所纠缠，搅得他不胜其烦。偏偏事也凑巧，此事尚未理出个头绪，突然又接到郑介民从北平拍来的电报，更让他坐立不安。

电报的大致内容是：何委员长命我平津站七日之内翦除投敌之汉奸张敬尧。据闻此人龟缩于东交民巷租界，我已进行布置……

戴笠知道，何委员长就是何应钦，他是继张学良之后，接替军事委员会北平分会委员长位置的。戴笠在北平谒见他时，他就提到过旧军阀残余张敬尧、孙传芳有投敌之嫌，让戴笠手下的人密切监视他们，防止日寇利用他们做傀儡，成立第二个伪满洲国——华北伪政权。从郑介民的来电看，何应钦当时的讲话并非无的放矢。

翦除汉奸，粉碎日寇建立华北伪政权的阴谋，这自然是光明磊落、国人称快之事，不像暗杀杨杏佛会遭全国人民谴责。而且此事若成功，特务处在上层人士及军政界人士心目中的地位，一定会有所提高，对特务处的前途和命运也会有深远的影响。

这本是特务处建功立业的难得良机，也是戴笠当时心理上所能接受的。但也正因为如此，戴笠才格外紧张，格外担心事情失败。他了解平津站人员的底细。他们的枪法都不太准，除王天木、郑介民外，几乎都是特训班毕业的新手。一旦失手，就会损兵折将，还会被上司视为无能……不过，这似乎都还好说，若是被日本人抓住，以此为借口再度发起对平津地区的武力侵略，那他戴笠及特务处岂不惹了大祸！如此重大的利害关系，他怎能不心急如焚？眼看着何应钦指定的七天期限已过去四天了，北平方面还无一点消息，每每去电询问，答复总是：尚在侦察。也就是说，连张敬尧确切的住处都还未搞清楚。

戴母和毛秀丛走后，戴笠又似困兽般在办公室内蹀躞，思索。他深责自己缺乏远见，后悔未曾在特训班里安排暗杀课程，到现在连想杀个大汉奸都办不到。不行！以后的特训班一定要增加“暗杀”这一课！戴笠终于下定了决心。此决心一下，他及特务处，就一步步向血淋淋走去了。想到暗杀，他蓦地想起了王亚樵。王亚樵若是能与他合作，他就不用在这方面大伤脑筋了。正想着，身着便衣的门卫敲门报告：“戴先生，胡二来了。”

“快请，快请！”戴笠立即收起脸上那副焦躁的神情，大步迎了出去。

胡二也就是当年和戴笠、胡宗南、王亚樵三人同结金兰的胡抱一。四个把兄弟中，他排行第二，故熟人们均称他“胡二”。

“二哥，老九的事怎样了？”戴笠一见胡抱一，连忙迎上去问道，连寒暄之辞也顾不上讲了。

“你看，我登了个启事，还是没他的消息。”胡抱一身着长袍，一身商人打扮。他说着，从衣兜里掏出份上海的报纸。戴笠忙接过来，顺着胡抱一手指的地方看去，只见报纸一隅登有一则启事《胡二问鼎》，文曰：你如此下去，究竟怎么办？盼早日决定，不要罪及你的一班人。火速登报复我，以免我们老朋友担心。

戴笠知道，“鼎”，即王亚樵，他曾化名王九光，又叫王鼎。“他有回音了吗？”戴笠盯着胡抱一问。

“没有，我来之前，还特意去了趟常恒芳家打听消息。他也说不知道老九的下落。”胡抱一沮丧地说道。

“唉！这个老九！不过，以后你不要再去找常老先生，免得他担惊受怕。”戴笠若有所思地说道。原来，他曾找到安徽名人常恒芳老先生做他们与王亚樵谈判的中间联络人。谈判告吹之后，戴笠曾拿着王亚樵的信去找常恒芳。老人当时正在吃饭，他看到了王亚樵回信中那段决不“卖友求荣”和“誓与之周旋到底”的话后，先是一愣，继而把饭碗往桌上一蹾，故作气愤地说：“真不识抬举！”

戴笠一眼即看出，常老先生是担心自己怪罪他，才故作此状。戴笠略有些不忍，连忙安慰常老先生说："老先生，此事与你无关，请不必担心！"在他看来，常恒芳毕竟是老同盟会员，既然请他为和谈奔走，那么和谈成败都不应累及到他，否则以后谁还肯为你帮忙，替你出力？

戴笠与胡抱一正商讨有关继续追捕王亚樵之事，徐亮突然兴冲冲地走了进来，举着手中的一份电报喊道："戴先生，成功啦！我们成功啦！"他声音不高，但充满了难以抑制的兴奋之情。

戴笠立即意识到了什么，不禁"腾"地站了起来，兴奋得两眼瞪得溜圆，"谁来的？怎么说？"

"你看！郑先生来的。"徐亮把电报译文递到戴笠眼前——张氏归天，家人平安！

"太好啦！我们成功啦！"戴笠兴奋地双手直拍徐亮的双肩，拍得黑瘦矮小的徐亮直咧嘴，但脸上还是抑制不住地在笑。

"贾金南！贾金南！"戴笠也不顾一旁发愣的胡抱一，快步走到门口大喊起来。

贾金南应声而至，但脸上还是明显地带有不快之色。

"怎么？骂你两句，还在生气？快让厨房多准备几个菜，我们好好庆祝一番！"戴笠笑眯眯地冲贾金南吩咐道，又转身对徐亮说，"让他们赶快写份详细报告来，越详细越好！"说完，见贾金南还愣在那里，便故作不悦地瞪了他一眼，说："你这家伙快去呀！我都不生气啦，你还生气！"

贾金南见他这副样子，也憨厚地笑了。戴笠又看了看一脸狐疑的胡抱一，不禁爽朗地开怀大笑起来。随着他的笑声，鸡鹅巷53号的人们几天来紧张的心情，才算松弛下来。人们知道，戴老板心情好转了，他们不会无缘无故地挨骂了。但他们却不知道，他们今后的任务，会越来越棘手了。

十二　六国饭店汉奸毙命　上海租界特务行凶

鸡鹅巷办公室内，戴笠正聚精会神地阅读北平站送来的一份关于暗杀张敬尧经过的报告，脸上时不时地露出满意的笑容。报告中写道：

……日人占领山海关，发动对我长城防线攻势之后，企图用重金收买军阀余孽张敬尧、孙传芳等人，让他们搜罗余部，在平津发动武装暴动，以配合进攻华北的日军行动，并以他们为傀儡，主持华北伪政权，成立第二个“满洲国”。近日来，我北平最高军政当局获悉，张敬尧已化名常石谷，潜入北平东交民巷，正与日本人秘密洽谈，从事叛乱活动。何委员长因此召见郑区长，当面交付任务——秘密翦除张敬尧，稳定华北局势。郑先生认为此乃为国除害、为团体争光的大好机会，立即承担下来，并命我平津两站全力以赴。由平津负责同志王天木、陈恭澍负责安排。于是王天木装扮成日本某商会买办，前往东交民巷日本兵营旁的六国饭店开房间，借以侦察。陈恭澍则负责物色行动人选。

由于我平津站尚未成立行动小组，无人能够胜任。一筹莫展之际，白世维同志自告奋勇，承担此任。他并非我团体成员，只是新近邀来帮助整理东北军及关外义勇军资料之黄埔七期同学。他在参加我团体工作之前，曾在河北抚宁县搞党务工作，勇敢机智，且枪法极佳。我等欣然同意，请他参与执行行动，让其以王天木随从之身份住进六国饭店，熟悉环境，配合侦察。可是三天之后，仍未侦得张敬尧之下落，第四天中午，王天木等二人在六国饭店楼道遇一熟悉裁缝，裁缝说是奉命来给三楼的张督办做西服。他们事后向裁缝打听，得知此“张督办”身材高大，蓄着八字胡，下巴颏长有一撮黑毛，而且两天之内就要启程回天津。王天木原先在天津见过张敬尧，一听便知该人就是张敬尧，便立即通知陈恭澍，做好接应准备。

此时，陈恭澍已将戴先生临别时赠给他的勃朗宁手枪交给了白世维，并利用戴先生存放在北平站的新汽车，侦悉了从六国饭店撤退之最佳路线。由组员戚南谱和司机一道将汽车停于东交民巷的六国饭店对面接应。

原来，日本人为了保证张敬尧等人的安全，把六国饭店三楼东厢的12套客房全包了下来，作为张敬尧等人居住及秘密联络点。因为六国饭店是幢凹形的建筑，其东边正好与日本兵营及日本使馆大院毗邻，打开东厢房对外的窗户，即可看到日本兵营和使馆那四周架着铁刺网和水泥岗楼的矮墙。如果楼上发生什么事情，只要冲窗口大喊一声，日本兵营里就能听见。另外，在六国饭店大门的东边，还有日本兵营的大门，大门口不仅有持枪站岗的士兵，而且还有两座圆形的水泥地堡。如果饭店门口发生什么事，日本兵马上就能看见。更有甚者，六国饭店内部的建筑也很特别，只要有两个人站在二楼的通天华盖处，楼上楼下的情况就一目了然。正因为这种种原因，日本人自以为张敬尧和他的参谋长以及副官、保镖等一起住进东厢相连的三个大套间里，一定万无一失。

5月7日这天上午，王天木等侦得张敬尧的参谋长也住在三楼，就决定以探望其参谋长为借口，直闯张敬尧的客房。因为王天木与其参谋长在天津时有过交往，这样接近张敬尧下手的机会就多了。正当王、白二人经过楼道要去找参谋长时，无意中发现三楼一间客房的窗户敞开着，里面是个洗澡间，一股热腾腾的水雾直往外冒。王天木侧脸往里看了看，发现宽大的洗澡间站着一男一女，从侧面看，那男人个头很高，但脸颊干瘦，留着两撇八字胡，更明显的是，下巴颏上有一撮黑毛。王天木一惊，连忙拉住白世维，低声说："就是他！"白世维一看，那男人身着褐色暗团花长袍，正仰着头，让身边一个个子纤细娇小的女人为他系扣子。他下巴上的那撮黑毛看得特别明显。于是他一把抽出手枪，悄声对王天木说："你快去叫车，我这就完事。"

王天木刚抬腿下楼，白世维甩手就冲那男人打了三枪。他眼看着那人身子倾斜了，即头也不回地举着手枪向楼口冲去。闻声而来的茶房见他举着手枪满脸杀气的样子，都吓得躲闪一旁。他直奔到楼下，才慌忙把枪别到衣襟下，冲出饭店的旋转门。此时，王天木已跳上了一辆洋车，从容离去。接应的戚南谱已让司机把车开到了饭店台阶下，并打开了车门。白世维立即闪进汽车，没等旁边日本军营门口站岗的卫兵反应过来，汽车已如飞箭般驶过兵营大门，直奔东交民巷路口而去。

当天下午，我们即从那位给张敬尧做衣服的裁缝那里获悉，张敬尧被送进医院后，即因伤势过重死了。原来，张敬尧为了避开众人眼目，好独自寻欢作乐，特意又在三楼单独开了个房间，同女人幽会。他没想到，这下正好碰在了我们的枪口上，送了性命……

“太好啦！这是一份很生动的行动教材！”戴笠看完，高兴得一拍桌子，情不自禁地自言自语。自从老蒋接连几次给特务处下达暗杀任务以来，戴笠一直未能得手，而平津组特务翦除汉奸一举成功，无疑给他打足了气，使他明确地认识到，暗杀，是可以，也是应该纳入特务的行动范围的。同时他也意识到，特务处成员非常缺乏这方面的人手和技术。暗杀这一行当，并非所有特务都干得了，杀手需要有相当的胆量，并须是十分机智的人才能充当的，而特务处的人都未经过这方面的训练，于是他一听说暗杀张敬尧成功的消息之后，马上命令特训班增设“暗杀行动”课程，并命技术股研制暗杀器械，同时四处物色这方面的“人才”，以适应暗杀的需要。他不得不承认，如今，平津组在华北区长郑介民的主持下，成功地暗杀了张敬尧，为特务处增了光，而由他亲自负责的华东区却落在了后面。老蒋亲自指派的暗杀杨杏佛、史量才之事，至今尚无下文，这如何向老蒋交差呢？

迄今为止，戴笠只命洪公祠特训班首期毕业的赵理君，在上海组织了一个行动小组，严密监视老蒋指定的暗杀对象杨杏佛、史量才等，却一直没有动手。他明白，华东区要暗杀的目标不是张敬尧，不是大汉奸，而是在国民党内及社会上都颇有名望的知名人士。万一搞不好，不但会遭到社会舆论的强烈谴责，而且连老蒋也很可能把他抛出来当替罪羊。他虽然崇拜老蒋，但这点他非常清楚，到那时，后果可就不堪设想了。事到如今，杨杏佛、史量才等人不仅丝毫没有改变反蒋立场，反而利用民权保障同盟会到处宣传民主、自由，反独裁、反老蒋。长此以往，老蒋岂能容忍？看来不行动是不行的了……

正当戴笠盘算着下一个暗杀目标之际，贾金南推门走了进来，身后还跟着一个十八九岁的年轻人。这青年瘦高的身材，着黑色学生装，圆乎乎的面颊上还带着一股稚气，像个正在上学的高中生。只不过此刻，他那疏淡的双眉微微皱起，好像心事重重的样子。

“哟，是陈沧啊！什么时候到的？”戴笠一眼就认出，这青年是上海特区法租界的情报组长沈醉，此时他的化名叫陈沧。

戴笠一见陈沧，立即高兴地笑了，他打心眼里喜欢这个与自己儿子年龄相仿的年轻人。

“戴先生，你快还我300块钱吧！”沈醉愣头愣脑地说着，还满脸不高兴的样子。

戴笠一愣，笑容僵在了脸上，“300块钱？”

沈醉委屈地瞅了瞅他，喃喃地说道：“藏宜借了我300块钱。明天我发不出薪水啦，我又找不到他，只好跟你要！”

戴笠听后，觉得又好气，又好笑，到底还是个孩子，竟然跑上门来讨债。不过也真难为他了。十八九岁，参加特务处工作才半年多，就担起了上海法租界情报组长的重任，不仅要管好自己，还得管理七八个比他年长得多的组员，这比起自己那个说是在上海上大学，实际上却是游手好闲、只知吃喝玩乐的儿子来，真不知强出多少倍。想到这些，戴笠不禁喜爱地看着陈沦，并拍着他的肩膀说："你做得对。藏宜借钱不还，是该找我要。"说着，他立即从衣兜里掏出支票本，填好一张300元钱的支票，撕下来和蔼地说："拿去吧，对部下可不能失信！不过下次不许借钱给藏宜了。"

沈醉接过支票，这才不好意思地摸摸后脑勺说道："我还敢借呀？区长这次就把我训了一大顿。"

戴笠笑了，"区长训得对。下次再这样，我还要关你的禁闭呢。"他用手点了一下沈醉的鼻尖，又接着问，"你姐夫有信给我吗？"

"哎呀！我光怕你不还我钱，发不出薪水。倒把大事给忘了。"沈醉说着，慌忙从上衣兜里掏出一封信递过去，并接着说道，"主要是为胡继业的事，来请示的。"

"胡继业怎么啦？"戴笠边拆信边问。

"他装病，搬到了日租界。最近我们才知道，他净把我们的情报卖给日本人。区长让我带信来请示，看如何处理他。"

"这个败类！"戴笠边听边看信，嘴里忍不住愤愤地骂了起来，把信往桌上一拍，转身严厉地盯着沈醉，"胡继业是你那一组的吗？"

"是！"沈醉见过戴笠好几次，却从未见过他如此严厉的样子，不禁有些胆怯。

"你说该怎么办？！"戴笠两眼紧盯着他。

"开除他！"沈醉想了想答道。

"开除？他这是什么性质的行为？"

"区长说这是汉奸行为。"沈醉轻声说道。

戴笠眼睛一瞪，"这不是区长说，他这种做法就是地地道道的汉奸行为！必须除掉这个祸根！"

"怎么除掉？"沈醉迷惑不解地问。

戴笠定定地盯着他，半晌没有说话。最后，他看了看怀表，语气温和地说："你先去吃午饭吧！吃完饭，再说！"

沈醉到饭厅和内勤人员一起吃午饭去了，戴笠却忙着往特务处乙室(南京徐家巷2号)的技术股打了个电话，让他们立即赶制一件小巧轻便并且一碰就能置人于死地的凶器。就在刚才戴笠与沈醉对话的一瞬间，最近一直满脑子都是"暗杀"二字的戴笠，已决定要让沈醉为华东区的更大行动，先小试一次了。

特务处成立不久，沈醉就由他的姐夫——上海特区区长余乐醒介绍加入了上海特区的工作。最初他在余乐醒手下当通讯员，三个月后，他奉命到杭州警校给戴笠送信。不知为什么，戴笠第一次见到他，就很喜欢他，觉得他将来一定会成为自己得力的帮手。第二次见面时，他就提升沈醉兼任了法租界情报组组长，以接替因渎职而被囚禁的原组长。后来，戴笠发现，沈醉不但工作上努力，勤奋好学，而且生活很严谨。他不抽烟，不喝酒，不嫖不赌，人又机灵、能干。所以戴笠更加赏识他，认为他正是自己所需要的人才，决定把他培养成既能搞情报、又能搞行动的特工人员。戴笠认为胡继业的变节，正好给沈醉提供了一个锻炼的机会，也给他指挥暗杀，提供了一次实践的机会。

杀人！毕竟非同儿戏，光靠强迫命令是行不通的。所以戴笠等沈醉吃完午饭，立即把他叫到办公室，把那份暗杀张敬尧的报告让他阅读。

“怎么样？”沈醉刚刚看完，戴笠已经返回办公室，正站在他的身边，神秘地问。

“太妙啦！我在上海看到张报纸登过，标题是《张敬尧甘充汉奸图谋不轨，好男儿挺身锄奸世人称道》。没想到是我们的同志干的！”沈醉兴奋地站了起来。

“是啊！我也没想到，我们的同志第一次锄奸行动就干得这样干脆利索！”戴笠掩饰不住自己的得意，接着说，“所以我让他们写了份详细报告。”

“白世维同志真行！他现在在哪里？”沈醉忍不住问道。

戴笠故意把脸一沉说：“怎么，忘了？不该问的，不要问。”他不愿告诉沈醉，白世维现在已正式加入特务处，并担任了北平站行动组组长。不该问的就不能问，这是特务工作最基本的保密原则。不过，他让沈醉看这份报告，其目的是让沈醉学习白世维的勇敢和机警，鼓起杀人的勇气。

“你说白世维是不是英雄？”戴笠话题一转问道。

“他为国锄奸，为民除害，当然是英雄啦！”沈醉毫不犹豫地答道。

“你说张敬尧该不该杀？”戴笠紧跟着又问了一句。

“他当汉奸，当然该杀！”沈醉嘴里回答着，心里却在猜测戴笠的意图。

“对！张敬尧当汉奸该杀，那么胡继业当汉奸该不该杀？”戴笠脸色变得严肃起来。

“该……该杀！”沈醉愣了半晌，才结结巴巴地吐出了这两个字。胡继业毕竟是个活生生的熟人，他实在很难吐出这两个字来。

“好！我现在给你个为国锄奸、为民除害的机会，你去把胡继业杀掉。”戴笠站在沈醉对面，一字一字地说着。他声音不高，但沈醉却觉得字字都如同炸雷一般，震得他整个心身都战栗起来。

“不！不！我……我不行！”沈醉参加特务处之初，其姐夫余乐醒曾告诉他说，这个工作有时有危险，也很严格，不准告诉任何人。这些他都能接受，冒险毕竟是许多年轻人所神往的。但是姐夫从未说过这工作还要去杀人。他也从没往这儿想过，即便是杀汉奸，他也不敢。

“嗯？你就这么胆小？”戴笠的目光如两把利剑，逼得沈醉低下了头。但他仍喃喃地说：“我是搞情报的，干不来这种事，赵大哥他们……”他的意思是赵理君他们都比他大，比他老练，能不能让他们去。

“这是命令！”戴笠不等他说完，便大眼一瞪接过话头，“作为一个革命同志，难道连杀个汉奸的勇气都没有？”

沈醉见状，吓得不敢再推辞，“我服从命令，可我还不怎么会打枪！”

“打枪的事慢慢学。这次不用你打枪。”戴笠见他松了口，语气也缓和多了。他立即伏案写了两张便条交给他，“这是你行动费的领取单。这张条子，你拿着到乙室去，找技术股的同志，他们会教给你的。”

沈醉无奈地接过便条，告辞出去，先在负责钱财的张衮甫那里领取了200元的行动费，才去被称为“乙室”的徐家巷2号。特务处的情报股、行动股均设在“乙室”。一般外勤特务无“甲室”(鸡鹅巷53号)的介绍信，是不能擅自去乙室的。以往，技术股主要负责配制各种书写情报的隐形药水和显形药水，如今又多了一项任务——配制暗杀用的毒药。

此时，乙室内，两个身着蓝大褂、戴着手套的男子，正在桌旁摆弄着一些瓶瓶罐罐。墙边还放着一只装有兔子的铁笼，两只活蹦乱跳的小灰兔在笼里窜来窜去。其中一人站在工作台前，用试管、烧杯配制着药剂，另一20多岁的年轻人在用细砂纸打磨着一根半尺来长的竹片。竹片的一端被磨成又薄又尖的三角形，另一端较为宽厚，像匕首的把柄。前者配好药剂之后，从笼子里抓出只活蹦乱跳的兔子，用一根钢针蘸了点配好的药水，轻轻地在兔子的三瓣嘴上刺了一下，又把它扔进了兔笼。就在那人转身冲洗针尖上的药水时，被刺的兔子突然抽搐起来，不到一分钟，那活蹦乱跳的小东西便两腿一挺，死在笼里。

“快看！这药水真灵！”中年人举着还在滴水的双手，兴奋地喊道。

“真不错！我看这药水保证万无一失。”年轻人瞅瞅那僵死的兔子说着，顺手把竹片的尖端在烧杯的药水中浸了浸，随即拿出来，架在烧杯上晾干。

“戴老板说的人怎么还没来？”中年人边摘手套，边探头往门外瞅，正好跟往里走的沈醉碰了个脸对脸。

沈醉显然还是第一次来技术股，他好奇地打量了一眼这间不大的像化验室似的房间，二话不说，就把戴笠给他的便条递了过去。

中年人看看便条，不禁好奇地上下打量着沈醉，“小兄弟，那东西是给你用的吗？”

沈醉紧张地点了点头。他猜不透技术股会给他什么杀人凶器。

“你来得正好，我们刚给你准备好。”年轻人立即把那浸过药水的竹片拿了过来。

沈醉冒冒失失地伸手去抓，却被中年人一把拦住，“别动！这刀尖上有剧毒，你千万别碰它！”他说着，转身从桌上拿过一个与竹刀大小差不多的牛皮套，把那竹刀套进里面，才递给沈醉说，“小兄弟，祝你成功！”

“这东西怎么用？”沈醉疑惑不解地看看竹刀，又看看这两个满面笑容的同事。

“小兄弟，我看你大概是刚从中学毕业的学生吧。瞧，只要用这个尖尖刺破那倒霉鬼一点皮，他就没命啦！”年轻人边开着玩笑，边抽出那竹刀比画了一下，旋即又插了回去。

沈醉这才惴惴不安地说了声“谢谢！”转身走出技术股。

就在这时，电话铃响了。中年人顺手抓过电话，刚“喂”了一声，立即站直了身子，毕恭毕敬地冲电话说道：“戴先生，他刚拿走了，都交代清楚了，你放心吧！”

电话是戴笠打来的。他虽然打发走了沈醉，但又有些后悔。沈醉毕竟太年轻，自己是否操之过急？可是，当他听到技术股汇报的情况后，放心了。他觉得，这种杀人凶器太理想了。别说十八九岁的小伙子，就是七八岁的孩子拿到这种“武器”，也能把人置于死地。现在问题的关键，就在于沈醉有没有杀人的胆量和对特务处工作的责任心了。不过，对这两点，戴笠还是很自信的，总觉得自己的眼睛不会看错人。

一个月之后，戴笠从上海的一家小报上，看到了胡继业被竹刀扎在屁股上中毒身亡的消息，他非常高兴。能杀一个人，就能杀第二个人、第三个人……这说明他又多了一名“文武双全”的干将。可是，当他第二天见到前来汇报工作的沈醉时，不禁又有些不安。站在他面前的沈醉，较之一个多月前，简直判若两人。以前那个满脸稚气、圆乎乎、红扑扑，目光单纯而活泼的沈醉不见了，取而代之的是面色苍白，消瘦，疲惫不堪，两只眼睛充满了恐惧和迷惘……

看到沈醉这个样子，戴笠完全能想象得到，这一个多月来他内心的恐惧和痛苦。这项任务交给这么年轻的他，未免太残酷了一些。可是，如今国难当头，委员长委自己以重任，“暗杀”亦是贯彻“攘外安内”政策必不可少的一环，自己岂能退缩？特务处的特工人员又岂能不人人经过这一关的考验？军令如山，沈醉，你我从命吧……

戴笠默默地注视着沈醉，半响才拍着他的肩头抚慰道：“你干得不错。去杭州玩些日子再回去吧！”他说着，又填写了一张100元钱的支票，递给沈醉，开玩笑似的拍拍他那消瘦的面颊说，“放心玩些日子，吃胖点！”

“上面会通缉我吗？”沈醉茫然地望着递过来的支票，惴惴不安地问道。

“通缉你？上面会因为你为国除奸通缉你吗？瞧，这就是给你的奖金！”戴笠故意哈哈大笑，想借此消除沈醉心头的恐惧，也掩饰自己的不安。

沈醉这才接过支票，勉强地笑笑，准备告辞。但戴笠突然又想起什么似的说：“哎！你们小组是不是负责监视杨杏佛的？”当沈醉肯定地答复他之后，戴笠又神情严肃地说：“你从杭州回去之后，马上把他每天活动的路线图详详细细地画出来，交给你们区长。”

沈醉蛮有把握地点点头，心想这还不容易。可他哪里知道，戴笠这番话里，又蕴藏着一桩更大的暗杀呢！

1933年6月17日夜晚，上海特区区长余乐醒突然让沈醉通知特区行动组长赵理君，让他率全组人马立即赶往枫林桥畔的秘密联络点，并让沈醉和他情报组的组员老黄也一同前往。沈醉猜测，这一定是有较大的秘密逮捕行动，而且目标就在他负责的法租界，否则，区长不会让他和老黄参加。但对象是谁，他猜不出来。他们法租界情报组负责监视的对象很多：宋庆龄、杨杏佛、史量才、鲁迅，还有几个有共产党嫌疑的人。

沈醉按时赶到联络点时，赵理君率领着特务行动组的四个组员已然捷足先登。令他吃惊的是，在场的不仅有区长，还有戴老板。戴老板表情极为严肃，众人到齐之后，戴笠目光犀利地望了望在场的六七个人说：“大家都知道，我们团体的主要使命就是忠于领袖，坚决执行‘安内攘外’的政策。我们平津站的同志做出了榜样。他们干脆、利索地翦除了大汉奸张敬尧，国人无不称快。他们为我们团体争了光。现在，我们上海的同志们也有了个立功受奖的好机会。不过，这次要翦除的对象是另一种性质的人。但是，他的所作所为同样影响了党国的利益，同样是一种造成国内动乱的不安定因素。国难当头，凡是对国家、政府、领袖造成了危害的人，我们决不能客气！当然，这次行动的对象，情况非常特殊。上面命令我们，必须把这个对象暗杀在法租界。我们若有丝毫差错……其后果不堪设想……”看来，人总要为自己的行动寻找其合理性、正义性，戴笠亦从中获取了力量，终于结束了一段极为痛苦的思想斗争，可以跟着老蒋亦步亦趋了。此关一过，还有什么不可为其效犬马之劳的？日后之戴笠，更要刮目相看了。

戴老板训话之后，即领着大家面朝墙上那幅特意新挂上去的蒋介石肖像宣誓：不成功，则成仁，决不泄露团体秘密，如不幸被捕，宁死不吐露真情……

宣誓完毕，区长余乐醒才取出一张照片给大家看。沈醉一眼就认出，照片上那个50来岁、身着西装、温文尔雅的中年人，正是他和老黄监视多日的中央研究院总干事、民权保障同盟会副会长杨杏佛先生。怎么要杀他？他可是社会上颇有名望的人物啊……

沈醉正想着，区长仿佛猜到了大家的心思，便简要地叙述了杨杏佛反蒋的桩桩“罪行”。最后，他特别强调：对于这次行动，无论事前或事后，都要像誓言中所说的那样，绝对保密。

紧接着，他又让沈醉介绍了杨杏佛每天的生活规律，命令行动组从第二天凌晨就开始伺机行动，最好是将杨杏佛打死在法租界亚尔培路32号，也就是中央研究院及杨杏佛住家的大门口或弄堂内。他还命令沈醉和老黄仍然到平时监视杨杏佛的瞭望点(亚尔培路32号斜对过的一幢临街的二层楼房内)，继续监视，直到赵理君等人完成任务后再撤退，如有必要，可帮他们一把。

次日凌晨，亚尔培路两旁，一幢幢别致的花园洋房和一棵棵枝叶婆娑的法国梧桐，尚被笼罩在灰蒙蒙的晨雾之中。突然，一阵清脆的有节奏的马蹄声“嘚嘚”地由远而近，随后又由近而远，消失在静谧的清晨。

躲在亚尔培路32号斜对面二楼监视点的沈醉，知道这又是杨杏佛父子骑马锻炼去了。自奉命监视杨杏佛以来，他发现，杨氏父子的马蹄声，几乎成了亚尔培路每天必不可少的一支清脆悦耳的晨曲。但是每当这晨曲第二遍在亚尔培路奏响之时，就不那么引人注意了，有时甚至完全淹没在喧嚣的都市交响乐之中。以往，沈醉一听见这马蹄声，就会立即翻身下床，登上自行车追踪而去，再远远地追踪而归。但他今天却不想动弹。杨杏佛每天骑马的路线，他闭着眼睛都能画出来，而且头天晚上，他也已经给赵理君他们画了一遍，说不定今晨他们就正埋伏在那里，伺机袭击这父子俩呢！也许明天，亚尔培路的这支独特的“晨曲”就再也不会奏响了。他静静地躺在那简陋的单人床上，望着那陈旧斑驳的天花板，心情沉重而茫然。他虽然不用直接参与行动，但他毕竟也是这次暗杀行动的参与者，是他提供了杨杏佛行动的路线图，提供了杨杏佛生活规律的时间表。他实在没想到，这次的监视任务竟会是这样的后果。他说不出是后悔，还是惊恐。总之，他不愿意看到杨杏佛在自己眼前被打死，不愿看到那死后的惨状……

“小陈！你怎么还躺着？”突然，老黄用自己的钥匙打开房门，极为神秘地说，“他们都来啦！”

“谁来啦？”沈醉一时没反应过来，边翻身起床边问。

“你到这里来看！”老黄不由分说地拉着沈醉来到临街的窗前，隔窗指着停在街边梧桐树下的一辆黑色小汽车说，“老赵他们都在车里！”

“怎么，要在这里干？”沈醉惊诧地问。

“这里比别处都僻静，又没出法租界。”老黄解释道。

“可姓杨的骑马回来了吗？”沈醉只顾想心事，竟然连杨氏父子是否返回也没有注意到。

“回来了。我刚看到他的马夫在院里遛马呢！”老黄边说，边把手中的一个夹火腿的面包塞给沈醉，接着说，“你凑合吃点，等下可有好戏看呢！”老黄40来岁，余区长总是让他关照年轻的沈醉，他倒也挺尽职。

他的话音未落，沈醉即看见那辆黑色汽车的车门打开了，行动组的赵理君、过得诚等三人一个个下了汽车，顺着灰色的院墙散步似的来到32号大门旁。赵理君冲其他两人努努嘴，过得诚立即快步走过大门，隐身在门旁的一棵梧桐树后。而另一位则走过马路，来到沈醉他们瞭望点的墙边，背靠墙根，边抽烟，边盯着对面的院子……

站在窗前的沈醉，不由得手心直往外冒汗，他自己也不清楚，到底是在为谁紧张。

“你快吃吧，现在不吃，恐怕你今天一天都会吃不下饭啦！”老黄摆出一副颇有经验的样子。

“先放下吧，我还没洗脸、刷牙呢！”沈醉当然不愿让部下看出自己胆怯，立即借故进了卫生间。

“快！小陈！出来啦！”沈醉正伏在洗脸池边捧水洗脸之际，突然听见老黄紧张而低沉的声音。他顾不得擦上一把，就满脸湿淋淋地冲到了窗前。

对面32号院内，身着西装的杨杏佛正和活蹦乱跳的儿子一道走下楼前的台阶，说说笑笑地直奔停车房。当汽车缓缓驶到大门口时，赵理君、过得诚等三人立即分别从墙根、树后闪出，从三个方向对准杨杏佛的汽车就是一阵射击。

沈醉居高临下，清清楚楚地看见，杨杏佛一下把坐在身边的儿子拉过来，扑在儿子身上，汽车前后的挡风玻璃早已被打得粉碎。与此同时，亚尔培路的街口处，租界巡捕的警笛声急骤地响了起来。赵理君等立即迅速地向路边那辆已经发动了的黑色汽车奔去。但紧张过度的过得诚却吓蒙了头，他不朝汽车跑，而是朝警笛响着的方向奔去，急得赵理君一脚踏在车门里，一脚踏在地上，大声骂道：“混蛋！往这里跑！”过得诚这才掉头往回跑，但已经来不及了，巡捕们已经出现在不远处的街口。过得诚距汽车还有十几米之遥时，汽车开动了。他边跑边着急地喊道：“等等我，等等我呀！”可回答他的却是赵理君从汽车内射出的一枚子弹。过得诚倒在了血泊中……

这一瞬间发生的一切，沈醉看得一清二楚，他吓得呆呆地立在窗前，直愣愣地半晌说不出话来。此番情景，较之他自己用带毒的竹片刀刺破胡继业屁股的那一刹那，更让他胆战心惊。他觉得，这下戴老板该满意了。

十三 鼓浪屿上釜底抽薪 黄浦滩头破坏中共

1934年1月21日夜晚。浓浓的夜色笼罩着这座形如舰艇般狭长的鼓浪屿，凛冽的海风把岛上的树木吹得狂摇乱摆，汹涌的海浪猛烈地拍打冲击着小岛四周的礁石、海滩。然而，这凝重的夜色，这汹涌的海浪和凛冽的海风，似乎并未惊扰岛上的居民。那一幢幢造型别致的小洋楼内，依然灯火通明，笑语声声，不时还会传出一两支悠扬的钢琴乐曲，甚至连一两个月以来，对岸那激烈的枪弹声和飞机的轰炸声，也未能惊扰这片“世外桃源”的宁静与祥和。所不同的是，自1933年底十九路军将领陈铭枢、蔡廷锴和蒋光鼐等人在福建宣布成立“中华共和国人民政府”，提出反蒋抗日的主张不久，这个风景迷人的小岛上，突然来了十几个提箱挑担的陌生人。他们有的身着长袍，有的穿蓝布对襟短袄，打扮像是商人，但举止却具有军人般的利索洒脱。这些人一来就住进了当地一个大茶商的花园洋楼里，既不在岛上游逛，也不跟岛上其他居民接触。如果人们仔细观察就会发现，其中有个长着一张马脸的中年人，常常带着两三个人早出晚归，有时甚至出去两三天才回来。不过，他一在家，就会有三三两两福建当地的乡绅来茶商家找他。看得出，他们都很忙碌，但谁也猜不透他们在忙什么。

这天晚上，仿佛与往日不同。这些陌生人都聚集在茶商家的大餐厅里，正在举杯庆贺着什么。原来他们都是由戴笠亲自率领的策反情报站特务。因为今天十九路军四个主力师的部队，在六十一师师长毛维寿的带领下，正式通电脱离福建“人民政府”，归顺中央。这意味着十九路军发动的“闽变”已被平息，仅仅成立了不到三个月的“人民政府”彻底解体。这些特务们也完成了他们的使命，可以结束这一个多月的蛰居生活，返回南京过春节去了。不过，福建“人民政府”何以会如此迅速就解体？十九路军的几个主力师师长，为何会突然背离他们效忠了多年的十九路军首领而投靠老蒋？特务处到底做了哪些策反工作？这中间的秘密，当时大概也只有戴笠最清楚，连同来的其他特务也仅仅知道一点皮毛或侧面而已。

其实，早在“福建事变”之前，戴笠就已经在十九路军中埋下了许多定时炸弹。最初，他让郑介民利用广东同乡关系，在十九路军中安插了不少眼线、坐探；其后，他又利用南京举办军官训练班之机，把十九路军中派来受训的一些年轻军官拉入了复兴社，有的甚至挑选出来，专门进行了特务培训。这些青年军官离开十九路军到南京培训前，大多对陈铭枢等人忠心耿耿，但受训完毕回到部队后，他们脑子里已多多少少掺进了“要抗日必先剿共”“谁违抗领袖，反对政府，就要予以严厉制裁”等复兴社所灌输的拥蒋思想。所以，在福建事变之前，戴笠便已经得到了陈铭枢等人准备联共反蒋的情报。他立即派闽籍特务张超、连谋等人潜往福州，联络军中眼线、坐探，实地侦察十九路军动向。

事变前夕，陈铭枢等无意中发现了两个曾在军官训练班受过训的坐探，于是在军中来了个大清查，一举把到南京受过训的下级军官清除了不少，戴笠曾为此大伤脑筋。不过郑介民在那里所安插的几个特务，如十九路军总部上校参谋黎庶望等均尚未被清除。所以，“福建事变”一开始，戴笠就对福建人民政府的编制、部队番号、部署，以及各部队的主要长官等情况了如指掌。当老蒋决定全力以赴把福建人民政府消灭在萌芽之中时，戴笠与郑介民便早已拟定好了策反计划和策反对象。

正当蒋介石在南昌行营召集紧急会议，准备调兵遣将进攻福建之际，戴笠早已让郑介民带了四个策反小组，潜入了福州仓前山，设立了情报站，甚至把十九路军专用的军事电报密码本拿到了手上。这是十九路军官兵，包括参加举事的所有反蒋人士所始料不及的。

原来，十九路军参谋处处长兼总部副参谋长范汉杰，为黄埔一期毕业生，是老蒋当年最赏识的门徒之一。北伐战争中，范汉杰屡立战功，“四一二”之后，老蒋即提升他为浙江警备师师长，是黄埔生中最早被提升为师长的幸运儿。直到1928年，范汉杰的师才被编入陈铭枢的十九路军。“闽变”时，他虽在十九路军中身居要职，拥护十九路军的抗日主张，但要他反蒋，心里总是不能接受。所以，郑介民让黎庶望以黄埔同学的身份对他和译电科长暗中游说之后，他们立即动摇了，毫不犹豫地偷出密码本，由范汉杰亲自交给了郑介民。掌握了密码本，就如同摸住了十九路军的脉搏，其全部活动均暴露在蒋介石的眼皮之下，无任何秘密可言了。

在这种情势下，戴笠自然也不甘坐观待变。他继郑介民之后，又亲自带了沈醉等十几个人，潜往闽南鼓浪屿，建立了第二个情报站。当时福建的仓前山和鼓浪屿，就如同上海的租界地一般特殊。这里风景秀丽，花木扶疏，居住的大都是洋人或巨商富贾，政府军警均不得任意持枪闯入。戴笠、郑介民正是利用了这一特点，插进了福建的要冲之地。

自特务处成立以来，其工作主要是收集情报、发展组织，以及后来的奉命绑架、暗杀。像他们这次来福建进行的如此大规模的策反活动，还从未有过。戴笠认为，如果能在这次平息“闽变”之中，发挥策反的作用，达到不战而屈人之兵的目的，特务处将声威大振，地位必将更加巩固，也更能博得老蒋的重视。所以，一到鼓浪屿，戴笠便又使出当年独自搞情报、搞策反的劲头，甩开膀子大干起来。他每天身着长袍，扮成富商模样，带着两个枪法极好的警卫和贾金南，奔走于闽南乡间，策反被十九路军收编的民团。当时，他从南京带去了大量银洋和盖有军事委员会公章的委任状。以此来收买民团头子，并委任他们为“讨逆军”。福建地区杂牌的地方军和地方民团很多，总共有4万多人。“闽变”时，陈铭枢等人除把十九路军原来的四个基本师扩充为四个军之外，还收编了这些杂牌的地方武装。不过，这些地方杂牌军和民团，大都各自为政，有奶便是娘，对十九路军一直是阳奉阴违。戴笠知道，只要用金钱和名利做诱饵，这些人就会轻易上钩，会立即掉转枪口对付十九路军。仅一个多月工夫，戴笠就委任了二十六路讨逆军。这样一来，十九路军无形中丧失了几万兵力，多了几万敌人。

与此同时，戴笠还积极地进行策反十九路军内部高级将领的活动。当时驻守漳州、厦门的警备司令黄强，原是蔡廷锴的参谋长，称得上是陈铭枢的亲信了。可是黄强的妻侄周昭琼却是戴笠手下的特务。戴笠偕周昭琼潜往漳州，说服黄强。黄强当时对另立中央之事本来就持怀疑态度，他认为以往中原大战之际，李宗仁、冯玉祥、阎锡山等均败在老蒋的手下，区区十九路军又怎么能与老蒋的几十万大军抗衡？而且按陈铭枢等人原来的设想，将与广东陈济棠、江西中共红军联合起来一致反蒋抗日，可是蒋介石大兵压境，那两方面均无增援迹象。更让黄强忧虑的是，福建成立人民政府之后，内部许多高级人士均对更换国旗、取下孙中山先生遗像不满。他们都主张抗日反蒋，但不愿反对孙中山和他所创立的国民政府，甚至连事变发起人蔡廷锴、蒋光鼐对此也不甚满意。尤其是黄强听说蒋方已掌握了十九路军的密码本之后，便更认定十九路军必败无疑。为了保全自己的身家性命，他终于做出了反叛陈铭枢等人的决定，答应在适当的时机举旗降蒋。

戴笠见策反成功，非常高兴，但他并不以此为满足，必须趁热打铁，通过黄强见到另一个他要见到的人——六十一师参谋长赵锦雯。

“黄司令，我还想见一个人。你是不是能把赵锦雯参谋长请到漳州来？”

“这！恐怕……”黄强面带难色。

戴笠见状，微微一笑说：“黄司令请放心！没有把握，我不会请你出面的。”

“不！我不是这个意思。六十一师就驻扎在泉州，请他来容易。我是担心戴先生你的安全。”黄强连忙解释。

“这请放心，他决不会出卖你我。”戴笠蛮有把握地说。

原来，赵锦雯原籍云南，曾任过黄埔军校管理科长，因为同乡关系，与戴笠的特务处执行科长邱开基私交甚笃。一年前，他往南京公干，顺便想看看邱开基。可是到了南京，他才听说邱开基受伤住进了医院。他提着礼盒去医院探望，百般不解地问：“卫华兄，你好端端的，怎么会挨上一枪？”

“嗐！小赵那家伙擦枪走了火，正好让我碰上！”邱开基抚摸着受伤的右胸，苦笑着叙述了受伤的经过——

那天，戴笠邀邱开基到鸡鹅巷53号谈工作，戴笠的警卫小赵一不小心，枪走了火，正好打在邱开基的右胸上，差一点打中要害。

“卫华兄，真的是枪走了火，还是姓戴的与你有什么恩怨？”作为同乡好友的赵锦雯，不无怀疑地问。

“不！不！此事与戴先生毫无关系。”邱开基颇为认真地连连摇头。

“不是就好。”赵锦雯依然心存疑窦，接着说，“不过，知人知面不知心，凡事多个心眼才行。”

“锦雯兄言之有理。不过戴雨农这个人决不会加害于我……”接着，邱开基就把自己担任特务处执行科长不久发生的一件事告诉了他：

一天，邱开基从外地出差归来，看到一封由云南寄来的家信。信中说：“……母亲的丧事已办完，你汇来的2000元钱真是派上了大用场。丧事办得非常体面……”邱开基顿时泪如雨下，母亲去世两个来月，怎么自己竟一点不知道？更让他不解的是，谁会替自己寄上2000元大洋？这相当于自己一年的工资啊！他百思不得其解，只好拿着信去问戴笠。

戴笠并不正面回答，而是反问道：“你如果回云南奔丧，来回起码三个月吧？以你现在的工作责任，能请准三个月的假吗？如果明知老太太去世，又请不准假，你会怎样？”戴笠看看邱开基，接着说道，“所以我没把报丧的电报交给你，怕影响你的工作情绪。我知道，你家并不富裕，需要钱办事，就替你寄回2000元钱，发回封电报，告诉你家：路途遥远往返费时，请假不准，奉命移孝作忠。我想，我这样处理，你一定会同意吧！”

邱开基见戴笠为自己想得这样周到，感激得五体投地……

赵锦雯听了邱开基的叙述之后，也认为戴笠这人有气派，够朋友，有心结交他。邱开基答应有机会把他介绍给戴笠。可是等邱开基伤好出院后，十九路军已调离上海到江西参加对中央苏区的“围剿”去了，两人一直未能见面。这次戴笠来福建，带了邱开基给赵锦雯的一封信，主要是想通过赵锦雯再去做六十一师师长毛维寿的策反工作。

另外，戴笠心里明白，赵锦雯实际上是何应钦的人，由于他早年与六十一师师长毛维寿在保定军校是同期同学，两人私交不错，故何应钦把他安插在毛维寿身边，做牵线人。此次事变仓促，赵锦雯未能与何应钦取得联络。戴笠这次来闽不仅带来了邱开基的信，而且带来了何应钦给赵锦雯的口信，不仅让他策反毛维寿，而且让他劝毛维寿去做六十师师长沈光汉、七十八师师长区寿年和四十九师师长张炎等人的工作。

果然不出戴笠所料，赵锦雯与戴笠一见如故。他告诉戴笠，毛维寿等人也都不愿在国民党内同室操戈。戴笠则告诉他，如果毛维寿能与中央合作，那么中央可立即委任他为五省剿匪军第七路总指挥……

赵锦雯毫不犹豫地拍拍胸脯说：“戴先生请放心，别人我不敢说，毛师长的工作包在我的身上了！”

赵锦雯果不食言。他返回泉州不久，就说服了毛维寿，毛维寿又先后说服了沈光汉和区寿年等。毛维寿和沈光汉还亲自来到漳州，与戴笠洽谈。戴笠在封官许愿并赠以重金的前提下，请毛维寿、沈光汉等在适当的时机，率部投诚，并尽可能设法把陈铭枢、蔡廷锴等人提拿交蒋。

毛维寿等答应了前一条要求，对后一条却一口拒绝。毛维寿清楚，除他自己之外，其他几个师长和中下级军官均为蔡廷锴的同乡，是多年跟随他的亲信。他若想率部投蒋，也只有在陈铭枢、蔡廷锴等人离开部队、群龙无首的情况下，才能起作用。如果在这之前，把陈铭枢等抓起来，不仅会遭到其他师长的反对、攻击，就连他自己的思想上也不能通过。陈、蔡等人毕竟对自己有栽培、提拔之恩啊……

戴笠听到此，立即做出颇受感动的样子，接过话头说：“好！二位仁兄都不愧是忠义之士，既深明大义，服从中央，又不出卖自己的长官，真是可敬可佩！委员长最器重的就是你们这样的革命同志啊！”

几句话说得毛维寿、沈光汉满心高兴，但都苦笑地摇着说：“惭愧！惭愧……”

戴笠知道大功已成，无须多言，告辞时，他紧握对方的双手，只说了句颇有人情味的话：“望二位仁兄保重！”

1934年1月3日，十九路军与蒋军张治中部在古田正式交战。一开始，战斗就打得异常激烈。不出两天，驻守古田的赵一肩师即向总部告急，要求增援。此时陈铭枢等人已得到确切情报：蒋介石已亲临福建建瓯，成立了建瓯行辕；以张治中为指挥的第四路军、卫立煌为指挥的第五路军、蒋鼎文为指挥的第三路军、毛邦初为空军总指挥，以及两个炮兵团和海军舰队，一起由陆路、水路和空中，向十九路军猛烈攻击。十九路军几乎四面受敌。陈铭枢等没料到蒋介石会调集如此庞大的军队来对付他们，一时也乱了阵脚。他们决定重新改变作战部署，即让毛维寿为右路军总指挥急进古田，解赵师之围；命沈光汉为左路军总指挥，亦向古田、延平推进。可是早与戴笠达成默契的毛、沈二人故意拖延，直到1月8日，赵部抵挡不住，出城投降时，毛、沈二部尚未赶到。古田、延平相继失守，福州已是朝不保夕。于是十九路军总部开始撤离福州，往南转移，准备在泉州立足，而政府机关的主要人物如陈铭枢、蒋光鼐等，则转道从水路潜往香港，只留下蔡廷锴负责指挥反攻。

首脑人物一撤离福州，福建的人民政府也无形中解体了。连蔡廷锴也知道败局已定，不过，他认为十九路军的四个主力师尚未受任何损失，完全可以凭此在泉州立足，与老蒋对抗一番，从而为十九路军争得一席之地，保存更多的实力不被瓦解、改编。所以，他一方面派范汉杰到厦门去找已经登陆，并接受黄强投降的蒋方蒋鼎文总指挥谈判，另一方面让驻守泉州的毛维寿加强泉州防线工事。然而，他的计划一项也未成功。范汉杰赶到厦门时，蒋鼎文已率部北上，没能见面；毛维寿支支吾吾，一再强调困难，拒不受命；甚至连蔡的同乡亲信沈光汉及区寿年均沉默不语。

见此情景，蔡廷锴知道部队已毫无斗志，即便是察觉到毛维寿另有图谋，也只好把指挥权交给他，连夜乘飞机离开泉州，避往闽西南的龙岩翠屏山。

三天后，也就是1月21日这一天，毛维寿、张炎等以群龙无首为理由，通电脱离福建“中华共和国人民政府”，服从中央……

“福建事变”的迅速平息，特务处和戴笠的策反工作起了举足轻重的作用，对此老蒋和戴笠心中都清楚。不过，对于特务处这个秘密单位，是不便明令嘉奖的。然而在此用人之际又不能不奖。于是，老蒋为了不亏待死心塌地效忠于他的干将，待戴笠返回南京不久，即授予他一项公开职务——兼任南昌行营调查科上校科长。这个头衔乍一听实在是微不足道，但这一任命的作用和权限却非同小可。他不但使一直隐姓埋名、专搞秘密活动的戴笠有了一个名正言顺、冠冕堂皇的职位，而且权限和人马一下子增加到了“闽变”之前特务处的两倍。从此以后，特务处的工作，就进入了一个由公开机关来掩护其秘密工作的新阶段。

南昌行营调查科成立于1933年6月，科长由老蒋的原侍从秘书邓文仪担任。该调查科下辖徐州行营调查科、武汉行营调查科，以及浙江、安徽、湖南、湖北、江西、陕西等十几个省市的谍报股，共有特务1200余人。可是，邓文仪却在该科成立的当年年底即被撤了职。原来，邓文仪在负责调查南昌航空机关失火事件时，发现是有人故意纵火，其目的是为了烧毁一批与宋美龄有关的进口飞机的单据，以掩盖购买飞机时的贪污行为。事情涉及蒋夫人，老蒋的这位忠实学生邓文仪不敢据实上报，便谎称为偶然失火事件，企图掩盖事实真相。老蒋对这种调查结果颇为怀疑，又派南昌行营秘书长杨永泰去复查。杨永泰查明真相之后，据实汇报，老蒋勃然大怒。他认为事情无论与谁有关，邓文仪都不应对自己隐瞒真情。于是他立即撤销了邓文仪的调查科长及他的十来个兼职，把调查科全部交给戴笠接管，作为对戴笠忠贞不贰、平息“闽变”的奖赏。

戴笠接管调查科后，深感公秘结合的巨大威力，常常有一种如虎添翼般的感觉。正如他以后常常强调的那样：“我们的工作由于任务的特殊，必须采取秘密的方式，以严密的组织，在公开工作的掩护之下进行。因为在公开工作掩护之下而从事特殊的任务，才不致引起别人的注意与防范，甚至于加以危害，才可以达到我们的目的……”

正因为如此，戴笠非常重视对公开单位的接收合并和人事安排。凭着戴笠多年闯荡江湖的经验，他清楚，两个单位合在一起，必然会发生人事摩擦，影响日后的工作。为了避免此类事情发生，他一开始就采取谦和的态度。他自己并不去找邓文仪这个复兴社的“老大哥”办理接收，而是派黄埔三期的柯建安等做代表，前往南昌。随后他还特意给柯建安去电，告诫他和其他接收人员：“由京调科各同志，务请坚嘱其勿多言，埋头做事；待人接物，须力行谦和。调查科、特务处之界限，又须极力避免也……”正因为戴笠及其部下处处小心谨慎，调查科的成员，包括许多有一定资历的人，才都很快地接受了既成事实，服从了戴笠的领导。

不久，陈立夫在南京主持军事委员会调查统计局。南昌行营调查科与特务处合并到一起，隶属调查统计局第二处，由戴笠任第二处处长。但戴笠仍在鸡鹅巷53号办公，并不受陈立夫管辖，自成一体。

公秘结合尝到甜头之后，戴笠便更注重向公开单位发展。他利用各种关系，把他的门徒、部下安插到各地警察局或警备司令部、侦缉大队等公开单位，而且也确实因此取得了许多意想不到的收获。

1934年底，他通过上海警备司令杨虎的关系，安插了不少特务到警备司令部。侦缉大队队长就是当年在徐州帮助过戴笠的王兆槐。他带去了十几个特务做侦缉队员，其中年仅21岁的法租界情报组长沈醉，又成了警备司令部侦缉大队的行动组长。有一次，沈醉在追查一桩银行抢劫案时，无意中发现其中一案犯竟像早年给宋子文开车的司机。1930年，宋子文由南京到上海，一下火车就遭到王亚樵等的枪击。宋子文虽侥幸躲过，其秘书却中弹身亡。此后，该司机突然失踪，再未露面。宋子文一直怀疑是他的这个司机做内线，出卖了他，否则外人是不可能那么准确地掌握他的行踪的。为此，宋子文曾特意将该司机的照片交给警备司令部备案。但好几年过去了，此事仍为悬案。没想到这次却被沈醉发现。他立即把自己的怀疑向戴笠和王兆槐做了汇报。戴笠觉得不管是与不是，一定要追查到底。于是沈醉根据线索，一直追踪到苏北一农村小镇，终于将那人逮捕，押回南京。戴笠闻讯，立即亲自陪同宋子文前去辨认。

当时，戴笠把宋子文请到上海白云观——侦缉大队队部的会客室内。沈醉即让人把犯人押到院子里，请宋子文隔窗辨认。那人身着苏北农民常见的对襟短衫，看上去40多岁，显得又黑又瘦。宋子文一眼就认出了他，恨恨地连声说道："没错，就是他！"说完之后，立即转身笑着对戴笠说，"谢谢，你总算帮我了结了这桩心事！"

"哪里，哪里！是我们这位小同志发现抓回来的。"戴笠笑着指指沈醉。宋子文白白胖胖的脸上，那金丝边眼镜片后面的眼睛笑意更浓了。他打量着年轻清瘦的沈醉，连声说道："好！好！年轻人很能干！"说着，他从衣兜里掏出支票簿，填写了一张5000元的现金支票，递给恭立一旁的沈醉。沈醉刚伸手去接，突然发现戴笠正一个劲地冲他使眼色。沈醉灵机一动，顺势把支票轻轻推过去说："不，不！我怎么能要宋部长的钱？"

"是啊！这是他应该干的嘛！宋部长，就不要客气啦，以后有什么事，只管吩咐……"戴笠也趁势站起身，帮着沈醉推辞。

宋子文走后，戴笠从自己的支票簿上撕下张支票，笑着递给沈醉并夸奖道："嗯，你刚才做得不错！给，这点钱拿去吧。年轻人不要养成乱花钱的毛病！"

沈醉接过一看，真是哭笑不得。戴笠递给他的那张支票，竟只有50元。唉，刚才那5000元的却不让接！可是，沈醉哪里懂得，5000元支票所产生的效果，却远不是金钱所能买得到的。此事之后，从不把戴笠放在眼里的宋子文，开始对戴笠和特务处产生了好感，更为日后宋子文在经济上大力支持戴笠奠定了基础。

不久，特务处又有一次重大行动。

上海徐家汇大马路上，一中年男子被人打伤，生命垂危，被路人送进了附近的西区医院。侦缉大队派人赶到时，那人尚在昏迷之中。有个老侦缉队员认出，此人乃中共地下党的一个叛徒。王兆槐觉得，此事一定是中共地下党人干的，因为他早就听说，上海的中共地下党有一个专门惩治叛徒的组织。于是他一面让医生尽力抢救，一面电告戴笠。

戴笠当时正为沪杭地区一直未能找到中共地下党的组织而苦恼，一得此情报，异常兴奋。他认为正好利用该叛徒做诱饵，诱来中共地下党人。他连夜赶往上海侦缉大队队部，要亲自来指挥这场诱擒中共地下党人的行动。

两天之后，那叛徒已经苏醒。他告诉看守他的特务说，朝他开枪的，正是上海江湾地区中共地下党组织中的熟人。王兆槐的猜想被证实了。戴笠立即拟定了一个行动计划。他一方面让人在上海一家报纸上登出一则消息：前天徐家汇地区发生一起情杀案，被害者身中两枪，因及时被送往西区医院抢救，现已脱险，不日即可出院……另一方面他让王兆槐派出十来个特务，分别化装成病人、医生、探视者或小贩、路人等，分布于医院内外，密切监视那叛徒的单人病房，只要发现生人走进那病房，就立即秘密跟踪，顺藤摸瓜，以达到破获中共地下党组织的目的。

消息见报后的第三天，守候在医院内外的便衣特务早已熬得人困马乏，但身着白大褂扮成大夫的沈醉和两个穿着病号服的特务，却丝毫不敢松懈。他们的任务是密切监视病房，只要发现有陌生人进入病房，就要尽快并不动声色地告诉其他的特务。装成病号的两个特务坐在病房通道一端的长椅上打扑克，出来进去的人都得从他们身边经过。沈醉装模作样地拿着个听诊器，从医生办公室出来，和一名托着药盘的护士一同走进了叛徒的病房。那叛徒头部和胸部均缠裹着绷带，但见沈醉进去，便强撑着想坐起来。

“老王你别动！护士小姐给你送药来了。”沈醉连忙把他按住，并制止他说别的。护士喂完药，知趣地退了出去。沈醉这才坐到病床边，佯装关切地问：“老王，你感觉怎么样？”经过几次暗杀行动，沈醉已经老练多了。

“谢谢陈组长关心，我好多了。等我出院以后，一定要亲自把他们都抓到，不然不能解我心头之恨！”叛徒咬牙切齿地说道。

沈醉微微一笑说：“很好！你还是先安心养伤要紧，有什么事打声招呼就行，外面我们有人保护你呢！”

“谢谢！你们对我的关心，我没齿难忘！”叛徒颇为感动地说着，死鱼般干涩的眼睛里，努力地挤出了一滴眼泪。

“应该的嘛！你好好休息吧……”沈醉故意抚慰着他，退了出来，心想，他若知道自己如今只不过是鱼钩上的钓饵，就一定不会这么感动了。沈醉边走边想，刚要转身走进医生办公室，就发现一高一矮身着西装的两个人，正拎着点心、水果朝叛徒的病房走去。上钩了！沈醉心中一喜，下意识地看了看通道入口处的两个特务，只见他俩也停止了打扑克，正注视着来人的背影。沈醉禁不住有一种想扑上去抓住那俩人的冲动，但他马上意识到不能这样做。戴老板指示，不要在医院惊动来人，要放长线钓大鱼。他立即转身往外走，路过穿病号服的特务时，低声说："盯住他们！"随即快步奔出医院门外，边脱白大褂，边冲街对面扮成洋车夫的特务大喊："洋车，洋车！"这是鱼已上钩的信号，所有的便衣特务立即警觉起来，只等装病号的特务出来示意目标，即随后跟踪。就在这时，医院内传出两声沉闷的枪声，紧接着，那两个来客飞快地相跟着冲出医院。他们这一举动来得太突然、太迅捷，那两个着病号服的特务也着了慌，担心上钩的鱼跑掉，便紧追其后出了院门，忍不住大喊："快，就是他俩！别让他们跑啦！"

这一喊不要紧，计划好的一场秘密盯梢变成了公开追捕。两个来客听到喊声跑得更快了，等十来个特务反应过来跟踪追去时，他俩早已冲出弄堂口，汇入人来车往的繁华大街。除了沈醉和装病号的特务认清了对方的面孔，其余的特务都只看清了对方的装束和身材。这时，两个着病号服的特务也意识到自己的失误，立即返回南市白云观，向守候在侦缉大队总部听取消息的戴笠和王兆槐汇报经过。在白云观等了三天，早已等得不耐烦的戴笠，一听汇报，气得"啪啪"地给了两个特务一人一个大嘴巴，恨恨地骂道："不中用的东西，事情全坏在你们身上！"

"戴先生，还是先等等吧，那么多人，总有人会盯住的。"王兆槐知道，他手下的人第一次干这种特殊的盯梢任务，难免出差错，为了让戴笠息怒，他故意宽慰戴笠，其实，他心中也异常着急。特务处分散在其他地区的一些行动组、情报站，均破获了一些共产党的组织，如华北区就破获了中共"河北省青年团"及天津等地的组织；武汉、南京、福建等地，也都逮捕了许多中共地下党员。可在上海这个当年中共中央成立的所在地，却不曾侦破中共地下党组织。老蒋曾因此对戴笠有责难之意。所以戴笠急于想在上海破获一起较大的中共组织。倘若这次不能成功，弄巧成拙，又将如何向上面交代？

"头儿，真倒霉，上了钩儿的鱼又溜了！那小子跑得比兔子还快！"沈醉和几个特务闯了进来，有人还没进门，就冲着王兆槐油腔滑调地喊了起来。他们乍进门，还未发现坐在沙发上的戴笠。

"乱喊什么？戴先生在这里！快说说，怎么回事！"王兆槐知道，戴笠平时就最烦部下大喊大叫，事情办糟了，就更会觉得是火上浇油。这时戴笠已从沙发上站了起来，一脸怒气地盯着满不在乎的特务们。特务们一见，吓得个个急敛笑容，垂手而立，不敢吭声。

"怎么，哑巴啦？"戴笠目光犀利地盯着他们。

特务们你看看我，我看看你，还是没人吱声。王兆槐在一旁更着急了，他向沈醉使了个眼色，又压低声音说："你说！"他知道沈醉虽年轻，但聪明能干，深得戴笠喜爱，这种时候让他出面回答，或许会少挨几句骂。

“我们没料到那两个家伙会跑着冲出医院，大家一着急，就跟着跑了起来。可是他俩一出弄堂口就分头跑开了，老张他们去追那个大个子，我们几个去追那矮家伙，眼看只差十来步就追上了，突然来了辆电车，那家伙一下就跳上了电车……”沈醉话音未落，戴笠就抢过话头说：“够啦，我不要听这些解释！我看你们根本就没把这个问题重视起来。我问你们，你们的主要任务是什么？”

“维护社会秩序和治安，保护民众财富！”有人口齿清晰地背诵着上司们常挂在嘴边上的话。

戴笠的脸拉得更长了，“我不是问你侦缉队的任务，而是问我们团体的任务！你这个当‘头子’的说说看。”戴笠不满地转过脸问王兆槐，言外之意则是，你这个队长是怎么当的？

“维护革命政权，保卫领袖安全！”王兆槐一丝不苟地回答。此时，他早已汗流浃背了。

“对！我们团体的主要任务就是维护革命政权，保卫领袖安全。目前能危害革命政权的最大敌人就是共产党，而不是那些鸡鸣狗盗之徒……”戴笠正训得来劲儿，突然电话铃响了。王兆槐赶过去抓起电话，没说上两句，就高兴得喊了起来：“老张，我们这就赶来，你可盯住喽！”

“怎么？他们盯上啦？”不等王兆槐放下电话，戴笠就急忙问道。

“对！老张他们开始也跟丢了，没想到坐车返回的时候倒发现了那个大个子。那家伙在福煦站下车，钻进了永泰钱庄就再没出来。”

“太好啦！你们马上行动。我去跟租界交涉，请他们配合。只要是抓共产党，他们是不会刁难的。”戴笠那刚才还拉得长长的马脸，此时已绽出了兴奋的笑容。

王兆槐等赶到永泰钱庄时，日已西斜。柜台内有三个男女职员正在结账，其中一位身着长褂的大个子，正是被特务老张跟踪的人。租界的华探目和王兆槐等持枪冲进去喝道：“不许动！”三个人都愣住了。那大个子很快就镇静下来，慢条斯理地问：“诸位什么事啊？”

“什么事？你别装蒜啦！”老张凶神恶煞地用枪指点着大个子。

华探目则把枪一挥，喝道：“把他们都带走！”

此时，沈醉等人已冲上柜台后面的阁楼，发现楼上卧室内正躺着一个坐月子的妇女。她见特务们冲进来，不由自主地坐起身，把婴儿紧紧地搂在怀里。特务们在楼上里里外外搜了个遍，也未发现任何可疑的线索，正准备下楼，王兆槐持枪走上楼来，他一眼就看见那妇女躺着的床板是用两只大木箱支撑着的，便立即冲沈醉等一挥手："把她抬开！"沈醉等不顾那妇女的哭喊，不由分说地连人带床板一起抬放在地上。那妇女急了，顾不得羸弱的身体，放下孩子，扑在木箱上，连声大喊："不，你们不能拿走！是别人存在这里的……"

特务们哪里还管这些。他们拖开那妇女，发现箱子里不仅有五支短枪和一大沓钞票，而且还有几十发手枪子弹。

"人证物证俱在，你们还有什么话说？"王兆槐把子弹和钞票往桌上一蹾，颇为得意地冲那妇女说道，然后一挥手，示意特务们把那妇女一起抓起来。

事后，戴笠等人才得知，他们这次破获的是上海江湾地区的一个中共地下党组织。此后，他们又根据叛徒的告密，破获了中共江苏省委，并逮捕了省委王维等重要人物。

老蒋对于特务处利用公开机关破获中共地下组织的工作，非常赞赏，对戴笠的信任程度也与日俱增。不过，事情多了，工作范围扩大了，特务处在工作中出现的问题也越来越多。这些问题不仅把戴笠搞得焦头烂额，有时甚至把老蒋也弄得十分难堪。为此，老蒋不得不责成戴笠对肇事者严加惩处。

十四 设立督察作为耳目 重用旧友暗结帮派

初春的南京照例是雨多晴少。连日来细雨绵绵，紫金山愈加笼罩在“山色空濛雨亦奇”的诗情画意之中。

刚刚从南昌行营返南京小憩的蒋介石，此时正与夫人宋美龄在紫金山附近的别墅共进晚餐。几年来，老蒋一直忙着“围剿”中共中央革命根据地的红军，常常亲临江西指挥，很少与宋美龄一道共餐。其实，他们这对夫妇在一起进餐无非是一种形式。生活习惯完全欧化的宋美龄，习惯吃牛排、面包、牛尾汤之类的洋玩意儿，而老蒋所爱吃的还是他的家乡饭菜。此刻他们仍按以往的惯例，虽聚一桌，却两种饭菜，各吃各的，一个用刀叉，一个用竹筷。他们早已习惯了这种“中西合璧”的共餐方式，餐桌上气氛极为和谐，俩人边吃边谈论着什么，不时发出轻轻的笑声。

“达令，你尝尝这小牛肉，很鲜嫩。”宋美龄随意地叉一片小牛肉放在老蒋碗里。老蒋笑着把牛肉送到口中，还没有嚼两口就连连点头赞道：“不错，不错！”但筷子却仍然伸向那碗宁波风味的炒菜……

“委员长，汪先生求见。”老蒋刚刚放下碗筷，接过侍从递过的热毛巾，拭手擦嘴，侍卫长就走进来报告。

蒋氏夫妇惊诧地对视片刻，又都似乎无意地将目光转向那落地窗外沉沉暮色中的雨丝。然后，老蒋才站起身来，问：“汪先生来多久啦？”

“他刚到一会儿，汪先生好像很不高兴。”侍卫长轻声说道。

“嗯！”老蒋鼻子里哼了一声，又转身对宋美龄说：“达令，我去看看。”不等宋美龄点头，他已迈着方步慢慢地走了出去。

汪精卫比老蒋年长4岁，看上去倒像比老蒋年轻得多。他那胖胖的四方脸白里透红，保养得极好。此刻他似乎正为什么事烦恼着，满面愠色，倒背着双手，望着窗外雨蒙蒙的苍穹，轻轻地叹息了一声，仿佛要吐出压抑在心里多少年的怨气似的。

“兆铭兄，用过饭没有？”老蒋一进客厅，就笑吟吟地冲着汪精卫的背影问道。表面上，他对汪精卫总是很客气。

“我哪里还吃得下饭？气都气饱啦！”汪精卫转过身来答道，仍然一脸愠色。

“什么事啊？坐下慢慢说嘛！”老蒋慢条斯理，不紧不慢地走到沙发前坐下。

“蒋先生，你也用不着跟我装不知道。如果没有你蒋先生发话，谁敢无缘无故把我的朋友抓走？”汪精卫并不坐下，而是激动地在客厅里踱来踱去。

“兆铭兄，何必发这么大的脾气？到底是怎么回事嘛？”老蒋仍然一副笑容可掬的样子。

“蒋先生，你如果看着我汪某人在南京碍事，我可以马上离开南京出国去。但请你不要派人在我的朋友和部下身上做文章！我的人在一起碰碰头，聚会一下，又何罪之有？为什么要抓他们？”汪精卫越说越激动，白胖的脸像喝了酒似的通红，完全失去了平日那彬彬有礼的绅士派头。

“兆铭兄，你多心啦！国难当头，我只求精诚团结，怎么会让部下去干破坏团结之事？你放心，我一定派人查清。如果是我手下人干的，我一定严惩不贷！”

“好！有蒋先生这句话，我就放心了！我的人今晚一定要放回来！如果先生不严惩肇事者，我汪某就下野还乡……”汪精卫一口气说了一大堆气话，说完，即从衣架上摘下黑呢披风，扬长而去。

老蒋莫名其妙地受了一顿窝囊气，顿时恼羞成怒。他马上想到特务处。汪精卫前脚一走，他立即让秘书打电话给特务处，命令他们立即查清此事，并将肇事者撤职、关押、查办。

电话直接拨到鸡鹅巷53号。此时，戴笠、郑介民均因公外出，特务处的工作暂由书记长唐纵主持。他一听是老蒋侍从室打来的电话，往日红润白皙的国字型面孔，即刻变得苍白，大颗大颗的汗珠，竟顺着额头直往下淌。站在一旁个子瘦小的徐亮，也被他这突然变脸变色的神情吓了一大跳，连连问道：“乃建兄，怎么啦？什么事？”

唐纵冲他一个劲儿地摆手，却对着电话神色惶恐地说：“是，是！一定照办，一定照办！”

放下电话，唐纵忙掏出手绢，边擦汗，边冲徐亮急急地说道：“坏事啦，我们惹祸啦！你帮忙打个电话给赵世瑞，让他赶快把上午抓的那几个人放出来，然后赶快到这里来。你把我和他先关押起来，我们得坐牢啦……”

徐亮被他这几句没头没脑的话说蒙了，也着起急来，问道："乃建兄，到底怎么回事？你们为什么要坐牢？你先喝口水，慢慢说……"

徐亮与唐纵都是黄埔六期步兵科的同窗，徐亮知道唐纵一向办事、说话都很稳重谨慎，脾气也特别好。徐亮与他同学、同事多年，从未见他对谁发过脾气，也没见他这么着急过。他说话总是慢条斯理，轻言细语，一副白面书生的样子。早在黄埔军校时，同学们就称他为"唐博士"。因他嗜书如命。一有空就抱本书看，军校的理论课程他门门名列前茅，但步兵那一套实际操练的项目，他却哪样也过不了关，甚至操练了三年，竟打不好一个"人"字形的绑腿。大家常开他玩笑，说："唐博士是个百事通，天上的事情晓得一半，地下的事情无所不知。不过就是打不中靶子，系不好绑腿。"

参加复兴社之后，由于他确实博学多才，且办事情认真、谨慎，蒋介石很赏识他，指派他做特务处书记。大家都知道，搞特务工作既非他所愿，亦非他所长，只不过是老蒋指派，他不便推辞。所幸的是，书记工作主要是动笔杆子，只负责审批经费、抄送情报等文牍工作。

徐亮百思不解的是，像唐纵这样谨慎小心的人，怎么可能闯什么大祸，以至于要被关押起来？在徐亮一再追问之下，唐纵这才把事情的原委告诉了他。

原来，被戴笠派到南京警察厅任调查科长的洪公祠特训班特务赵世瑞，见同一训练班的陈恭澍、赵理君等人均立过"功"，而自己虽深受戴笠器重，几年来却无所建树，甚是心急。这一天他的部下侦得一消息：南京新街口附近的一大宅院内，有十来个人正在秘密聚会，这些人行动诡秘，很可能是反蒋分子。按常规，赵世瑞应继续把情况搞清，再反映到警察厅，由侦缉队派人执行。但赵世瑞求功心切，企图抓住这难得的机会，为特务处增光添彩，以博得戴笠的欢心，来邀功请赏。于是，他把这消息告诉了唐纵，请他派特务处行动科的人配合行动。

唐纵从未接手过这种事情。他认为既然是反蒋分子聚会，自然应当抓起来。于是他照戴笠过去的做法，让行动科配合赵世瑞，秘密逮捕了与会人员。

然而，唐纵和赵世瑞都忽略了一个关键问题。当时，特务处仍处于秘密阶段，戴笠每次抓人、杀人，大都是奉老蒋等首脑人物之命，而且捕杀地点主要是在租界地，是国民政府的警宪无权涉及的区域，捕杀对象也是那些老蒋欲除之，而又担心舆论压力的特殊人士。如当时在天津租界国民饭店逮捕的抗日名将吉鸿昌，在沪杭公路暗杀的民主人士史量才，以及民权同盟会副主席杨杏佛等，均属此种特殊情况。而在南京这个国民党中央政府所在地，警察、宪兵戒备森严，除汪精卫的改组派人士敢于公开在南京活动外，一般的反蒋人士谁也不会把头伸进这老虎嘴里去拔牙。即使有人敢于在南京活动，一般也轮不上特务处去抓人，而是公开的治安单位的事情。特务处只有提供情报的义务，而无抓人的权利。何况，唐纵和赵世瑞逮捕的又正是汪精卫改组派的人士。这就无异于搬起石头砸自己的脚，不但未能立功受奖，反而被投进了牢房，撤职查办。

戴笠匆匆从外地赶回南京时，唐纵和赵世瑞已被关押数日。戴笠一面竭力向老蒋求情，一面去牢中安抚唐纵、赵世瑞。在他看来，唐、赵二人的意愿都是好的，是想维护校长的利益，为特务处争光，只不过他们不太明白特务处的权限，不摸汪精卫的底细而已。老蒋也知道这些人是为了效忠于自己，但不处分他们，无法向汪精卫交代。结果，老蒋还是让戴笠给唐纵、赵世瑞撤职处分。

赵世瑞对此大发牢骚，极为不满。而唐纵早已意识到问题的复杂性，深责自己不深入调查、不懂法规给校长带来了麻烦，所以他极力开导赵世瑞说："委员长有委员长的难言之隐，我们应当体谅委员长的苦心。我们受点委屈算什么？何况我们确实也做得不对嘛！"

唐纵这种识大体、委曲求全的精神，使戴笠和老蒋深受感动。他们表面上撤去了唐纵的书记长职务，背地里却悄悄地派他随复兴社头子酆悌一道去德国，担任驻德大使馆副武官。

此事虽说已然平息，但戴笠却从中认识到，他的部下太缺乏法律意识。赵世瑞、唐纵尚不懂得特务处的权限，其他外勤特务就更不用说了。特别是他特务处的那班人马，大部分文化程度低，人员素质差，既无政治头脑，也无法律观念，手里有了点权就开始胡作非为。而他如今摊子大了，很难照顾周全，难免会发生这样那样的问题。他担心长此下去，自己苦心经营的特务处将毁在那班部下的手中。但是这些人又是他事业发展的支柱和资本，既不能开除他们，也不能对违纪者惩办过严，否则谁还愿替他卖命？

正当戴笠冥思苦索又不得要领之际，一桩更让他头痛的事发生了。而且事情发生在他的挚友王天木身上。

自天津站的王天木协助北平站刺杀了汉奸张敬尧而受嘉奖之后，平津两站相继成立了行动小组。天津行动小组的成员，都是王天木当年在河南收编土匪部队自任司令时的亲信。这些人会玩枪，爱打人，如今有了特务处这个靠山，更是有恃无恐，不知天高地厚。当时，王天木的妻女均居住北平，所以，王天木经常是平津两地来回跑。王天木的部下也常常跟着他跑到北平游玩。王天木在北平八大胡同的一家妓院有个相好的妓女，所以常带部属去逛八大胡同。有一天，王天木的副手在一家妓院喝醉了酒，与一嫖客发生争执，一失手用酒瓶把那嫖客打死了。当时在场的妓女和鸨母，在手枪的威逼下自然不敢声张。同去的王天木忙设一计，打算用大木箱将死者装进去，抬往城外，扔进护城河，以销尸灭迹。当夜，他俩趁夜色把箱子抬出胡同，叫了辆洋车，准备运往城外。突然想起城门已关，无法出去，他俩跟在车后走了一段路之后，便把箱子留在洋车上，悄悄地溜了。当车夫发现箱子里装的是具尸体而报警时，王天木及那位副手早已溜到火车站，搭上了去天津的火车。

“箱尸案”发生后，北平市为之哗然，民众一致要求当局迅速侦破此案。连远在南京的蒋介石也风闻此事。老蒋认为，北平正处于日伪包围之中，随时都有被日寇侵占之危险，安定北平秩序，安抚民众乃当务之急。于是，他命令特务处配合北平警宪部门，速破此案。待到戴笠将此令下达到北平站不久，北平方面即有消息告之，此案可能与天津站有关。戴笠一听，顿时吓得出了一身冷汗。他清楚王天木手下人的底细，他们大都当过土匪，什么事都干得出来。他立即电询王天木。王天木一向信任戴笠，视其为莫逆知己，当即便毫不隐讳地承认了此事，目的是希望求得戴笠的谅解，并从中说情，以从轻处理。

戴笠立即赶往北平，甚至没有向特务处的任何人讲明去北平的原因。到了北平，他只通知陈恭澍替他订间客房，而毫不透露此行的目的。

戴笠与王天木的交情确非一般人可比。半年前，戴笠还想与王天木结为亲家，让王将其女儿嫁与独子戴藏宜为妻。双方家长均乐意，但由于戴藏宜执意不从而告吹。可是这并未影响戴、王二人的交情。这次事关王天木，戴笠觉得于公于私都应义不容辞地帮王天木一把，最好是大事化小，小事化了。到北平后，戴笠一方面亲自找来天津站的肇事者了解情况，另一方面通过何应钦的关系，让北平侦缉队对外宣称，“箱尸案”已破获，凶手已押往南京正法，希图尽快平息社会舆论。然而戴笠调查结果证明，王天木无论如何也脱离不了干系。于是他把王天木请到饭店密谈一夜，说服其一同赴南京向老蒋请罪，并答应尽全力保其性命，然后再设法保释。王天木知道此事已被老蒋知晓，想完全不受惩罚是不可能的，只好随戴笠前往请罪。

不料到了南京，老蒋不仅拒不接见王天木，还把戴笠臭骂一顿：“家有家规，国有国法，无故杀人就得偿命！一个团体如果没有严格的纪律，你将如何维系？这事一定要从严惩处！你回去拿个意见出来……”

一旁垂手恭立的戴笠，被老蒋怒斥得汗流浃背。他知道老蒋之命不能不从，但王天木的性命也不能不救。他独自一人待在办公室内整整苦想了一夜，第二天才斟词酌句地给老蒋写了份书面报告。报告中他简述了事情的经过，然后着重介绍了王天木参加特务处工作后所做的种种“贡献”及其才干，最后才提出三点意见请老蒋批示：其一，判其死刑；其二，判其无期徒刑；其三，令其戴罪立功。

戴笠所提的第一条，是为迎合老蒋所谓“杀人者偿命”之说，第三条乃是为冲淡第一条而言，第二条才是戴笠所希冀的。老蒋看完报告后，果然如其所愿，批了个“无期徒刑”。戴笠高兴异常，王天木的脑袋总算保住了。只要保住了他的性命，无论判几年，都无关紧要了。当时，特务处的特务及调查科等情报单位的成员，凡因违纪而被囚禁的，大都关押于特务处专用的牢房，即：甲地、乙地、丙地。甲地无固定场所。这是软禁一般嫌疑犯或要犯家眷的，采取的是家庭式的囚禁方式，生活能得到特殊优待；乙地是关押案情较轻的，一般刑期均不超过一年，牢房就设在南京羊皮巷内；丙地设在南京陆军监狱内的专用牢房内，看守都是特务处派的，与其他牢房无关。这三个牢房的犯人，均无须经正规法庭审判，而是凭戴笠或老蒋的一张条子，就能决定犯人的命运。所以，王天木只要不被处决，那“无期徒刑”的判决也就等于是句空话了。事实也确实如此。两年后，戴笠便以“国难当头，急需人才”之辞，将王天木放了出去，当然这是后话。

当时，王天木事发之后，戴笠更迫切地感到人员成分、素质之重要。他让郑介民等对特务处所有成员的文化程度、个人经历作了个详细的统计，发现南昌行营调查科合并来的大多数人员，其素质及学历均远远超过特务处的原班人马。调查科中有许多人都是留学日本或苏联的，特别是那些曾为中共党员、“四一二”后脱党而转向国民党的一些留苏人员，他们的政治立场转变了，但共产党的那些联系群众、工作认真负责和生活朴素严谨的作风，却大都没有改变。他觉得这是些难得的人才，决定发挥他们的作用。于是他便任命一些这样的人为各地区的督察，以扭转特务处之种种不足。

当时调查科合并来的张毅夫，被戴笠任命为代理书记长；谢力公、王立生、王平一、吴赓恕等被任命为各区站督察，专门对辖区内的外勤特务进行督导、监察。戴笠对自己的这一着很是得意，他常说：“特务处是领袖的耳目，督察是特务处的耳目。”与此同时，他还鼓励特务之间相互督视，鼓励部下打小报告。这样一来，外勤特务违法乱纪的事一时间确实减少了。

不过，当时特务处上下1000多人，真正有学识、有头脑的人还是太少，而且这些人中对他戴笠心服口服的就更少。戴笠清楚，情感这东西不是命令、强求所能得来的，必须慢慢地用“感情结纳”。然而，特务处的工作又容不得他慢慢来。当时，能称得上是他朋友的周伟龙、东方白、邱开基、王孔安等，都已被委以公职重任，远离南京。在南京，能够推心置腹地说心里话的，也只剩下他的表妹夫张衮甫和同窗好友徐亮了。然而此二人除了对他的忠实外，学历、才干均属平平，不能给予他什么启发或帮助，所以他常常很苦闷。早年，在杜月笙那里他受益最深的就是“广交朋友，广罗人才”，古人尚云“求贤若渴”嘛！如今，身负重任的戴笠，常感力不从心，人手不够，甚至时有焦头烂额之感。于是，他渴望身边多几个在学识、才干方面均高于自己的挚友，以弥补自己之种种不足。这时，他不禁想到了少年时的几个同窗挚友姜绍谟、周念行、毛人凤、王蒲臣、姜超岳等人。

王蒲臣自戴笠组建特务处后，就放弃了江山县党部执行委员及宣传部长之职，参加了特务处工作，被派往军事委员会调查统计局任科长，长驻苏州。而毛人凤当年鼓励戴笠报考黄埔后，自己则因家庭原因未再返军校，而是参加了家乡一带的县政府工作。当戴笠想起他的时候，毛人凤正在浙江崇德县任科长，月薪才90元，比其弟毛万里还少20元。所以，戴笠一去电报邀请，他立即辞去科长之职，前往南京鸡鹅巷报到。好友相见，自然亲切异常。毛人凤早从其弟信中得知戴笠如今的身份，不敢像以前那样随便。而戴笠却发现，毛人凤这七八年的县政府公务人员生活，连性格似乎都变了，看上去谦和谨慎有余，而豪气闯劲不足。这倒正合戴笠的心意。他知道，自己的豪气、胆量和闯劲，都非一般人可比，相反，自己常常过于暴躁、莽撞，毛人凤正好能补己之不足。

毛人凤初到特务处，戴笠即派他去杭州警官学校担任警校特派员办公室书记，实际上等于是戴笠这个警官特派员驻该校的总代表。因为戴笠自调查科合并入特务处，从公秘单位配合中尝到甜头后，他立即想到，警察这个职业，是特务工作最理想的掩护职业。警察工作接触面广，各阶层的人士均能接触到，若能抓住警察为己所用，特务工作就能取得事半功倍的效果。所以，他派去好几个较有学识的部下，到警校任政治指导员，对警校进行整顿，而且出资给警察定做呢制服、黑皮鞋，购买自行车，把手伸向了警察学习班。以往仅借以掩护特训班的警官学校，就这样成了戴笠培养警察特务的摇篮。所以，戴笠特意把毛人凤安插在那里，暗中掌握学员和教员的各种情况。

毛人凤也确实不负其所望。他以自己特有的老成持重、谨慎勤奋和谦逊温和，很快就博得了警校指导员、教官们的好感。

至此，戴笠所欲寻求的几个同窗好友中，只有学历最高、分别时间最长的周念行未取得联系了。在戴笠的意想中，周念行这个黄埔一期的留日学生，早该在仕途上超过当年的同学姜超岳和姜绍谟了。姜超岳虽说也是黄埔一期的学生，其原来的学历也只不过是中等师范，而他却早已当上了军事委员会北平行营的机要科长。此君和戴笠在衢州报考师范同被录取，只因戴笠考取了第二名却不去上学而去当兵，他对此颇为反感，故一直瞧不起戴笠，戴笠对他自然不敢有非分之想。姜绍谟又在行政院任秘书，亦不便邀他参加。而关于周念行，他只听人说，当年其随北伐军打到湖北之后，就自动要求到地方工作，曾一度担任湖北黄陂县县长，以后去职则不知所往。戴笠曾四处打听亦不知其下落。

说来也巧，就在这年夏天，戴笠亲自率领一班杭州警校毕业的特训班学员，上庐山牯岭为老蒋做外围警卫。按戴笠的习惯，只要是担负了老蒋的警卫工作，便事无巨细均要亲自安排过问。每次他都亲自去巡查牯岭一带的旅店，而且查得非常仔细，凡是住店旅客的情况，他都要求店家详细登记在册，以便他们随时查询。事实上，他也确实不敢不小心从事。夏季上庐山游览的旅客很多很杂，自老蒋1928年上台后，曾四次遭人袭击，其中三次都发生在庐山。其中，仅查明一次为王亚樵派人所为，而其他几次系何人指使，则一直未能查清。

这天，戴笠巡查旅店时，无意中从登记簿上发现了“周启祥”三个字。他不禁一喜，这不是他四处寻觅的同窗挚友周念行的别号吗，他急忙往下看。这不是周念行又会是谁？江山人氏，现年38岁。戴笠欣喜之极，指点着登记册问店老板：“这位周启祥先生现在哪里？”

店老板先是一怔，按以往的经验，凡被特务问及的人，十有八九会遇到麻烦。但他一看戴笠那双目含笑的样子，又觉得与往日情况不同。他忙躬身答道：“周先生一早就出去了。先生有事？”

“对！请你给我纸笔，我给他留个便条，让他明天早上等我。”戴笠和颜悦色地答道。

第二天一早，戴笠兴冲冲地赶往旅店。23年了，两人相见是否还能相识？记忆中当年那个斯斯文文的少年，如今是什么样子？敲开周念行的客房门，一位身着米色绸料长衫、温文尔雅的中年人，正当门而立。两人惊诧地对视片刻，这才不约而同地伸手紧握，兴奋地欢呼道：“真是你呀！ 23年啦……”他俩相互打量着，问候着，激动得久久握手不放。

“启祥兄，这些年你跑到哪里去了？”戴笠笑着问道。

“我嘛，还不是在小县城做做父母官呗！你是怎么知道我住这里的？”周念行不无好奇地问。

戴笠得意地大眼一转，所答非所问道：“老兄，我可是找你多时啦！你现在哪里任职？”

“安徽贵池县，朋友们劝我去湘西收编陈渠珍的部队。他们说当父母官不可能有出头之日。所以，我来晋谒校长，请校长批准。”周念行认真地答道。

戴笠一听，不禁笑了，心想，这位仁兄竟如此书生气十足，“既然如此，启祥兄，当初你怎么又要离开部队？”戴笠笑眯眯地直言问道。

周念行不好意思地一笑，“你也知道，我这个人向来胆小，一听枪响，一见血和死人，就受不了。所以……”

“对！对！你老兄打小胆子就不大。你还记得那年我们一起去江郎山游玩吗？”戴笠哈哈大笑地提起少年时的往事。

“记得，记得！那个年纪最小的同学叫什么来着……”周念行笑得眼睛眯成了一条缝，他显然没忘记当年自己那副狼狈相。

“他叫王蒲臣。现在他就跟我一起工作呢！”戴笠连忙说道。

“他现在跟你在一起？他呀，打小就像尾巴一样总跟着你，想不到如今还是跟着你……”周念行欣喜地说着。

……

提起往事，戴笠和周念行仿佛又回到了少年时期，阻隔在他俩之间的23年岁月也骤然消失了。

“哎！我们坐下谈嘛！站着干什么！”周念行虽满腹经纶，却不擅周旋应酬。他一高兴竟忘了自己的主人身份，让戴笠一直站着。戴笠也不见怪，反客为主地招呼他一同坐下，紧接着又吩咐旅店伙计帮着买一桌酒菜来。两人相对而坐，边饮酒边谈论自己的经历和以往的同学、朋友。当周念行听说王蒲臣、毛人凤均在戴笠领导下的“南昌行营调查科”工作、姜绍谟在南京行政院时，他不无感慨地说：“看来，同学们大都比我强啊！”

“老兄，你的学识均在我们之上，要是不嫌弃，何不到调查科来，和我们一起干？”戴笠知道，周念行这个书呆子绝非干特务的材料，但是他那满肚子学问，却是戴笠本人所欲求而不得的，若能留在身边朝夕相处，定能受益匪浅。再者，看来周念行本人书生气太浓，不擅周旋应酬，若无人帮助，也难有发展，否则一个日本留学生、黄埔一期的老大哥，怎么会干了七八年，干来干去仍是个县城父母官？

“那朋友们让我找校长要求收编陈渠珍之事就不办了吗？”周念行呆气十足地问。

“启祥兄，快打消这主意吧！如果能收编，委员长早派人去收编啦！何况你老兄又不愿带兵打仗……”

戴笠劝说了好一阵，周念行这才答应参加调查科工作。他憨态可掬地说：“好吧，看在你的情分上，我去你那里干。不过，我可有话在先，我可打不好枪，也不会溜墙根哟……”

“启祥兄，说到哪里去啦？凭你这满腹学问，还用得着干那些事？放心好啦，不会让你老兄为难的！”

戴笠倒真是说话算话。周念行自参加戴笠领导的特务工作后，一直在戴笠的办公室任秘书，甚至戴笠死后，毛人凤继任局长，他仍任军统局亦即后来的保密局局长办公室秘书，所不同的是，官衔由少校升到了少将。戴笠活着的时候，周念行的具体工作实际上是戴笠的文化教员。戴笠稍有闲暇，必请他为自己讲明史，讲《资治通鉴》等书。而周念行本乃与世无争之人，在戴笠羽翼下无忧无虑地研究学问，倒也其乐融融，当然这都是后话。

继周念行之后，戴笠又先后将江山县有学识的同乡，如上海法学院法律系毕业的周养浩、南京东南大学毕业的何芝园、江山县立师范毕业的刘方雄等招入特务处。不过在表面上，在所有的部属面前，戴笠总是竭力装出一副不徇私情的样子，甚至在同乡和外籍部属发生争执时，表面上他也从不偏袒同乡。但是在他内心深处，一直存在着十分强烈的家乡观念，一贯重用同乡、挚友，直到一生终了。只不过他比别人做得隐蔽、巧妙一些罢了。当然，他也深知这些人都不会对他的地位构成威胁，否则，就另当别论了。

十五 “英雄”难过美人关 “名探”巧识拆白党

鞭炮声声，车水马龙。这天，上海法租界的八仙桥青年会门前热闹非凡。附近的居民几乎倾巢而出，都想看看上海警备司令杨虎为其长子举办婚礼的热闹场面。那些衣冠楚楚、气宇轩昂的男客，以及珠光宝气、花团锦簇的女客，也确实让人们大开眼界。就连平日戎装笔挺、威风凛凛的杨虎，今日也换上了长袍马褂，满脸堆笑，和陈华等几个姨太太一道，站在大厅门口迎接来宾……

婚礼大厅内，几个俏丽的年轻姑娘，笑盈盈地把一个个来宾引到早已安排好了的宴席餐桌座位旁。这几个女子都穿得很时髦，紧身旗袍和时兴的高跟皮鞋，使她们显得更加窈窕可爱。但她们各个都不曾像阔家太太小姐们那样烫发，而是留着短短的女学生式的头发，举止端庄，笑容可掬，看上去既不像雇来的招待女郎，也不像请来的亲朋宾客。然而由于来的客人太多，谁也没去琢磨这几个姑娘的来历。即使有人注意到，也决不会想到，这些年轻美貌的少女，竟全是由特务训练班培训出来的女特务。

原来，特训班专门培训了一批女特务，目的是在必要时混入需要监视的各阶层人士家中，去担任女佣、女教师等职，从而进行情报工作。戴笠认为，这些女特务应学会各种各样的待人接物的礼节及方式方法，而杨虎的夫人及陈华等几位姨太太极擅此道，所以，他选了几个年轻美貌又十分灵巧聪明的特训班女生，乘此良机，来杨虎家学习，训练。

“霞娣，戴先生没来吧？”当来宾到得差不多时，陈华悄声问一个身着藕荷色旗袍的女子。

“没看见啊！您刚才不是一直在门口迎客吗？”被称为霞娣的姑娘，也笑吟吟地悄声说道，那双晶莹俏丽的秀目，还情不自禁地向大厅门口望上一眼。

胖乎乎的徐娘半老的陈华，微微皱了皱双眉道："刚才我跟一个朋友在小客厅坐了一阵，不知戴先生会不会进来了。"

霞娣又环顾一下宾客如云的大厅，微微一笑道："我想戴先生来是一定会来的，只不过他不会在这种人多的场合露面。"

"嗯，有道理。"陈华笑眯眯地看着霞娣，既喜爱又不无嫉妒地拍拍霞娣那艳若桃李的面颊，笑道，"霞娣真不愧是雨农的得意门生，难怪雨农那么喜欢你哟……"

陈华一语双关，说得霞娣满面通红。她又何尝不知道特务处人人敬畏的戴老板喜欢她，对她另有所图呢。自从由杭州女中毕业考入杭州警官学校后不久，她就一直感觉到有一双眼睛常在盯着自己。这双眼睛在一般人面前，大都是犀利、冷峻、令人又敬又怕的，然而只要是看她的时候，那目光似乎就格外温和、可亲。后来，当她得知此人正是警校的特派员、特务处的当家人时，真说不清是喜还是忧。但是时间越长，她越觉得这个差不多可以做自己父亲的上司，不仅权势大，而且也确实有一种令她神往的魅力，使自己常常情不自禁地想主动接近他、迎合他。事实证明，她这样做是极为"明智"的，戴笠似乎更加器重她。在警校特训班毕业后，戴笠先是分配她到上海魏大铭主持的无线电通讯培训班工作，不久又说要送她去美国学习政治经济，这真是她做梦也未想到的事。这次她也和其他女生一道来杨虎家学习礼仪及交往应酬，目的却不是像其他同行那样为了将来去搞情报，而纯属是培养她的应酬能力，以便适应将来国外的留学生活。但是戴笠为什么特别器重自己，她却猜不透。特训班女生中漂亮的姑娘可不少，为什么偏偏让她出国留学呢？

其实，戴笠还真不是为自己。

说起来，是胡宗南决定了她的命运。戴笠本人一向喜欢女人，特别是喜欢年轻漂亮的女人。他认为漂亮女人就如同生活中的盐，有了她们，生活才有滋有味，否则，生活就太平淡、太乏味了。在他落魄潦倒之时，自知无能力、无条件去追求这种享受，但腾达之后，他自然不会放过这种享受的机会。不过有一点他非常清楚：事业与女人决不能相提并论。事业是立足之本、生活之源，事业成功了，金钱、女人也就都有了，而若无事业，一切都无从谈起。几年来，他尽管早已对年近40、憔悴不堪的妻子兴趣索然，对周围那众多的美貌女子垂涎不已，但他却从未打算停妻再娶或是讨个小老婆。当时老蒋正提倡所谓的"新生活运动"，他明白，若那样做，势必会被人视为生活腐化，势必会影响到他的事业和前途。所以，为了调剂紧张的生活，戴笠最大的业余爱好就是去电影院欣赏"电影皇后"胡蝶主演的电影。什么《啼笑因缘》《火烧红莲寺》，什么《姊妹花》，什么《空谷幽兰》等，只要是胡蝶主演的影片，他无一不看。他非常欣赏胡蝶的演技，同时也更欣赏她的美貌。胡蝶的一举一动、一颦一笑，在他看来都是美妙绝伦的。他甚至曾毫不隐讳地当众称赞胡蝶是“中国人特有的艺术之花，是中国的骄傲”。

遗憾的是，当时的胡蝶对戴笠而言，毕竟是水中月镜中花，可望而不可即。因此，他也常常和一些女学生逢场作戏一番，却对谁也不认真。最初，叶霞娣也是他逢场作戏的对象之一，不想，有一次胡宗南由甘肃天水驻地到杭州，偶然在警官学校戴笠的办公室内见到了叶霞娣，这才改变了叶霞娣的生活轨道。

那天，胡宗南正在警校特派员办公室跟戴笠聊天，正巧叶霞娣也从上海到了杭州，去警校探望戴笠。她一进门就冲戴笠嫣然一笑，甜甜地喊了声：“戴先生……”正要往下说什么，转眼瞅见了身着少将军装、跷着二郎腿、斜靠在沙发上的胡宗南，所以连忙打住话头，大大方方地冲胡宗南笑着躬了躬腰，表示礼貌。她从未见过胡宗南，但见他那少将领花和那副随便的样子，就知道是戴笠的密友，自然不敢怠慢。

“是霞娣啊！什么时候来的？回家看过父母了吗？……”戴笠对叶霞娣这种落落大方的举止很是满意，便端足了师长的架子，温和地问这问那。

叶霞娣笑盈盈地一一作答后，戴笠也不给她介绍胡宗南，只是挥挥手说：“你先去看看其他教官吧，我这里正有朋友呢！”

“好！等下我再向戴先生汇报工作。”叶霞娣应声退了出去，临出门仍没忘记冲一旁的胡宗南礼貌地弯弯腰。

“好一个聪明俊俏的姑娘！”叶霞娣的背影刚消失在门外，胡宗南就脱口赞道。

戴笠不禁哈哈大笑。自叶霞娣一进门，胡宗南那双不大的眼睛就一直在欣赏地盯着她，眨也不眨一下，这自然逃不脱戴笠的眼睛，“我这女学生不错吧？要不要我做个月老？”戴笠打趣地说。

“哈哈，我都能做她的父亲啦，岂敢有此非分之想！”胡宗南亦打着哈哈地笑道。

“只要你真喜欢，这事包在我身上！”戴笠敛住了笑，有点认真起来。他知道，胡宗南青年时期曾爱上过一个邻村女子，但其父嫌女家贫困，硬是让他娶了另一个姑娘。婚后不久，胡宗南即离家出走，到湖州教书为生，把女方扔在孝丰老家，跟他父母做伴。他所喜爱的那个少女，在他结婚一年后，也另嫁他人。此事对他刺激颇深，他下决心不回家乡，不再议婚，对女人一直非常淡漠。戴笠也曾多次劝他离婚再娶，他总是摇头说：“女人是祸水！”但有一次他酒后吐真言：“以后，我要么不娶，要娶就娶一个像师母那样的女人。”他所说的师母，是指宋美龄。

戴笠那时才明白，胡宗南要找的是一个在事业上能对他有帮助的女人。可是要找这种女人又谈何容易？既然这次他对叶霞娣感兴趣，何不成全他们？

孰知胡宗南还是一个劲地摇头，“不行，不行！我戎马倥偬，哪有耐性来哄这么个娇嫩的小姐？再说，我也不能让她做妾啊！”

“只要你喜欢，可以先离婚后娶嘛！我保证三年后把她培养成才貌双全的姑娘，送给你做贤内助！”戴笠知道，他还是那个老问题在作怪，嫌叶霞娣资历学识不够。

“哈哈！雨农，别的事我相信你能办到，这种事你可吹不了大话哟！”胡宗南大笑戴笠吹牛。

戴笠并不在意，他半开玩笑半认真地说：“琴斋兄，你先别笑。说说条件吧！”

“条件？好吧！我要她懂政治，懂经济，懂外国语，还得懂怎么在生活上照顾我，在事业上帮助我……”胡宗南故意说了一大堆条件，好让戴笠知难而退。他倒也确实喜欢叶霞娣，只是在这方面顾虑颇多，如果不是真正合乎自己心意的女人，他也没必要去闹场婚变。

“好！琴斋兄，君子一言，三年后这喜酒是喝定了！”戴笠笑道。

“那我就等着你给我送来贤内助，我再办离婚……”胡宗南打着哈哈。他认为这是在开玩笑，并未当真。

然而戴笠却认了真。他暗下决心，要把叶霞娣送去美国留学，攻读政治经济，将来把她当成礼物送给胡宗南，以报答胡宗南当年对他的种种帮助。这一点叶霞娣自然不清楚。不过，她断言戴笠不会在人多的场合露面，倒还真是说对了。这个聪颖过人的女子，后来果然成了胡宗南的夫人。

婚宴的第二天，戴笠即带领贾金南和沈醉，拿着重礼，前往上海环龙路杨虎家登门道贺。杨虎夫妇自然特备一桌酒宴来款待他们。正当杨虎及太太们陪戴笠等觥筹交错、酒兴犹酣之际，警备司令部突然来电话说，南昌行营第五军薛岳手下的机械化师师长梁华盛，闹着要见杨司令，说是他在上海被人骗走了7万元军饷。

杨虎一听，甚为惊诧。他曾在广州黄埔军校认识梁华盛，知道他是黄埔一期的毕业生，北伐后，杨虎再未见过他，但知道他一直在薛岳手下任职，在南昌参加对工农红军的“围剿”，他怎么会在上海丢失军饷呢？杨虎立即命部下把梁华盛接到环龙路家中。

放下电话，他紧皱双眉，对戴笠说：“军校一期的梁华盛，你认识吧？”

“听说过，可没见过面。他怎么啦？”戴笠虽为南昌行营调查科长，但对驻防前线的部队将领却认识不多。

“等下他就来。这家伙不知怎么搞的，被人骗走了7万元军饷，这下我们又有事干了。”杨虎颇有点发愁的样子。在他的地盘上发生了这么大一件事，他自然不能袖手旁观，更何况失主又是个有地位的老熟人呢！

戴笠望了一眼敬陪末座的沈醉，对杨虎说："等梁师长来了，听听情况再说吧。如果需要，我的人随时听杨司令调遣。"

"这是自然的。说真的，雨农，你派在我侦缉大队的这十来个小兄弟，还真帮我不少忙呢，破获了好几桩刑事案。"杨虎说着，又指指一旁低头只顾吃饭的沈醉说，"你的这个小陈，就能干得很呢！你知道小报上怎么说他吗？人家称他为'名探'。"

"杨司令过奖了！有些事情是碰巧让我遇上了。"沈醉被夸得有点脸红了。他知道，杨虎指的是前不久他破获的一桩商船被劫案件。当时小报报道的标题是《扬子江中巨盗施诡计，泥河桥畔名探显神通》。为此，他得到了警备司令部发给的一笔奖金。但戴笠却针对此事教训了他一顿："……你可别把精力全用到这些事上哟！别忘了，我们团体的使命是保卫国家政权，清共除奸。我把你们放在警备司令部，可不是让你去抓几个强盗、小偷的……"所以，他一听杨虎当着戴笠的面提起此事，便赶忙解释，免得戴笠不高兴。

戴笠听杨虎夸奖自己的部下，心里还是很受用的，嘴上却故意谦虚地说："他们青年人懂什么？还是你杨司令领导有方嘛……"

正说着，梁华盛和他的副官被领了进来。杨虎、戴笠等人连忙起身相迎。

"梁师长来得正好，快坐下喝我儿子一杯喜酒！"杨虎握着梁华盛的手把他拉到桌边，又转身对陈华说，"快再上几个菜！"

"不，不用忙啦！我现在哪有心思喝酒！"身着少将军服的梁华盛愁云满面地连连摆手。

"哎，急什么？我先给你介绍一下。这位是你们南昌行营调查科的戴雨农科长。"杨虎把戴笠介绍给他。俩人握手客气一番之后，戴笠安慰他道："梁师长莫着急，坐下来慢慢讲，我们帮你想法子。"

梁师长望望几个女眷欲言又止。杨虎笑道："都是自家人。说说看，怎么回事？"

"唉！真不好意思……"梁华盛轻轻叹了口气，开始叙述他被骗的经过。

这次，他本是带着副官小刘一道去南京领军饷的。好不容易批了7万元军饷，他怕从银行汇去太慢，就直接把现洋领出来，装在一只小黑皮箱内，准备随身带回。因为久驻江西山野防地，生活自然清苦，既然来到南京，何不去上海玩上一两天？于是，他就和副官买了两张南京到上海的火车票。他们自以为两人都身着军装，并带有手枪，没有人敢拦劫他们，只要到了上海，把钱箱往银行保险柜一存，就可以痛痛快快玩两天了。不料上车后，他们就被人盯上了，并落入了骗子的圈套。

当时，按财务制度，梁华盛可乘头等卧席车厢，而副官小刘却只能坐普通车厢。所以，小刘帮他把钱箱提上卧席车厢，放在行李架上之后，即回普通车厢去了。梁华盛怕钱箱被人提走，不敢大意，眼睛总是盯着行李架上的箱子。不过，火车开动之后，他发现卧席车厢内客人寥寥无几，而且都是衣着华丽的有钱人，也就不太紧张了。就在这时，一股沁人心脾的清香扑鼻而来。他抬眼望去，只见斜对面座位前站着位身材颀长、线条柔美的女子。那女人一身合体的米黄色西服衣裙，配着一对米黄色的高跟皮鞋，浓密黑亮的卷发高高地盘在头顶，显得高贵典雅。此时，她正背对着他，指挥着两个女仆装束的中年妇女往行李架上安放皮箱。皮箱很大，很沉。两个女仆往上抬皮箱时，显得非常吃力。他不禁起身帮她们推了一把，皮箱才放稳当。那女子转身冲他微微一笑，柔声细语地说了声："谢谢！"他随意打量对方一眼，顿时被她的美貌吸引住了。

她看上去不过二十五六岁，瓜子脸，皮肤白皙红润，眉清目秀。特别是她那一笑，珍珠般光洁、晶莹的牙齿，齐刷刷地镶嵌在樱唇之间，具有一种难以言状的魅力。久居山野防地的他，不由得一阵目眩，一阵冲动。他觉得从南京到上海的这四个来小时中，能与这样一位美貌女子坐在一起，也可算是艳福不浅啦。于是，他开始主动跟她搭话，并把自己的身份告诉了她。

那女子自称姓赵，父亲是南洋富商，她自己在上海安家多年了。一路上，她谈笑风生，还不时让女仆拿出听装的进口骆驼牌香烟请他抽。她自己也抽，只不过她只抽新开听的第一支香烟。她说第一支烟最香，剩下的就没味了。所以，一路上她打开了五六听骆驼牌香烟，留了一听让他抽，其余的让女仆送给乘务员。当时他认为，这赵小姐一定拥有万贯家财，否则何以如此大手面！

更让他感兴趣的是赵小姐极健谈。她操着一口吴侬软语，呢呢喃喃地说这说那，天南海北，古今中外，她都能搭得上话，显得博学多才。而且她说起话来俏皮幽默，妙语连珠。他觉得跟她聊天，简直是极大的享受。不知不觉，上海真如车站快到了，此时天色也已近黄昏。

"师长，我们在真如下车，还是在北站下？"刘副官走过来问他。他还未来得及答话，赵小姐已接过话头说："梁师长，你们预订了哪里的旅馆？"当她得知他们还未订旅馆时，便又热情地说道，"你们要是没预订旅馆，就在真如下车吧，今晚先住我家，明天我开车陪你们去市区游玩"。

"这，这不方便吧？"梁华盛虽然很想多跟赵小姐聊聊，但住到她家去，总觉得不合适。

"没什么不方便的，梁师长不要客气嘛！"正说着，火车驶进了真如站的前一个小站，停了下来。车未停稳，赵小姐就不由分说地吩咐一个女仆："你赶快下去打个电话，让家里派汽车来接我和梁师长。"

盛情难却，他只好同意去她家过夜。刚走出真如火车站，一辆漂亮的雪佛莱小轿车就驶到了他们跟前，赵小姐请他和小刘上了车。汽车很快地驶进了一幢花园洋房的大门，五六个男女仆人早已恭候在楼房门口，帮着赵小姐和他拎行李。小刘一直拎着那装军饷的黑皮箱，说什么也不让仆人帮着提。当时，他还暗自好笑，心想这小刘太小家子气了，这么有钱的人家，难道还会是强盗不成？何必紧张成这样子！

进了客厅，他更加认为自己的想法是正确的。那客厅极为宽敞，华贵的纯毛地毯，珍奇的古玩，名贵的字画，把客厅布置得极为富丽典雅。他和小刘正左顾右盼之际，赵小姐已吩咐仆人为他们收拾好了客房，请他们上楼更衣。那客房的布置更是令他炫目：客房是带浴池卫生间的套房，里外房全是纯毛的花地毯、天鹅绒的沙发、描金镂花的弹簧软床……他觉得自己简直进入了梦幻般的神话世界。

不一会儿，女仆请他们下楼吃晚饭。小刘总不放心那只箱子，执意不肯下楼，硬说不饿。他也不勉强，独自随女仆去了餐厅。

餐厅里已摆好了各种佳肴美酒。赵小姐换了一身银灰色缎子旗袍，秀发像瀑布般披卷在肩头，整个人显得更加飘逸、娇媚。她听说小刘不肯下楼来吃饭，就让女仆将酒饭送上楼去。餐桌上，赵小姐亲自为他斟酒、布菜，频送秋波。最初他还怀疑地问她："为什么不见你家里的人？"她便笑盈盈地一一作答。两杯酒下肚，他便完全被她的魅力迷醉得如腾云驾雾一般，眼前只看得见她那千娇百媚的眼睛和那珠玉般晶莹的皓齿了。渐渐地，这一切也变得朦胧起来。最后，他完全醉倒在愉悦的美梦之中，连自己怎样被人抬上楼，都一无所知。一觉醒来，他才发现除酣睡的小刘之外，楼上楼下已空无一人。他这才大惊失色，发疯似地摇醒小刘问："钱箱在哪里？"

小刘睡眼惺忪地望着他，指指墙上的壁柜，说："昨晚我放在那里了。"他话音未落，似乎意识到什么，扑上去打开壁柜，立即面如死灰般大叫起来，"钱箱没啦！上当了！我昨晚吃完她们送来的饭菜就困得眼都睁不开了……"

梁华盛顿时冷汗直冒。7万元的军饷啊！他卖儿卖女倾家荡产也赔不起啊！若让老蒋知道了，岂不是杀头之罪！他越想越害怕，抓起室内的电话就想报警。这时，一个60多岁的看守大门的老头笑盈盈地走进来说："先生，这房子租期到了，你们也该走了吧？"

他一见老头儿，就像抓了根救命稻草似的，急急追问赵小姐等人的去向。老头一再解释道："我不认识他们。我只知道，他们租用一天，今天中午到期。我只是给房东看门的……"

听完梁师长的叙述之后，戴笠和杨虎都愣在那里，面面相觑，半晌说不出话来。他们不知如何来安慰梁华盛，更不知从何下手来破这无头案。

"这案子一定是'拆白党'干的。"一直站在一旁的沈醉，突然自言自语似的冒出了一句。

"什么党？"梁华盛等人异口同声地反问。

"拆白党！就是上海人说的那些专门靠女色骗人钱财的流氓诈骗团伙。他们很舍得花钱培养有姿色的女骗子，那些女人走出来，看上去就像大家闺秀一样……"沈醉蛮内行似的解释。

"嗬！想不到小陈岁数不大，门槛还蛮精的哪！"陈华在一旁笑着插嘴。

"小老弟，你能不能帮我找到这伙人？只要能追回军饷，我宁愿拿出5000元来谢你！"梁师长急于找回军饷，听沈醉这么一说，他一把抓住沈醉的手，央求般地说道。

"老大哥，哪里话！这是他应该做的嘛！"戴笠在一旁接过话茬儿。

"对！这位小老弟叫陈沧，是戴先生的部下，也是我警备司令部侦缉大队的行动组长。他近两年破过不少刑事案，我看这案子就交给他，怎么样？"杨虎说着，又看看戴笠。他见戴笠默默地点点头，才转身问梁华盛："梁师长，你最多能在上海再待几天？"

梁华盛想了想双眉紧皱地说："最多三四天。可军饷找不回来，我又怎么回去？"

杨虎点点头，又转脸冲沈醉说道："小陈，给你三天时间，怎么样？"

"三天？怕是……"沈醉刚想说"时间太紧"，但一眼瞅见戴笠那双紧盯着他的眼睛，立即又改口说道，"好，我尽力去办吧！"

"小老弟，我可就指望你啦！"梁华盛不禁紧握住沈醉的双手。

戴笠不等沈醉说什么，就安慰似的拍拍梁华盛的肩头，冲着沈醉命令道："我看你现在就抓紧时间行动吧！"

沈醉点点头，立即向杨虎等告辞离去。戴笠和杨虎等重新邀梁华盛入席，"梁师长，这下你可以放心喝口酒了吧！"

"是啊，梁师长喝口酒压压惊吧！"一位姨太太早已为梁师长斟满了一杯酒，捧到他面前。

梁华盛看了看已斟满的酒杯和新端上桌的美味佳肴，盛情难却地接过酒杯苦笑道："真是难为情啊！我梁某人走南闯北，大风大浪都闯过来了，竟会在阴沟里翻了船！"

"英雄难过美人关嘛！"杨虎打趣地哈哈大笑。众人也跟着大笑起来。

"还英雄呢！这军饷若是找不回来，我可就彻底完喽！"梁华盛心事重重地放下酒杯，一个劲地摇头叹气。

“放心吧！小陈在这方面挺有办法的呢。前不久他还破获了一桩抢劫案。报纸上称他为‘名探’呢！”杨虎一面安慰他，一面往他碗里夹菜。

“是啊，小陈在上海这几年，对上海滩上这三教九流、鸡鸣狗盗的事知道得不少。如果真是拆白党干的事，十有八九就能破了案。前两年，他就碰上过拆白党，只不过后来人家认出他是侦缉队的，中途打了退堂鼓……”戴笠曾听沈醉对他谈到过拆白党中的一个女骗子如何勾引他的事。

“哦？小陈也遇见过？他家很有钱吗？”梁华盛惊奇地问。

戴笠笑道：“他家有什么钱？只不过他爱骑马，参加了骑射会，每天早上去跑马，人家见他年轻，以为是哪家的阔少，所以盯上了他。”

“雨农，讲讲嘛，也让我们开开眼！”陈华见梁华盛对此事感兴趣的样子，便故意怂恿戴笠往下讲。

戴笠也领会了陈华的意思，便绘声绘色地讲了起来，那情景仿佛是他亲眼所见似的。

“那天，小陈像往常一样去郊外公路上跑马，遇见了一个十七八岁的姑娘。那姑娘长得很漂亮，穿着料子很好的骑装，看上去就像是哪家的阔小姐。开始，小陈没在意，连着几天都遇见她，小陈就和她搭上了话。后来，那姑娘主动请他去国际饭店吃饭。小陈当时参加工作不久，没经验，还以为那姑娘看中了自己，便乐滋滋地陪她去了国际饭店。可是他们刚坐下点了菜，正要下筷子时，突然走过来一个中年男人，不由分说便给了那姑娘两个耳光，嘴里还骂道：‘你瞎了狗眼啦？连人都认不清！’小陈正要揪住那人评理，只见那姑娘二话不说，捂着脸跑了。那中年人却鸡啄米似的连连冲他弯腰作揖，赔不是：‘先生请原谅，请原谅！那小婊子有眼无珠，多有冒犯，请原谅……’”

“小陈当时被搞得莫名其妙。只见那中年人扔下一张钞票在桌上，说是饭钱，就匆匆地走了。正巧一个认识小陈的饭店伙计了解点底细，他过来告诉小陈说，他们是拆白党的，那姑娘很可能把小陈当成了阔少爷想引他上钩。可是她的头头发现小陈是警备司令部侦缉大队的，立即赶来制止，免得引火烧身……”

戴笠把沈醉遇拆白党的故事讲完之后，梁华盛的心情也轻松了许多。几个人围着餐桌，边喝边聊，倒也暂时忘记了那笔军饷。

此时此刻，接受了任务的沈醉可忙开了。不过他倒是忙而不乱。他先召集自己的组员谈了情况，然后分头到各自的眼线和“师傅”那里去求教。沈醉们的“师傅”，大都是监牢里的盗窃犯、诈骗犯等刑事犯人，或早已洗手不干、在家中颐养天年的黑道人物。沈醉等人早从他们嘴里了解到了许多流氓、盗窃集团的派别、情况，每接手一桩刑事案，总免不了要向这些人请教一番。实践证明，这一着还常常挺灵，当天下午，沈醉就了解到：凡是得了外财的三教九流中的妇人，往往都爱去南门外一座小财神庙进香还愿，若盯住那个小庙，就很可能发现那行骗的“赵小姐”。

沈醉一听非常高兴，因为那个小庙的庙祝可以算是他们的老熟人了。早两年这个小庙常常遭到一些地痞流氓的敲诈，庙祝夫妇就托人与侦缉大队的人拉上了关系，隔三岔五地请他们去吃顿美餐。一来二去，地痞流氓见庙祝夫妇与警方有来往，也就不敢去骚扰了。所以庙祝夫妇非常感激他们，只要他们去了，总是热情接待。

第二天，沈醉让其他队员再去寻找别的破案线索。他独自一人赶往小财神庙，向庙祝讲明情况之后，庙祝立即拿出一身灰布和尚服，让他扮成打扫庭院的伙计，注意每个前来进香的女子，同时还告诉他说：“凡是面带愁容的女人，只往钱柜扔几角钱的，一定是好久没有进财了，特来求财神保佑她发财。而有的满面春风，敬香后，只祈祷一两句就扔下一两块大洋在钱柜的，准是最近发了财的，你就注意这些女人。”

沈醉把庙祝的话牢牢记在心里，站在庭院内，仔细观察着每个前来敬香的女人。可是两天过去了，沈醉未曾发现一个与“赵小姐”相似的女子。他不禁暗暗着急。这桩案子等于是戴笠亲自下达给他的，如果完不成，戴笠对他沈醉将会作何感想？第三天，破案的期限已经到了，偏偏这天来敬香的女人寥寥无几。沈醉几乎完全失望了。下午4点来钟的时候，他刚想打退堂鼓，硬着头皮回警备司令部，只见一个衣着朴实的女子匆匆来到庙内。只见她在神龛前点着香火，跪下叽咕了几句，立即从手中的皮包里掏出一把大洋，哗哗地扔进了钱柜。沈醉仔细一听，估计有一二十块大洋。心想，这人一定发了大财。他再仔细地打量那女子，越看越觉得像梁华盛所描述的那位“赵小姐”。为了证实自己的判断，他故意等她快走到庙门时，掏出自己的手帕叫住她：“太太，你的手绢掉了吧？”

那女子回头看了一眼，笑笑说：“不是我的！”

尽管她此时完全是一身普普通通良家女子的打扮，但那一笑竟是那样的妩媚动人，那珍珠般光洁、晶莹的皓齿，那玫瑰色的甜美的双唇，不正是梁师长说的那位“赵小姐”吗？

沈醉不禁一阵狂喜，但他故作镇静地等那女子出了门，坐上洋车，他才赶忙骑着自行车远远地盯着。他一直跟踪到市区，看见她下车拐进了一条弄堂内的普通住宅，这才赶紧就近打了个电话给侦缉大队，让他们迅速赶来。他放下电话，立即持枪冲入那家屋内。进屋一看，只见那女子正坐在前厅饮茶。他便大喊道：“‘赵小姐’！看你还往哪里走！”

那女人一见沈醉，立即转身往楼上跑。沈醉赶过去，正要伸手抓她，楼上匆匆赶来两个男人。此二人身材高大，都穿着对襟中式裤褂。其中一人把手一拦，让那女子上了楼，另一个一旁拱手作揖赔笑脸，“兄弟有话好说，有话好说！”

沈醉定睛一看，其中一人竟是国际饭店向他赔不是的那个中年男子。那人也认出了他，连忙迎上前说：“原来是老朋友啊，快请坐，请坐。有什么事只管对我说。”

“你也不要装蒜啦！刚才上楼的女人骗了梁师长7万元军饷。你如果马上交出来，我们可以相安无事；如果不交出来，等下我的人就来啦，我想给你们说情圆场也不行，你们都脱不了身！”不知为什么，沈醉一见此人，就想起了那个为他挨打的女子，语气也缓和了许多。

“好说，好说。我不会让你老弟为难。不过老弟，你也替我想想，我们调教一个这样的女人要花多少钱？这次为钓这条大鱼，也花费不少，你总不能让我们吃亏啊！”拆白党头目和颜悦色地说着。

“怎么，你不想退还？那好，就别怪我不客气喽！”沈醉急了，掂了掂手中的枪威胁道。

“老弟，别急嘛！退是一定要退的……”

“退多少？”

“6万！”

“不行！起码6万5！”沈醉跟他讨价还价。他估计梁师长破费5000元问题不大，自己不要他的钱不就行了！这样，自己的任务就算完成了，还可以借机结交上这个拆白党头子，以后遇到上级催得紧的案件，说不定还可以找他们帮忙呢。

“好吧！就照你老弟的数，6万5！不过以后再遇上什么事，还要靠老弟多多关照，放我们一马哟！”原来这头子也有他的用意。

“行，我们交个朋友吧！不过以后上面催得紧的案子，还要请你多帮忙……”说完两人执手哈哈大笑。

当天晚上，沈醉把这6万5交给了梁师长。梁华盛千恩万谢地拿着钱赶回江西去了。沈醉因此也得了嘉奖。

事后，他去向戴笠汇报。戴笠夸了他两句，但还是再三叮嘱道：“这种刑事案，能办的当然要办。不过你时刻也不要忘了我们团体的使命哟！”

在戴笠心目中，始终也没忘记特务处成立之初，老蒋对他说的那番话：“……‘清党’以后，共党在城市的组织已转入地下。他们一面在边区组织工农武装，一面在城市秘密组织民众和青年来反对我们，颠覆国民政府。所以，我们必须建立一个更为严密的新组织来对付他们，要防止他们的一切活动……”

“戴先生，我可从未忘记过团体的使命。可是共党行动很隐秘，哪能常常遇见？”沈醉自然了解戴笠的心思。

“再隐秘也有露破绽的时候，就看我们动不动脑筋喽。你想想看，我这次在上海待这么多天为了什么？”戴笠神秘地瞅了瞅沈醉。

“你不是给杨司令家贺喜来了吗？”

“你真是糊涂！贺喜还用花这么长时间！”

“那我就不知道了。”沈醉搔着后脑勺，无可奈何地说。

戴笠故意沉默了一会儿，才得意地笑道：“告诉你吧，我们这次又要大显身手啦！武汉方面抓到了一个共党第三国际的联络员，而且他已经招供，明天就是他和上司接头的日子。我们已经在他们接头的东亚旅馆订好了房间，就等他上门啦！”

“这么说，明天有大的行动喽！戴先生，让我们小组也参加吧！”沈醉一听，立即兴奋地请求任务。

“当然要让你们参加。不过，要是让他溜了，我可不饶你……”

十六 租界法庭两字定案 党部大院三枪惊天

盛夏的上海，宛如一个大蒸笼，闷热得让人透不过气来。戴笠独自在法租界枫林桥附近的秘密住宅内，焦躁不安地来回走动着。他叉着腰，不停地扇动着折扇，时而自言自语地骂道："这些鬼东西，怎么搞的？"时而又停在窗前，仰首望着窗外那已然灰暗的苍穹，轻轻地叹气。

整整一天了。前往南京路东亚旅馆执行埋伏、拘捕任务的王兆槐、沈醉等人，到现在还没有消息，怎么不叫他焦急万分？

前些日子，湖北站逮捕、收买了第三国际在汉口方面的某中共负责人之后，戴笠曾向老蒋作过汇报。老蒋非常重视此案，命其顺藤摸瓜，以破获第三国际在中国的组织。不久，特务们在叛徒的指认下，又逮捕了从上海去汉口的交通员陆独步。在皮鞭、烙铁和老虎凳的威力下，陆独步终于供出了他的单线联系人——第三国际在中国的某负责人华尔敦的英文秘书陆海防，以及自己与他的联络方式。于是，戴笠亲赴上海，指示王兆槐等，按陆独步提供的方式在报上刊登启事，用暗语约陆海防在上海南京路的东亚旅馆6号房接头，进行诱捕，因为只有抓到陆海防，才有可能抓到华尔敦。如果这次抓不到陆海防，这条线索就将中断，特务处不仅将失去一个立功受奖的机会，而且免不了又会被老蒋臭骂一顿，甚至很可能会被视为无能而失宠……

戴笠越想越不安，汗水顺着后背直往下淌，刚刚换的衬衣又都湿透了。他提了提沾在身上的衬衣，气恼地捶了一下窗台，转身想进卫生间去冲澡。如今的戴笠，仍像过去一样酷爱干净整洁。过去条件艰难时，他爱去江里、湖里洗澡、洗衣。如今有了卫生间，他更是一天要洗好几次澡，换好几次衬衣。这一方面是因为他的洁癖，另一方面也是借冲澡来松弛一下紧张的神经。

戴笠刚刚走进卫生间，桌上的电话铃就急骤地响了起来。他立即扑向电话机，对着话筒连声急切地喊道："喂！喂！"

"戴先生，那家伙抓到了，现在我这里。他狡猾得很，差点让他跑掉……"电话里传来了王兆槐兴奋的声音。

"好！我马上就来。"戴笠刚才沮丧的神情一扫而光，顿时神采飞扬。

戴笠顾不上冲澡，只匆匆换了衬衣，即带着贾金南，乘着他那辆刚买不久的司蒂倍克小汽车，赶往位于白云观的侦缉大队。王兆槐等人早已恭候在那里了。

"把他押来。"戴笠下车后，二话不说就要亲自审讯陆海防。

犯人刚被推进审讯室，戴笠即由另一个侧门走了进去。他迅速地扫了陆海防一眼，满面堆笑的脸，顿时沉了下来，冲沈醉等人喝道："你们怎么可以这样对待陆先生！还不赶快把手铐取掉！"

王兆槐会意地冲沈醉使了个眼色，沈醉立即前去把手铐打开。一直低垂着脑袋的陆海防这才抬头看了看戴笠，下意识地揉了揉被铐得麻木了的手腕，愤愤地说："你们为什么抓我！"

陆海防30多岁，长得白皙清秀，颀长潇洒。但此时他面呈青灰，嘴唇肿得老高，满是血污和尘土，一望便知，他曾与特务奋力搏斗过。

"请坐，请坐！陆先生受惊了。"戴笠并不回答他的问题，而是和颜悦色地请他坐下，并让人递上杯凉茶。

陆海防也不客气，一屁股坐在沙发上，端起水杯就喝，然后才掏出手绢去擦拭脸上的尘土和血迹，仿佛这脸上的污痕，比眼前的特务更让他厌恶似的。

戴笠示意其他人退出，颇为欣赏似的看着陆海防擦脸。按他多年的经验，凡是在这种情况下还注重仪表的人，大都贪生怕死，容易被收买。陆海防的这些举动更增强了戴笠的信心，他说话的语气更加温和，"陆先生，我们知道你博学多才，是个很有学问的人。我们很需要陆先生这样的合作者啊！怎么样，陆先生？！"

陆海防不信任地盯着戴笠，一言不发。

戴笠停了片刻，又笑着说："常言道，识时务者为俊杰。像陆先生这样的聪明人，是用不着让他们帮忙的吧！"

陆海防顺着戴笠的目光回头看了一眼，这才发现，在他身后约五米远的地方，站着两个满脸横肉的彪形大汉。他们赤膊挺胸地站在那里，一脸恶煞相，活像庙里的哼哈二将，令人望而生畏。而且，在他们的脚下和身旁，还摆着几副沾满血污的刑具，更是令人不寒而栗。

自开杀戒以来，刑讯，对戴笠来说，已然司空见惯。他发现，这比死亡还让人痛苦的严刑逼供，是索取口供的最佳方法。多少嘴硬的好汉，在刑具面前都是一败涂地，他见过的太多了。刑讯成了特务处的法宝，当然，只有在审讯重要人犯时，他才亲自出马。

此时，戴笠发现，陆海防的目光一触到那打手和刑具，顿时显得惊恐万状。只见他低下头，痛苦地搓着自己的双手，过了好大一会儿，才声音低沉地说："长官，其实我早就不想干啦……"

戴笠万万没想到，陆海防比他想象的转变得还要快，快得让他怀疑对方是否在耍手腕，玩花招。当陆海防对自己的任务和身份供认不讳之后，戴笠立即迫不及待地问："华尔敦怎么跟你联络？"

"不一定，每次都是他给我打电话，约我在某时某地碰头。如果错过了这个时间不去，以后就很难再接上头了。"陆海防不慌不忙地说着。

"最近他将什么时候跟你接头？"

"明天！明天下午4点，在法国公园门前。"陆海防仍然一副不紧不慢的样子。戴笠一听，兴奋得几乎跳了起来，"此话当真？"

"不骗你，真的是明天碰头。"陆海防认真而情急地说道。

"好，你今天先好好休息，明天领我们去。"

第二天，闷热的上海，淅淅沥沥地下起了蒙蒙细雨，天气顿时凉爽多了。王兆槐等分别带人潜往法国公园附近。另由沈醉带两名助手，押着陆海防，驱车去接头地点。

沈醉掏出怀表，时针刚指向3点50分，他这才松口气。望望坐在身旁的陆海防问："停在这里不会引起注意吧？"

陆海防默默地点点头，他特意戴了个鸭舌帽，把帽檐压得低低的，紧靠在座位上抽烟，眼睛紧紧地盯住法国公园的大门，神情显得异常紧张，夹烟的手似乎在不停地颤抖。

时间一分一秒地过去了。4点，4点零5分……细雨蒙蒙的公园门口，依然不见一个人影。

"你这家伙是不是在骗我们？"沈醉有点急了。"我骗你们干什么？"陆海防把烟头往驾驶台前的烟灰盒中一按，烦躁地说道。

正在这时，一个身材高大的外国男子穿着件风雨衣，打着把洋布伞，从公园内走了出来。

陆海防紧张地一拉沈醉的胳膊说："就是他！"

沈醉立即吩咐坐在车后座上的助手："先不要出去，等他走近了再行动！"

那外国人越走越近了，陆海防也越来越把身子蜷缩得更紧，更小。沈醉相信，当时地下若有条缝，他一定会一头钻进去的。

待那人刚走近汽车，两个特务立即从车后门蹿出，向他扑去。三个人顿时扭作一团。沈醉见那两个助手的力气还不如那外国人大，想前往协助，但他又担心陆海防会乘机开车逃走，正犹豫之际，王兆槐等驱车赶来，一同把那外国人押上汽车。与此同时，前来协助的租界巡捕车也赶了过来，把那外国人押回巡捕房，进行搜查、审讯。

按租界的规矩，国民政府方面不能在租界公开拘捕人犯。若真是要犯逃到租界，必须由国民政府方面派人执公函前往交涉，得到批准后方可同巡捕一道采取行动。而且捉到人犯后，巡捕房还必须查明犯人的真实身份，认为可以引渡去华界，才予以引渡，否则，任华界如何要求，租界方面也不予理会。一般情况下，租界对拘捕共产党人方面总是肯积极配合的。不过这次双方都感到问题很棘手，因为在抓到的这个外国人身上，竟找不出一件可以证明其身份的东西。而且，他本人无论租界公廨用哪国语言审问他，他就像个聋子似的，只是默默地盯着对方，一言不发。租界方面找不到丝毫可以给他定罪的证据，当然不同意引渡。

此事顿时轰动了整个上海，大报小报争相报道这桩所谓"怪西人案"。因为被捕的是个外国人，社会反响很强烈，急得戴笠直骂陆海防："你这家伙搞什么鬼名堂？他到底是不是华尔敦？"

"我哪敢骗你们？"陆海防一脸的委屈。

"那你就去出庭作证嘛！"戴笠眼睛一转，计上心来。

陆海防一听，顿时惊恐万状，"不！不！我不能！"

戴笠疑惑地双眼一瞪，"嗯？"了一声。陆海防连忙改口道："我，我是担心自己一暴露，他们不会放过我妻子。戴先生，求求你把我妻子也接出来吧，我只要不暴露，以后还可以帮你们抓很多人呀！"

戴笠面孔一沉，"不行！我们不再上你的当了，鬼晓得你又在玩什么把戏！除非有人证明抓住的这个外国人真是情报总支部的华尔敦。"

"戴先生，只要接出我妻子，我什么都告诉你们，反正我妻子接来后，还是抓在你们手里嘛！"陆海防哀求道。

"那好，你先把其他人名单开出来，我马上让人带你去接你老婆！"戴笠语气缓和了一些。陆海防立即从怀里掏出一份跟他联络的情报员的名单和住址。戴笠接过名单看了看，双眉一皱，指着名单上一个叫"程丽"的名字说："这是个什么人？怎么住在王陵基司令家里？"

“你说的是她呀！她是王司令三姨太的同乡，当年还是这个三姨太介绍她做了杨虎的干女儿，杨虎才送她到德国留学的。她是在德国参加的第三国际组织。因为她认识不少上层人物，所以派她回来工作。她有时住在杨虎家，更多的时候住在王司令家……”

戴笠越听越觉得事情严重。第三国际的人竟然插入了杨虎和王陵基家中，那什么情报能瞒得过她？事不宜迟，戴笠立即给杨虎家挂了个电话。对方证实了程丽与他们的关系后，戴笠也顾不得向他们解释，放下电话就让沈醉、王兆槐等带着警备司令部的公函和陆海防，前往王陵基家。

此时天色已晚，王陵基和三姨太等人正在客厅里搓麻将。见了王兆槐等人拿去的公文后，顿时大发脾气，还是他的副官和三姨太明智点，他们认为程丽既然有共党嫌疑，还是交出去为好。王陵基这才把程丽交出，并威胁道：“我先让你们把人带走。但三天之内找不出证据来，可别怪我王某不客气！”

王兆槐见程丽已来到客厅，立即让等候在门外的陆海防进来作证。陆海防畏畏缩缩地冲王陵基弯了弯腰，才对程丽说：“程丽同志，我看你还是招认了吧，我……”

“谁是你的同志？”程丽气愤地答道，随即对王陵基说：“司令，我从没见过这人！”

王陵基厌恶地扫了一眼陆海防，安慰程丽说：“程小姐，你就先跟他们去吧。只要你真的与共党无关，我保你三天之内就会被送回来……”

程丽从容不迫地跟着沈醉等人上了囚车。到侦缉大队审讯室之后，戴笠又用对待陆海防的那套“先礼后兵”的方式对她进行审问，毫不见效。后来，在程丽被老虎凳折磨得死去活来之际，戴笠又让陆海防去劝降。这次陆海防刚进审讯室，喊了声：“小程，你就招认了吧……”程丽顿时瞪大了眼睛，咬牙切齿地怒骂道：“无耻的叛徒！”陆海防不敢再说第二句，就仓皇地退了出来。

不过，对戴笠等人来说，这就无异于证明了她的身份。第二天，戴笠即关照沈醉说：“看样子，姓陆的还真没骗我们。今天你就带他去把他老婆接出来吧，兴许她还能提供一些什么呢！”

陆海防的家住在上海静安里一幢公寓的二层楼上。沈醉身着便服陪陆海防走进陆家时，陆妻正在泪流满面地焚烧什么信件。当她抬眼望见门口的丈夫时，先是一愣，继而又扑过来揪住他的衣襟，撕心裂肺般地哭骂道：“你！你怎么没死掉？你怎么还有脸来见我？”

“阿珍，你听我说……”陆海防顺势想去拥抱妻子。但他的手刚一触到她，她就像被蛇咬了一口似的，猛地挣脱开去，并发疯似地大喊：“不要碰我！你这个禽兽，你手上沾满了同志的血……”

陆海防被骂得极为尴尬，呆立在原地，求救似的望着一旁的沈醉。沈醉当时是个22岁的单身汉，对如何劝解夫妻吵架之事毫无经验，他只好在一旁充好人，帮陆海防说话："陆太太，陆先生这些日子一直惦着你，怕你受迫害，今天是特意来接你的，你就收拾好东西跟我们走吧！"

"跟你们走？别做梦了。除非你们把我抓走！"

"阿珍，你冷静点！我也是没办法，你怎么就不能谅解我？……"

"滚！你这个无耻的叛徒！从今以后，我与你再没有任何关系……"陆妻不等他把话说完，就一把抓起桌上的茶杯向陆海防掷去，嘴里还不停地怒骂。

"我们还是改天再来吧，先让她消消气。"沈醉见再待下去也不会有什么结果，就拉着束手无策的陆海防走了。

当天，沈醉把这情况向戴笠作了汇报。戴笠一听，急得直指沈醉的鼻子骂道："你怎么这么糊涂？当时为什么不把她抓来？"

"我想她丈夫都投靠了我们，她又能怎么样？"沈醉不无委屈地申辩。

"你呀！真是太不了解共党分子啦！像陆海防这样的软骨头有几个？你还不赶快带人去抓她！"戴笠见沈醉那副委屈的神情，真是哭笑不得，只好耐着性子解释。

果不出戴笠所料，待沈醉第二次领人赶到静安里陆家时，陆家早已是人去楼空。戴笠极为感慨地说："这就是共产党人的可怕之处啊！"隔了半晌，才又发狠似地说，"这次租界公廨公审时，一定要让姓陆的出庭作证！"

开庭这一天，法庭上挤满了中外记者和观众。那外国人和程丽等被陆海防出卖而被捕的几个人，均被押上了被告席。那外国人一如既往，任法官如何审问，就是一言不发，仿佛是个聋子。其他被告人也是一问三不知。法庭只好传证人陆海防。被沈醉等人硬架来的陆海防，一听传他上庭作证，吓得像癞皮狗似的，扑通跪在沈醉脚下，哀求道："求求你，别让我出庭！我求求你……"

"你开什么国际玩笑！快起来，进去！"沈醉气恼地喝道。

陆海防硬是不肯起来，惊恐万状地抱着沈醉的一条腿，"你毙了我吧，我死也不敢见他，你毙了我算啦……"

"起来！"沈醉极为反感地踢了他一脚，一把揪住他的衣服，把他推进法庭的侧门。陆海防一进侧门，全场人的目光全射在他身上。一直巍然站立在被告席上的那个外国人，一见陆海防，顿时怒不可遏地用英文大喝一声："Traitor(叛徒)！"

陆海防像触了电似地一哆嗦，一下瘫在了地上。法庭内一片哗然。中方派去的律师非常得意地说道："诸位先生、女士，事情已经非常明确了。尽管在这之前无一证据说明被告是共党分子，但被告刚才用英语骂的那‘叛徒’一词，就足以证明了他的身份。所以，我方要求引渡被告是合理合法的……”

法官和审判长等交头接耳地议论一阵之后，当场宣布：被告立即交中方处理。沈醉和一直混在观众席中的戴笠这才大大地松了口气。

后来，那外国人被押往汉口归案，证实了他的真实身份。不久，第三国际派了美国人蒲林森和犹太人雷地斯前往汉口营救，又被当局逮捕。第三国际在中国的组织遭到了重大破坏，而戴笠等人却得到了老蒋的嘉奖。

不过，对老蒋而言，特务处只不过是他手下的鹰犬，若捕获到了猎物，就赏给它一块腐肉；若一时失手，就会挨一顿鞭子。

1935年11月1日，国民党四届六中全会在南京湖南路的中央党部礼堂正式召开。戴笠率部属陪同老蒋及中央委员们前往紫金山谒陵之后，即赶往上海公干。因为大会的警卫工作主要由宪兵司令谷正伦和南京警察厅陈焯负责。作为秘密单位的特务处，自然不便插足其间，所以他也乐得抽身去干别的事务。可是刚到上海枫林桥公寓，南京方面的电话就追了过来，说是有人在六中全会的开幕式上开枪打伤了行政院长汪精卫。老蒋极为震怒，当天下午就要召开有关宪警保卫工作的会议。戴笠一听连口水也没顾得上喝，又让司机驾驶着他那辆司蒂倍克牌小汽车往南京赶去。他清楚，保卫工作虽用不着特务处，但侦破工作却少不了他们。

戴笠驱车赶回南京时，天色已晚。他匆匆吃了点晚饭即召集在京人员会议，听取刺汪情况的汇报。

原来，中委们谒陵后，即前往中央党部礼堂参加开幕式。中间休息时，中委们集中在礼堂外的坪场上合影留念。当时，老蒋嫌秩序太乱，不愿参加合影，在礼堂楼上休息，由汪精卫主持合影。谁也没料到，合影完毕，汪精卫正得意扬扬地左右招呼问候时，突然，一青年从一株塔松后跃出，冲汪精卫连放三枪，汪精卫顿时倒在血泊中。那青年也被中委张继等人当场捕获，身负重伤，危在旦夕。

当天下午，老蒋即召集警宪特等有关人员工作会议，斥责他们工作失误，责令各有关方面尽全力侦破此案。话虽这么说，但所有的人都知道，蒋汪矛盾一直很深，多年来，汪精卫曾多次反蒋。“九一八”以后，蒋汪表面上融洽，暗地里仍然钩心斗角，寸权必争。特别是汪精卫任行政院长兼外交部长之后，他曾网罗一批留日学生组织了编译室，这些人大多是曾经反蒋拥汪的改组派人士，或与改组派有牵连的人，他们就如同老蒋的复兴社一样，是汪精卫的亲信，只服从汪精卫。这当然是老蒋所深恶痛绝的，谁敢保证这次刺汪行动不是老蒋指使的呢？

戴笠听完汇报之后，并不急于采取行动破案，而是先暗中在复兴社内部进行了解。待他摸清情况，证实老蒋的确没派人行刺，复兴社也没人参与时，这才成立了一个专案小组，由他亲自主持。

由于行刺的孙凤鸣第二天半夜就牺牲了，没有提供任何线索，他所工作的“晨光通讯社”，也早已人去楼空，只剩下一堆烧毁信件的灰烬。剩下的唯一线索，就是特务们在晨光通讯社厨房垃圾箱里翻到的一个旧信封，寄信人是江苏省扬州附近江都镇姓黄的，收信人叫华克之。戴笠等估计，晨光通讯社中一定有江都人氏，准备派人按地址先去找姓黄的。可是，当时除特务处外，还另有三个侦破小组，一个由教导总队负责，一个由宪兵司令部负责，另一个则由中央党部负责。这四个小组既相互配合，又各自独立。特务处尚未行动，教导总队却已经派人去江都了。戴笠只好另找线索。可是忙了几天仍无结果。这天，戴笠在外奔波一天，刚进家门，老蒋官邸的电话就追了过来，让他马上去见老蒋。

戴笠常去老蒋官邸汇报工作，早已跟门卫侍从混得极熟。他一进门，侍卫就告诉他：“戴先生，你小心点，委员长今天脾气大着呢！”

戴笠当然清楚，老蒋这几天日子不好过。刺汪案未破之前，中委们大都怀疑是老蒋指使人干的。李宗仁、白崇禧来电报质问老蒋；阎锡山、冯玉祥等也在会上向老蒋发难；汪精卫的老婆陈璧君，当时还是国民党中央监察委员，更是不依不饶，当众责怪老蒋，说什么：“你不想用兆铭就说话嘛，何必下此毒手？”

一向唯我独尊的老蒋，何时受过这种委屈，背过这种黑锅！此案不破，难以澄清视听，老蒋怎能不暴跳如雷？

不出戴笠所料，他刚踏进会客厅，正倒背双手来回踱步的老蒋就气哼哼地责问道：“这些日子你都干什么去啦？人家打到了中央党部，你们还不知道！每月花那么多经费养着你们，都是吃干饭的？……”

挨老蒋的骂，对戴笠来说，无异于家常便饭，就像他自己动辄骂贾金南等部下一样。戴笠以己之心，度蒋之态，认为这是老蒋将自己视为嫡系亲信，才采取这种家长式的训斥方式。因此，有时虽然被骂得很难堪，但他多数时候都能心平气和地接受，有时甚至还视为一种“殊荣”。今天戴笠早有思想准备，因此更加心平气和。他垂手恭立一旁，等老蒋骂够之后，才静静地说道：“校长这一骂，倒帮我想起了一条线索。每个杂志、通讯社的成立，不都有人做担保的吗？我们去中宣部查查晨光通讯社一年前申请成立时的担保人，不就可以顺藤摸瓜了吗？”

老蒋斜着头瞅了他一眼，脸色稍稍缓和一点。他鼻子里“哼”了一声，见戴笠还站在那里等他回话，就转身说道：“有线索了，你还站着干什么？你知不知道，这案子不查清，我就要背一世的黑锅……”

戴笠连忙恭恭敬敬地告辞，连夜去中央宣传部查询。当戴笠的人赶到中宣部时，中宣部也早就想到了这一层。因为孙凤鸣进入会场的记者证，乃中宣部新闻处所签发。为了洗清自己，中宣部的人忙了好几天。他们查出通讯社的担保乃是南京建康路的一家照相器材店，可是这家店铺两个月前已倒闭，店主去向不明。不过，当天行政院发现了一个新线索：晨光通讯社成立不久，曾有南京钟英中学校长李怀成和一个叫项仲霖的人为他们申请过津贴。戴笠抓到这一线索，连夜派人把李怀成、项仲霖二人抓来，进行审讯。

审来审去，李怀成等也说不出个所以然，他们只不过是通讯社社长华克之的朋友。华克之成立晨光通讯社后，他俩曾去探望过他。他们见华克之等人生活很清苦，杂志销路亦不佳，就主动提出帮他们去行政院申请经费。华克之当时不同意，劝他们不要去。可他俩古道热肠，过分热心，还是找到行政院的熟人，为晨光社申请津贴。结果，津贴未申请到，反而遭此横祸。

酷刑拷打之下，李、项二人只得供出晨光社成员名单：社长华克之，编辑主任贺坡光，记者张玉华、孙凤鸣。他们只知道贺坡光曾是华克之在金陵大学上学时的同窗好友，江苏丹阳人氏，其他情况则不清楚。

戴笠听说贺坡光为丹阳人氏，认为贺很可能逃回了老家，便立即派特务追到丹阳。特务们在丹阳未找到贺坡光，却找到了他的母亲和兄嫂。为逼迫贺坡光投案自首，特务们把其母和兄嫂逮捕押往南京，扬言说贺坡光若不自首，将处死其亲属。贺坡光只得跑回南京，投案自首，在特务们的酷刑威逼下，贺坡光招认说，他们是受王亚樵指使，前来行刺蒋介石的，汪精卫只不过是“替死鬼”。

蒋介石得知这次行刺的主要目标竟是他自己时，极为震怒。他立即令戴笠逮捕所有与王亚樵有关之人，并派人去香港逮捕王亚樵。

此时，教导总队侦破组又在江都抓到了两名在晨光社搞勤杂的工作人员。他们供出了上海新亚酒店的联络员以及其他一些与王亚樵有关的人士。于是特务处、教导总队等警宪特务联合起来，展开了一场大搜捕。先后捕捉了张玉华、孙凤鸣的妻子崔正瑶、华克之的朋友——共产党员陈惘予等14人，但是主犯王亚樵和华克之等却避居香港，未能捕获。

为此，戴笠决定亲赴香港，去捉拿王亚樵和华克之。

十七 打草惊蛇亚樵离港 “机”不可失济棠下野

熙熙攘攘的香港启德机场出境口外，特务处港澳区正副区长邢森洲和龚少侠焦急地踮脚翘首往机场内张望。他俩得到通知，说戴笠已乘飞机来港。可是，这架上海至香港的飞机已降落一个多小时了，他们仍不见戴笠的身影。是南京方面报错了飞机班次，还是自己的译电员译错了时间？如果戴笠到港而没接到，他俩谁也少不了被臭骂一顿。更何况这一期间捕捉王亚樵、华克之的工作毫无进展，戴笠这次才亲自出马，前来香港，他俩说不定都有被撤职的可能。正想着，邢森洲一眼看见戴笠那身着灰色中山服、头戴宽檐礼帽的身影，“谢天谢地！”龚少侠也看见了出境口内的戴笠，情不自禁地嘟囔了一句，便与邢森洲一道挤过其他接机的人们，直往前凑，想让戴笠及他身后的副官、警卫都能看到他俩。因为在这种公共场所，他们向来是不大声呼喊的，这是保密工作的需要，慢慢也成了他们的习惯。可是随着戴笠等人的走近，他俩意外地发现戴笠面色阴沉，他身后的贾金南和两个警卫也都是一脸怒气。更令他俩惊愕的是，戴笠等人身后，还跟着两名制服整齐的香港海关警察。

“戴先生，怎么回事？”戴笠等人一走出来，邢森洲等立即迎了上去。

“问他们吧！”戴笠不耐烦地一摆头。

邢森洲忙操着广东话问那两名警察。

“这几位先生非法携带了两支手枪，所以我们带他们去警察署走一趟。”警察的态度倒蛮客气。

“先生请不要误会。我们长官是代表政府来港公干的。如果有什么手续不全的话，我们可以马上去补办证明嘛……”邢、龚二人连连向警察解释。他们明白，一定是戴笠未带手枪携带证书。不过，按一般的情况，只要是官方人员，向港方讲清楚，补办个证明也就了结了。

“对不起，先生，我们是奉命而行。有话到署里再说吧！”警察说着，把戴笠等推上了一辆停放在路边的警车，扬长而去。邢森洲等只好上了自己租来的汽车紧紧尾随。

原以为到了警察署说明情况后会立即放人，可是警察署并不买账，只同意邢森洲将戴笠等接回预订的旅店，却不准自由行动，他们派警察看守，等人从南京送来枪支携带证，方可恢复戴笠等人的自由。

戴笠做梦也没想到，他第一次来港，就被香港当局来了个下马威，简直把肺都气炸了。可是他哪里想得到其中的奥妙呢！

原来，早在王亚樵等人当年从上海潜往香港之初，曾被老蒋软禁过的国民党元老胡汉民，就向香港当局打了招呼，说王亚樵是反蒋人士，请当局予以关照。香港总督勃朗是胡汉民的朋友，自然一口应承下来，并让香港情报处负责保护王亚樵等人。王亚樵也极会为人，他在港几年中跟情报处的人打得火热。所以刺汪案发生后，戴笠曾派大批特务赴港的情况，王亚樵了如指掌，行动非常谨慎。特务们一直没发现他的行踪，戴笠才亲自出马。戴笠的行动虽然极为诡秘，但王亚樵在京、沪的门徒甚众，耳目也很多，早已报信给王亚樵。于是王亚樵敦请情报处设法阻拦，才有了戴笠被扣押之事。

三天后，南京方面派人送来枪支携带证，并以国民政府名义，函请香港当局协助缉拿刺汪要犯王亚樵、华克之。情报处释放了戴笠，但对协助之事不置可否。

戴笠受此欺侮，气愤之极。如果说在此之前，他只是为老蒋的安全急欲捕捉王亚樵的话，此时此刻，他对王亚樵这个早年的结拜兄弟，已经是情尽义绝，非欲置其死地而后快了。他一被解除软禁，即召集在港的所有特务开会，让大家出谋划策，拟定捉拿王亚樵的行动计划。早已黔驴技穷的特务们，除了四处打听，谁也想不出什么更好的办法，只有硬着头皮坐在那里面面相觑。戴笠见状，气得大骂特务们无能。他这一骂还挺起作用，骂声刚落，一个名叫陈亦川的特务就站了起来，怯怯地说：“戴先生，我有一个设想，不知行不行？”

“说说看！”戴笠打量了一眼这个新参加特务工作不久、长得很白净洒脱的年轻人，语气缓和了许多。

“我的一个同乡叫余亚农。他本人虽然不是王亚樵斧头党的成员，但他早在上海的时候就是王亚樵的好友。他现在也住在香港，还不知道我现在的身份。我想伪装成王亚樵的崇拜者，利用他介绍我加入王亚樵的组织。这样我就能探听到王亚樵的行踪了。”陈亦川说到此，畏惧地看了看戴笠，又补充说道，“当然，这计划需要时间，不是一两天能见成效的。”

“这个计划可以考虑。别的人还有什么想法？”戴笠变得和蔼起来。

“戴先生，我想能不能请外交部照会英国政府，催使香港当局配合我们行动，至少也不至于从中作梗。”邢森洲似乎也不甘示弱。

戴笠赞许地点点头，其实他也想到了这一着。他知道，当时英国政府对华大谈什么“中英亲善”，若英国政府命令香港当局协助逮捕王亚樵等人，香港当局即使不协助，也不敢公开庇护了。此举起码能起到“打草惊蛇”的效果。王亚樵等人失去了港方的庇护，自然会采取相应的行动。只要王亚樵有行动，特务们就能找到他的行踪，进行捕杀。

会后，戴笠亲自与陈亦川商量了一番打入王亚樵组织的计划，然后便飞回南京，亲自向外交部提出了照会英国政府的申请。

不出戴笠所料，事隔不久，两项行动都有了成效。香港当局接到英国政府的电令后，即告知王亚樵，港方已无法再庇护他们，让他们另找栖身之地；陈亦川也已取得余亚农的信任，被介绍加入了王亚樵的外围组织，虽未见到王亚樵本人，却探听到香港轩尼诗道有家绸布店系王亚樵之妻兄所开。陈亦川断定，该绸布店很可能是王亚樵的一处秘密联络点，于是他常化装徘徊在轩尼诗道，观察这条街上的几家绸布店。这天，他发现有几个人走进了茂源绸布庄，其中还有他的同乡余亚农。他感到很惊诧，难道余亚农也是王亚樵组织的核心人物？过了10分钟，他仍不见余亚农等人出来，同时又陆陆续续地进去了好几个人。他不敢再等，连忙打电话让邢森洲等迅速带人赶来，并通知香港警察说，有伙匪徒在茂源绸布庄聚会，请他们协助拘捕。

正巧，这一天王亚樵、余立奎、郑抱真等几个斧头党核心人物在此碰头，商讨对策。香港警特赶来时，他们全然不知，直到阁楼下他妻兄大喊：“站住，站住！你上楼干什么？”王亚樵才翻身上桌，跃窗跳到对面的屋顶。待余亚农、郑抱真等尾随跳出时，警特们已到了房门口。余立奎等人为掩护王亚樵等，立即关上窗户，坐好。特务们破门进来，将余立奎等几人抓住，王亚樵等已逃得无影无踪了。

抓到余立奎之后，戴笠立即持公文再次赴港，以刺汪主犯的罪名要求引渡。可是按国际法，政治犯是不予引渡的。当时国民政府指控王亚樵等人的罪名，是企图颠覆国民政府，属于政治谋杀。因此，香港当局拒绝引渡。戴笠只好改弦易辙，指控余立奎等人是上海斧头党成员，该组织是专门伙结流氓土匪，搞暗杀、绑票勾当的流氓团伙，并列举其早年暗杀宋子文等事，提出应按杀人刑事罪论处，再次要求引渡，并要求香港当局交出王亚樵。但香港当局却告之曰：王亚樵已离港，去向不明。戴笠等人只好把余立奎押回南京，让特务们继续寻觅王亚樵的行踪，同时想方设法在余立奎身上打主意……

不久，“两广事变”爆发。广东陈济棠、广西李宗仁联合反蒋，在广州宣布成立两广军事委员会，由陈济棠任委员长兼总司令，李宗仁副之。他们集中了30余万兵力，以督促中央抗日为名，兵分三路北上。一路进入湖南边境永州；另一路已逼近湖南衡阳；第三路则开到了江西境内。与此同时，他们还暗中联络了云南的龙云、四川的刘湘以及山东的韩复榘等地方势力，让他们配合行动。眼看一场大战一触即发，老蒋又一次陷入了内外交困的局面。戴笠只好先集中全力来对付“两广事变”，把王亚樵之事暂且搁置一边了。

“两广事变”之前，戴笠分布在两广的特务，对两广的情况早有报告。他们知道，李宗仁、白崇禧倚仗着自己一二十万子弟兵早有与老蒋争夺天下的企图，而陈济棠虽然有20多万军队，六个空军中队，但他一心只想做“南天王”。尽管李、白一再鼓动他联合反蒋，他却总是患得患失，生怕“偷鸡不成蚀把米”，万一失败，他连“南天王”的梦都做不成了，所以，不敢轻举妄动。这次，陈济棠与李宗仁联合反蒋，戴笠感到非常突然。当时他哪里知道，陈济棠反蒋，完全是老蒋逼出来的。

早在“九一八”之后，宁粤双方在“共赴国难”的口号下实行合作。胡汉民怕老蒋日后对两广进行报复，提议在广州成立国民党中央执行委员会西南执行部和国民党政府西南政务委员会，以领导西南各省党政军等方面的工作，由陈济棠和李宗仁任常务委员，从此，两广就完全处在一种半独立状态。陈、李二人相互串联，利用这两个机关与老蒋周旋。老蒋为敷衍胡汉民这个颇有声望和影响的国民党元老，也只好睁一只眼闭一只眼。1936年5月，胡汉民突然因脑溢血逝世，老蒋就下决心要解决两广这种半独立的局面了。他不但在召见陈济棠的胞兄陈维周商讨为胡汉民治丧事宜时就讲出了取消西南执行部和西南政务委员会的决定，并且在派居正等人前往广州吊唁胡汉民时，也让他们代表自己，向陈、李二人宣布了此项决定。

陈、李二人最担心的就是这一着棋。他们哪肯轻易放弃把持了多年的西南军政大权，而听命于中央？李、白二人立即聚集广州，策动陈济棠联合行动，揭旗反蒋。最初，陈济棠仍改不了患得患失的毛病，犹豫不决。但其兄陈维周很想让其弟称霸天下，他自己也能捞到更多的好处，便对陈济棠说：“前次蒋介石召见我时，我仔细看了看他的面相。他双目无神，面色灰暗。看来他的气数已尽。你现在不起兵，更待何时？”

陈济棠一向迷信，每遇大事总要请人看相扶乩，以测凶吉。他手下有两名专门为他算卦、扶乩的亲信，他的兄长亦精于此道。所以听了其兄之言他也有些心动。当时，李、白二人又给他分析了双方的实力。他们认为当时老蒋已陷入了绝境：一方面日本增兵华北，逼迫老蒋签订所谓中日“共同防共协定”，老蒋若同意签订，必遭全国民众反对；若不签，日本人还会继续增兵；另一方面，相传张学良、杨虎城在西北有“联共抗日”倾向，老蒋已派重兵进驻潼关、洛阳，逼迫张、杨继续“剿共”。此时，老蒋真正能用来对付两广的兵力，只有20万左右。而两广的兵力共有40万左右。如果他们假督促中央抗日之名，兴兵北上，还会赢得更多人的支持和同情。云南的龙云、四川的刘湘和山东的韩复榘等地方势力，也会乘机而动，又何愁不置老蒋于死地？

陈济棠听后，方定下了反蒋决心，不过，他还是忘不了让人为此事测测吉凶。说来也巧，乩坛上竟出现了“机不可失”四个大字。陈氏兄弟高兴得拍手大笑：“好！机不可失，时不我待！”陈济棠认为兴兵反蒋，实乃天意，再也不犹豫，遂于1936年6月1日正式通电，谴责老蒋的“不抵抗政策”，表示要率部“北上抗日，收复失地”。

可是，李、陈二人却低估了老蒋的实力，也忘记了“福建事变”时老蒋的策反本领。这次，老蒋自然忘不了他的撒手锏——分化收买，釜底抽薪。最初老蒋想利用颇有影响的粤军元老林虎去做说客，策反陈济棠的部下。可是林虎早已厌恶官场生涯，隐居香港多年，谢绝一切与军政人员的交往。第一次老蒋派湖北省省长杨永泰去香港拜访林虎，结果吃了闭门羹，第二次，他又改派浙江省主席黄绍竑前往，同样也被拒之门外。于是，老蒋把任务交给了戴笠，让他无论如何要设法敲开林虎的大门，把他的亲笔信交到林虎手中。

戴笠受此重托，自然不敢怠慢。他清楚，对林虎这样正直清高的老人，任何威胁利诱都奈何不了他，只有动之以情，晓之以理，方可奏效。他自己自然不能胜任此事，但他从黄埔六期的一个同学处了解到，上海巨商陈文波曾有恩于林虎，而且陈文波早年与族兄陈济棠结怨极深，才跑到上海做买卖的。所以，戴笠派广东籍的特务梁干乔去拜会陈文波，请陈出面敲开林虎家的大门。

当梁干乔去秘密拜访陈文波，说明来意之后，陈文波毫不犹豫地一拍胸脯说：“别的事我或许不行，找林虎倒是不费吹灰之力。只要我去找他，他就会以贵宾之礼待我。”

“哦！陈先生与林老先生关系很深？”梁干乔一听，喜出望外。

“谈不上什么关系。我从未见过他，只不过我的两个侄儿一直在他身边当副官，林老先生隐退后，经济较拮据，我又有点钱，就每月送给他在上海读书的公子200块现洋，一直维持了两年多。你想，我要是去他家的话，他能不以贵宾待我？”陈文波不无得意地说着。

梁干乔其实早已知道这些，为讨陈文波高兴，他连连笑道："有道理，有道理。像陈先生这样乐善好施、讲义气的人，林老先生当然会以贵宾相待。"

陈文波被捧得高兴了，答应立即赴港。他笑道："我可以负责给你们敲开林家的大门，不过事情还得你们派个能说会道的人去讲喽！"

"这自然，这自然。我马上回南京，请委员长物色人选。"梁干乔把老蒋抬出来，暗示自己乃是奉老蒋之命，陈文波也就更加尽心尽力了。

两天之后，戴笠就选派了一名正在中央陆军大学受训的部下张君嵩随陈文波前往，并带去了老蒋给林虎的亲笔信。

不出陈文波所料，林虎果然非常热情地接待了他们。当陈、林二人谈得十分投机之际，张君嵩不失时机地双手呈上老蒋的亲笔信。最初，林虎微微一怔，但他看完信后，神情又恢复如初。老蒋在信中说道："……当前外有日寇增兵华北，内有共党盘踞西北。若两广起兵，同室操戈，必酿成大战，予日寇及共党以可乘之机。望林老先生以国家、民族利益为重，规劝两广部将，拥护中央，精诚团结，共赴国难……"

林虎乃深明大义之人，他也知道两广动兵再次挑起混战，后果将不堪设想。既然老蒋请他出面劝阻，他自然不能袖手旁观，于是他毫不犹豫地对张君嵩说："你回去报告蒋先生，我林某理当尽我所能为国效力……"

第二天，林虎即前往广州进行活动去了。张君嵩等亦欣然回宁复命。老蒋交给戴笠的任务也就算完成了。不过，戴笠觉得光靠林虎去策反粤军是远远达不到"釜底抽薪"的目的的。若想真正做到"釜底抽薪"，置陈济棠于死地，那只有把陈济棠最引以为自豪的六个空军中队收买过来，方能奏效。当陈文波等人前往香港去见林虎之际，他已召集郑介民、梁干乔及邢森洲等广东籍部下开了个会，制定了一个周密而详细的策反收买广东空军的行动计划。尽管当时郑介民、梁干乔等能开展工作的对象只有两个人，一是航空学校首任校长张惠长的干儿子陈振兴——广东航空学校第六期毕业的学员；另一个则是梁干乔的族侄梁伯仑——广东空军无线电电台台长。此二人虽非广东空军中的重要人物，但戴笠认为，凡事只要下决心去办，就没有办不成的。他让郑介民负责收买陈振兴，让梁干乔负责收买梁伯仑。

陈振兴原是全国自由泳冠军，被张惠长看中收为义子。张将其送往广东航空学校学习，毕业后常常往返于京、沪、港、穗之间，与郑介民相识。"两广事变"时，陈振兴正在香港。郑赶到那里找他，对其晓以利害，并请其联络正在广东空军服务的六期同学，投向中央。陈振兴早就想寻机表现一番自己的才干，以进一步邀宠于义父。郑介民送上门来的这一机会，他自然不会放过，便毫不犹豫地应承下来。他知道自己虽无力策动所有的广东空军投蒋，但策动几个六期的同学投蒋是不成问题的。因为他在航校时的同窗好友——广东空军第五中队的飞行员黄志刚曾向他发牢骚说，陈济棠偏爱航校前四期的学员，对五六期的学员很不重视，无论在官级和生活待遇方面，均与前四期的相差甚远，许多五六期的飞行员均有另谋出路的想法。不过，他也清楚，许多飞行员的家眷均在广州，若没有一笔可观的安置费，飞行员们是不会轻举妄动的。于是，他向郑介民提出要5万元的安置费，以解投蒋人员的后顾之忧。

郑介民知道，此条件并不过分。但是让特务处一下拿出这么多现款，却不是件容易的事。他立即去电向戴笠请示，戴笠回电：三日之内将款送到。

其实，戴笠回电时，5万元并无着落。但他认为，此事若向老蒋一汇报，老蒋定会拨款给他。于是，他回电之后，立即去晋见老蒋，向其汇报策反空军的进展情况，并着重提到了5万元经费问题。不料老蒋听完之后，只赞许地点了点头，说了声："此事你去找周至柔商量吧！"戴笠以为老蒋是让他去找航空委员会的周至柔主任要钱，便又匆匆地赶去找周至柔。岂料，在周至柔眼中，戴笠和他的特务处都是一伙无足轻重靠打小报告起家的鸡鸣狗盗之辈，根本不能担此重任。他听完戴笠的汇报之后，不置可否地微微一笑说："领袖的钱不好随便花呀！"

戴笠碰了一鼻子灰，心中老大不高兴，但他又不敢得罪这位身居高位的空军要员，只好赔着笑脸告辞而归。一进鸡鹅巷53号，他就忍不住把公文包往办公桌上一摔，气哼哼地在室内来回地走动。正巧，其妻毛秀丛买菜回来，看到他这么焦躁不安的样子，就关切地柔声细语地问道："你这又是怎么啦？又谁惹你生气啦？"

"去！去！我的事，用不着你管！"戴笠没好气地连连挥动着手臂。

毛秀丛那憔悴黄白的面颊顿时涨得通红。她二话不说，红着脸匆匆往后院卧室走去。戴笠见她那逆来顺受的样子，又似觉不忍，追出两步，却差点跟闻声赶过来的交通科长胡子萍撞了个满怀。胡子萍知道，戴笠每次在外边遇着不顺心的事后，必定会对家人或部下发泄一番，不过，事情过后，他又常常后悔。"雨农兄，有什么话慢慢说嘛，怎么对嫂夫人发这么大的脾气？"胡子萍平时在人前人后都称其为"戴先生"或"戴老板"，但当戴笠发脾气时，他就爱以"雨农兄"相称，戴笠有时听劝，有时却反过来对他发作一顿，他也不见怪，依然故我。他清楚，戴笠心中的烦躁总要发泄出来的，他只要听着，不对顶他，也就没事了。今天，戴笠对毛秀丛发了顿脾气，但仍然余怒未消。他见到胡子萍，便转身回到室内，没头没脑地冒出一句："领袖的钱不好随便花！你说说我们什么时候乱花过钱？！"

胡子萍也不说什么，听着他往下说。可是戴笠却不说了，只是双手叉腰，歪着脑袋，站在窗前思考着什么。过了一会儿，他脸上突然出现了笑容，转身对胡子萍说：

“你马上让事务股给我定两张今晚到上海的卧铺票！”胡子萍也不问他去上海干什么，忙遵命而行。他知道，用不了多久，戴笠就会主动地说出来。

第二天晚上，戴笠带着贾金南，提着个小皮箱兴冲冲地赶回来。当时特务处的内勤人员都分住在鸡鹅巷53号和徐家巷2号，每星期只能回家半天。戴笠进门时，胡子萍正好吃完晚饭从集体饭厅出来。他一见戴笠既风尘仆仆又神采奕奕的样子，忙迎上去笑道：“戴先生回来啦，我去让他们再炒点菜。”

“不用啦！我在火车上随便吃了点。”戴笠说着就走进了办公室，当着胡子萍的面打开保险柜，从小皮箱中取出好几沓现钞放了进去。他边放钱，边得意地对胡子萍说：“5万元算什么？我这不借到啦！我们为领袖工作，对国家负责，只要工作做成功，50万元也值得！昨天我去找周至柔……”不出胡子萍所料，戴笠不用他问，便原原本本地把昨天在航委会碰一鼻子灰的事全讲了出来。胡子萍不禁笑了。戴笠在上海、金华一带“打流”时就结识了他，他知道戴笠是个嘴里存不住话、肚子里存不住事的人，自干上特务工作之后，有些事不得不保密，他才硬把话憋在心里。但事后到了一定的场合，他总会忍不住把事情说出来。在一般人眼里，戴笠神秘莫测，但在胡子萍看来，戴笠有时候坦诚得令人难以置信，像被周至柔碰一鼻子灰的事情，又何必对部下讲呢！可此时，戴笠似乎并不在乎这些，关好保险箱，继续讲昨天的事。正说着，徐亮也走了进来，戴笠这才打住了话头，像突然想起了什么似的对胡子萍说：“对了，子萍兄，你现在就让事务股去预定一张明天回香港的机票，办一张入港证。如彬兄，明天有劳你去香港一趟，把5万元现钞交给郑先生。”

说话间，贾金南已端进一杯热腾腾的清茶说：“戴先生，洗澡水准备好啦！”

“行！我这就去。事情解决了，我也该去冲冲凉啦！”戴笠接过清茶呷了一口，轻松地说道。

“雨农兄，我看你冲过凉，还是去安慰一下嫂夫人吧！我看这两天她都在生闷气哪！”徐亮出门时开玩笑似的说了一句。

戴笠笑着把手一挥，“准备你的去吧，我还要你说！”几个人都不约而同地笑了。

5万元钱送去不到10天，就传来了广东空军第五中队和第二中队的七架飞机飞到了南昌机场的消息。这些人还联名通电脱离陈济棠，效忠中央。领头的飞行员正是陈振兴的同窗好友黄志刚。

区区七架飞机，数目不大，但它造成的影响却极大。老蒋此时也意识到，如果能把陈济棠的六个空军中队全收买过来，这将给陈济棠以致命打击。于是，他命令戴笠继续对广东空军做工作。这当然正合戴笠的心意。他电令郑介民继续物色策反对象。不过，这次策反困难就大得多了。陈济棠自七架飞机飞走后，立即警觉起来。他下令把所有的飞机都开进机库，派宪兵看守，禁止飞行员进行飞行训练，并扣押了空军第二中队长丁纪徐，把所有的高级领将集中到广州进行训话。同时，他还把党部政训处主任李鹤龄派到空军政治部兼任主任，以监视空军行动。

陈济棠采取的这种对空军极不信任的措施，引起了空军官兵的普遍不满。与此同时，在陈济棠对高级将领训话后，陈维周又讲了一番极其露骨的话，使许多高级将领为之愕然。陈维周说："此次出师，是明修栈道，暗度陈仓，我已见过日本领事，得到了他的同意。"与会者这才明白，陈济棠口口声声喊"北上抗日，收复失地"，实际上是想出兵到武汉之后，再乘虚攻取南京。许多有头脑的高级将领立即意识到，陈济棠实际上是在领他们走绝路。他们也曾旁敲侧击地谏阻，但陈济棠坚持己见。于是包括第一军军长余汉谋、第二军副军长李汉魂及空军参谋长陈卓林等人在内的高级将领，都开始设法另寻出路了。

一天，陈卓林在空军俱乐部遇见了梁伯仑。此时梁伯仑已与梁干乔接上了头，梁伯仑故意问陈卓林："卓林兄，你们空军怎么搞的，惹得陈司令发这么大的脾气？丁纪徐的事查清楚没有？"

"唉！"陈卓林长长地叹口气说，"这事怎么能怪丁纪徐？如果他真参与了此事，我看飞走的就不是几架，而是整个第二中队了。我现在正在调查此事，据我所知，丁纪徐一向对陈司令忠心耿耿，没想到落到这种结果……"

言谈之间，陈卓林流露出对陈济棠的不满情绪。梁伯仑乘机说道："是啊！这事很可能是老蒋暗中派人策划的。听人说，复兴社的郑介民，专门在香港等着收买我们的人呢……"

"这是不可避免的。两军对垒嘛！"陈卓林嘴里这么说着，心里却有了打算。他早就认识郑介民，知道只要找到郑介民就可以跟老蒋拉上关系。他并不是真心投蒋，而是看到跟着陈济棠没有出路，想乘机利用现在的职权跟老蒋做笔大买卖，捞一大笔钱。

不久，他借调查丁纪徐案件之名离穗赴港，通过朋友关系找到了郑介民，表示愿意说服空军司令黄光锐率全部空军投蒋，不过条件是每架飞机要价两万元（远远高出从国外进口一架新飞机的价格），而且还要求每个驾机投蒋的人员都官升一级，队长还得配给汽车、洋房。

郑介民一直在香港策划空军投蒋，只苦于找不到合适的人选。陈卓林自动送上门来，他当然是喜出望外。可是，陈卓林要的价码太高，一向以谨慎著称的他，自然不敢自作主张。他一方面热情招待陈卓林，一方面去电向戴笠请示。

戴笠见电，立即去向老蒋汇报。老蒋一听陈卓林要价如此之高，气哼哼地说：

“太不像话了！他一架旧飞机想要两架新飞机的钱，太贪婪了！这下就得要200多万，我哪有那么多钱给他！”

“校长，要价虽高，但陈济棠的100多架飞机，如果全部飞来，这在军事实力和政治上的影响是不可估量的啊！何况现在只需付部分安置费，等飞机来了之后再付其余的款子。到那时，付多付少还不由我们？”戴笠一向在老蒋面前除汇报工作外，很少提出有悖于老蒋意愿的看法，但这次他认准了，只有把广东空军收买过来，才能达到“釜底抽薪”“不战而屈人之兵”的目的，所以言辞恳切地向老蒋进谏。

老蒋听后，怒色缓和了许多。他习惯性地鼻子里“嗯”了一声说：“你就先拿几万元钱去吧！”说着亲自写了张拨款条交给戴笠。戴笠旋即带着现款亲赴香港，跟陈卓林签订合约去了。

老蒋为了促使策反成功，又暗中派遣曾任过中山大学校长的朱家骅潜往广州中山大学，通过中山大学天文台主任兼广东航空学校学科主任张云，与黄光锐搭上关系，劝他投蒋。黄光锐虽深得陈济棠宠信，但此时，他看到陈济棠气数已尽，便下定决心投蒋。从此，黄光锐和陈卓林二人相互串通，积极筹划率机投蒋之事。他们一方面暗中煽动空军官兵对陈济棠的不满情绪，表示空军决不参加内战；另一方面设法支开陈的亲信李鹤龄，召集队长以上的军官开会，拟订行动计划。

正当空军紧锣密鼓地加紧行动之际，陈济棠的主力第一军军长余汉谋，在林虎等人的策动下，于7月15日通电反陈投蒋；第二军副军长李汉魂也弃官出走香港。这一下更坚定了黄、陈投蒋的决心。于是，他们收买了警卫机场的警卫营长，于7月17日率全部飞机先后飞往韶关余汉谋驻防的曲江机场，并通电投蒋……

广东的陈济棠见空军全部北飞，不禁长叹一声：“‘机不可失’，原来是‘飞机’不可失啊！”他深知大势已去，便于18日上午离穗赴港，并通电下野。

一场震惊全国的“两广事变”，就这样以陈济棠的下野而宣告失败。李宗仁、白崇禧亦退回广西。

此时戴笠得到消息，说王亚樵离港后躲到了广西梧州，并受到李济深、李宗仁等人的资助。戴笠认为，王亚樵不除，老蒋的安危就没有保障。如今“两广事变”虽失败，但李宗仁、白崇禧却仍不肯就范，说不定会鼓动王亚樵再次派人行刺老蒋，所以必须尽快除掉王亚樵。

当时，陈亦川向他报告说，王亚樵在梧州的消息，来源于余立奎的如夫人余婉君。余立奎被捕后，余婉君带着孩子仍住在香港，王亚樵每月都给余婉君寄生活费。陈亦川曾在余婉君去狱中探望丈夫时，暗中跟踪了她，发现其在香港的住处后，便在她家隔壁租了套公寓，并很快结识了她，常约她出去跳舞玩乐，取得了她的信任，也探听到了王亚樵的下落。不过，她只知道王亚樵住在梧州，具体住址却不清楚，每次寄钱的地址都是写的李济深老家——梧州城郊李墟。

戴笠非常重视这一情报，命令陈亦川继续骗取余婉君的信任。戴笠知道，梧州乃李济深的地盘，明着去那里捕杀王亚樵是很不容易的。他指示陈亦川等，一定要利用余婉君，“明修栈道，暗度陈仓”……

陈亦川等特务按计而行。他们一方面让同伙先在狱中散布王亚樵与余婉君有染之谣言，以挑拨余立奎与王亚樵的关系；另一方面陈亦川以自己将赴南京为由，极力怂恿余婉君与己同行，去南京探监。余婉君思夫心切，欣然前往。但她万万没想到，余立奎一见她便破口大骂她“不要脸！”表示以后再也不要看到她，并对她施以拳脚。陈亦川乘机说道：“这也不怪余先生。他为王亚樵坐牢吃官司，却听说你跟王亚樵有染，他怎能不生气？如果你真爱你丈夫，就帮助政府把王亚樵捉拿归案。这样既可洗清你的不白之冤，又可使你丈夫早日出狱。”

最初，余婉君坚决不答应，她说：“王九哥待我们母子恩重如山，我怎么能恩将仇报！”

适逢此时，老蒋与李宗仁等和谈成功，并委任李宗仁为广西绥靖主任，白崇禧为军事委员会常委。陈亦川借题发挥说：“委员长最爱惜人才。你看，李、白几次起兵反对委员长，可委员长却不计前仇，还委他们以重任。如果政府抓到王亚樵，也不会加害于他的。只要他认个错，委员长说不定还会封他个官呢。再说现在广西也归顺了中央，王亚樵还能在梧州躲几天？他以后又能躲到哪里去？你要是肯带人去抓他归案，不是害他，是救他呀……”

这可怜的女人，觉得陈亦川言之有理，便答应带他们去梧州找王亚樵。于是，她抱着孩子，随便衣特务们一同到了梧州。特务们在梧州潜伏下来之后，余婉君才抱着孩子去李墟寻找王亚樵，谎称自己在香港日子过不下去了，才来投奔他的。王亚樵深信不疑，便在梧州给余婉君租了套住房，把她安顿下来。一天晚上，王亚樵只身去探望余婉君，一进客厅，隐身在两旁的五六个特务一起扑了上去，冲着毫无防备的王亚樵，当面就是一包石灰，并以数刀相刺。王亚樵虽勇猛过人，但终是寡不敌众，惨死在特务们的屠刀之下……

十八　交朋结友以防万一　冒死救主备受宠信

这天，杨虎家客厅里亲朋满座，笑语声声。杨虎和他的三个花枝招展的大小老婆，正陪着戴笠及另一个30刚出头的中年男子搓麻将。那中年男子身着质地极好的乳白色西装，配着银灰色领带，整个人都透着那么风流倜傥。但你如果注意观察他那张白白胖胖、眉目清秀、笑眯眯的圆方脸庞，你就会发现，这中年人如果剃掉他那头乌黑的头发，便活脱脱的是个笑弥勒。

“季澧兄，这次总该带我去认识认识嫂夫人，饱饱眼福了吧！”戴笠边喝咖啡，边跟那中年人说笑。

“怎么？雨农兄眼馋啦！要不要小弟帮你找一个漂亮女人？”中年人大大咧咧地笑道，一副满不在乎的样子。

“我哪有你老兄那份艳福？”戴笠笑道。

“是啊！谁能比得上你，我们上海的标准美人都让你追到手了，哪个不眼馋？哈哈……”杨虎哈哈大笑地说着。

中年人听罢，笑嘻嘻地斜眼瞅瞅杨虎的三个太太说：“怎么，三位嫂夫人的秀色，还没把你喂饱啊？”

“你这个唐老四，嘴里就是没句正经话。哪天见了徐来，非得让她好好管教管教你不可！”坐在中年人身边的陈华，用手指点着中年人的脑袋，笑骂着。

“夫人饶命，夫人饶命呀……”中年人突然操起了粤剧腔，一本正经得像舞台上的小生一样，冲陈华打躬作揖，逗得满屋人捧腹大笑……

说笑间，门房进来说，有人找戴先生。杨虎和陈华不约而同地说：“还问什么，请他们进来啊！”话音未落，沈醉已领着胡子萍走了进来，笑着跟杨虎夫妇及戴笠打招呼。当他们的目光落到中年人身上时，戴笠坐在一旁不紧不慢地介绍道：“这位是唐先生。”说完，他突然像想起什么似的，指着沈醉对中年人说：“季澧兄，陈沦是你们湖南老乡。以后你在上海有什么事情，打个电话让他帮你办就行啦！他就在侦缉大队，是杨司令的部下。”

“你是湖南哪里的？”中年人没等沈醉说什么，就跷着二郎腿，叼着香烟问道。

“湘潭。今后唐先生有什么事，只管打电话叫我好啦！”沈醉看出此人来头不小，毕恭毕敬地答道。

“好！不过，大事不用找你，我会找你们的杨司令和杜月笙……”他大大咧咧地说着，总是一副满不在乎的笑模样。

好大的口气！沈醉边想边打量着这个中年人。可是中年人早已撇开他，跟杨虎夫妇说笑去了。沈醉知趣地退到戴笠身边。只听胡子萍正在向戴笠汇报工作：“北平的同志说这是个急件，所以我亲自送来。”说着，递给戴笠一个用火漆封好的有书本大小的纸包。

“人走了吗？”

“没有，还在南京。”

“他们是不是还有别的事要汇报？”戴笠又追问了一句。

胡子萍笑笑说：“没事，只是我们没钱啦！”他的声音虽不高，但客厅里的人大都能听见。

“胡扯！我们要是没钱，长江的水都会干了！”戴笠脸往下一沉，声音也提高了许多。

“雨农，怎么，什么事啊？”杨虎显然没注意戴笠和胡子萍前面的对话，见戴笠拉长着脸，便不禁关切地问道。

“哦！没什么，我得告辞了。我得到银行给他们拨款去。”戴笠立即起身告辞。

“怎么就走？你先头不是说这次要在上海玩两天吗？难得季澧也在上海。”杨虎夫妇都站起来挽留。

“这哪由得了我？你们没见都找到这里来了吗？”戴笠双手一摊，摆出无可奈何的样子。

那中年人并不起身，只抬起头笑道：“你呀！陪我玩两天，天塌不下来的！”

“我哪有你老兄的福气。下次吧！不过，下次你得把嫂夫人介绍给我哟！”戴笠走到中年人面前，亲热地拍着他的肩膀。

“没问题。你是不是想让我太太给你介绍个女朋友啊？”

“那当然好！我这就谢谢嫂夫人啦？”戴笠说笑着拱手告辞，走出杨家。

一坐上戴笠那辆黑色的司蒂倍克小汽车，胡子萍就忍不住问：“戴先生借到钱啦？”

“借钱？我现在上哪里借钱？”戴笠不解地反问。

“刚才你不是说到银行去拨款吗？”胡子萍惊诧地说道。

戴笠苦笑着摇摇头说：“你怎么这么糊涂！你知道那唐先生是谁吗？他就是唐生智的弟弟唐老四——唐生明！在大少爷面前，你怎么能说没钱？”

“他就是唐老四啊！”胡子萍和沈醉不约而同地叹道。

虽说他们都是第一次见唐老四，但关于他的风流韵事早已听说了不少。都说唐老四摊上个好哥哥，所以老蒋对他格外关照。情况也确实如此。唐老四虽然只是个黄埔四期的毕业生，但早在1932年宁粤合作后，其兄唐生智任国民政府军事委员会委员兼军事参议院院长时，年仅二十六七岁的唐老四就被任命为军事参议院中将参议。因为他太年轻，老蒋又特批他进入陆军大学学习，毕业后，又被晋升为军事委员会中将高参。不过，唐老四的出名绝非少年得志、地位显赫，而是由于他的私生活。前几年他不顾一切地追求被誉为“标准美人”的电影明星徐来，闹得满城风雨。当时上海的许多小报在很长一段时间内，几乎天天都刊登唐老四和徐来的艳闻趣事。二人结婚后，唐老四仍然喜爱吃喝玩乐，拈花惹草，人们都认为唐老四是个典型的花花公子。

“戴先生，你怎么和唐老四这样的花花公子混得这么熟？”涉世不深、事业心又极强的沈醉，对唐老四这样的人毫无好感。

戴笠从车座前的反光镜中看到沈醉那一本正经的样子，不禁笑了，“花花公子怎么啦？你别看他表面上吃喝玩乐，可遇着大事，他精明得很呢！干我们这一行的，就要广交朋友，万一遇到什么事，也许就能帮你的大忙呢……”他边说边拆着手中的急件纸包。纸包里装着一本线装的《玉梨魂》小说，书中还夹了一张便笺：此乃东北军王以哲部我情报员送来之急件……

戴笠忙翻看书页，发现其中一页的背后空白处密密麻麻地写了许多有关东北军动态的情报。戴笠看后，顿时双眉紧皱，自言自语地嘟囔：“汉卿啊汉卿，你怎么这么糊涂！”

情报来自潜伏于东北六十七军的情报员。该特务报告说，军长王以哲暗中与共产党联系，并说服了张汉卿秘密飞到洛川，与延安方面的代表谈判，双方已达成了“停止内战，一致抗日”的协定。延安方面将被俘的东北军官兵全部放回，张汉卿则在西安附近的王曲镇创办一个“军官训练团”灌输抗日思想，为实现联合抗日培训骨干……

东北军在陕西情绪不稳定，厌恶打内战，渴望打回老家收复失地的思想日益高涨。有关这方面的情报戴笠已收到不少，如西安站的江雄风、剿匪总部第三科的王新衡，都报告过东北军厌恶内战的情况。但戴笠认为，只要张汉卿把住舵，东北军不可能乱起来。然而从这份情报来看，张汉卿也有了具体行动，这不能不令戴笠焦虑万分。从公而言，他为老蒋“攘外必先安内”的政策不能在东北军中得到贯彻而忧虑；从私而言，他与张汉卿的私交甚笃，张汉卿若与老蒋发生冲突，他势必站在老蒋一边，而与张汉卿反目，这是他所不愿的。说起来，戴笠与张汉卿的交情，绝不亚于他与唐老四。

在张汉卿任北平绥靖主任时，戴笠就通过吴幼权结识了他。张汉卿英俊有为，极重义气；戴笠豪爽热情，老于世故，两人一见如故。由于东北易帜，张汉卿有功于国家；中原大战他带兵入关，促使大战提前结束，有功于老蒋；“九一八”事变后，他又忍辱负重，为老蒋的不抵抗政策承当罪责；所以，戴笠极敬重他。1934年，张汉卿由欧洲考察回国，任豫鄂皖三省剿匪总司令部副总司令，戴笠则负责司令部秘书处第三科工作。他委派部下王新衡为科长，自己也常到汉口检查工作，对张汉卿的安全、生活都极为关心。他对张汉卿身边的工作人员，甚至厨子、保姆的底细，都摸得清清楚楚，一旦发现问题，便立即向张汉卿汇报，至于如何处置，则绝对尊重张汉卿的意见。

有一次，戴笠得到确切情报说，张汉卿的亲信秘书黎天才是共产党的地下工作人员。按以往的做法，戴笠会命人立即将其逮捕，来个“先斩后奏”。但对张汉卿的部下，他采取极谨慎的态度。他先是亲自向张汉卿汇报这一情况，然后才让人去请示对黎的处置办法。当时张汉卿正坐在自己办公室的办公桌前，他笑嘻嘻地问来人：“你听说过拿破仑被囚圣赫勒拿岛的事吗？”

“当然知道！”来人答道。

“那好，你就把黎秘书放在东湖的中正亭，让他在那里读书改过吧。但不许公开监视他，也不许让他逃走！”张汉卿说着站起身来，他的表情变得极为严肃，一副送客的样子。

来人知道，张汉卿指的东湖，就是武汉大学附近的一个小湖，中正亭就在湖中的一块小绿地上。他不禁脱口说道：“若不派人公开监视，我们无法保证他不逃跑。”

“那就再说吧！”张汉卿沉思片刻，伸手与来人握别。该特务只好回去向戴笠如实汇报。戴笠听后，只是摇摇头，微微一笑说：“这个汉卿，就爱凭感情用事。那就这样吧，听他去安排。”

不久，黎天才潜离武汉去了延安。戴笠明知这是张汉卿故意放走的，但他以后在任何场合都不再提黎天才的事，这不能不令张汉卿对其刮目相看，视为至交。其实，戴笠这么处理问题，并不完全是因为私人的友情，而是他清楚，像张汉卿这样身份、地位的人，连老蒋也要让他三分，给他面子，自己又何不顺水推舟，落得个顺水人情！

还有一次，赵四小姐的大部分首饰被盗，戴笠听说后，立即派人暗中侦察，并很快就“完璧归赵”。

诸如此类的种种联系和交往，使那段时期内张、戴的友情亦日益深厚。只要戴笠一到汉口，张汉卿必邀他一同游泳，骑马，玩乐。在戴笠的心里，国民党实权派的少壮人物中，除胡宗南之外，张汉卿算得上是他的第二个至交了。所以，他对张汉卿的动态和前途均极为关心。以往他接到西安方面许多不利于张汉卿的情报时，总是并不急于向老蒋汇报，而是让人继续观察。但从这次情报来看，他再不能沉默不语了。他必须把情报呈交给老蒋，请他采取措施，避免张汉卿走得太远。如果允许，他甚至想亲赴西安，以挚友的身份劝说张汉卿，让他再回到老蒋“攘外必先安内”的路线上来，继续执行“剿共”任务。

当天下午，戴笠即赶回南京，让人将情报誊写清楚，他连夜赶往庐山。

第二天一早，老蒋刚要用早餐，戴笠就赶来求见。老蒋知道，戴笠匆匆赶来，定有急事，便边吃早点，边让人传戴笠进来。戴笠因身着中山装，故对老蒋行了个鞠躬礼，说了句：“校长好！”便垂手恭立一旁，想等老蒋吃完早点再呈交那份情报。老蒋也不催他，慢慢地喝完小碗里的稀粥，吃了块宁波小点心，用餐巾拭了拭嘴，才开口问道：“戴科长，什么事？”自从戴笠接管南昌行营调查科以后，老蒋一直就称其为“戴科长”。

“校长，我昨天收到一份西北方面的重要情报，所以连夜赶来向校长汇报。”戴笠说着，双手呈上那份誊写得极清晰、工整的情报。

老蒋认真地阅读完那份情报之后，半晌没有吭气。戴笠忍不住说：“校长，我想亲自去趟西安，摸摸情况，找张副司令谈谈。”

老蒋站起身，背着双手来回走了两步，突然果断地一摆手说：“你不用去，汉卿那里我自有安排。你去广州帮子良去接收广东的缉私部队和机关吧！”

原来老蒋早就对东北军在西北消极“剿共”的情况深感不满，但他深信自己对东北军和张汉卿都有很大的驾驭力。他已决定亲自去一趟西安，给东北军施加压力，让他们继续“剿共”。而现在，他真正不放心的倒是广东的财政大权。“两广事变”之后，老蒋攫取了广东的地盘，在军事方面，他派亲信陈诚为广州行营主任，余汉谋为广东绥靖主任；在财政方面，则派宋子良负责。不过宋子良到广东后兼职太多，既是广东省财政特派员兼财政厅长，又是什么禁烟缉私特派员，许多具体工作，诸如缉私机关和缉私部队等，都无力过问，这无异于把一块大肥肉扔在路边，随时都有可能被别人捡走。所以，老蒋想把这块肥肉扔给戴笠，以此作为他忠心耿耿的报偿。

戴笠对老蒋这一安排当然喜不自胜。他深知吃政治饭，必须得有武力做后盾，否则很难被人重视。随着特务处工作范围的扩大和深入，他想搞一支特务武装部队的愿望越来越强烈。“两广事变”平息后，老蒋曾委他兼任中央警官学校校委会主任委员，他便迅速地把手伸向了各省市的警察系统。不过，他总觉得警察只是军队的附属品，自然不能满足。听说让他去广东接收缉私机关和缉私部队，他怎能不兴奋？复兴社的另一个特务头子康泽，不就是利用禁烟督察处缉私室成立了特务武装巡缉团和别动总队吗？他戴笠为何不能把陈济棠的缉私部队改变发展为特务处的武装部队？于是戴笠欣然接受这一安排，将南京的工作略作安排之后，便亲赴广州，筹划接收缉私部队去了。

1936年10月22日，蒋介石亲抵西安，重申“攘外必先安内”的政策，宣布新的“剿共”军事计划。其后，他又赶到王曲镇军官训练团训话。他在讲台上，一改往日缓慢低沉的语气，激动异常地讲道：“当前在我们身边的主要敌人是共产党，我们应该集中力量消灭他们。至于日本，那是远在千里之外的敌人，我们将来要打。如果现在我们不集中力量打眼前的主要敌人，而大喊大叫要打几千里外的敌人，那就是违反我的‘安内攘外’的政策，违反这个政策就是反革命，反革命我就要打倒他……”

老蒋声色俱厉的训话引起了东北军军官们的极大不满，但大家都敢怒不敢言。10月底，老蒋回洛阳过50大寿，张汉卿等借去洛阳祝寿之机，再一次向老蒋进谏，要求“停止内战，一致抗日”。但老蒋固执己见，根本不听张汉卿等人的意见。张汉卿回西安后，给老蒋写了一封陈词痛切的长信，把东北军急欲收复东北失地的急切心情，东北父老盼望国军的强烈愿望，抒发得淋漓尽致。然而老蒋对此依然置之不理。不久，老蒋再次赴西安视察。张汉卿在与十七路军军长杨虎城反复商量之后，决定对老蒋实行“兵谏”。

公元1936年12月12日凌晨4点，一阵清脆的枪声划破了西安古都的寂静，宣告了震惊中外的“双十二”西安事变爆发。老蒋被张汉卿、杨虎城扣押。同时被扣押在西安的国民党中央要员还有陈诚、卫立煌、蒋鼎文、陈调元、蒋百里等。

事发之时，戴笠正在广州进行接收，扩充广东缉私部队。他一听到老蒋被扣押在西安的消息，顿时震惊、焦虑得手足无措，第二天就乘飞机赶回南京。但此时的南京已处于群龙无首的混乱局面。军政部长何应钦、考试院长戴季陶以及复兴社头子贺衷寒等一些国民党高级将领，都主张立即成立以何应钦为总司令的“讨逆军总司令部”，调兵遣将，进攻西安，讨伐张、杨。但宋美龄、宋子文及孔祥熙等老蒋的亲属们，则主要担心老蒋的生命安全。他们认为，强硬激烈的军事行动将是老蒋的“催命符”，所以坚决反对采用武力，而谋求和平解决。双方唇枪舌剑相持不下。

面对这种混乱局面，一向精明的戴笠也变得六神无主了。他打心眼里感到恐惧和担忧。谁都知道，特务处是老蒋个人的御用工具，他戴笠死心塌地效忠的也只有老蒋一人。万一老蒋有个三长两短，他戴笠的前途事业便都将毁于一旦！他急得像热锅上的蚂蚁，坐着汽车到处奔走，打听情况，寻求营救办法。在何应钦家中，他听到何应钦已作出派飞机前往西安轰炸的决定后，更是吓得魂不附体。这个何部长要干什么？领袖还在西安城里，怎么能用飞机轰炸？戴笠刚要表示自己的看法，劝说何应钦，但话未出口，就被从门外进来的复兴社要员贺衷寒、邓文仪等指着鼻子责骂了一顿：“你这个特务处长是怎么当的？为何使校长受此危险？”“老实告诉你，校长如有不测，我们找你算账……”

戴笠被骂得汗流浃背，满心委屈，但他并不愿作任何解释。他觉得当务之急不是追究谁的责任，而是要设法营救老蒋。他一语不发地离开何家，直奔慧圆街参谋训练班，去找在那里任教官的余乐醒。

余乐醒是沈醉的姐夫。他早年参加过共产党，曾去法国勤工俭学，攻读机械及化学。北伐时，他担任叶挺独立团的团政委，后来被派往苏联学习情报。但他回国时，正值白色恐怖时期，便经人介绍，去了西安，在杨虎城办的兵工厂任职，从此脱离共产党。1932年，他离开西安到上海找工作，被戴笠拉入特务处，最先任上海特区区长，后又调往浙江警官学校及各特训班任教官。戴笠此时是“病急乱求医”，他认为余乐醒曾在西安杨虎城手下待过，或许有点什么办法。所以，戴笠一见余乐醒就眼泪模糊地说：“这如何是好！连贺衷寒他们都只想着兴师问罪，不顾领袖死活。我想亲自去西安，你能不能找到能飞檐走壁的人，把领袖救出来？乐醒兄，你一定要想想办法呀！”说完，他竟禁不住如丧考妣般地放声大哭起来。

余乐醒被他哭得也不禁泪眼双流。这个身材瘦高、颇有学问的中年人，也不知所措地哽咽道：“救是要救，越快越好。可是飞檐走壁的人，一时何处去找？”

闻声赶来的郑介民、梁干乔等人见状，也面面相觑，无言以对。但戴笠大哭之后，心情似乎平静了许多，脑子也灵活了点。他见大家都拿不出更好的办法，就立即派人带电台赶往潼关，命他们设法先潜入西安，与原潜伏在西安的特务取得联系，准备进行策反工作。

就在他尽己所能设法营救老蒋时，老蒋的外籍顾问端纳从西安带回消息，说张、杨无意加害老蒋，只是想让老蒋接纳“停止内战，一致抗日”的请求。为救老蒋的性命，宋美龄、宋子文决定随端纳一道赴西安，劝说老蒋先答应张、杨的请求。戴笠闻讯，立即赶往鸡鸣巷的宋子文公馆，要求和他们同往西安。

当时，宋美龄正好在宋子文家。她一听戴笠的请求，便连连摇头说："不行！雨农若去，事情反而会难办一些。"她心里清楚，许多人都对戴笠这个只知效忠老蒋的特务头子非常痛恨。

宋子文的看法却完全相反，他用手指推了推鼻梁上的金丝边眼镜，不慌不忙地看了看表情很尴尬的戴笠，对其妹说道："让雨农去吧！雨农与汉卿私交不错，而且那里还有不少他的人，能帮我们劝劝张汉卿，做做东北军的工作，也是好的嘛！"

"夫人请让我同去吧！领袖有难我戴某怎能苟且偷安？"戴笠流着眼泪恳求宋美龄。宋美龄似乎也为他的一片赤诚所动，默默地点点头，半晌才轻声说道："好，你就跟我们一起走吧。"

"谢谢夫人！"戴笠冲宋美龄深深地一鞠躬，便告辞出来。回鸡鹅巷的路上，戴笠的心情并不平静。他清楚，这次西安之行对他来说，将是决定今后前途命运的关键一举。要么就是和老蒋一同平安返回南京，将来进一步得到老蒋的信任和器重，就如同老蒋当年在孙中山蒙难，被困永丰舰时，毅然追随其左右而得到重用一样；要么一到西安就被张、杨扣押或枪杀，无望生还。这些，他在去找宋子文时就已经反复权衡考虑过了。尽管事变之前，他已向老蒋汇报过东北军的情况、动态，但作为负责老蒋安全的特务处处长，未能设法防患于未然，以至于使老蒋蒙难，他自然有推卸不了的责任。无论老蒋是否生还，他的前途命运都将因此而断送。何况他现在的一切都是老蒋赐予他的。在其性命攸关之际，他若不挺身前往，又如何对得起老头子这些年对自己的栽培和提拔？即使西安之行有生命危险，但坐在南京而失去以往的地位、权力、事业，那又与死何异？所以，他决定孤注一掷，冒死去西安。

可是，当他真的要去西安，而且很可能一去不返时，又自然而然地想到了他的独子戴藏宜、白发苍苍的老母，以及曾经给他带来欢乐如今却憔悴不堪、体弱多病的妻子。如果自己真的一去不返，他们又怎么办？但如今他已顾不得他们了。幸亏儿子已24岁了，他必须把儿子从上海叫来见上一面，把老母和妻子交代给他，自己也可以心安一些。

回到鸡鹅巷后的第一件事，他就是让人打电报催戴藏宜速返南京。他必须再见见他唯一的儿子。当天晚上，他特意留在家里，对待妻子也格外体贴、温存。她毕竟是与自己多年同甘共苦的结发妻子啊！他平时外出公干从不向妻子说明，但这次他不得不反复叮嘱妻子，他不在时，一定要好好侍奉母亲，保重身体。其妻对他这种反常的举止和话语虽感诧异，但并不明白丈夫这次外出与往常有什么不同。直到22日上午，戴笠在鸡鹅巷召集所有在京部下话别，她才意识到问题的严重性。但她自知无力阻止丈夫，只能躲在房内，暗自流泪，焚香祈祷。

原来戴笠与部下话别时，格外激动地宣布："委员长蒙难，是我们的过失，我决定去西安随侍。此去凶多吉少，如果委员长能安然返京，我也能随侍归来。否则，我也死而无憾。古人说：'主忧臣辱，主辱臣死。'我只有一死，才能上报领袖，下救国家之危亡。但无论如何，大家要安心工作，忠心耿耿，继续奋斗，将来尽忠救国的责任就全在各位肩上了……"

他的话未说完，在座的已有人泣不成声。被他一手提拔起来的毛人凤兄弟俩，以及张衮甫、胡子萍、徐亮等人，竟然放声大哭起来。戴笠见状亦深受感动。他佯作笑脸地说："你们哭什么？成功、成仁，都是革命工作者的抱负。我戴某人既然以身许国，忠于领袖，就无可惧之事，只要能仰俯无愧，就能内心平安。大家应为我此行高兴才对呀！我不要你们以眼泪为我送行，我要大家以掌声为我壮行色！"说完，他自己率先鼓掌，在场的人这才跟着他一起鼓起掌来。

解散后，戴笠特意把郑介民、梁干乔、毛人凤及胡子萍等人留下，交代了一下工作，这才回后院去向其母辞行。

戴母此时已从儿媳口中得知儿子即将赴西安之事。戴笠进屋时，她正坐在床前出神发愣。戴笠离开部下时还是满脸堆笑，但此时一见白发老母坐在床边那失神落魄的样子，不由悲从中来。他情不自禁地双膝跪在母亲面前说道："母亲，自接你到南京以来，儿子奔忙国事，少尽孝道。现在又要离你远行，以后也许不能再……"他说到此处，已是泣不成声，再也说不下去了。

戴母毕竟是年轻守寡，且经过了许多磨难的老人，见儿子如此伤感，反而平静下来。她爱抚地摸了摸戴笠低垂的脑袋，平静地说道："我从年轻守寡，抚养你成人，尝尽人间辛苦。今天看到你能为国家做事，为长官分忧，心里就很高兴。你有这片忠心，又有这番孝心，我也就放心了。我虽然上了年纪，但身体还好。如果有什么变动，我会携带秀丛和藏宜回乡下居住。你不要以我为忧，快起来，忙你的去吧！"

正在此时，两天前已特意从上海赶回来为戴笠送行的戴藏宜随其母走了进来。戴笠闻声，连忙站起，转身对其子说道："你就不要去机场送我啦，在家陪陪祖母和你母亲。"说完他久久地盯着双眼红肿的妻子，轻轻地说："你也要保重身体，不要为我担心。"说完，就头也不回地走了出去。

当天下午，戴笠随宋氏兄妹及端纳，乘专机到达西安机场。戴笠最后一个走出机舱。机场上军警林立，戒备森严。张汉卿带着几个高级将领与宋氏兄妹一一握手寒暄。当张汉卿的目光与戴笠的目光相遇时，张汉卿猛地一愣。他二话不说，转身对身后一个警卫低语了几句，便甩下戴笠，快步往自己的汽车走去。戴笠正想随端纳一起乘车离去时，张汉卿的警卫过来不客气地拦住他说：“戴先生，请上那辆车！”

“慢点！把他的枪拿下来。”戴笠正要上车，却被杨虎城喝住。张汉卿闻声也停住了脚步，冲警卫点点头。警卫立即将戴笠腰间的左轮手枪取下，交给了杨虎城。

戴笠不由一惊：这个张汉卿，难道真要对自己下毒手？但事已至此，别无选择，只好乖乖地跟着那名士兵上了另一辆小汽车。一开始，他们的车还在张汉卿等人的车队后面行驶，但离开机场不久，他乘坐的汽车就驶向了另一条马路。戴笠不禁问道：“带我去哪里？”

“不许说话，到那里就知道啦！”那警卫沉着面孔喝道，右手始终不离腰间的手枪。过了大约半个来小时，汽车驶进了一座戒备森严的公馆。那警卫不由分说，就把他推进公馆的地下室，关押了起来。

地下室阴冷潮湿。戴笠急得像只被困的猛兽一般，在阴暗的地下室内来回走动着。他万万没料到，自己连老蒋的面也没见上，就被关押了起来。整整一天一夜过去了，外边发生的一切他都不知道，除了那警卫给他送来三顿饭之外，竟无一人前来提审他。他觉得自己已无生还的可能，便在日记本上写道：“自昨日下午到此，即被监视。默察情形，离死不远。来此殉难，固志所愿也，惟未见领袖，死不甘心……”整整一夜，他都不曾入眠，直到次日凌晨，才蒙蒙眬眬地睡着。但他刚睡了一会儿，就被地下室铁门的开启声惊醒。他不禁猛地从临时支着的行军床上跳了下来。一直避而不见的张汉卿走了进来。此时，张汉卿的模样似乎比戴笠还要疲惫。他双颊消瘦，双眼布满了血丝，以往那潇洒、豪放的气度，仿佛被什么重负挤压得都走了形。他见到戴笠，仿佛连说话的精力都没有了似的，只把一份东北军官兵联名写的报告递给戴笠，就一屁股坐在行军床上。

“请速杀戴笠！以绝后患。”几个大字赫然闯入了戴笠眼睑。他觉得自己在劫难逃，必死无疑了。但他仍强作镇静地在地上走了两个来回，说：“古语言：‘主辱臣死。’现在委员长蒙难西安，凡是做部属的，怎忍偷生？我若怕死也就不来西安了。你可以杀了我，但我的同志你是杀不尽的……”

张汉卿不等戴笠把话说完，就连连摆手说：“雨农兄，你不要误会。我无加害委员长之意，更无加害你之意。我是怕部下伤害你，才让人把你送到我公馆的地下室，保护起来。”

戴笠一听，知道张汉卿还是很重旧情，不会杀他了，于是乘机劝道：“汉卿，我知道你也不是那种薄情寡义之人。可你知道，你此举造成了多大的混乱？亲日派的人都蠢蠢欲动，想置委员长于死地，好让汪兆铭来接替委员长。到那时，还有你我立足之地吗？”

“这些情况我也都知道了。”张汉卿显然已多日未能休息了，他疲惫地一个劲地用双手按摩自己的太阳穴。

“既然这样，你又何苦呢？现在大部队已包围了西安，如果你不赶快把委员长安全送回南京，势必酿成大祸。汉卿，下决心吧，只要委员长平安返京，我保证你也会平安无事……”戴笠索性坐到张汉卿身边，以朋友的口吻劝他。戴笠还不知道，在中共代表周恩来的斡旋下，张学良已然完全明白应该何去何从了。

张汉卿默默地点点头，站起身来说：“你放心！我们很快就会送委员长回京。不过，为了你的安全，你老兄还得在这里委屈一下。”张汉卿说完，便告辞而去。

为决定老蒋命运，张学良主持召开了东北军和十七路军高级将领会议。连日来，他们对送蒋回京的问题讨论了多次。许多人总担心老蒋回京后不履行“停止内战，一致抗日”的诺言，所以一直未形成一致意见。张汉卿知道事情越拖越棘手，必须尽快统一意见。所以，他在这次主要将领会上颇为激动地说：“……我为什么敢于冒天下之大不韪，把蒋介石扣留在西安？主要是为争取‘停止内战，一致抗日’。假如我们拖延不决，不把蒋尽快送回南京，中国将出现比今天更大的内乱。假如因我而造成国家内乱，我张学良真是万世不赦的罪人。如果这样，我一定自杀，以谢国人。”

会场鸦雀无声，在座的无不为他的真挚所感染，往常坚持要保证条件的人，也不再固执己见，终于一致同意送蒋返京。

第二天下午，刺骨的西北风夹着黄沙尘埃，席卷着西安古都。西安机场上，身着藏青色皮大衣的老蒋，以及宋氏兄妹等人在张汉卿、杨虎城的陪同下登上飞机的舷梯，护送戴笠的小汽车亦开进了机场。戴笠一见老蒋被人扶着，艰难地攀登舷梯的背影，眼睛就不由得发酸。他为老蒋的生还而兴奋，又为自己未能防患于未然而内疚。一上飞机，他立即走到老蒋面前，深深地一鞠躬，激动地低声说：“校长处分我吧！学生未能保护好校长的安全……”

“这不怪你！”老蒋摆摆手，示意他坐好。

宋美龄在一旁关切地望着他，说道：“雨农，快系好安全带。这些天你没受什么委屈吧！”

“谢谢夫人，我很好！汉卿派人把我保护起来了。”戴笠指指机舱内临时决定亲自护送老蒋返京的张汉卿，随即坐到一个空位上，系好安全带。

飞机腾空而起，事变以来压在戴笠心中的石头却落了地。此时此刻，他的心情就如同乘坐的这架飞机，终于穿过了厚厚的云层，翱翔在湛蓝湛蓝的苍穹，前方有着无限广阔的天地……

不出戴笠所料，老蒋回南京后，得知他在押期间，他平时最信任的复兴社头子贺衷寒、邓文仪等，竟不顾他的安危，积极主张用武力解决西安问题，拥护何应钦这个别有用心的人当“讨逆军总司令”时，气得拍着桌子大骂：“我还没有死，你们就不听我的话了！”并扬言要取消复兴社。相反，他对戴笠在这期间忠心耿耿的表现却是极为赏识。他不仅在他的《西安半月记》中特意提到戴笠，而且当戴笠后来患急性盲肠炎住院之时，还让宋美龄代表他亲自去医院探望，并叮嘱医院大夫：“一定等他痊愈了，才能让他出院！”

老蒋对戴笠的关心爱护，令戴笠感激得涕泪交流。每当他的好友杨虎、胡宗南及宋子文等人去医院探望他时，他总是要提及此事。在他的心目中，能得到校长和夫人的如此青睐，乃是他毕生最大的荣幸。他意识到，自己已完全取得了蒋氏夫妇的宠信。同时他也意识到，自己这次“冒险而去，平安而归”，势必前途无量。

事实也确实如此。西安之行，为戴笠日后独掌军统局大权，奠定了重要的基础。

第三部

战乱中的枭雄

孽海枭雄戴笠

十九 形势所迫老蒋抗战 调兵遣将戴笠逞雄

公元1937年8月13日，日本侵略者继“七七事变”之后，又悍然发动了对我经济及工业要地上海的进攻，扬言要在一个月之内占领上海。这天上午9点左右，数以千计的日本海军陆战队员，在飞机、大炮的掩护之下，兵分两路，向我江湾、闸北地区驻军进击。转瞬间，繁华热闹的上海滩在飞机、大炮的狂轰滥炸之下，变成了一片硝烟滚滚、血肉横飞的沙场，我方军民死伤不计其数。

第二天，我军发动了大规模的反击。淞沪守军浴血奋战，致使日军节节败退。我方空军冒着滂沱大雨，腾飞迎敌，上午，在杭州笕桥上空，连连击落敌机九架，下午，又飞临淞沪上空，对日租界及停泊在黄浦江面的日舰进行轰炸。地面上爆炸声声，枪声阵阵；云空中，战机上下翻飞，呼啸鏖战。整个大上海都笼罩在枪林弹雨、烈焰浓烟之中。第三天，战斗更加激烈。疯狂的日军几乎出动了全部飞机，开始对我宁沪沿线猛烈轰炸……

就在这天傍晚，戴笠带着贾金南乘小汽车由南京风尘仆仆地赶到了上海。他在枫林桥寓所沐浴更衣之后，立即让已晋升为淞沪警备司令部稽查处处长的王兆槐，亲自开车陪他出去一趟。此时夜幕早已降临，空气中依然弥漫着浓烈的硝烟气息，往日灯红酒绿的大上海，此时变得像死一般静寂。

“戴先生，我们去什么地方？”王兆槐发动了汽车，回头问抿着大嘴、双眉紧皱的戴笠。

“华格臬路杜公馆！”戴笠简单地说了一句，又陷入了沉思。

“杜公馆？”王兆槐自言自语般地低语了一声。他不明白，在这战火纷飞之际，戴笠亲赴上海，第一件事却是去找杜月笙！多少年来，特务处与杜月笙打过不少交道，不过大都是让他王兆槐去联系，交涉。为了工作方便，戴笠还授意他参加杜月笙创办的恒社，拜杜为师。可戴笠很少亲自出面去找杜月笙，这次到底为什么？

“我这次奉校长之命来找杜先生。请他出面，把上海民众组织起来，协助国军御敌！”坐在王兆槐身边的戴笠，愣愣地望着那些因避战乱而逃到租界地，现在横躺竖卧在马路两旁的难民，半晌才冒出了这么一句话。

“好是好！有那么多枪吗？”王兆槐信口问道。

“我正要跟你谈这件事。据我所知，日本三菱银行和三井洋行的仓库里有大批的枪支弹药，你要设法把那批武器搞到手，抢运回来！”戴笠口气十分坚决地指示道。

王兆槐不禁一惊。从日本人的仓库里把武器搞出来，那不是虎嘴里拔牙吗！那仓库位于黄浦江附近，白天战火纷飞，人来车往；晚上停泊在江面上的七八艘敌舰，不停地往岸上、江面上打探照灯。在敌人的眼皮底下打开仓库，运走那么多武器，谈何容易！但他毕竟是在黄埔受过正规训练的军人，军令如山，再难也不能说个“不”字。

“好！我明天就找沈醉他们商量一下。他们昨天已经从虹口区撤回来了。”王兆槐毫不犹豫地答道。

“哦！他们怎么撤出来了！”戴笠惊诧地问。

“战事一发，日本人就把近一年内迁入日租界的中国人通通赶了出来。他们也怕租界里有我们派去的特工人员呀！”王兆槐有点沮丧地说。

戴笠听后，深深地叹口气，说：“是啊，我们这方面的工作做得太迟了……”

不得不承认，戴笠开始重视做日本人的情报工作是在“七七事变”之后。“七七事变”爆发时，老蒋正在庐山办训练团，其目的是统一国民党内部的思想。消息传来，老蒋立即电示北平守军：“宛平应固守勿退，并须全体动员，以备事态扩大。”与此同时，中国共产党发出通电，敦请老蒋联合抗战。自“西安事变”后，老蒋已意识到，继续内战、消极抗日的路已经行不通了，只好暂时停止了对共产党革命根据地的“围剿”。不久，日寇又在北平挑起事端，全国沸腾，他若再不采取措施，则将彻底失信于民。7月16日，他毅然电邀了包括中共代表在内的军政要员，赴庐山召开座谈会。

会场设在庐山牯岭镇牯岭图书馆大礼堂。会上老蒋慷慨激昂地说：“卢沟桥事件并非偶然。人家处心积虑地谋我益亟。如今人为刀俎，我为鱼肉。东四省失陷已六年之久，继塘沽协定之后，现在冲突地点已到北平门口的卢沟桥。如卢沟桥可以受人压迫强占，我们500年故都的北平，就要变成沈阳第二。北平若变成沈阳，南京又何尝不可能变成北平？……我们如放弃尺寸土地与主权，便是中华民族的千古罪人。那时候只有拼民族的性命，求最后的胜利。如果战端一开，那就将地无分南北，人无分老幼，无论何人皆有守土抗战之责任……”老蒋的这番讲话，令当时在座的许多人赞赏不已，也激动不已。

当时，戴笠亦在庐山。他听完老蒋的讲话之后，立即意识到，全面抗战已势在必行。他为了使自己负责的情报工作不致太陷于被动，即刻电令在南京的郑介民：卢沟桥事件恐无和平解决之望。本处执掌情报与镇压反动，将来大战开始，情报工作固须加强。同时，敌探和汉奸之活动必更活跃。本处为求工作不因大战开始而受阻碍，并希望有更好之成绩表现，请兄等即召各科股负责同志，会商战时工作之布置与通讯之加强，并请详细规划“随节办事处”人员与电台等，各重要地区之行动工作，亦须加强也！

不久，戴笠又赶回南京，一方面电令北平、天津两地特务，迅速组成便衣别动队，协助平津守军御敌；另一方面推荐刚从德国返回的唐纵，负责主持“随节办事处”工作，紧随老蒋行动。特务处各地的军事情报，直接用电报发往“随节处”。由唐纵审校之后，径直送给老蒋。安排好这些事务之后，他才赶往上海，派沈醉等人潜入日租界，让他们设法与日本人交朋友，打入敌人内部。

不过，对于他这种做法，有些人并不以为然。他们认为，老蒋决不会这么快就放弃他那“攘外必先安内”的政策。但一向善于审时度势的戴笠，却深感迫于形势，老蒋不打是不行了，若再不打，老蒋的威望必一落千丈。

有人说：“我们目前尚未做好对日宣战的准备工作，如何能打？还是等等看吧！否则很可能导致亡国之祸啊！”

此时的戴笠，情绪非常激动，他非常自信地反驳道：“我们中国有两个不亡之理，一是‘哀兵必胜’，一是‘置之死地而后生’。否则，猪吃饱了等人家宰了过年。等？等是等不来平等自由的……”几句话说得对方无言以对。

然而，激情毕竟只是激情，愿望也毕竟只是愿望。事实是由于老蒋长期推行“攘外必先安内”的政策，致使军政各方均未能充分地做好备战工作。尽管平津守军英勇奋战，平津民众亦鼎力相助，但北平、天津仍然相继失陷。

北平、天津这两个华北重镇的陷落，强烈地震撼着每一个有良知的中国人。作为一国之尊的老蒋及对蒋忠心耿耿的戴笠等人而言，他们所感受到的耻辱就更强烈了。正如老蒋当时发表的《告抗战全体将士书》中所说的那样：“……这几年来的忍耐，骂不还口，打不还手，我们为的是什么？实在是为的要安定内部，完成统一……”然而，日本人并不因老蒋委曲求全、一再退让而停止进犯。平津的失陷，无异于是给老蒋“攘外必先安内”政策的两记耳光。老蒋这才不得不向全国军民发出号召：“现在和平既然绝望，只有抗战到底。那就必须不惜牺牲和倭寇死拼了……”

早已跃跃欲试的戴笠，见老蒋抗日已势在必行，便明确地命令分布于各地的特务处负责人：“此次中日战争，固为我中华民族生死存亡之交，亦为我领袖领导下的革命团体生死成败之所系。我等应以身作则，激励所有同志，不畏难，不怕死，不分昼夜，努力工作。情报务必确实而迅速。”“八一三”刚一发生，戴笠就立即把自己酝酿已久的两个设想向老蒋提了出来：其一是把特工人员派到前线各作战部队去，充当联络参谋，使老蒋能及时掌握了解部队思想状况及作战情况；其二则是请杜月笙协助，组织一支苏浙别动队，协助国军作战。老蒋一听，立即点头应允。尽管他和戴笠都知道，战事发生之后，再组织民众，实在有些为时过晚，但“临阵磨枪不快也光”，无论如何，多一个人多一分力量。所以戴笠才冒着敌机的炸弹赶来上海……

说话间，汽车已驶到了华格臬路杜公馆门口。戴笠让王兆槐留在车内等候，自己亲自登门，递上名片。自从1921年戴笠在赌场结识杜月笙，迄今已十多年了。这十多年间，两人的地位均发生了巨大的变化。杜月笙已取代黄金荣，成了上海滩首屈一指的青帮大亨；而戴笠亦从一个流浪汉变成了老蒋手下的大红人。当年在上海“打流”的时候，戴笠虽不愿与帮会为伍，担任特务处长之后，总少不了与三教九流、鸡鸣狗盗之辈打交道。为了工作之便，戴笠常常派部下去与杜月笙联系，自己则因工作忙很少登门拜访。这次戴笠亲自登门，杜月笙自然喜出望外。在此战火纷飞之际，戴笠亲自登门，定有要事。自战事发生以来，杜月笙也在忧心忡忡地注视着事态的发展。如果日本人占领了上海，他在华界的生意、店铺，就通通得关闭。他杜月笙的万贯家财和数千门徒，都将随着日本人的入侵而付之东流。几天来杜月笙急得像热锅上的蚂蚁，坐立不安。他希望国军早日把日本人赶出上海，也愿意亲自为此做些努力。但他毕竟对打仗的事一窍不通，不知该做些什么，也不知怎么去做。可是一见到戴笠的名片，他马上意识到，自己将有用武之地了。他兴奋得几乎是倒屣相迎，连声高喊：“戴先生请！快请进来……”

“月笙兄，何必客气，叫我雨农吧！”戴笠笑容可掬地迎上去，紧紧握着杜月笙那双干瘦的手，直到走进客厅，才慢慢松开。

“月笙兄，好久不见，身体像比以前更健旺了。”戴笠没话找话地寒暄。

“哪里，哪里，到底是不如以前啦！雨农兄，来，先喝口茶，等下我们兄弟俩好好喝两盅……”杜月笙接过一杯佣人沏来的香茗，放在戴笠面前的茶几上。

戴笠呷了口茶，漫不经心地瞅了瞅杜家那宽敞阔绰的摆着镂花硬木家具的中式客厅，开门见山地说：“月笙兄，改日再来喝酒吧。今天我特来有要事相求！”

“哦！雨农兄有什么事？只要是我杜某能办到的……”

“这事很急。我来是请月笙兄出面组建一支有足够兵力的别动队，分布于沪西、浦东和苏州河一带，配合国军御敌……”戴笠兴致勃勃地说起来。

杜月笙一听，心里顿时凉了半截。如果让他出钱出人，他会毫不犹豫地拍着胸脯应承下来。但让他出面组建一支别动队，真枪真刀地跟日本人打仗，实在是太勉为其难了。但他还是耐着性子听完，然后问：“你说的‘足够的兵力’，是要多少人？！”

“一万！”戴笠毫不含糊地答道。

“一万！”杜月笙倒抽一口凉气，半晌没说出一句话来。他定定地望着戴笠那张满是笑容的长脸，心想，这个戴雨农简直是在异想天开，我手下的徒子徒孙虽多，但大都是在赌场、妓院、店铺等地混惯了的乌合之众，让他们聚众闹事、呐喊助威，还差不多，如果让他们抛妻别子，拿枪打仗，为国捐躯，那可就难了！

戴笠见其沉默不语，一个劲地在客厅里踱方步，就开口笑道：“月笙兄，这是一项有关抗战前途的大事！来之前，我已跟蒋委员长请示过了。委员长认为，势在必行。他答应别动队成立后，所有的番号、军械、粮饷都可以由中央颁发。”

一听“蒋委员长”和“中央”这两个名词，杜月笙顿时停住了脚步。他是个好面子的人，既然委员长和中央都看得起他，事情再难也是推辞不得的。于是，他坐下来试探着说：“既然这是件大事，那我们就多找几个朋友来帮忙，共同设法，如何？”

“月笙兄说得对！我们先来拟个筹备委员会名单吧！”戴笠办事向来是说干就干。他边说边从衣兜里掏出钢笔和记事本，与杜月笙隔几而坐，你一个、我一个地提出一些要人的名字，最后确定请当时的上海市市长俞鸿钧，新任广东省主席吴铁城，工商界的贝祖诒、钱新之，军警界的吉章简、蔡劲军等人出面。戴笠在小本上写下这些人的名字之后，又加上了杜月笙和他自己的名字，然后起身递给杜月笙，兴奋地搓着双手说：“月笙兄，我们的筹备委员会这不就建立起来啦！我看筹备地点，暂时就设在三极无线电学校吧！”

“好哇！辣斐德路附近有我家的一幢房子，来往方便得很！”杜月笙也兴奋起来。他知道既然有个筹备委员会，再重的挑子也是众人分担，用不着他一个人去发愁了。这时，佣人端上了新备的夜宵、酒菜，戴笠这才想起汽车里的王兆槐，连忙让佣人去叫他进来，共进夜餐。

席间，边吃边聊，戴笠胸有成竹地对杜月笙说：“其实募集1万人马并不太难。我在京沪地区的部属集中起来，编成一个特务大队没问题。加上我在京沪办的两个训练班的学员，差不多有两三千人。”

“我刚才也想了想。上海各区的保卫团，都是受过一点正规训练的。他们的团长大都是我的学生，找千把个人，或许不成问题。”杜月笙也立即把自己的想法告诉他。

“好啊，月笙兄！”戴笠一听，高兴得一拍巴掌，又按捺不住地欠起身子，凑到杜月笙跟前说，“你莫忘了，你还有两员大将哟！”

“谁？”杜月笙不解地问。

“你的爱徒陆京士他们呀！”

戴笠此言一出，杜月笙恍然大悟。陆京士等是上海各工厂搞护卫队的负责人，与各厂工人有很多联系。他惊喜地说：“雨农兄，你的意思是到工人中去征集？！”

“是啊！上海工人有100多万，他们都是爱国不落人后的呀！只要陆京士他们一句话，集合几千人还成问题？”

“雨农兄，你想得真周到！明天一早我们就分头行动。”杜月笙心里有了底，高兴地举起酒杯一饮而尽。

第二天，他俩先召集筹备委员会成员开了个会，然后各自召集自己的部下及学生，宣布成立别动队的命令。就在这天晚上，戴笠又在招商局借了三条驳船，让王兆槐、沈醉带领40多名年轻力壮的部属，前往日本三菱银行和三井洋行仓库抢运武器。

仓库位于黄浦江的一个小码头附近。江面上，七八条日舰上的探照灯，不停地冲着江面和沿岸来回照射。王兆槐等人驾着驳船，巧妙地躲过敌人的探照灯，悄悄地驶到仓库附近的码头，并摸掉守护仓库的日军岗哨，溜到仓库门前。仓库门上的大铁锁，足有大拇指那么粗的锁环。为了不惊动别处的岗哨，他们用湿毛巾将锁环裹住，轮流地用钢锯锯锉锁环，其他人均分布在仓库四周的隐蔽处，监视着敌人的动静。几乎每一个人都紧张得汗流浃背。他们都知道，万一被敌人发现，他们将腹背受敌，无路可逃。

足足花了半个多小时，仓库门锁才被锯断。库房里果然堆满了各式各样的枪支弹药。40多个人一刻也不敢松懈。他们连背带扛地抢运武器。敌人的探照灯扫过来时，他们立即匍匐在地上，探照灯一过，他们又跳起来，一路小跑地搬运。

自从王兆槐等人走后，戴笠就坐立不安地在枫林桥住所内等候着消息。前来与戴笠商量别动队成立短期技术训练班的余乐醒，见其心神不宁的样子，也只好独自拟订了别动队短期轮流培训计划，放在戴笠面前，请他审批。余乐醒告辞走后，戴笠仍无法专心研究培训计划。他清楚，王兆槐等人如果不能顺利地把武器抢运过来，别动队即使成立，也无法马上投入战斗。1万多人的武器装备，要想完全靠中央批拨是不可能的。这批武器等于是他这支特务武装的命根子啊！

时间一分一秒地过去了。深夜一点了、两点了！南市白云观的侦缉大队仍没有电话来报告情况。戴笠忍不住又打电话过去询问，得到的仍是：人还没回来！直到凌晨4点，戴笠靠在沙发上刚刚要进入梦乡。电话铃急骤地响了起来。戴笠猛地从沙发上跳起来，抓过电话筒。他一下就听出了王兆槐那疲惫但很兴奋的声音："戴先生，货运回来啦！足有五六千支！"

"太好啦！没有遇到麻烦？"戴笠睡意全消。

"没有！很顺利！"

"一定要保管好！你们先休息吧！"戴笠说完放下话筒，兴奋地搓着双手，高兴得不能自已。他走进浴室，痛痛快快地洗了个热水澡，便开始研究余乐醒拟订的培训计划。他边看边想，这次一定要干个样子给人们瞧瞧，我戴某并不光是会收集情报，打起仗来，照样不含糊！

仅一个来月的时间，1万多人的"苏浙别动队"正式成立。老蒋亲自颁发了"苏浙别动队"的番号。戴笠亲自担任别动队委员会的书记长。别动队的总指挥则由杜月笙推荐的早年担任过军长的老友刘志陆承担。该别动队共分五个支队和一个特务大队。第一支队队长何天风，主要成员都是杜月笙的门徒；第二、三支队队长分别为陆京士等，主要成员为上海各厂家、企业的工人；第四、五支队队长分别为张业、陶一珊，主要成员是戴笠在京沪地区的部属和被招入特训班的年轻学生。特务大队，队长王兆槐，成员都是原警备司令部侦缉大队的人马。与此同时，他又分别在青浦、余山和松江成立了技术训练班，让别动队员分批分期地去进行短期训练，然后分赴前线，配合正规部队作战。

在此期间，戴笠并未忘记他的老本行——搜集情报。他除派人设法收集敌方情报外，还派了一些可靠的部属前往正规部队充当联络员，以随时掌握部队及战争情况，向老蒋汇报。为此，他常常奔波于闸北、罗店、浏河等前线。此时，日军大量增兵，且海、陆、空一齐向我守军反攻。我方守军虽已增加到三个集团军，共54个师的兵力，但终因武器装备太差，而不能继续反击，双方处于相持状态。

这天，戴笠在由前线返回途中，正逢滂沱大雨，回到作为别动队指挥部的三极无线电学校时，周身早被雨水淋得透湿。一向自以为体壮如牛的戴笠，由于多日来劳累过度，竟被这一场大雨打倒，生起病来。当天夜里，他高烧不止，昏迷中说着胡话。

贾金南和警卫人员吓得连夜把他送进附近的医院。孰料，这次病情来势凶猛，戴笠竟三天三夜高烧不退。他住院后的第二天，负责松江训练班的部属汪祖华来沪向他汇报情况，请示工作。戴笠紧闭双眼躺在医院病床上，烧得满面通红，满嘴起泡，呼吸显得十分急促。汪祖华十分担心地问在病房陪伴戴笠的陈质平："戴先生怎么烧成这样？"

没等陈质平开口，戴笠已睁开被烧得通红的双眼，似醒非醒地指着汪祖华身上的西服说道："你这身衣服怎么可以上战场？去，赶紧做一身中山服！"说着，从枕头下抓出一把足能做20套中山装的钞票递给他。汪祖华知道，他烧得有些神志不清了，但为了礼貌起见，他收下了钱，又恭恭敬敬地说："我这就回去。不知戴先生有没有什么指示？"

戴笠似乎听明白了他的话，挣扎着爬起来，摇摇晃晃地走到桌边，抓起桌上的笔，吃力地写了三个字"不怕死"。当时在场的陈质平、汪祖华均深受感动。在当时全国军民抗日救国激情空前高涨的情况下，这三个字，对当时的"苏浙别动队"队员们起到了不小的激励作用。

10月下旬，日寇大量增兵。"苏浙别动队"第四支队奉命掩护正规部队由闸北撤往苏州河南岸。该队全体人员本着"不怕死"的爱国热情，与日军展开激烈的巷战，逐街逐房地抵挡日寇。但由于他们都没有受过正规训练，所以，正规军撤退之后，第四支队的2000余人几乎全部阵亡。

11月上旬，正规部队奉命大撤退。陶一珊率领的第五支队及第二、三支队的部分队员，却奉命配合五十五师某旅固守南市，以掩护主力部队往浙皖边境撤退。接到命令后，戴笠即令谍报组组长周伟龙送去命令，让陶一珊部效仿"八百孤军"死守四行仓库的壮举，固守南市，没有他的命令，决不许撤退。

原来，在此前不久，部分部队撤过苏州河转移之际，老蒋即令八十八师死守闸北，拖住日军，以争取时间。但八十八师师长孙元良认为，大部队撤退后，八十八师将陷入四面受敌、孤立无援的境地，很可能导致全师覆没。为保存实力，减少牺牲，他征得当时最高指挥官顾祝同的首肯，决定留下谢晋元所在的五二四团死守闸北。当时，谢晋元团仅有400多人，但为麻痹敌人，号称"八百"。大部队转移后，谢团以大陆、金城、盐业、中南四家银行的联合仓库为据点，顽强地阻击敌人。当时他们三面都是日军，只有身后苏州河对岸是英租界。而英租界当局一方面担心枪弹落入该租界，一方面担心中日军队涉河闯入租界，故在河岸沿线耸立了一排装满汽油的大坦克。他们成了真正的"孤军"。但是连续几天几夜，他们以四行仓库那四层楼高的庞大建筑为据点，击退了日军的多次进攻，却未让日军越雷池一步。他们的英勇顽强精神令上海市民不胜敬佩。市民们想方设法为他们送医送药，送慰劳品，奔走援助。当时，甚至还有一位刚高中毕业不久的女学生杨惠敏，冒着枪林弹雨，泅水过河，给谢团官兵献旗，以表上海民众对抗战勇士们的敬意……

戴笠当时有专门的电话线与四行仓库联络，及时听取谢团的战斗情况，然后向老蒋汇报，同时，把老蒋的命令直接传达给谢晋元。因此，戴笠对"八百孤军"的情况非常了解，同时也为谢晋元等官兵的那种以身许国、誓与阵地共存亡的爱国精神所感动。所以，他也希望自己的部下能像谢团一样顽强抗敌，在这场战斗中建立功勋。他要让以往瞧不起特务处的官员们看看，他戴笠领导的特务武装，绝不亚于正规部队。

当时，戴笠和宋子文共同坐镇英法租界，指挥“苏浙别动队”和上海市警察总队。南市大部队撤退的前夜，风雨交加。病愈不久的戴笠，在法租界三极无线电学校的别动队指挥总部坐镇指挥。奉命冒雨前来的特务大队队长王兆槐、侦谍组组长周伟龙及人事科长文观涛，一个个神情严肃地站在戴笠面前，等候着他的指示。戴笠习惯地把双手叉在腰上，不安地在室内走动着说道：“现在情况非常紧急，明天一早大部队全部撤退，命我别动队、警察总队，配合五十五师的一个旅，固守南市，掩护大部队撤退。我已命陶一珊任总指挥，率别动队5000多同志配合固守。伟龙兄今晚一定要设法送去3万个面包，作为紧急食粮，另外送去200面国旗，让一珊派人连夜插遍南市各个角落。观涛兄，你马上去哈同路宋公馆，宋部长已为我准备了四部电话机。你拿到后，立即送到伟龙兄的锦江公所，让他一并送给一珊。这些电话可以直接与我及宋部长通话，委员长随时都要了解固守南市的情况。你们现在就分头去办吧！我在这里等一珊的电话。”

周、文两人二话不说，披上雨衣就走了。王兆槐站在一旁有些按捺不住地问：“戴先生，我的任务……”

“放心！还能没你的事干？你的任务是坚守白云观稽查处。万一一珊他们的防线被突破，你就要带人顶上去，直到我下令撤退为止。”戴笠说着，从公文包中抓出一沓钞票，递给他，接着说：“你处理完这里的事后，立即带稽查处的同志化装转移，先去香港，再转武汉。这是5000元钱，足够你们做路费了。”

王兆槐接过钱，小心地装进军装内衣的口袋里，自言自语地说：“千万莫丢了。”他扣好衣袋扣，又不放心地摸了摸，这才突然想起什么似地问：“我们走了，那稽查处关的40多名死刑犯如何处理？”

戴笠习惯地歪着脑袋沉思片刻，正想开口说什么，电话铃急骤地响了起来，一旁的贾金南抓起话筒问了句什么，立即递给戴笠。戴笠急匆匆地去接电话时对王兆槐说道：“现在哪有时间顾他们？到时候你看着处理吧！”

王兆槐知道戴笠已没什么要交代的了，便向他行了个军礼，转身走了出去。

电话是杜月笙打来的，他告诉戴笠说，法租界宣布，华法交界的各铁栅栏门，从当天晚12时起一律关闭，禁止通行。他担心别动队也将像四行仓库的守军一样三面受敌，无退身之路。

戴笠听完，沉默片刻，便坚决地说道：“月笙兄，我们的同志是有这方面思想准备的。”

大敌当前，杜月笙虽然心疼他的3000门徒，但也不便说什么。他清楚，这5000奉命固守南市的别动队成员中，有2000多是戴笠的部下和特训班的青年学生。

自第二天上午，大部队撤出南市之后，日寇就用飞机、大炮开始向南市猛烈轰炸。整个南市地区终日硝烟弥漫，烈焰腾空。身居法租界的杜月笙，深为他的门徒担忧，终日站在楼上向浓烟滚滚、枪声稠密的南市地区眺望，急得像热锅上的蚂蚁似的，在窗前来回搓手踱步。

戴笠同样在为他的学生和部下担心。他知道，自己的事业和成功，绝大部分是靠着这些人才取得的。然而，他毕竟是个军人，懂得“养兵千日，用兵一时”的道理。同时，他此时也没有多余的时间去替守南市的部属忧心。他忙着制定上海沦陷后的潜伏计划，以及“苏浙别动队”日后的行动方案。

南市守军与日寇激战了三天三夜，戴笠也整整忙了三天三夜，未曾合眼，困乏之极时，他便去洗个热水澡。这是他任特务处长以来，发现的一个最佳的解乏、解困、松弛神经的方法。

固守南市的第四天凌晨，大部队全部撤退。守南市的五十五师某旅和警察总队，先后接到撤退命令，已向吴福线转移。戴笠刚刚布置完“苏浙别动队”第一、二支队转移到浦东去打游击的任务，正在英租界的宋子文公馆商量第三、五支队撤退后的去向，突然，佣人说有电话找戴笠。戴笠刚抓起电话，就听见杜月笙那低沉而焦虑的声音：“雨农兄，快下命令撤退吧！现在大部队已经撤退，其他的守军也撤离了南市。弟兄们再不撤，就会全部牺牲的！”

“月笙兄莫急，我也正在考虑他们的撤退问题。现在他们已经三面受敌，只有先撤往法租界。租界方面我正想请宋部长联络……”戴笠的话音未落，杜月笙就接茬儿说：“租界方面由我去疏通。雨农兄，你只要下个手令就行了，一珊没你的手令不肯撤退。”

“那好，我马上请宋部长的随从给你送去手令。”戴笠放下电话，立即提笔下了道命令：“‘苏浙别动队’立即放弃阵地，向法租界撤退。”

通过杜月笙和宋子文的共同努力，当天下午4时，法租界当局终于同意在当晚12时开放距“苏浙别动队”指挥部所在地——南市十六铺招商局码头最近的南阳桥铁栅门，放“苏浙别动队”进入租界。但此时，敌军已到达徐家汇以西地区，炮弹已落到了别动队阵地。陶一珊接到放弃阵地的命令，这才率部向南阳桥方向转移，于当晚12时全部放下武器，撤入法租界，向戴笠复命。

与此同时，王兆槐在日军距白云观稽查大队部仅半小时路程之际，亦率部化装成难民向后方撤退。临行前，他自作主张，释放了关押着的40多名死刑犯。他颇为激动地对犯人说："你们都是死刑，但都是中国人。在敌人到达前的半小时处决你们，我也于心不忍。现在我自作主张放了你们，你们今后要好好做人……现在赶快离开吧！"

40多名犯人先是深感突然，但等他们意识到自己已获得自由时，都禁不住感激涕零地跪下冲王兆槐连连磕头，然后才起身离去。王兆槐等人方迅速转移，经香港去武汉待命。

陶一珊率领的第三、五支队进入法租界后，部队全部化整为零。戴笠命一部分人随周伟龙留在上海执行潜伏任务，另一部分人转往安徽祁门打游击，后改编为"忠义救国军"。还有少部分人随陶一珊化装潜往香港，转道奔赴武汉。此时，老蒋已决定以汉口为中央政府所在地，淞沪保卫战之后的南京保卫战，只是为了阻止和延缓敌人的进攻，以掩护前方部队的休整和后方部队的集结。南京鸡鹅巷特务处已由郑介民带领，随中央机关转移到了汉口。戴笠的妻儿老母也由当时已晋升为特务处机要秘书的毛人凤负责，派人送回了江山保安乡。所以，戴笠安排妥上海的工作之后，便径直去武汉向老蒋复命。他清楚，淞沪一战中，自己和部属的所作所为，无疑又给特务处增加了一圈光环，在老蒋的心目中，又增添了一个砝码……

二十 除异己杨将军被囚 施小计“鲁中王”上钩

长沙开往武昌的火车，宛如一条吞云吐雾的巨龙，风驰电掣般在寂静漆黑的湘鄂大地上奔驰。凌晨3时左右，列车前方隐隐约约地出现了星星点点的灯光。乘务员提醒睡意蒙眬的旅客：武昌车站就要到了，请旅客们准备下车。

旅客们骚动起来。刚从欧美归来的杨虎城将军却叼着雪茄，坐在车窗前一动不动地思考着什么。一年前，“西安事变”发生之后，老蒋背信弃义将张学良将军扣留，不久又逼杨虎城将军辞去十七路军总指挥职务，出国赴欧美考察。前往欧美途中，传来了“七七事变”的消息，杨虎城将军的心情有如海潮般汹涌澎湃。“九一八”以来，他一直渴望率部杀敌，收复失地，“西安事变”他与张学良冒险“兵谏”，同样也是出于一片爱国赤诚。可是当全国掀起抗日高潮之际，他却被变相地“驱逐”出了国土，夙愿难成。为此，他多次致电宋子文，要求回国参战。宋子文的回电却是一再让他暂勿回国。随着战火的蔓延，他渴望回国杀敌的心情更加急切。在欧美期间，他四处奔走呼吁，进行抗日宣传。淞沪抗战即将接近尾声之际，宋子文突然去电请其回国。他兴奋异常地向朋友和侨胞们告别。但许多朋友、侨胞，都担心他会像张学良一样被扣押，劝他不要回国。当时，他异常激动地答道：“不到海外，不知国弱的耻辱。弱国的侨民无时无刻不盼望祖国的强大。在国外这段时间，多少侨胞拉着我的手，声泪俱下地说：‘将军回国后，定要规劝各方，枪口一致对外，赶走日本鬼子，这将是我们海外侨胞的莫大幸福！’我身为革命军人，岂能坐视日寇肆意横行？‘九一八’之后，日本军国主义又发动了‘七七事变’，妄想侵吞中国，独霸东亚。这血海深仇，岂能不报！我恨不能马上就上前线，和他们拼个你死我活……”

在场的侨胞和朋友，均被他这番铿锵有力、掷地有声的话语所激动。许多留学生当即表示要随他回国参战。就在上海沦陷、南京危在旦夕之际，他携妻带子到达香港。前往港口迎接他的人很多，有在港的朋友、部属，也有敬佩他的同胞，场面非常热闹。他亦为自己回到祖国，不久将投身抗日战场而激动异常。他本打算随前来迎接他的十七路军代表王炳南、王僧根等先回西安，安顿好家眷，视察一下自己的旧部之后，再去向老蒋汇报欧美视察情况，可是刚在九龙半岛酒店住下，就先后收到了老蒋和戴笠的电报，前者要去南昌见面；后者则约他先去长沙与其会合，再一同前往南昌。他正犹豫之际，宋子文赶到了香港，送给他两张去长沙的飞机票。

就在这时，王炳南、王僧根等发现，酒店周围有些身着便服、贼眉鼠眼的人在监视他们。王僧根等担心老蒋会加害于他，便力劝他先回西安。但他觉得，老蒋现在既然动员全民抗日，不至于如此不讲信义而阻止他回国抗日。于是他心怀坦荡地说："我回来只为抗战，别无他求。宁可蒋负我，不能使我负国家、民族。个人利害在所不计。"

部属见其态度如此坚定，即决定让王僧根陪同其前往，其眷属随王炳南等人先回西安。可是，他到长沙时，戴笠却去了武昌，只留下一纸便条，约其去武昌碰头。他猜不透老蒋葫芦里卖的什么药，也不知此行是凶是吉，可既然来了，也只好听天由命。

"呜"的一声长鸣，列车驶入了武昌车站。陪同他的王僧根已提着皮箱站在了他的身旁。他这才站起身，整了整西服及领带，随旅客们一道走出车厢。

月台上，身着藏青色中山装的戴笠，领着武汉行营及湖北省政府的百十来人正等候在那里。杨将军一下车，戴笠就满脸堆笑地迎了上去，紧握双手说道："杨将军，一路辛苦了！"他的话音未落，其他的人也纷纷凑上前问候寒暄。当晚，戴笠陪其下榻在胭脂坪省政府招待所，次日又设宴为其接风洗尘，招待得极为周到。杨将军和王僧根一直悬着的心稍稍安定了一些。可他们哪里知道，杨将军已经陷入了老蒋和戴笠设下的圈套。

原来，杨将军从国外启程的消息传来时，老蒋正为南京保卫战之事忙得不可开交，但他仍对张学良、杨虎城二人西安"兵谏"之事耿耿于怀，即使在此大敌当前，急需发动国人全力抗战之际，他也仍不能放弃这"报仇"的机会。当时，戴笠刚由上海撤到武汉，老蒋就电令其去南昌见他，让戴笠马上派人去香港，等候监视杨虎城，并设法将其骗到南昌，软禁起来。戴笠奉命挑选了20多名特务，专门负责对杨将军的监视工作。老蒋还煞有介事地一一召见这些特务，叮嘱他们要严格保密。他最担心的是杨将军从香港直接飞回西安，所以才有亲自去电，约杨将军到南昌见面，以及宋子文赴港送机票之举。

接到老蒋的此项指令时，戴笠情不自禁地想起了已被软禁的挚友张汉卿。他知道，西安事变虽是张、杨二人共同发动的，但老蒋对他俩的看法却截然不同。后来老蒋扣押张汉卿，许多人为其求情，老蒋曾愤愤地对其幕僚长陈布雷说："张汉卿年幼无知，犯上作乱，而杨虎城则是真正的肇事者。他利用汉卿的天真、阅历浅，由汉卿出面。戴雨农几次报告，说张汉卿是不主张杀我的，而杨虎城几次要加害于我，是张汉卿派自己卫队严密保护我的。张汉卿可以不杀，但军纪国法的尊严要维护。"

老蒋之所以有这些想法，确实是与戴笠的一再游说分不开的。他总是把责任尽量往杨虎城身上推，想借此为张汉卿开脱。他这样做的原因其实很简单。一方面他念念不忘张汉卿与他的友情，希望老蒋不要扣押张汉卿；另一方面，则是他一直对杨虎城心怀不满。早在1932年胡宗南任第一师师长时，曾奉命追击徐向前率领的工农红军。当时，国民党军委会命令驻扎陕西商南、龙驹寨等地的杨虎城部协助堵截，防止徐向前部入陕与陕北的工农红军会合。可是胡宗南追赶徐部到陕西边境漫川关时，杨虎城却不予协助，使徐向前部得以过漫川关，到达陕北。为此，胡宗南气愤异常，曾在戴笠面前大骂杨虎城。因此，戴笠觉得杨虎城很不可靠。后来，他派部属马志超前往西安任警察局长时，一再叮嘱说："杨虎城野心甚大，不可不防。"加上"西安事变"后，杨虎城在飞机场亲自下令，没收了戴笠防身的左轮手枪，其部属也曾与张汉卿的部属一道，一再要求杀掉戴笠，而由于张汉卿的极力保护，他才得以脱险。特别是老蒋强调"军纪国法"，一定要扣押张汉卿，戴笠无法阻止，除了在其职权允许的范围内，在生活上尽量给老友予方便外，内心深处总是把张汉卿的被押归罪于杨虎城。他觉得若无杨虎城的怂恿，张汉卿是不会发动"兵谏"的。他甚至对张汉卿被囚禁，杨虎城却畅游欧美而愤愤不平。

当老蒋命其设法拘捕杨虎城时，他表面不动声色，心里却在幸灾乐祸：姓杨的，这次该收拾你啦！

不过，他毕竟还没有完全摸透老蒋的心思。依他之见，在此国难当头之际，老蒋不可能把颇有影响的张、杨二人关押太久，最终他还是会起用他们的。因此，戴笠虽将杨虎城骗到武昌，但他还是不敢做得太过分，免得日后杨虎城再被起用时反过来报复他。因此，表面上他对杨虎城极热情周到，到南昌后还亲自陪杨、王二人游览万寿宫、青云谱烈士墓等名胜，并让部下租下了原江西省长熊式辉在百花洲纬二路上的一幢幽静、独处的花园洋房，让杨虎城居住，谎称老蒋不久即来南昌，让其住在洋楼内耐心等候，暗地里他却指使人搜查杨虎城随身携带的行李箱。当部下从杨的行李箱中搜出一把左轮手枪递给他时，他极为感慨地说："历史总是会重演的！去年我去西安在机场被扣押，杨虎城收去了我一支左轮。想不到今天，我又没收他一支左轮。真是……"他颇为感慨地直摇头。

杨将军住进熊式辉的别墅后，戴笠先是派了20来名便衣特务住在别墅的一楼，负责监视，不久，他又奉老蒋之命，加派了一个宪兵连，做外围警卫，共同看守杨将军。当杨将军发现自己已被囚禁时，他站在窗前，半晌没说出话来，最后才仰天长叹道："我今回国，只愿当一兵一卒，上前线杀敌。但是人家却不让我上前线。即使让我牺牲，我也问心无愧了。但愿蒋介石能抗战到底就好啦！"

"杨将军请放心！委员长这次是下定决心抗战到底了。"戴笠听了杨将军最后一句话时，语气极为坚定地说道。当时的老蒋，确实给了戴笠这个印象。上海沦陷后，南京危在旦夕之际，为形势所迫，老蒋断然拒绝了日本政府提出的四个和谈条件，一直坐镇南京，并亲自视察富贵山、下关、孝陵卫等许多部队的防御工事和阵地设施，还特意把身边仅有的两个警卫班派到下关码头，看守他乘坐的兵舰，以此表示他尚在南京，借以安定军心。直到南京失陷前两天，他才乘飞机离开南京。尽管南京失陷乃老蒋意料中事，宣传上亦可称之为"战略退却"，但其心中的滋味决不好受。南京失陷以后，日寇在南京大屠杀，30万无辜百姓惨遭杀戮的事实，更使蒋介石受到了强烈刺激。他一到汉口就对陈布雷愤愤地说："日寇南京大屠杀，灭绝人性，玉碎宫倾，激励了我抗战到底的决心。暴日之处心积虑，势必非亡我国家不止，有敌无我，有我无敌，此其时也。抗战大业全赖先总理在天之灵和全体将士浴血奋战了。"

陈布雷听后亦很激动，他含泪说道："蒋先生，抗战以来我将士前仆后继，以血肉之躯，阻挡敌坦克者有之；身陷重围，孤忠可嘉的壮士有之。如谢晋元'八百壮士'，就震惊中外，永垂国史啊！"

老蒋听后，先是点点头表示赞同，但他又马上摇摇头气愤地说："可是也有不顾民族大义者，像韩复榘就不战而退，满载三卡车金银珠宝，率兵擅自进占河南，把山东让给日寇。据范绍增副军长密报，刘湘、韩复榘联合反我。此种小人蟊贼，真是可耻之至！此风不刹，日后又何以精诚团结，全力抗战！"

陈布雷听后，即沉默不语了。他知道，老蒋要对山东省主席韩复榘兴师问罪了。

原来，蒋、韩矛盾由来已久。韩复榘这个行伍出身的军阀，早年是冯玉祥的部下，中原大战时，他叛冯投蒋，被蒋任命为山东省主席。他统治山东八年多来，一直独断专行，竭力排斥南京派去的官员，与南京政府明争暗斗，把山东视为禁脔，党、政、军、财大权一把抓，做着"鲁中王"的美梦。"两广事变"时，他暗中支持李宗仁、陈济棠反蒋；"西安事变"中，他发"马电"给张汉卿，主张召集在野各派开"国事会议"，主张国事由国人共同解决，老蒋对此极为愤恨。但韩复榘手下有五个师一个旅及6万人的民团，他独霸山东，拥兵自重，老蒋莫奈他何。平津战事南移之后，韩复榘为保存实力，根本不服从战区长官的命令，连续放弃泰安、兖州、济南等地，擅自向河南境内撤退，致使运河以东至徐州两侧兵力空虚，使日军长驱直入山东。不仅如此，当战区长官李宗仁等电询其为何放弃泰安、济南等地时，他竟回电道：“何必‘挂羊头卖狗肉’？南京已失，何况泰安！”李宗仁等气急败坏，一致敦请老蒋设法惩办韩复榘。

与此同时，戴笠派去监视四川省主席兼川军总司令刘湘的范绍增，又获悉了韩复榘与刘湘制定的一份秘密撤退计划。其计划的主要内容是：韩复榘部将退入川鄂边区，以保川抗战为名，与刘湘的部队共同阻止中央军和其他地方部队入川。范绍增将此情况向老蒋作了汇报。于是，老蒋下决心要惩办韩复榘和刘湘，以正党纪军法。不过老蒋也清楚，韩、刘二人重兵在握，决不会伏法就擒，必须诱捕智擒，谨慎行事，否则后果不堪设想。老蒋思来想去，决定将此重任交给戴笠。

戴笠把杨虎城诱到南昌囚禁后，即赴汉口，向老蒋汇报杨虎城的情况。老蒋冷冷一笑道：“好！看他还跟我作对！”随后，他便将要惩办韩复榘和刘湘的想法告诉戴笠，让他设法去完成。

戴笠恭立一旁，听完老蒋的话后，若有所思地说：“报告校长，刘湘目前正在武昌养病，我早已派人监视他，只要不让他离开此地，就算已经抓在了我们手中。不过，目前还不宜对其采取行动，否则会打草惊蛇。至于韩复榘，”戴笠说到此，面带难色地停了一下，接着说，“校长能不能……”

“我准备在开封召开团级以上军官的会议，你可以利用嘛！”不等戴笠说完，老蒋便打断了他的话。

“学生明白了！”戴笠知道已无须再说什么，便敬礼告退。

戴笠受命之后，即听说刘湘胃溃疡已好转，正电令他的专机由四川来武汉接他回川。戴笠心想，若让刘湘回川，就等于是放虎归山，但目前又不能明着阻拦或拘捕。为此他冥思苦想了一夜，认为唯一的办法就是让接刘湘的飞机来不了。结果，刘湘的专机在来武汉途中爆炸坠毁。除戴笠和他的个别部属之外，没有人知道飞机爆炸的原因。连刘湘也不疑其中有鬼，只得继续留在武汉万国医院养病。

稳住刘湘之后，戴笠即着手诱捕韩复榘。他把在上海专门搞行动的王兆槐叫到他居住的汉口巴黎街8号，两人策划了整整一个晚上，于是一场由戴笠为导演的“诱杀鲁中王”的闹剧正式开场了。

1938年1月中旬，寒风凛冽。戴笠率王兆槐等12人，前往郑州、徐州、开封等地视察，为军事会议的召开作准备。列车行进到郑州后，戴笠等人被当地的警察局长杨蔚分别安排在陇海院和华阳春旅社住下。这天戴笠刚吃过晚饭，洗完澡，正靠在沙发上休息时，杨蔚便带着几个部下前来向他汇报工作。杨蔚谈到前不久原第六战区司令长官冯玉祥的专列路过郑州时说："韩复榘这个人太不像话了。他是冯长官一手提拔起来的旧部，可是冯长官到济南时，他态度竟十分冷淡，还下令部队不服从冯长官调遣，导致青岛、济南失守。气得冯长官辞职不干了。冯长官说：'我冯玉祥的眼睛瞎了，认错了人！'……"

不等杨蔚把话说完，戴笠突然沉着面孔说道："你是校长的学生，韩主席是校长的干部，你怎么可以说他的坏话？我告诉你，校长马上要到开封召开军事会议，韩主席也要来。你帮我布置几处招待他的地方，等他到郑州时，你务必好好招待，经费若有困难，通通由我负责好啦！"

戴笠的一席话说得在座的面面相觑。他们不明白，戴笠为何要如此庇护弃城而逃的韩复榘。他们虽当面不敢顶撞戴笠，但背后总忍不住要议论一番。可他们哪里知道，这正是戴笠捕韩行动的一环呢！

原来，韩复榘违抗命令，弃城逃到河南边境曹县、城武一带后，也自知理亏，总担心老蒋会对其进行报复，故在郑州、开封等地派出了不少耳目。戴笠的这番讲话很快就传到了韩复榘的耳中。韩虽生性多疑，但听到此话，心里还是非常受用的。不过，当老蒋亲自打电话通知他，让他到开封参加军事会议时，他又紧张起来，连夜召集重要部属开会，商讨去与不去的问题。他的部属们一致认为，此时前往开封非常危险，劝其只派个代表去即可。

当时，李宗仁暗中安插在韩复榘身边任联络参谋的王道生，已得到李宗仁的指示，令其尽全力促使韩复榘本人出席此会议。王道生为促韩前往，便对韩谎称道："我在徐州时听说，委员长准备划分鲁豫、苏皖两个战区，鲁豫战区有请总司令出任长官之议。此次军事会议，很可能与划分战区有关。总司令本人若不去，恐怕会有影响啊！"

韩复榘听后，仍有些犹豫不决。正在举棋不定之际，戴笠请军事委员会在发给韩的开会通知上特别加上了一句关怀备至的话："……沿途不靖，委员长很关心韩主席之安全，望多带卫队，善加防护……"韩复榘见此通知，疑虑顿消，遂决定前往开封。

此时，戴笠已在开封作了周密布置，撒下了一张大网，只等韩复榘往里钻了。会议定于1月16日召开。13日前后，老蒋及其他人员已陆陆续续到了开封。而韩复榘直到临开会前，方率领着他团以上的军官及一个警卫团、十几个贴身警卫，浩浩荡荡地乘坐专列来到开封。他们下车后，接待人员将他和十几名警卫让上准备好的汽车，却推说住处尚未腾出来，请警卫团的人仍留在列车上等候。韩复榘当时并未在意此事。他乘车刚离开车站，突然空袭警报声嘶力竭地鸣叫起来。韩复榘只好由接待人员带领，随警卫们一同钻入附近的防空洞。他哪里知道，这警报只不过是戴笠行动计划的一个步骤。与此同时，火车站内警卫团乘坐的车厢，已被戴笠安插在车站的人，以防空袭为名，开出开封车站，驶向了戴笠事先安排的埋伏圈，警卫团乖乖地缴了械。

韩复榘不疑有他，警报解除后，他随车直奔开会的地点——南关袁家花园的中国中学大礼堂。中学的大门口戒备森严，戴有“宪兵”二字袖标的军人，正仔细地检查来往的洋人和车辆。所有来参加会议的人，均不得带武器入内，所有的警卫也只能在学校大门外的临时招待所休息，不得入内。韩复榘是最后一个进入会场的。会场上约坐了四五百人，大部分都身着笔挺的黄呢子军装，只有极少数的三四个人穿着灰棉军服。韩复榘这天特意穿着一身崭新的灰斜纹布棉军装，戴着灰棉帽，裹着灰绑腿，鼻梁上还架着一副黑墨镜。他一进会场，就被中校级的军官引导到最前排，指着李宗仁和宋哲元中间的空位，请他入座。韩复榘乐呵呵地跟前排的熟人握手打招呼。不一会儿，负责会场纪律的人上台高声宣布说：“请大家坐好了，委员长马上就到！”韩复榘这才在李宗仁身边坐了下来。

身着黄呢子军服、戴着雪白手套的老蒋走上了讲台，全场起立，行注目礼。老蒋笑容可掬地弯了弯腰，以示还礼，大家这才坐了下来。

最初，老蒋和颜悦色地点名。随后，他拿出一本蓝色小册子，高高举着问：“你们有谁带这个《党员守则》了？”结果全场只有八个人站起来。他让侍从记下这八个人的名字。然后又拿出一个小红本问：“带这个《步兵操典》的站起来。”不料只站起了一人。老蒋顿时脸色阴沉下来，开始训话。他反复强调《党员守则》《步兵操典》的重要性，并讲了国内外的形势。最后，他话锋一转，说道：“……只要你们高级将领能服从我的命令，我就有能力指挥着你们战胜敌人，我就不愧作为你们的统帅。只要你们是为了抗战杀敌，不论你们的部队有多么大的伤亡损失，我都负责替你们补充，可是，我们有些高级将领，把国家的军队视作个人的私有财产，自抗战开始以来，一味保存实力，不肯抗击敌人，只顾拥兵自重，不管国家存亡，不听命令，自由行动，哪里安全就向哪里撤退逃跑！……”老蒋的情绪越来越激动，声音越提越高，还不时地用手指敲打着桌面。接着，他又讲了一番“覆巢之下无完卵”的道理。

在座的高级将领个个俯首敛容，正襟危坐。特别是坐在第一排的韩复榘，脑袋低垂得几乎碰到了桌面。

会议直开到下午6点，天色完全黑了下来，老蒋才宣布散会。他退出会场后，一位负责会场指挥的中校侍从官笑容可掬地走到韩复榘面前说：“请你在休息室稍等一下，委员长约你说几句话。”

与会人员陆续走出会场之后，韩复榘亦耷拉着脑袋前往会议厅旁的休息室。他刚一走进休息室的侧门，王兆槐便带领着另一名身着中山服的部属面带微笑地对韩复榘说："韩主席，请跟我们往这里走。"说着，两人一边一个，夹着韩复榘，转身走出休息室的另一扇门，将其推上早已等候在门外的小汽车内。汽车立即飞快地驶出大院，直奔开封火车站而去。

韩复榘做梦也没想到，王兆槐等人的动作是那样迅速敏捷，根本没容他明白是怎么回事，就糊里糊涂地上了车，身边一边一个彪形大汉。

"怎么回事！你们要干什么？"他刚要大声喊叫，就觉得后背被顶上了硬邦邦的手枪。他身边的壮汉压低声音喝道："不要说话！"韩复榘知道自己已陷入了老蒋的圈套，挣扎反抗也无济于事。天色已变得漆黑一团，汽车开得飞快，外面的人根本看不见车内的情景，也听不到他的喊声，他的警卫又如何能行动呢？但是他仍寄希望于他带来的那个警卫团。他认为自己挑选的那些亲信见他失踪，是绝不会善罢甘休的。况且与他同来的许多嫡系高级军官，也决不会对此袖手旁观。可他哪里知道，他那个留在专列上的警卫团，早被戴笠亲自安排的那场假空袭而强行驶离了开封车站，并被预先埋伏在那里的汤恩伯部缴了械。而韩复榘最信任的十二军军长孙桐萱，在韩复榘被扣的当晚，便被老蒋召到其下榻的袁家花园。老蒋一见他就异常亲切地说："你来啦！坐吧，韩复榘不听命令，不能再叫他指挥部队啦！"

孙桐萱知道事情不妙，但出于对韩复榘的关心，还是故作镇静地为韩求情说："委员长，韩司令在北伐时还是为国家出过大力，立过功的。只是他个性太强，有许多不周到之处，还请委员长多多原谅。不叫他带部队，就叫他休息休息也好；或者叫他留在委座身边，叫他力改前非，以观后效；或者叫他出国……"

老蒋不等他把话说完，就有点不耐烦地摆摆手说："好！好！考虑考虑。"说着他拿起桌上早已写好的手令递给孙桐萱，接着说，"你当第三集团军副总司令，曹福林当前敌总司令，于学忠兼第三集团军总司令。你听于学忠指挥，马上回曹县，整顿部队，继续抗战。"

孙桐萱知道，再说下去于己不利，只得退出，连夜赶回曹县，想再设法营救他的老长官。

此时，韩复榘已被押往汉口，关押在行营大楼。老蒋于次日的会议上宣布了韩复榘的四大罪状：一为不听命令，擅自撤退；二为保存实力，拥兵自重；三为收缴民枪；四为贩卖鸦片。并且宣布：韩复榘已被撤职查办，现已押往汉口。

会后，老蒋为了让韩复榘的老部下心服口服，特责令何应钦、何成浚、鹿钟麟等人组成会审法庭，对韩复榘进行了三次审讯。无奈韩复榘实为一介勇猛有余而机智不足之武夫，会审时，竟毫无悔改认罪之意。何应钦问他：“你身为山东省主席兼第三集团军总司令，为何擅自放弃山东，致使济南等地失陷？”

韩复榘理直气壮地答道：“济南失陷由我负责，那南京失陷该由谁负责？”

何应钦问：“你有了两个老婆，为何又娶日本女人？”

韩复榘眨眨眼有点不解其意地说：“那是部属跟我开玩笑，叫的日本条子。逢场作戏也有罪？”

何应钦问他：“政府三令五申禁鸦片烟，你为什么还贩卖烟土？”他更是供认不讳地答道：“那是人家送给我的1000两嘛！”

诸如此类的问题，韩复榘表面上推到部下身上，实际等于逐条都承认了。他的部属想为他求情解脱，亦无能为力。

1月24日，一直伴随韩复榘住在行营大楼的王兆槐，突然领进两名便衣特务，对韩复榘说：“何部长请你去谈话，请你跟我们下楼去见见他。”韩复榘被审问、关押得早已不耐烦了，他没好气地说：“还有完没完？有什么好谈的！”但他还是转身走出房门。当他一眼看见门外几名荷枪实弹的军警时，顿觉事情不妙，转身又往房内走。可是没容他走出两步，站在他身后的两个便衣甩手就是几枪。韩复榘这个不可一世的“鲁中王”，顿时脑中七弹，一命呜呼。而他的盟友刘湘，已在得知他被扣押时，吓得口吐鲜血，先他一步赴了黄泉。

戴笠又一次圆满地为老蒋翦除了心腹之患。他在老蒋内心深处的天平上，无疑又增添了一份重量。

二十一 钩心斗角跪求老蒋 军统成立独揽大权

汉口巴黎街8号戴公馆内，厨师们正在厨房烹、炸、炒、炖。武汉炎热的天气加上炉火的熏烤，使他们个个汗流浃背。戴笠今天要请的客人，正是他多年来一直想收为部属而未能如愿的同窗好友姜绍谟。此时，戴笠、毛人凤和姜绍谟这三个文溪高小的同窗，正在客厅内聊天。

“昨天宗南兄告诉我，说你跟他见过面，我才知道你也到了武汉，所以才让人凤请你来聚聚。”戴笠坐在沙发上，摇动着大蒲扇，对姜绍谟说。

姜绍谟边用水果刀削着水果，边说：“我刚到汉口不几天。军训部主任秘书这个差使我实在不想干了，整天抄抄写写。胡军长想邀我到西北去协助他工作，跟我谈了谈，我也答应了。”原来，胡宗南的副军长兼军委会政治部厅长范汉杰，与姜绍谟私交甚笃，他有意安排姜绍谟跟胡宗南见面，想请他参加胡的第一军工作。

“你为什么不留在我这里工作？宗南兄已有了秘书长，你去干什么？我这里比宗南兄那里更需要人啊！”戴笠笑吟吟地说道。

“是啊，我们都是同乡，又是同窗好友，在一起工作多好！”毛人凤在一旁帮腔。

姜绍谟停住手中的水果刀，似有难色地说：“好是好，可我已经答应胡宗南了，总得跟他讲清楚啊！”

戴笠摇了摇手中的大蒲扇说：“这事由我来处理吧，你不用再去跟他谈了。我这里实在是工作太多，需要人啊！”戴笠讲的倒确实是真话，他眼下的确需要他能信得过的人。

原来几个月前，老蒋在珞珈山召开的临时全国代表大会上特别强调，抗战期间，要加强特务统治。他决定增设中央党部调查统计局(即“中统”)，专门负责党务调查，而将原来的军事委员会军事调查科，即戴笠负责的特务处，扩充成军事委员会调查统计局(即“军统”)。这一决定，无疑会使戴笠的特务组织来个大发展、大飞跃，自然急需更多的骨干和人手。

“既然工作需要，那我就留在你这里吧。”姜绍谟知道，戴笠与胡宗南的私交极深，只要是戴笠想要的人，胡宗南是决不会拒绝的。更何况近些年来，他自己由于曾参加过西山会议派的缘故，一直受排挤，不得志，如果到了戴笠手下，或许人们就不会旧事重提了。尽管他极不愿干特务工作，但抗战期间嘛，先干干再说，日后若有更好的机会，再要求离开，估计那时戴笠也不会太为难他的，所以他勉强地答应留下来。

在戴公馆用过午餐之后，姜绍谟即告辞回军训部办理辞职手续去了。而戴笠则因自己多年的心愿终于如愿以偿而兴奋不已。当年文溪高小最优秀的周念行、姜绍谟等同学，都成了他的部属，他感到十分自豪。送走姜绍谟后，他在浴室痛痛快快地洗了个澡，然后靠在起居室的竹躺椅上继续想着心事。他拿不准，这次增设中央党部调查统计局之后，原军事委员会调查统计局局长陈立夫，会不会仍任原职。如果那样的话，他戴笠仍然不可能放手去发展自己的组织，这正是戴笠最担心的事情。

陈立夫，就是当年在上海证券物品交易所曾被戴笠回敬为“大瘪三”的陈果夫之胞弟。他1925年从美国留学回国后，奉陈果夫之命，去广州见老蒋。老蒋当时任黄埔军校校长，他安排陈立夫做校长办公室机要秘书。“四一二”政变之后，国民政府成立，老蒋又将机要科改为隶属于中央党部的党务调查科。这是老蒋建立的第一个专门进行特务活动的组织，由陈立夫任调查科科长。后来，陈立夫先后被任命为中央秘书长、组织部长、教育部长，但他和其兄陈果夫却一直抓着党务调查科不放，科里所有的成员几乎都是陈氏二兄弟圈定的。“九一八”事变之后，老蒋为加强特务工作，又让军需署拨款10万，将党务调查科扩展为特工总部，由陈氏二兄弟推荐的徐恩曾任主任。复兴社特务处成立之后，老蒋为了把特务组织统一起来，共同对付共产党和一切反蒋人士，决定在军事委员会下设一个调查统计局，由陈立夫担任局长，徐恩曾负责的特工总部划为党务调查处，即第一处；戴笠领导的复兴社特务处划为第二处，称为军事调查处；第三处为邮检处，处长是丁默邨。老蒋成立调查统计局的目的，是为了统一特务组织。可是陈立夫也像他那痨病鬼兄长一样，总是瞧不起戴笠。而戴笠又总担心自己苦心经营的特务处会被陈立夫吞并，所以处处提防他，总是采取不合作的态度。陈立夫也确是处处偏袒徐恩曾负责的第一处，常常掣肘第二处。戴笠对陈氏二兄弟常常恨得咬牙切齿，但又深知他们与老蒋的关系非同一般，也莫奈其何，只希望能早日摆脱陈氏兄弟，因而把希望寄托于这一次的调查统计局改组。

戴笠正前思后想之际，只见译电室的老王匆匆忙忙地跑进了起居室，甚至没喊一声“报告！”就闯了进来。戴笠正想发火训斥老王，但话还未说出口，老王便气喘吁吁地抹了一把额头上的汗水说：“戴先生，出事了，你看！”说着，他把手中一份电报递给了戴笠。

电报是特务处福建省站站长严灵峰打来的：“张超已被福建省主席陈仪下令逮捕。”几个字一映入戴笠的眼帘，他便“噌”地从躺椅上坐了起来，面色铁青地拿着电报，急促地在起居室里快步走动着，嘴里愤愤地骂道：“好啊，你这个陈公洽，竟搞到我的头上来了！”

“戴先生，严站长请你设法营救张超，你看……”老王见戴笠那怒冲冲的样子，想退出又不敢挪步，站在一旁不知说什么好。

戴笠看也不看他，一挥手说：“你走吧，我自有办法！”

老王退出之后，戴笠立即抄起桌上现成的笔墨，给老蒋写呈文。他不能眼看着自己手下的干将成为陈仪的阶下囚。

张超是1933年“福建事变”之际被戴笠派回福建进行潜伏活动的特务。由于他是福建籍人氏，福建人民政府失败后，陈仪被任命为福建省主席，戴笠亦因平息事变有功，深得陈仪好感，故陈仪委任张超为福建绥靖主任公署参议，不久又委其为福建省保安处谍报股长。戴笠见张超已在福建站稳了脚跟，便让其兼任特务处闽北站站长。戴笠原想，张超一人身兼公开和秘密两个机构的负责人，行动起来会更方便。谁知张超走红之后，野心也恶性膨胀起来，任闽北站站长之后，更是骄横跋扈，独断专行，渐渐连陈仪也不放在眼里。为了扩大特务组织在福建的势力，张超常常利用同乡关系拉拢闽北地区的民军和土匪头目，向他们封官许愿。最初，陈仪对他推荐当县长、参议的人选，总是大开绿灯，但日久天长，陈仪觉察到了张超的野心，对他保荐的人选便断然拒绝。为此，张超与陈仪的关系日趋恶化。

抗战开始后，老蒋命陈仪与日本方面保持个人联系，以便日后中日停战机会一到，陈仪便可代表他出面联系谈判。张超自然不了解其中微妙的内幕，为迎合福建人民要求抗日的激情，提高特务处在人们心目中的威望，他派部属暗杀了福州最大的经济汉奸刘爰其、刘雅扶，以及有通日之嫌却深得陈仪宠信的医学博士黄丙丁。事发后，陈仪极为震怒，他派人四处追查，认定此事系张超手下所为，但又查不到任何证据。为杜绝此类事件发生，陈仪决定将在福建的CC、复兴社及宪兵等特务组织统一起来，在绥靖主任公署之下设一情报处，统一管理。消息传出后，张超自认为情报处长之职非己莫属，可名单公布后，大失所望。陈仪将处长一职给了特务处派到闽北站的督察胡振国。而胡振国因责任所在，常给戴笠打小报告，检举张超。张超对其亦很不满，两人积怨颇深。陈仪重用胡振国，无疑是给了张超一记耳光。为此，张超对陈仪恨之入骨。

胡振国就任情报处长后，侦得张超生活腐化，挥霍无度，曾敲诈过南台某木材商人2000元，还曾在一起查获的烟土走私案中贪污舞弊。胡振国立即向戴笠汇报了这些情况，并把陈、张矛盾日深，不利于开展工作等等写成书面报告，建议将张超调离福建。

戴笠为了进一步利用陈仪在福建发展特务势力，决定解除张超的职务，派严灵峰潜往福州，接替其闽北站站长这一秘密职务，而让原闽北站书记金颂康代理其保安处谍报股长之公开职务，对张超则采取"冷处理"的方式，不给他安排工作，让他自我反省。

张超知道，戴笠常对自己的部属采取这种"冷处理"的惩罚。在这段时间，若能积极主动地开展工作，毫无怨言，不久还可再度受到重用；若是消极抗拒，怨天尤人，日后就很难升迁了，甚至会永远打入"冷宫"。所以，张超虽被撤职，仍不气馁。他清楚，戴笠对发展特务武装极感兴趣，便决定利用自己以往与福建民军、土匪的关系，搞一支福建的地方特务武装，以再度向戴笠邀宠。于是被撤职不久，他便邀了几个民军、土匪头目和失意军人，一同去汉口晋见戴笠，把自己想在福建搞一支特务武装的设想向其做了汇报。

戴笠见他被撤职后仍能积极主动地开展工作，非常赏识，认为这是一个不可多得的忠实干将，便不再追究他以往的过失，很快批准了他的计划，并出主意，让他先主办个东南游击干部训练班，为日后在福建正式成立特务武装培训一批骨干。

有了戴笠的首肯，张超回闽后便大张旗鼓地招兵买马，聘请教官。不料一切筹备就绪之后，陈仪却不肯提供经费和装备。他认为，在福建根本无创办游击干训班的必要。张超一再力争，陈仪仍坚持己见。张超无奈，只好向戴笠求援。可是，当时调查统计局正处在改组阶段，经费困难，戴笠也不愿与陈仪搞得太僵，只好让张超把已招募的学员送到湖南临澧。因为戴笠当时正派余乐醒、陶一珊在湖南筹备一个特务训练班，准备招募一批青年，训练后派往各沦陷区搜集情报。这个训练班是正式得到老蒋批准的，经费不成问题，人员却得靠特务处自己设法解决。

张超将学员送走之后，越想越憋气。正巧接到戴笠的命令，让其速办交接手续，立即赴上海沦陷区任行动队长。张超一想，自己反正要离开福建了，走之前，非报复报复陈仪不可。于是，他以陈仪与日本人关系密切，对抗战持消极态度为由，暗中策划倒陈活动，提出"打倒汉奸陈仪""把陈仪赶出福建""闽人治闽"等口号，并写成标语，四处张贴。严灵峰发觉张超的活动后，立即向戴笠做了汇报。戴笠不愿与陈仪关系搞得太僵，同时也怕事发后张超吃亏，便急电张超，令其即刻赴沪上任，张超只好从命。但戴笠和张超都没想到，此时已有人向陈仪告发了张超。于是陈仪密令省警察局长李进德，速将张超逮捕。就在张超已购好船票，即将离闽赴沪的前一天，李进德派人从温泉路澡堂把正在洗澡的张超拘捕了。

戴笠认为，若不赶快把张超从陈仪手中营救出来，陈仪决不会轻饶他。倘若张超被陈仪处决，受损害的绝不是张超一人，而是整个特务处。他戴笠若连自己手下的得力干将都不能庇护，那日后又有谁愿为他卖命？所以，他一听张超被捕，便一刻也不敢延误。写好呈文，冒着正午的酷暑，前往珞珈山的蒋公馆。蒋公馆位于武汉唯一的避暑胜地——东湖风景区，其庭院附近即是东湖。蒋氏夫妇常在休息时到东湖泛舟，或在湖畔小亭下棋，闲谈。这天，宋美龄午休之后，正在湖畔小亭内饮咖啡，戴笠汗流浃背地找到这里，远远就喊“夫人”，并规规矩矩地行个鞠躬礼。

“雨农，有什么急事？大热天的赶来？快先到凉亭坐坐。”宋美龄自打“西安事变”后，对戴笠颇有好感，视其为老蒋手下不可多得的忠实学生和干将，因此对戴笠格外亲切。戴笠自然能感受到“师母”的一片爱心，因此在宋美龄面前，说话反倒比在老蒋面前更轻松自如，无拘束感，每遇急事要向老蒋汇报时，他往往先去找宋美龄，求其转交自己的呈文，或转达自己的请求。

“夫人，你看这份电报。张超也是校长的学生，他对校长一向忠心耿耿，为革命做了不少工作，请校长务必让陈仪派人把张超押解到武汉查办！”

“好吧，我替你转交委员长。”宋美龄看过电报之后，即接过戴笠双手递上的呈文。

“夫人，请你在校长面前帮学生多多美言几句！”戴笠见宋美龄接过了呈文，知道他的请求万无一失了，不禁脸上露出了笑容。

果然不出所料，老蒋看到呈文之后，立即以军事委员会委员长的名义发了份电报，令陈仪将张超押到武汉查办。但老蒋和戴笠万万没想到，这封电报不但没能救得张超，相反却成了他的“催命符”。

原来，陈仪担心张超被押到武汉之后，会被无罪释放，为解自己心头之恨，他竟把老蒋的电报压了下来，并命省保安处处长叶成，以“阴谋叛乱，反对政府，煽惑军心，破坏抗战大计”之罪，将张超立即处死。

死讯传来，戴笠大为震惊，他既为自己失去一员干将而悲痛，又为陈仪如此不给情面而愤恨。他原本不想与陈仪闹翻，但事已至此，他戴笠也顾不得许多了，此仇不报，日后特务处的工作如何开展？他戴笠又如何向其他部属交代？但是陈仪是国民党元老，老蒋不可能为一个小小的张超而惩办陈仪，此仇又如何能报得了呢？一向精明的戴笠，一时也没了主意。他打电话把毛人凤找来，让他帮着想想办法。

毛人凤向来不轻易发表意见。可是戴笠向他讨主意时，他也决不含糊。他等戴笠说完自己的想法之后，半晌没有搭腔，而是紧紧抿着他那厚厚的双唇，垂着眼睑沉思着。戴笠知道，这是毛人凤考虑问题时的习惯表情，也不去打扰他，只是坐在一旁静等。不一会儿，毛人凤抬起眼睑，目光坚定地看着戴笠说："陈仪既然敢杀张超，也就跟我们结下了不解之仇。目前我们想搞倒他，委员长不会同意。我看只有先拿他的保安处处长叶成开刀，杀杀陈仪的威风。你看如何？"话说完，毛人凤仍目光坚定地看着他。

每当戴笠看到毛人凤这种目光和表现时，都会不由自主地想起当年的江山悦来客栈，想起毛人凤告诉他"革命的朝气在广州"这话时的情景。若不是当年毛人凤这句话，他或许根本不会去参加黄埔，那就更谈不上今日之腾达了。由于戴笠内心深处总有这种毛人凤有恩于他的潜意识，所以他对毛人凤的信任，超过任何一个亲信。毛人凤的话，他总是言听计从。当然，他也清楚，毛人凤为人谨慎，不经过深思熟虑，也不会发表看法。这次也不例外，戴笠听完毛人凤的话后，连连点头称道："嗯，这个主意不错。你这就起草份报告，恳请校长电令陈仪，把叶成押到武汉。只要叶成一到，我们就派人到机场把他扣留，从他身上挖出陈仪的把柄再说。"

戴笠双手叉腰，在办公室内走动着，目光中露出极为得意的神情，仿佛他手上已抓到了陈仪的什么把柄似的。

毛人凤起身告辞时，戴笠又叮嘱一句："对啦，你再给严灵峰发封密电，让他找出向陈仪告密的人，暗中除掉他！"

"好！我这就办！"毛人凤发表完自己的意见之后，又恢复了俯首帖耳的小公务员形象。这一点，也正是戴笠极为赏识的。因为这充分地表现出毛人凤的卑谦和顺从，毫无野心，也毫无居功自傲之嫌。这正是戴笠用人的一大原则，任何部属若想与他平起平坐，那是他最不能容忍的。

毛人凤尊戴笠之意，很快写成了一份报告。报告中又一次将张超参加特务处后的种种"功绩"列举了一遍，并称张超被杀，纯属遭人诬陷，皆系福建保安处处长叶成嫉贤妒能、争夺实权的结果，恳请委员长电令陈仪将叶成押解武汉审查。

当天，戴笠拿着电报和报告再次去珞珈山求见老蒋。当时，宋美龄也正在老蒋的办公室，戴笠一见蒋氏夫妇，便声泪俱下地说："校长，夫人，你们一定要为我们做主！张超一片忠心为革命工作，竟落到如此下场……"

"张超的事我已经知道了。"老蒋似乎早料到戴笠会来找他，因为陈仪已先戴笠之前，来电向他做了汇报。

“校长不是已下令让陈仪把张超押来武汉吗？如果地方长官都这样违抗校长的命令，我们日后的工作还怎么开展？”戴笠含着泪水，双手垂立，一副可怜巴巴的样子。

“是啊！达令，这个陈仪也太目无中央了！你看……”宋美龄望着反剪双手慢慢踱步的老蒋，轻声细语地说道。

“嗯！”老蒋鼻子里“哼”了一声，这才停下脚步，望着戴笠，低声问：“现在张超已经死啦，依你说该怎么办？”

戴笠即刻双手递上报告说：“校长，张超死得冤枉。请校长令陈仪把下令枪毙张超的叶成押来武汉审讯！”

“好吧！你先把报告放下。我会考虑的。”老蒋指了指办公桌，不置可否地说道。宋美龄已顺手接过戴笠手中的报告，真像个慈祥的“师母”似的，拍拍戴笠的后背，轻声慢语地说：“你不要着急。先回去吧！委员长会考虑的。”

戴笠知道，老蒋从不当面答复任何问题，但只要他答应考虑，就等于答应了他的要求，于是用手帕抹干泪水，告辞退出。

第二天，戴笠便得知，老蒋不仅电令陈仪速将叶成押往武汉，而且还责备陈仪“目无中央”。戴笠听后十分得意，一面电令严灵峰探听叶成来武汉的准确时间，一面布置人，准备随时赴机场，以将刚下飞机的叶成押往特务处审讯。

陈仪也非等闲之辈，尽管老蒋指责他“目无中央”他不好拒不交出叶成，但他在交出叶成之前，就给在武汉的老友何应钦和张群拍去了电报，请他俩尽力保护叶成。结果，押送叶成的专机一到武汉机场，何应钦早已亲自驾着汽车守候在那里。叶成一出机舱，何应钦就上前把叶成接上了他的汽车，并径直将其送进了张群的公馆。特务们自然不敢从军政部长何应钦手中把叶成抢走，更不敢到老蒋视为“智多星”的张群公馆去要人。

叶成被带到张公馆后，张群即亲自带他去晋见老蒋。叶成按陈仪的吩咐，把张超在福建的种种劣迹一一向老蒋做了汇报，同时还把张超让人四处张贴的反陈仪的标语作为罪证交给老蒋。

老蒋听了汇报、看过标语之后，非常生气。他立即命人把戴笠叫去，怒气冲冲地指着那些标语骂道：“你又是呈文，又是哭诉，口口声声为张超喊冤。他到底有什么冤？他在福建反对陈仪，人证、物证俱在，你还有什么话好说？”

戴笠没能扣留叶成，已经气急败坏，想不到如今又被老蒋指着鼻子骂了一顿，禁不住情急地双膝往地下一跪，委屈万分地恳求说：“校长，张超虽然有错，但罪不该死。他们说张超反陈仪贴了这些标语。可张超已死，有口难辩。还望校长明鉴！”

老蒋被他这突如其来的举动吓了一跳，不禁反感地骂道："你真无耻！"说完转身就想离去。

戴笠一见更急了，他禁不住大声说道："学生无能，并非无耻！今天，我若为个人升官发财，跪在校长面前，可以骂我无耻。我今天跪在委员长面前，是请求委员长替无辜被杀的同志报仇。我们的同志为工作遭到了不应有的牺牲。陈仪这样随便抓人杀人，委员长还不给我们做主，以后我就无法再干下去了。张超有罪，是我领导无方。现在我请委座准我辞职……"戴笠跪在地上一口气说出了这么多话。不知是气愤还是紧张，他面无血色，浑身颤抖，大汗淋漓。以往老蒋也曾拍着桌子大骂过他，但他从不当面顶撞，总是心平气和地垂手而立，洗耳恭听。他甚至认为能挨老蒋的骂也是一种"荣耀"。但今天，也许是"无耻"二字深深地刺伤了他。他脑子一热，也就不管不顾了，索性一股脑儿把憋在心里的怨气发了出来。

老蒋见他那副反常的样子，也意识到自己骂重了。他转过身来，语气缓和地说："你想辞职？你走了，叫哪个来接替你？你快起来吧，让人家看见像什么样子？你怎么能这样威胁革命领袖啊！"

戴笠听老蒋这么一说，胆子也更大了一点，他索性来个一不做二不休，把矛头直指陈仪，"校长一定还记得，台湾沦陷于日本40周年国耻日，日本人邀请陈仪参加观礼，他竟按汪精卫的指示，以考察为名，率队赴日，恭立于日本天皇像前，还鞠躬、拍掌，丢尽了中国人的脸，岂不无耻？抗战开始后，全国都奋力抗战，陈仪不仅不做抗战动员，反而派人去香港、上海，与日本人联系，这些校长不是不知道。如今张超只不过说出了事实，他就把他杀了。请校长为我做主，替张超报仇。校长如不答应，学生就跪在这里不起来！"

听了戴笠这一席话，老蒋半晌没说话，一个劲儿地在室内踱着方步。他自然不愿告诉戴笠陈仪与日本人联系是奉了他的密旨。他踱到门口，对门口的侍从轻声说道："去请夫人来。"

不一会儿，宋美龄飘然而至，一进门，见戴笠跪在地上，老蒋一副束手无策的样子，先是愣了一下，旋即又笑盈盈地走到戴笠跟前，扶着他的双肩说："雨农，你这是干什么？快起来吧，不要让委员长为难了！"说着，她便往起拉他。

戴笠见她出面，也确实不好意思再跪下去，可问题没解决，又着实感到委屈。正犹豫之际，老蒋也踱了过来，语气更为缓和地说："你要知道，陈仪的问题不光是他一个人的问题。他是政学系首领之一，背后有汉口的张群，江西的熊式辉。当年在南昌行营'剿共'时，他们都出过大力气，帮过我的大忙。你千万要体谅我的苦心。我这就下令撤销叶成保安处长职务，继续扣押他。你回去好好想想，张超之事以后不许再提了！"

“是啊，委员长也有他的难处。你要体谅才对呀！”宋美龄亦在一旁帮腔。

此时，戴笠已被老蒋的肺腑之言及蒋氏夫妇的这番劝说感动得热泪盈眶。他后悔自己太不体谅校长的苦心，但心中的感激此时又难以说出口，只是呆呆地望着老蒋。

“怎么，你还有什么话要说吗？”老蒋以为他仍然心中委屈，便盯着他问道。

戴笠这才深深地鞠了一躬，由衷地说：“我一定秉承校长旨意！”然后又向宋美龄鞠了一躬，这才告辞退了出来。

一路上，他心情异常激动，脑海里一直翻腾着“体谅领袖苦心”“秉承领袖旨意”这两句话。他觉得，特务处日后的工作，一定要以这两句话为座右铭，决不应凭感情用事，再让老蒋为难。回到巴黎街戴公馆，他立即挥笔写下了“秉承领袖意旨，体念领袖苦心”12个大字，并把毛人凤、张衮甫等他的高级干部找来，讲了自己见老蒋的经过，让大家也跟他一样“秉承领袖意旨，体念领袖苦心”，待召开过张超的哀悼会后，便再不要提张超之事。

不久，戴笠便召集在武汉的大小特务开了个哀悼会。他在会上痛哭流涕地宣读了祭奠张超的文章之后，便再一次重申：以后不要再提张超被杀之事。此言一出，下面的特务们不明原委，不禁在下面窃窃私语。戴笠知道部下不服，而他又不便讲得太明白，只好说道：“张超的仇是一定要报的。不过，目前一切都要从抗战大局着想，要秉承领袖的意旨，体念领袖的苦心。”接着，他又大讲了这两句话的重要性，号召全体部属以这两句话为行动指南。不久，严灵峰在福建将向陈仪告发张超的两个人秘密处决了。戴笠及其部属的心理上也得了一些满足，尽管内心仍对陈仪恨之入骨，但表面上再也不提此事了。戴笠明白，老蒋决不会因一个小小的张超而开罪于陈仪这样的实力人物，自己若再不识时务的话，势必失宠于老蒋，自己多年来呕心沥血创下的事业，也将毁于一旦。故此，他不但自己闭口不再提张超之死，同时也一再告诫部下，不得再提及此事。

1938年8月，原由陈立夫任局长的军事委员会调查统计局正式改组。原负责调查社会问题和党务谍报的第一处和负责邮政检查的第三处，合并为中央组织部调查统计局。而原负责军事调查和军事情报的第二处，也就是戴笠主持的特务处，则扩展为军事委员会调查统计局。前者简称为“中统局”，后者简称为“军统局”。军统局局长由老蒋侍从室第一处主任贺耀祖兼任，副局长由已晋升为少将军衔、负实际责任的戴笠充当。戴笠自然能体谅老蒋这样安排的苦心。因为改组后的军统局，其内勤编制一下子由原来的四个科扩大成了四个处，另设一个设计委员会、两个特训班和一个庞大的电讯机构；而其外勤编制则增加到30多个区站，300多个工作组、队，加上由“苏浙别动队”改编成的“忠义救国军”，以及抗战开始后各沦陷区陆续成立的便衣混成队等特务武装。这样，军统局的人员已经上万，还不包括不计其数的特务外围组织，如一些刑警队和警察。如此一个庞大机构，若完全由戴笠独揽，势必有许多人不满。因为戴笠的资历太浅，在黄埔生中期别太低，难以服众。如今安排上个黄埔一期、少将军衔的贺耀祖做挂名局长，实际上戴笠大权独揽，日后的工作方便多了。因此，戴笠对老蒋更加感恩戴德。在军统局改组的大会上，戴笠正式把“秉承领袖意旨，体念领袖苦心”这12个大字规定为军统局工作的宗旨，号召所有部属以此为工作的出发点和行动的准绳。

这种提法，就如同陈立夫创建党务调查科时所提出的“一个主义，一个领袖，一个组织”的口号一样，深得老蒋的赏识。戴笠成了老蒋维护其独裁统治不可或缺的人物。

二十二　忙中偷闲成人之美　喜怒无常息事宁人

"……要达到抗战胜利，摧毁敌寇暴力，协同作战和团结精神，更十二万分重要……一切言论动作，完全以'国家至上''民族至上'为前提，以'军事第一''胜利第一'为目标，……我们同是黄帝的子孙，当前的命运只有一个，不奋斗，即灭亡；能团结，即有前途……"

连日来，广播电台天天播放老蒋的《抗战周年纪念告全国军民书》。戴笠听过好几次了。他深深地为这篇文章所激动，觉得从中不仅能领会到"领袖的意旨"，而且能体察到"领袖的苦心"。他不仅号召部属认真学习领会此文的精神，而且自己一有空闲就听。此时，他正在办公室摇着大蒲扇，边听广播，边翻阅刚送到的《大公报》。

"……想一想，被敌军占领了7年的东北四省，有我们3000万同胞，所过的又是怎样一种生活？我们同是中国的国民，黄帝的子孙，稍有天良，如何能不引为切身的耻辱？……若我们在目前情形下求和平，其结果无非使子子孙孙永为奴隶，永为牛马……"广播员那洪亮激昂的男中音，继续在空中回荡着。

就在这时，尖利刺耳的空袭警报声嘶力竭地响了起来。戴笠抬头望了望窗外那烈日炎炎的晴空，轻轻地叹口气，又不以为然地低头翻阅报纸。自徐州失陷，武汉"四一二"空战以来，敌机常常飞临武汉上空盘旋，轰炸。天长日久，人们对空袭已习以为常，听到空袭警报也并不十分紧张。戴笠此时眼睛紧盯着报纸，显然被报上的什么文章吸引住了，以至近处大街上的奔跑声、叫喊声，以及远处敌机的轰鸣声和爆炸声，也没使他抬起头。

"怎么，戴先生还不去防空洞？"憨头憨脑的贾金南，在院后的防空洞口未见到戴笠，又转身跑了回来。此时，不远处传来一声巨响，不知附近什么地方中了炮弹。贾金南不由分说，拽着戴笠就走，边走还边嘟囔："什么事那么要紧？命都不顾啦！"

戴笠微微一笑，并不回答，只是快步向后面的防空洞走去。报纸上吸引他的还真不是什么要紧的事，只不过是著名文人郁达夫登的一则《寻人启事》。文中这样写道：

王映霞女士鉴：

乱世男女离合，本属常事。汝与某君之关系，及携去之细软衣饰现款契据等，都不成问题，唯汝母及小孩等想念甚殷，乞告以住址……

看到这则《寻人启事》后，戴笠深感不安。他认识郁氏夫妇已经多年了。早在他独自在上海"跑单帮"搞情报的时候，就听到过不少关于才子诗人郁达夫与杭州美女王映霞热恋的罗曼史，对郁达夫发表的那文笔生动、感情炽烈的《日记九种》也爱不释手。不过，当时他人微位卑，对被人们称为"富春江上神仙伴侣"的郁氏夫妇只能羡慕神往，而不得谋面。可是不久，杭州至江山的铁路正式通车了。郁达夫应杭江铁路局之邀，为杭江铁路沿线景物写宣传文章，其中郁氏撰写的《仙霞纪险》一文，情景交融，妙笔生花，把戴笠最熟悉也最喜爱的故乡仙霞风光，描绘得如诗如画，美不胜收。戴笠看到这篇散文后，对郁达夫的仰慕更加强烈。一天，他在杭州姜绍谟家做客，正巧遇见江山同乡王亦定女士。此人与王映霞乃旧日的同窗好友，与当时居住在杭州"风雨茅庐"别墅的郁氏夫妇来往甚密。经她介绍，戴笠终于结识了他们。他们对当时的无名小辈戴笠很热情，很友好；对他的豪爽、口才也很欣赏。戴笠更是以结识郁氏夫妇为荣。他仰慕郁达夫的才学诗文，欣赏王映霞的美貌端庄，所以多年来，他一直与郁氏夫妇保持联系，把他们纳入好友之列。

1938年，郁达夫应郭沫若的邀请，出任国民政府政治部第三厅设计委员，举家迁到武汉。此时郁氏夫妇之间已出现龃龉。郁达夫怀疑王映霞与原浙江省教育厅长许绍棣关系暧昧；王映霞则怨郁达夫不知体贴，不解温柔。两人常常吵架，为此都很苦闷。不过，郁达夫因公务在身，常常外出或到前线视察，倒也释然。可王映霞在家守着老母和孩子，心情却极为郁闷，因此常常到戴公馆找戴笠诉苦。此时的戴笠尽管工作千头万绪，忙得不可开交，但只要王映霞来了，他总是抽空接待她，开导她，有时还陪她去东湖风景区散步、游玩，以尽朋友之谊。前几天，郁达夫从浙东战场回来，无意中发现王映霞给许绍棣的一封信，两人又大吵一顿。吵过之后，郁达夫即去了第三厅办公室，而王映霞越想越气，便擅自离家出走，住到了好友曹秉哲律师夫妇家中。到曹家后，她还特意给戴笠打了个电话，告诉他自己出走的原因。戴笠在电话中力劝她回去，她却执意不肯，并不许戴笠将自己的住处告知郁达夫。戴笠认为，让他们夫妇分居几天，冷静下来也好，没想到郁达夫却登出了这样一则启事。戴笠觉得作为朋友，再不能袖手旁观，否则郁氏夫妇彼此将伤害得更深。

空袭警报解除后，戴笠分别给郁达夫和王映霞打了电话，可是两人都没找到。戴笠只好暂时放下此事。没想到中午，戴笠刚用过午饭，郁达夫倒风风火火地找他来了。“雨农帮帮忙，我老婆跟人跑啦，你设法帮我找回来吧！”

郁达夫中等身材，看上去不过40出头。他身着一袭灰绸长衫，面目清瘦，面色灰白，细长的双眼布满了血丝，很显然，他精神上承受着极大的痛苦，不过举手投足之间，仍不乏文人名士的飘逸和洒脱。他一见戴笠，就不管不顾地喊了起来。

“老兄，你乱说什么？有话坐下慢慢讲嘛！”戴笠一边示意正在一旁窃笑的部属离开，一边苦笑着迎了过去。

“谁乱说啦？你看这是姓许的给映霞的情书。我把它拍成了照片，每个朋友送一份。将来这就是打官司的证据！”说着，郁达夫把手中的三张复印信件递给戴笠。

“老兄，这可万万使不得！‘家丑不可外扬’嘛，你这样闹，叫嫂夫人日后还怎么做人嘛！何况嫂夫人根本就没有离开武汉。”戴笠扫了一眼郁达夫递过的信件，双手把他按在沙发上，正要顺势坐在他身边，郁达夫又“腾”地站起身来，“你说她没去找那个姓许的？她在哪里？雨农，快告诉我！”他紧抓住戴笠的双臂，两眼瞪得溜圆。

“你呀！”戴笠再次把他按坐在沙发上，轻轻叹了口气。他看得清清楚楚，郁达夫的内心仍然深爱着王映霞，生怕会失去她，但他的做法又实在令她无法接受。“老兄，你那个《寻人启事》都说了些什么呀！我现在就是告诉你嫂夫人的去处，她也不会见你呀！不过你放心，她现在住在你我的一个朋友家里，没有走远。”

郁达夫像泄了气的皮球，追悔莫及地把脑袋埋在双掌中，自言自语似地嘟囔道：“那你说我该怎么办？我该怎么办！”

戴笠又好笑又怜悯地抚着他的肩头说：“你先回去，心平气和地考虑一下怎么给嫂夫人挽回这个影响。我今晚抽空去劝劝嫂夫人。明天一早你听我的回话。”

郁达夫顺从地点点头，一言不发地站起身来与戴笠握手致谢。看得出，他知道妻子仍在武汉的消息后，心情顿时平静了许多。当晚，戴笠抽空赶到曹律师家，同曹氏夫妇一起劝说了许久，王映霞终于答应回家去。但她要郁达夫在她回家之前，再发表个声明，向她道歉，承认《寻人启事》中所说纯属他精神失常时的胡言乱语。

第二天，经过戴笠和其他朋友们的劝说，郁达夫也急切希望妻子回家，终于答应了王映霞的条件，登报道歉，夫妻俩重归于好。不过他俩的这场风波已成了武汉街头巷尾的议论话题，加之随着战事的推移，第三厅亦决定随政府机关转移。郁氏夫妇决定举家迁往洞庭湖畔的汉寿小县暂住，以调养彼此受伤的身心。临行前，戴笠特意赶去送行。他避开王映霞，由衷地劝导郁达夫说："老兄，日后万不可再旧事重提，切切要珍惜你和嫂夫人的感情啊！"不过，他还有几句潜台词没说出口：老兄，世上能得此美眷者又有几人哟！我戴某事事都能出人头地，唯此事不能如愿以偿。若自己能有一位像王映霞这样端庄美丽的贤内助跟随左右，也就没什么可以遗憾的了……

说起来，戴笠对自己那个同甘共苦多年的乡下妻子，不能说没有一点感情。不过，随着事业的发展，地位的升迁，他常常感到自己身边实在是需要一个在事业和生活上都能情意相投的漂亮女人。没想到，他的这一愿望，在郁氏夫妇离去不久，竟意外地成了现实。

这年的9月初，老蒋示意他秘密准备一批爆破能手，待武汉保卫战失败后，即将武汉这个交通要地的38个重要设施，如兵工、机械、码头、厂房、仓库等炸毁，来个"反资敌大爆破"，留座空城给敌人。他立即想到了已成立数月的临澧特务训练班。

办一个大规模特训班，是戴笠多年的愿望，如今这个愿望已成了现实。年初，他派被人称为"训练专家"的余乐醒、谢力公，去湖南筹办特训班。同年4月，老蒋正式批准，让他以"中央警官学校"为名，在湖南办一个每期可达千人的特务训练班，以落实他自己在是年3月临时全国代表大会上提出的"抗战期间要加强特务工作"的讲话。学员主要来自山东、河南失陷后的流亡青年，少部分是余乐醒等在湖南招收的青年学生，或特务们的亲朋好友。1938年，是戴笠腾达以来最忙的一年，尽管他对这个特训班非常重视，也非常珍爱，把它视为自己事业进一步腾达的基石，但是年2月该特训班在湖南临澧县立中学正式开学时，他却顾不上去参加开学典礼。不过，他人虽未去过特训班，可特训班的情况却了如指掌。该特训班一成立，他便为自己在班本部设了一个主任办公室，并派亲信丁若萍任办公室秘书，以牵制副主任余乐醒，全面了解教职员生的思想动态及教学情况。目前，特训班学员已受训了半年多，行动大队的学员也已接受了爆破训练，正好能在这次武汉"反资敌大爆破"中发挥作用。若在以往，他一个电报就可以让余乐醒把爆破手们送来，可当时，前方将士正激烈地为保卫武汉而浴血奋战，一旦泄露了老蒋准备放弃武汉的计划，那事态就不堪设想。老蒋"反资敌大爆破"的旨意，眼下必须绝对保密。于是戴笠决定亲自去一趟临澧，尽量减少中间环节。

安排好武汉的工作之后，戴笠只带了警卫王鲁翘、副官贾金南和一名司机，乘着一辆绿色的军用雪佛莱车前往临澧。路过长沙时，天色已晚。他决定先去拜访一下老友唐生明。唐生明当时任常桃警备司令和第二战区保安司令，临澧正好与常德毗邻，实际上也属第二战区保安司令部管辖，去临澧还必路过常德，说不定两人能结伴而行。

唐公馆的客厅灯火通明，唐生明和妻子徐来，以及徐来的女秘书张素贞，还有另一位年轻女士，正围坐在八仙桌旁，说说笑笑地作竹林之戏。唐生明的副官知道戴笠与自己的长官私交颇深，也不通报就带着戴笠直奔客厅。

“哎呀，雨农！什么风把你吹来了！”唐氏夫妇一见戴笠，不约而同地站了起来。

“雨农，快坐，快坐！没吃晚饭吧？王妈，让他们马上做一桌酒菜来……”被当时电影界称为“标准美人”的徐来，一口软软糯糯的吴侬软语，一双甜甜美美的笑靥。

“雨农，你这是从哪里来？”张素贞亦早已笑着迎了过去，她早在上海时就与戴笠非常熟悉了。当时戴笠每到上海，常邀唐氏夫妇外出玩乐，她便屡屡充作戴笠的女伴，一来二去，她与戴笠的交往就超过了一般朋友的情谊。不过她很有主见，人也聪明。她可以跟戴笠调情亲热，但决不肯卷入戴笠的组织，做他的部属。她对戴笠的态度总是与唐氏夫妇保持一致。

“我今天才从武汉来。这位小姐……”戴笠边回答，边指着桌边含笑的陌生女子问。

“我姓余，叫余淑恒。”那女子见问，便笑着伸出白若凝脂的玉臂自我介绍。

“哦，余小姐是上海人？”戴笠听她讲着一口流利的上海话，便握着她的纤纤细手，笑眯眯地用带着浓重江山腔的上海话问道。

“她呀，是我们湖南妹子，南京中央大学外文系的高才生。”唐生明在一旁兄长般戏谑地掐了一下余淑恒那艳若桃李的面颊，接着说道，“她呀，为了讨好我太太，一到我家就叽叽咕咕地跟她讲上海话，把我这湖南老大哥丢在一边。”

余淑恒并不见怪，只是带着几分调皮又几分嗔怪地笑道：“原来唐大哥这么小心眼呀！戴先生是江浙人，当然跟他讲上海话喽！”说话间，她又亲热地搂着张素贞的肩膀问，“素贞姐，你说是不是这样？”她见张素贞故意笑而不答，便带着几分天真地一扭身子笑道，“你跟唐大哥一样坏！”说得唐生明和戴笠等一齐哈哈大笑。

坐定之后，戴笠边说笑边打量余淑恒。她生得极标致，明眸皓齿，看上去不过二十三四岁，一身鹅黄色无袖连衣裙，把她那秀美匀称的身姿衬托得更加飘逸潇洒，亭亭玉立。

好一个漂亮的大学生！戴笠心中暗暗赞叹，嘴里却关切地问：“如今学校也迁走了，余小姐今后打算怎么办？”

余淑恒望着唐生明嫣然一笑，“这不，正求唐大哥给我找个工作呢！”

“哦，对啦！雨农，你那里不是早就想要个女秘书吗？你看淑恒怎么样？人聪明漂亮，又懂外语……”唐生明在一旁认真地说道。

“能找一个像余小姐这样的秘书，当然再好不过啦！不过，我们那里规矩多，纪律严，就怕余小姐受不了呢！”戴笠打心眼里希望能得到这样一个女秘书，特别是如今，他在国外亦设了十几个组区，急需懂外语的人才。

“戴先生负责哪个部门？都有什么规矩？”余淑恒见戴笠有意聘用她，便急忙问道。

“他那个部门，如今最受委员长重视，权大得很哪！”唐生明半开玩笑半认真地说。

戴笠却不以为然地摇摇头，笑道：“季澧兄总爱开玩笑。”然后，又似乎很认真地说，“我那里是军事委员会下面的调查统计局。不过，加入了我们的团体后，就不得任意退出，而且抗战期间我们规定：不许打牌，不许结婚，不许……”

“好啦，好啦！你就不要为难淑恒了……”徐来见戴笠说了一连串的“不许”，还以为戴笠在有意推辞。

“这没什么，大家都能遵守，我有什么不行的！”余淑恒急于找个工作，不等徐来把话说完，就毫不犹豫地插话道。看来，她很有主见。

“那好！一言为定。余小姐，我欢迎你！”戴笠一听，爽快地拍拍余淑恒的手背，笑着应承下来。

“太感谢你啦，戴先生！我什么时候报到？”余淑恒兴奋地跳起来，紧握戴笠的手问道。

“看把淑恒急的！雨农答应了的事，是不会反悔的。”唐生明在一旁笑道。

戴笠赞同地点点头，关切地说：“不急，你先把家安顿一下，等我去临澧办事回来，你再同我回武汉去。”

谈话间，戴笠得知余淑恒的母亲和弟妹都住在长沙，家中生活不很富裕，所以她希望能尽快找个工作。临行前，戴笠拿出100元钱，让她先安顿好家人。找一个像余淑恒这样年轻漂亮又懂外语的女大学生做秘书，是他多年的夙愿，如今意外地如愿以偿，他一路上心情都非常愉快。

汽车于第二天上午10时左右到达了临澧县城。可是他一看到街道两边黑压压的欢迎队伍，一听见那震耳欲聋的鞭炮声、鼓乐声，心顿时往下一沉，气不打一处来。他看见余乐醒带着十几个地方乡绅模样的人迎了上来，真想破口大骂。多年来，他为了自身的安全和特务工作的需要，总是尽可能不在公开场合露面，想不到余乐醒竟如此不识时务，搞了个这么隆重的欢迎仪式，还邀请地方乡绅！可是，当着地方乡绅的面，他不便发作，只好下车，勉强含笑地跟来人握手寒暄。可最后，他还是忍不住压低声音，愤愤地对余乐醒说：“撤回去！快撤回去！”上了汽车，戴笠沉着脸，一言不发。沿途他又看到，从城门口直到特训班所在地奎星楼县立中学的路上，不仅到处张贴着欢迎他的标语，而且身着灰色军装的特训班学员，三步一岗，五步一哨，警戒森严。戴笠情不自禁地骂道："余乐醒在搞什么名堂！抗战期间还摆这种威风！"

到了班本部，戴笠立即召集特训班骨干训话："你们把我当成什么人啦？为什么要这样大张旗鼓地欢迎我？我以前一再强调，要做无名英雄，不论到什么地方，除了自己的同志，尽量不要让外人知道。可是你们……"戴笠越说越气，把在场的人骂得各个蔫头耷脑，满面通红。余乐醒更是坐立不安，他实在是想搞个盛大的欢迎仪式来博得戴笠的欢心。他知道，为办这个特训班，戴笠确实颇费苦心，尽管戴笠不在特训班，但这里的学员大都是戴笠从各地"挖"来的，真正由筹备处招收的人并不多。可是，由于戴笠忙于工作，一直未在特训班露面，大部分学生都只知道有他这个副主任，而不知有戴笠。他还知道，戴笠把特训班的学生当成自己的宝贝，不容任何人插足其间。为此，他特意把学生们自己修建的一个大礼堂后面供学生休息、散步、嬉戏、垂钓的长堤，命名为"雨农堤"。这次，戴笠第一次来视察，他颇费苦心地安排了这一欢迎场面，为的就是让戴笠的形象和影响能深入学员们的心中，免得戴笠派在特训班的亲信打小报告，说他有野心。可弄巧成拙，惹得戴笠发这么大的脾气。可是他哪里知道，他与戴笠的矛盾是很难避免的。他身为副主任，又兼任特训班许多重要课程，如特工常识、化装技巧、毒物配制、化学通讯等，都由他亲自主讲。加上他早年参加过共产党，平时总是跟学生打成一片，学生们都很喜欢他，尊敬他。这早已引起了在特训班工作的一些特务的不满和妒忌。他们已经向戴笠打过不少小报告，说他野心大，笼络学生。这次戴笠到特训班冷眼旁观，只见学生一看到余乐醒，就都围过去跟他说说笑笑，而对自己只是客气地敬个礼或点头笑笑。他明显地感觉到，自己在学生心目中的地位远远不如余乐醒，便满肚子的不高兴。他当下就暗自决定，以这不适宜的欢迎场面为借口，撤销余乐醒的副主任职务，让新到任的总队长陶一珊兼任副主任。他要让学生们明白，在这个团体中，真正主宰他们命运的到底是谁。

戴笠在特训班只停留了三四天。可是这短短的几天时间中，他除了布置任务，召开全体大会之外，就是找教职员生个别谈话，几乎每个教官和学生骨干他都谈过了。发现问题马上就解决，其工作效率之高，倒也给学生们留下了深刻的印象。戴笠对这期学员的情况也是很满意的。特别是看到这些教职员生中有不少大学生，甚至留学生，他更是高兴异常。有一次，他对学生们开会前唱的一首用德国法西斯党歌曲调填入新词的歌很感兴趣。歌中唱道："革命的青年快准备，智仁勇都健全！握着现阶段的动脉，站在大时代前面！贫贱不能移，威武不能屈，维护着我们领袖的安全，保卫着国家领土和主权。要负起复兴民族的责任，要贯彻三民主义的实现。须应当刚强、沉着、整齐、严肃、刻苦、耐劳、牺牲、奋斗……”

戴笠认为，学员们来自不同的地方、不同的家庭，年龄、习惯、学历都不相同，要把他们全部纳入特务工作的轨道，除了娴熟的技术之外，还必须有统一的行动纲领，统一的奋斗目标。这首歌，正好体现了他的这一宗旨，所以他非常重视。回武汉后，他立即正式给临澧训练班下达了两道命令：一是撤销余乐醒的副主任职务，让其任教务主任；二是将这首歌定为特训班的班歌。

学生们对后者没什么反应，但对前一道命令却非常不满。有许多学生甚至因此而不安心学习。不久，在特训班任行动教官的沈醉，奉命挑选了80多名学行动爆破的学员到武汉。戴笠在接见这些学员及跟他们个别谈话时，对这种不满情绪便有所察觉。当晚，他把沈醉找去吃晚饭，想进一步摸摸情况。可是他还未提及此事，沈醉却先向他提出了离开特训班，留在武汉，直接参加抗战工作的要求。

戴笠一听，立即意识到问题的严重性。他知道，沈醉虽然是余乐醒的妻弟，但却是他自己一手提拔起来的青年骨干，对自己非常忠实，如今连他也不安心工作，其他的学员就更可想而知了。也许，自己在对待余乐醒的问题上，真的是操之过急了？

吃饭时，戴笠像兄长般耐心地开导沈醉说：“我们团体的工作，绝不是一般人都可以胜任的，必须经过严格的训练和思想考核，才能委派到工作中去。现在，我们对内对外的工作，一天比一天繁多，最缺乏的就是干部啊！训练干部是我们的当务之急。你还是回去，安心地搞训练……”

沈醉见其如此苦口婆心地开导自己，非常感动，便把学生及部分教官因余乐醒被撤职而闹情绪的事，如实向戴笠做了汇报。戴笠沉思片刻，便安慰沈醉道：“你放心回去，这事我会解决的。”

不久，沈醉所谈的情况又从丁若萍的工作汇报中得到了进一步的证实。为了不影响这期学员的学习和教官的情绪，戴笠毅然下令，恢复余乐醒的副主任职务，并去信安慰余乐醒，让他安心教学。特训班的这场风波才算平息下来。

是年10月初，特训班第一期学员即将毕业。尽管武汉已危在旦夕，戴笠还是带着副官和女秘书余淑恒赶往临澧。路过常德时，又把唐生明夫妇和张素贞一起邀请上，去参加毕业典礼。可是唐生明在临澧见到沈醉后，硬要戴笠把沈醉借给他，当他的稽查处长。戴笠最初不肯，但经不住徐来、张素贞和余淑恒几个人的劝说，只好忍痛割爱。不过，他郑重申明，业务上沈醉服从唐生明，但组织上还得听命于军统局。戴笠的原则是，只要是进了他的特务组织，就决不让其轻易离开。

老蒋对特训班第一期毕业生亦非常重视，戴笠等人刚到临澧，就接到了老蒋发来的贺电及对该班的训词。训词这样写道："……特警工作为神圣革命事业之一，尤其现当抗战最严重期中，责任更为繁重。第一应有极高尚之道德，革命革心，必须从本身做起，养成纯洁人格，乃足以执行其任务，而为社会所敬服。第二应有极勇敢之精神，明死生，履艰险，命令所在，虽赴汤蹈火，皆锐利而前，毫不犹豫，以得牺牲报国为光荣，乃足以达成其任务而立伟大之事功……"

戴笠在毕业典礼上宣读了老蒋的训词，又大讲特讲了一番"秉承领袖意旨，体念领袖苦心"的大道理，同时，把是年内沦陷区的潜伏特务们翦除汉奸的情况大大地炫耀了一番。因为该期毕业的学员，大部分将分赴各沦陷区进行情报收集或锄奸工作，戴笠想以此来勉励学员，让他们向那些"无名英雄"学习……

会后，特训班的学员们还表演了节目。然后，戴笠又从特训班挑了几个专门讲授爆破的人员，匆匆地带回了武汉。因为日本人已攻下广州，武汉朝不保夕。他必须亲自督阵，在武汉失陷前夕，完成老蒋交给他的"反资敌大爆破"任务。

10月25日，日军先头部队即将到达湖北黄陂，距武汉仅有30多公里。隆隆的炮声和激烈的枪声越来越近，大街小巷，车站码头，挤满了惊慌失措的逃难人群。戴笠随着主管武汉"反资敌大爆破"工作的军统局湖北站站长朱若愚、稽查处长赵世瑞等人巡查过全城的30多个爆破目标之后，最后来到了火车站。他紧皱双眉，望着车站内外拥挤、哭喊的人群，对朱若愚说："像这些交通要道，在爆破前一定要做好疏散工作，不要伤人太多……"

朱若愚点头应允着，并随着戴笠上了汽车。在车上，戴笠仍不放心地叮嘱道："委员长对这次'反资敌大爆破'非常重视，每个目标都必须要有专人负责，任务要完成得彻底。但也决不能出任何纰漏。等下你马上召集全体爆破人员，到我公馆来，我要最后再听听各方面的工作汇报。看还有没有什么问题。"

"戴先生，敌人已经逼近武汉，你就乘我的汽车先走吧，这里的工作交给我们办就行啦！"赵世瑞关切地说道。

戴笠一听，就没好气地说："我知道你！你是不是想溜？想先把我支走？我一走，武汉还能找到你的影子吗？"

赵世瑞就是当年怂恿唐纵误抓了汪精卫的改组派人员，害得戴笠挨了老蒋一顿臭骂，唐纵也因此而被撤职的那个特务，因他当时受处分被关押时牢骚满腹，总想推卸责任，戴笠对他很是不满。不过，赵世瑞也是黄埔六期的毕业生，工作上也有一套，所以戴笠仍然重用他，但并不十分信任他，时不时地给他点难堪。

赵世瑞顿时被戴笠说得面红耳赤，很是气愤，直后悔自己多事。

当晚，戴笠召开了最后一次爆破工作会议之后，才收拾行装，准备乘赵世瑞留在公馆的汽车离去。不料，正当他的司机郭斌刚检修好汽车，加足汽油，准备装行李之际，赵世瑞忽然骑着自行车匆匆赶来，对郭斌说："实在对不起，这车我有急用，你另给戴先生找辆车吧！"

"你开什么玩笑？这个时候叫我到哪里去找车？"郭斌一听就急了，大声地吵了起来。此时戴笠身边只留下了郭斌和警卫王鲁翘。余淑恒和戴公馆其他的机要人员早已撤往重庆，戴笠的汽车让他们开走了。

"我有什么办法？总不能让我骑着自行车到几十个地方去检查爆破情况吧！"赵世瑞毫不示弱地嚷了起来。

他俩的对话，戴笠在楼上听得一清二楚，他这才意识到，自己白天说的话过重了。赵世瑞的犟脾气上来，也是会不管不顾的。如果撤退时为了一辆车跟部属闹起来，日后还有什么威信可言？想到此，他不紧不慢地走到楼门口，对郭斌说道："把车给他，汽车本来就是他的嘛！"

郭斌这才狠狠地把汽车钥匙甩给了赵世瑞。赵世瑞也不管三七二十一，转身就把车开走了。气得郭斌对着赵世瑞的车屁股破口大骂："这个混蛋，老子刚给他把车子加足油，他倒会捡现成的……"

"算啦，算啦！我们另想办法！"戴笠反倒笑着走到郭斌的身后，拍着他的肩膀安慰道，仿佛这事与他无关似的。

"现在能有什么办法？"郭斌见他没事人似的，心里更来气了。

"你别急嘛！你去找找汽车修理厂的盛老板，他一定有办法。"戴笠胸有成竹地说道。

郭斌一听顿时双眉舒展。他知道，戴笠一向爱广交朋友，各行各业的人都接触，跟汽车修理厂的盛老板交往也很多，盛老板一定会设法帮忙的。

果然不出所料，在盛老板的帮助下，郭斌终于在码头找到了一艘破汽艇，并连夜和盛老板一起把汽艇修好，凌晨两三点钟，才把戴笠接了上去。戴笠在汽艇上等到天明，直听到武汉市内传来了此起彼伏的爆破声，敌机也已飞临到了长江上空盘旋、轰炸，他这才命令郭斌开船离去，直奔沙市，再转长沙，向老蒋复命去了。

二十三　投敌卖国汪逆出逃 行刺无方坐失良机

正当武汉“反资敌大爆破”的爆炸声此起彼伏、震耳欲聋之际，重庆上清寺汪公馆内，却正在进行着一场投敌叛国的阴谋活动。

身为国民政府副总裁的汪精卫和他那肥胖而泼悍的老婆陈璧君，正屏声静气地听着一个头上长了个肉瘤的家伙在说着什么。只见那人目光狡黠、神情诡秘地压低声音说道：“……几个月来，我和高先生先后跟日本松本重治、犬养健等接触了五次。他们的意思是，‘和平运动’非请汪先生出来领导不可。我们的同志和周佛海先生，以及云南的龙云主席、四川的地方势力，还有广东的张发奎等实力派人物，都愿集合在你汪先生的旗帜下，为‘和平运动’尽力……”

此人乃代理国民党中央宣传部长周佛海所主持的艺文研究会香港分会的一个负责人——梅思平。他早年毕业于北京大学，任过江宁县“模范”县长。南京失陷后，他丢了这顶乌纱帽，便开始投向主和派周佛海的怀抱，极力为所谓“和平运动”而奔忙。他话中提到过的“高先生”，指的是外交部亚洲司司长高崇武。

“……日本人的意思是希望汪先生能出面成立一个反蒋反共反战的新政权，这样和平才会有希望。所以特意让我来征求一下汪先生的意见……”梅思平望了一眼坐在旁边的周佛海，接着说道。

保养得红光满面的汪精卫，静静地听完梅思平的话后，稍稍沉思片刻，便慢条斯理地说道：“如今武汉也沦陷了。这样节节败退地打下去，总不是办法。而且中共借抗战之机，正在扩充实力，其志不在小。即使抗战能够获胜，战后的内乱同样不可避免。国家的未来命运，更在不可知之数。所以，为了国家，我确实很想出面挑起‘和平运动’的担子。怕只怕日本外交政策反复无常，我等进退两难啊！”

“当然！这个问题我们也早已考虑到了。只要汪先生同意出山，我们就派代表去上海与日方正式商定，签订了条约，再采取行动。汪先生，你看如何？”一直沉默不语的周佛海，这时插嘴道。

陈璧君见汪精卫紧皱双眉，一副犹豫不决的样子，便迫不及待地说：“只要日本御前会议同意由汪先生出来领导‘和平运动’，汪先生是愿意出来的。”说完，又推推身旁的汪精卫，“你倒是说句话呀！”

汪精卫依然很谨慎地说：“我还是前两天对德国海通社记者讲的那句话，‘……必须视日本和平提议之内容为断耳。如果不妨碍中国之生存与独立，则或可为讨论之基础，否则绝无谈判之余地’，也只有接着打下去了。”

“你呀！”陈璧君不满地瞪了汪精卫一眼，愤愤地说：“你难道还看不出来？自从日本提出不以蒋介石作为谈判对手以后，蒋介石抗战到底的调子就越唱越高。他如今是骑虎难下，只得长年累月地拖。现在大家守在重庆，也只是在为蒋介石一人殉葬……”

汪精卫还是不置可否。第一次游说没有达到目的，但周佛海、梅思平和陈璧君，都摸透了汪精卫的心思，看出他早就想脱离老蒋另起炉灶进行“和平运动”了，只不过担心搞不好，会身败名裂，得不偿失。

之后，周佛海等接连几次去找汪精卫，向他保证，云南、四川、广东一直受老蒋排挤的实力派人物，只要他一出山，树起旗帜，就会出来支持他的新政权，劝他不要顾虑太多。陈璧君的态度也很积极，一再怂恿汪精卫答应此事。汪精卫在他们的一再怂恿下，终于答应让梅思平和在香港的高崇武作为他的代表，去上海跟日本人谈判。条件是他要在日本人统治之外的中国某地，成立一个新的反蒋、反共、反战的国民政府，拥有自己的军队。如果日方允诺这一条件，便可进一步商定行动的具体条件和步骤。10月底，梅思平带着汪精卫的条件，离开重庆去了香港。这就是汪精卫投敌卖国的第一步。

原来，早在“七七事变”爆发之后，汪精卫就处心积虑地想走这一步。只不过当时他手中没有实权，军政大权全掌握在老蒋一人之手，他左右不了时局，只能接二连三地给老蒋写信或面谈，让老蒋放弃抗战的主张。而老蒋的内心深处，也并不想与日本人抗争到底，但他迫于全国军民的抗战激情，不敢贸然提出和谈。由于淞沪抗战，中国方面以空间赢得了时间，粉碎了日本政府三个月内打败中国的“速战速决”阴谋，日方自知与中国长期作战于己不利，于是请求德国驻华大使陶德曼出面调停，进行诱降。当时，日方提出的条件有七点：承认满洲国，内蒙古独立；缔结中日防共协定；扩大“何梅协定”，划华北为不驻兵区域；中日经济合作，减低日货进口税；根绝反日运动等。

当时，老蒋自然不敢接受这一放弃国土、丧失主权的停战条件。他提出的停战条件是恢复到“七七事变”前的状况，也就是说，承认满洲国，把东三省让给日本人。可是随着战事的发展，华北地区的太原、石家庄、德州相继失陷，江南方面则是日军在杭州湾登陆，南京危在旦夕。老蒋为保首都不陷敌手，同意以日方提出的七条为基础，进行和谈。孰知日本人得寸进尺，又提出了在日占区建立伪政权，要求中方赔偿日方侵华战争的经济损失等四条无理要求。老蒋意识到，若答应日本的这些屈辱条件，他和国民政府都将被全国军民所唾弃，而坚决抗战的共产党，将取代国民党在全国人民心目中的地位，因此拒绝了这些条款。陶德曼的调停也至此中止。恼羞成怒的日本首相近卫文麿发表声明：不以国民政府蒋介石为谈判对手。加之日本人在南京实行了惨无人道的大屠杀，全国上下群情激愤，这就进一步坚定了老蒋抗战的决心。

可是，在国民政府撤退到武汉之际，早年留学日本的代理宣传部长周佛海，便与曾留学日本九州帝国大学的外交部亚洲司司长高崇武密商道：“陶德曼的调停失败了，我们不能不设法找出沟通日本人心意的途径啊！无论如何，不能不考虑走出汉口，与日本方面取得联系……”他二人暗中策划了许多方案，最后决定让高崇武以搜集日本情报为理由，在香港成立一个所谓的“国际问题研究会”和一个“艺文研究会”，由高崇武做主任，并往返于香港、汉口之间，暗中与日本人接触，寻求所谓“和平”途径。他们这一行动，当时也得到了老蒋的默许，因为尽管他口头上高喊抗战，但内心深处仍希望战争早日结束，只要日本方面提出的条件能够接受，他是随时都准备和谈的。

高崇武多次在香港与日本陆军特务影佐祯昭、今井武夫、犬养健等接触，并擅自秘密地去了一趟日本，其结果是日本方面仍不愿以老蒋作为谈判对手。因为他们知道，老蒋所谓的“能够接受的条件”，还是不愿丧失东三省以外的中国领土，也不愿赔款。可是，日本占领了武汉、广州之后，以国力、财力而言，其军队均无法再打下去，很希望中国方面能屈服投降。所以日方决定，在老蒋不肯接受他们的条件而屈服投降的情况下，抬出一向主张和谈的汪精卫，企图建立一个反蒋、反共、反战的新政权。高崇武也曾将日本方面的企图转告周佛海，让他再转呈汪精卫和蒋介石。老蒋对此非常生气。高崇武吓得称病躲在香港，让梅思平做他的代表，继续与日本人接触，往返于香港、重庆之间，执行日本方面想抬出汪精卫、成立新政权的计划。这才有了梅思平、周佛海在上清寺汪公馆力劝汪精卫出山的丑剧。

就在长沙大火，全城烧成一片废墟之际，梅思平和高崇武作为汪精卫的代表潜到了上海，与日本人在上海虹口公园东侧，一处被日本人称作“重光堂”的公馆内，进行了两天两夜的密谈。双方达成了所谓的《重光密约》，其内容主要是由汪精卫出面，在沦陷区以外的中国某地，成立一个反蒋、反共、反战的新政权。具体步骤则是由日本首相近卫再发表一个对中国的招降声明；汪精卫则设法脱离蒋介石控制的区域，到香港或河内等国外某地，通电响应近卫声明，提出他的停战投降主张。也就是说，待汪精卫正式明确地与老蒋的国民政府脱离关系后，汪、日双方再具体商谈实现“和平”的步骤。梅思平带着密约，再次回到重庆，转呈汪精卫。于是汪逆一行，决定于12月8日飞往昆明，转道河内。

汪精卫等与日本人的频繁接触，被孔祥熙觉察，即电告在桂林巡视的老蒋。老蒋为了摸清汪精卫与日本人勾结的程度，便让他的幕僚长陈布雷，于12月7日赶回重庆去见汪，他自己亦于次日赶到重庆，亲自对汪进行试探。汪精卫见老蒋匆匆回渝，误以为事情败露，便不敢轻举妄动，对蒋、陈二人的试探、询问，支支吾吾，不做正面答复，这自然更加重了老蒋的疑虑。为了打消汪精卫亲自出马搞“和平运动”的妄想，老蒋特意在12月13日的国民党纪念周集会上，明确表明了要坚决抗战到底的决心。在场的汪精卫认为他这是对自己提倡的“和平运动”的挖苦，非常恼火。两天后，当他与老蒋同桌吃饭时，便忍不住指责老蒋道：“……致使国家民族濒于灭亡，这是国民党的责任。我等应迅速联袂辞职，以谢天下。”

老蒋亦毫不客气地答道：“我们如果辞职，到底由谁来负政治责任？”两人你一言，我一语，争得面红耳赤。论心计，汪敌不过蒋；论口才，蒋却不是汪的对手。争到最后，老蒋生气地拂袖而去，把汪精卫一人干在那里。汪精卫回到公馆，忍不住恨恨地对陈璧君说：“重庆是无论如何也不能待下去了！”

几天之后，汪精卫得知，老蒋将于12月18日召集年轻的中央委员训话。这种会议他不用出席，正是溜走的大好时机。于是，他让交通部的亲信给他预留几张去昆明的机票。就在老蒋振振有词地给中委们训话之际，汪精卫、陈璧君等一行，乘机离开了重庆，抵达昆明，此后，又在云南省主席龙云的帮助下，乘机飞往河内，开始了他投敌卖国的汉奸生活。

汪精卫搞“和平运动”由来已久，老蒋并不以为怪。但汪竟然放弃国民政府副总裁的职位，不辞而别，则是老蒋和其他国民党要员做梦也不曾想到的。消息传来，莫不万分震惊，谁也猜不透汪精卫出走的真正意图。直到12月22日，日本首相近卫发表第三次招降声明，汪精卫于29日发“艳电”通报响应之后，老蒋等人才明白汪精卫出走的真正意图。尽管蒋、汪两派争权夺利多年，但国民政府副总裁出走投敌，这将给国民政府带来何等恶劣的影响，这一点，老蒋十分清楚。为了挽回局面，老蒋下令封锁消息，谎称汪精卫告假去河内治疗，并派外交部长王宠惠、汪的好友陈布雷等，前往河内劝说其回国，暗地里则令戴笠即赴香港，设法威胁汪精卫在香港的追随者，并严密监视汪逆一行，防止他们公开投敌。

这项任务无疑是非常棘手的。老蒋命令戴笠，既要达到监视、警告汪精卫及其追随者的目的，又不能让汪精卫抓到任何把柄，以致公然与老蒋决裂，造成无法挽回的局面。要威胁、警告，又不能露出马脚，这个分寸实在不好把握。戴笠为此终日忧心忡忡，就如同几个月前所发生的暗杀唐绍仪事件一样。当时上海区的特务发现，日本人经常出入于国民党元老唐绍仪的公馆。日特头子土肥原，也曾找唐绍仪密谈，大有请唐绍仪出面建立伪政权的趋势。于是戴笠奉命派上海区行动总队长赵理君，率人将唐绍仪暗杀于唐宅之中。事发之后，国民党内部掀起轩然大波，王宠惠、汪精卫、张继等，大喊要追查凶手，而戴笠当时又拿不出任何凭据以证明唐绍仪是汉奸。老蒋为掩人耳目，不得不答应尽全力“追拿”凶手，并发出唁电，明令褒扬，将唐绍仪一生事迹，宣付国史馆。此次情形比唐绍仪之事更为复杂，若拿不出汪精卫投敌之确凿证据，光凭他出走河内，发表“艳电”，是不足以服众的。事实上，直至当时，还很少有人相信，汪精卫会蠢到放弃中国第二把交椅不坐，而甘心去当万人唾骂的汉奸。因此，戴笠在执行此项任务时，必须万分谨慎从事，免得在当时全国一致抗战的热潮中，引起内乱，影响大局。

戴笠冥思苦索之后，决定在严密监视汪精卫等人的同时，来个声东击西、杀一儆百的行动。他一面抽调天津站站长陈恭澍、临澧特训班副主任余乐醒，以及自己的贴身警卫王鲁翘等立赴河内，监视汪精卫等人的行动，另一方面又命新上任的上海区区长王天木速到香港，与他当面密商，然后派人在上海尽快杀一两个大汉奸，以达震慑之效。陈恭澍、王天木未到达香港之前，戴笠也不敢坐等。他亲自出马打电话给汪的追随者《华南日报》负责人林柏生和写文章拥护汪精卫“和平”主张的香港中央通讯社社长肖同兹，指责他们不该发表文章，与重庆政府唱对台戏，并派人扬言说，要烧掉《华南日报》社。当他发现林柏生一如既往，继续在报上写文章攻击重庆政府时，他又派人在林柏生回家的路上，用铁棍将其打伤，以示警告。

不久，戴笠亲自把陈恭澍、王鲁翘送到河内，安排妥当之后，又匆匆地赶回香港。此时，王天木也已赶到。戴笠一见他，就毫不客气地责备道：“天木兄，你当年在平津杀张敬尧时的英雄气概都哪里去了？到上海好几个月了，竟没做出一点成绩！”

王天木不由气恼地直摇头说：“雨农，你那个赵理君处处跟我作对，叫我怎么开展工作？”

原来，王天木几年前曾因“箱尸案”被判刑坐牢，“西安事变”后，戴笠念其旧情，在老蒋面前力保，将其释放，并继续留在特务处工作。半年前，原上海区区长周伟龙因工作失误被调走，上海区长一职暂时由上海区行动总队长赵理君兼任。赵理君早年毕业于黄埔六期，后在南京洪公祠特训班受训后，参加特务处工作，因行刺史量才、杨杏佛有“功”，深得戴笠器重，又因其前不久神不知鬼不觉地在唐公馆内杀了唐绍仪，没让人抓住把柄，更赢得了戴笠的垂青。他自己也因此而目中无人，不可一世。周伟龙一走，他以为上海区长一职非己莫属，不料戴笠又把个王天木派了去。他心中不服，便想方设法地与王天木作对，根本不与其配合。王天木在上海人地生疏，工作自然无法开展，如今见戴笠不但不体谅自己的苦衷，反而一见面就责备他，心里很不是滋味。

戴笠见他一脸的不高兴，便放缓语气说：“赵理君年轻，可能有不周之处。天木兄可是团体的老同志啦，总不能因为他不懂事，就不开展工作吧？”接着，他又把汪精卫出走，发表“艳电”等事告诉了王天木，让其尽快地派人杀一两个大汉奸，给企图投敌叛国者以威慑。

王天木一听，即面带笑容地说：“雨农，放心吧，我已经安排好了。一听你要见我，我就知道是这方面的事。来之前，我已经让人着手这方面的工作了。”

“行！有你的！”戴笠高兴了，拍拍王天木的肩头接着问，“你找的人是谁？可靠吗？”

“完全可靠。他叫刘戈青，是个很讲信义的同志。他答应的事情一定会尽力去完成的。”

“刘戈青？对！是个好青年。他还是杨司令和陈华介绍给我的呢。”戴笠脸上露出颇为得意的样子。“七七事变”之前，有次戴笠去上海警备司令杨虎家探望，适逢杨虎夫妇均不在家，但客厅里却坐着一个学生模样的青年。戴笠歪着脑袋打量着这个青年，不停地问这问那，得知此人叫刘戈青，刚从暨南大学毕业，正准备邀其父之老友杨虎等人一起，组织一个矿业公司，在其父购置的一块有锰矿的土地上开矿。谈话间，戴笠很赏识他。事后，杨虎夫妇劝说其参加了特务处工作，并被戴笠派到杭州警校受训。“八一三”之后，他便主动申请留在上海，做潜伏工作。所以，戴笠一听是他，就比较放心了。可是，王天木坚决要求戴笠将赵理君调走。戴笠不允。两人吵了起来。王天木一气之下，愤愤地说：“若不调走赵理君，我就不回上海！”戴笠只好答应让王天木回北平当特派员，不过条件是：必须在刘戈青除掉一个大汉奸之后，他才能离职。王天木蛮有把握地说：“你放心，不出一个月，就会有结果！”

果然不出所料，就在是年的大年初一即传来消息，伪维新政府的外交部长陈箓，于除夕之夜，被刘戈青等人击毙于其沪西愚园路寓所。消息传来，戴笠大喜过望，立即令刘戈青及其参加这次暗杀行动的全班人马撤离上海，赴香港领奖，并让刘戈青把自己的一家老小全都由上海迁到香港，以免遭到敌人的迫害。

就在刘戈青等人在上海杀了陈箓，为军统局增光不久，河内方面的监视工作也取得了重大的突破：即戴笠的部属截留了一封汪精卫煽动云南省主席龙云脱离国民政府，拥护其在西南成立伪政权的密函。

原来，汪精卫逃到河内，并发表“艳电”之后，实指望如周佛海等人以前所说，云南、四川、广东等拥有军队的实力人物，会出来响应他的“艳电”，拥护他回西南成立一个与老蒋抗衡的新政权，然后再进一步与日方谈判“和平”之事。孰知“艳电”发表了三个多月，云南、四川、广东均无动静，而且他本人也等得有些不耐烦了，于是只好冒险给云南省主席龙云写信，进行煽动。信中这样写道：“……弟蛰居河内，非有所畏，然寄人篱下，言论行动，不能取信于国人。若回到内地，则声势迥然不同。各方趋附，有其目标；国际视听，亦有所集，事半功倍。日本对弟，往来折冲，亦比较容易有效。此弟三个月前不敢求之先生，而今日始求之先生，未知先生能有以应之否？……如先生予以肯定，则弟决然前来；如先生予以否定，则弟亦不能不谋他去。盖日本以一再迁延，已有迫不及待之势……”信中，汪精卫投敌叛国之心昭然若揭，成了他当汉奸的铁证。

戴笠获此信后，立即密令陈恭澍等做好行动准备，又分别派人从国内秘密携带枪支弹药及板斧、匕首等武器，前往河内，转交陈恭澍等人。同时，戴笠急将此信亲呈老蒋，等候其下达“制裁令”。

陈恭澍等人在河内执行监视任务已近两月，每日除轮流监视汪精卫隐居的高朗街27号那幢三层小洋楼外，几乎无事可干。一接到“准备行动”的命令，陈恭澍和余乐醒就跃跃欲试地忙了起来。在戴笠派人送来的武器中，有枪支弹药，也有匕首、毒药。依余乐醒之见，是想用毒药置汪于死地，这样他们也可以神不知鬼不觉地安全撤退。而陈恭澍年轻气盛，总想真刀真枪地干个痛快。余乐醒一再强调，戴笠派他来的主要目的，就是让他在必要的时候尽可能利用毒药使汪精卫毙命。陈恭澍虽不以为然，却也无充分理由反对，只好暂且听之。

当时，与汪精卫夫妇同住在高朗街27号的，只有他们的仆人和几个亲属。汪的秘书曾仲鸣却是住在大陆饭店的客房里，专门负责汪精卫的对外联系。余乐醒等人明白，企图收买汪身边的仆人和亲信是不可能的。怎么才能把有毒的食品送到汪宅中去，成了陈、余二人绞尽脑汁的难题。最后，还是当初戴笠来河内时安排的一个当地联络人，给陈、余二人提供了一条线索，即高朗街的住户们大都在附近的一家面包房订购面包，汪家也常常在这里订购，而且面包房专有一年轻人负责给每个订户送货上门。余、陈二人认为，这是一个极有价值的线索，准备利用送面包的人，把有毒的面包送进汪的住所。于是他们买了几个面包进行试验，即用注射器把毒液注入面包，以观效果。结果他们却发现，这方法根本行不通。因为毒液注入面包后，便结成了颇似黄豆的硬块。这计划显然不行。余乐醒又想将一个装有毒液的瓶子设法放入汪宅的浴室，只要有人进浴室洗澡，该瓶稍一受热，里面的毒液就会散发出来，使人窒息而死。

就在余乐醒想方设法将毒液瓶送进汪宅之际，戴笠突然打来一份密电，令陈恭澍等即刻对汪逆精卫予以严厉制裁。也就是说，让他们马上动手杀掉汪精卫。陈恭澍等人都知道这一天迟早会来，但真的要行动了，每个人心里又都很紧张。因为他们都知道，河内乃属法国殖民地，当局规定，任何人都不得携带和使用枪支武器，否则将判刑坐牢。而且，万一在行动时被当地警察抓住，后果更不堪设想。然而他们都更清楚，戴老板下达的命令，是决不能打折扣的，即使明知会去送死，也得冒死去完成。于是，他们反复商讨，决定在3月22日以前，进一步侦察确定汪精卫卧室的位置，若没有改变，则于22日午夜袭击汪宅，打死汪逆。

孰知，他们头天晚上刚定好行动计划，第二天一早，负责监视汪宅的魏春风，便风风火火地跑来报告说，汪精卫正在打点行装，有全家离开河内的迹象。陈恭澍等人早就担心汪精卫会离开河内，逃往西贡，然后转道日本。他顾不得许多，立即召集全班行动人员带上枪支，并把唯一的一部福特牌小汽车加足汽油，整装待命。大约上午10时左右，监视人员又打来电话说，汪逆一行乘坐两部黑色轿车，已往达莫桥方向驶去。陈恭澍当即亲自开车，带着六个行动队员，直奔达莫桥方向追去。过桥不远，陈恭澍等人就发现，前方几百米的空地上并排停着两辆黑色轿车。可以确定，这就是汪逆等人乘坐的汽车。但是他们距车较远，在耀眼的阳光照射下，根本看不清哪辆车中坐着汪精卫，同时，他们又担心汽车内会有汪精卫雇来的越南警察，便放慢了车速，想驶近一些看清楚之后再动手。

可他们万万没想到，就当他们在行驶的汽车上看清汪逆的一瞬间，汽车又冲出了数十米，刚要掉头之际，汪的两辆轿车已迅速地掉过车头，向来的方向疾驰而去。等陈恭澍掉过车头之时，汪的汽车已驶出了200多米，陈恭澍加大油门拼命直追。可是快到达莫桥边时，过桥的汽车越来越多，他们的小福特竟被黑轿车远远地甩在了后面，夹在其他的过桥车辆之中。按说陈恭澍等人本可乘轿车在前面等待过桥之机，弃车奔去袭击汪精卫。可是，陈恭澍又害怕在众目睽睽之下，无法逃离现场而被捕，便决定过桥后再行动。结果，等他们的汽车挨到桥头时，黑色轿车已过了桥，他们的汽车却被红灯拦在了桥的这边。就这样，他们把一个极好的行动机会错过了。

等到陈恭澍的汽车过了桥之后，汪的车早已返回了他的寓所。陈恭澍等人白白地瞎追了一气，每个人都懊悔不已，只好先继续派人去监视汪宅，然后再做打算。

当天下午，就在陈恭澍等人各自生着闷气的时候，监视人员又来电话说，汪精卫夫妇正在门前草坪上散步，好像在争论着什么。陈恭澍一听，立即带着两个部属驱车前往。可等他们赶到汪宅门前时，草坪上哪还有汪氏夫妇的踪影？陈恭澍气得直捶自己的脑袋："嗐！我怎么不让监视人员带上枪！"

接连两次坐失良机，陈恭澍等人烦躁不安。每个人心里都清楚，两次机会的丢失，关键在于他们不敢放开手脚去干。因为河内不比国内，在国内奉命行凶杀人，即使被捕，戴笠也有办法将他们保释出来，而在河内这个法国人统治的地盘上，戴笠就无能为力了，所以真正行动起来，每个人都格外地紧张恐惧。但是谁都知道，若不完成任务，戴笠也决不会轻饶他们。陈恭澍当年因在天津行刺石友三未遂，又给特务处招惹了许多麻烦，因而曾被戴笠将其及全家关押数月，此事他至今记忆犹新。而且此次来河内之前，戴笠一直未向他透露任何消息。他离津时还以为几天之内即可回去，对一家妻儿老小的生活未做任何安排。因此，他对戴笠又气又怕，既不敢拒不执行任务，又不愿为执行任务而搭上自己的性命，陷一家老小于绝境。可是，这接连两次的坐失良机，确实是他这个行动负责人的责任。他们若不尽快地解决汪精卫，或者是让汪精卫溜掉了，戴笠都不可能轻饶他。思来想去，他决定孤注一掷，于当天午夜强闯汪宅，解决汪逆。

陈恭澍十分清楚，强闯汪宅是一次极为冒险的行动。汪精卫上午被追击后，很可能雇用当地警察为其看家护院。即使没雇警察，枪声一响，巡夜的警车也很快就会赶到。而他们若不及时逃离现场，就很可能被警察抓住。不过，陈恭澍也很清楚，只要他们打死了汪精卫，即使是失去了几个行动人员，戴笠也会嘉奖他。所以他才决定用部属的生命去冒险，而他自己因为是行动指挥，完全可以坐在汽车里指挥接应，不用担心被杀或被捕。

按照陈恭澍布置的行动步骤是，当夜11时半，汪宅的人都入睡之后，由王鲁翘、唐英杰、余监声、陈邦国四人越墙闯入内宅，直奔楼上汪的卧室，其他两人在院门外放哨、巡查，他自己开着汽车在院外的马路边接应。当他们驱车来到高朗街27号院子的后门时，即让身轻敏捷的唐英杰翻墙入院去开后门，其他的人再由后门而入。孰知唐英杰悄然无声地翻墙入院之后，却发现后门里面被一把大铜锁牢牢地锁着，根本无法打开。他只好让外面无翻高墙经验的王鲁翘等人搭人梯，一个个往墙内爬。四个人好不容易进了大院，便用板斧砸开楼门，迅速地直奔汪精卫的三楼卧室而去。途中遇有被砸门声惊醒的佣人，陈邦国情急之下举枪就射，嘴里还直个劲儿地大喊：“不许出来，再出来我就真打啦！”走在前面的王鲁翘等人听到枪声，更慌了。他们三步并成两步奔到汪的卧室门前抬腿便踢。可是门太结实，根本无法踢开，只得反身让唐英杰递上板斧，将门砸了个大窟窿。他用手电照见一个男人光着大腿瑟瑟地钻在床底下，以为此人必是汪逆，便冲其腰背部连开三枪，然后转身便跑。此时，远处已传来警车尖利的嘶鸣声。唐英杰慌了手脚，谁也不顾地冲出楼门，蹿上院墙准备逃命。王鲁翘自知翻墙无术，便紧跟唐英杰之后，他见唐大有弃他不顾之势，便大声威胁道：“快拉我一把，不然老子毙了你！”

唐知道王的枪法极准，只好反身把他拉上墙头，这才自顾自地逃走。而被留在院内的陈邦国、余监声，慌忙中既找不到出去的门，又爬不上一人多高的院墙，只好束手就擒。

陈恭澍在汽车内听到枪声，便发动汽车，沿院墙缓缓行驶。他见王鲁翘匆匆奔来，便连忙刹车。王一上车便说：“事情已办完了。我想肯定是他，腰部中了三枪。只是没看见他的脸。”

陈恭澍一听任务完成，异常兴奋，便又驱车绕院墙转了一圈，没见着其他人员，且警车已迅速向这边驶来，只好驱车离去，驶回住所。待了一会儿，唐英杰、陈步云相继回来，可其他三人却一直未归。天亮时，陈恭澍即派人前去打听，而传回的消息使他吓得手脚冰凉。原来，昨夜打死的不是汪精卫，而是他的秘书曾仲鸣。因为陈等上午追踪汪的汽车，曾仲鸣前来探询，当夜便留宿汪宅。汪精卫便把自己的卧室让给了他们夫妇，自己睡在了隔壁的房间，故免于一死。

事发之后，各方反应均相当激烈。河内当局担心重庆方面再度派人暗杀汪精卫，便派了大批警察日夜守护汪宅；日本政府立即召开五相会议，决定派影佐祯昭组织人员把汪精卫救出河内，并租了一艘5500吨位的“北光丸”号轮船，前往越南海防港口接应。一个多月之后，汪精卫终于在越、日双方的配合掩护下，离开河内，逃到了上海。

行刺汪精卫计划的失败，以及汪精卫的脱逃，令老蒋和戴笠气急败坏。戴笠立即派王鲁翘潜往上海，继续跟踪行刺汪精卫，而令陈恭澍、余乐醒速返重庆，听候安排。不久，余乐醒被撤去特训班副主任职务，分派到军统局在遵义办的一个小小的炼油厂负责，陈恭澍则闲置重庆，听候处置。

二十四　内忧外患焦头烂额　苦心孤诣“曲线救国”

重庆曾家岩戴公馆坐落在雾霭蒙蒙的嘉陵江畔，站在公馆的坪台上，即可一览嘉陵江两岸的秀丽风光。余淑恒每次到这里，总爱站在坪台上凝视片刻。这条江流虽远不如长沙的湘江清澈、平缓，两岸的景色也远不如湘江苍翠秀美，然而，这毕竟是一条蜿蜒如带的江流。那船帆，那雾霭，总让她想起故乡的水，想起长沙那场大火烧成了废墟的家园，以及被迫寄人篱下的老母和弟妹。

说起来，她自从跟随戴笠之后，也没有什么不满意的。戴笠虽然有时脾气暴躁，但一般对女职员还是不轻易发脾气的。而且他很懂得女人的心理，对她更是和蔼可亲，关怀备至。尽管她还不清楚戴笠是出于对她本人的喜爱，还是因为唐生明夫妇的关系，总之，他不仅在生活上关心她，而且在事业上也精心地培养她。军统局外事训练班刚一成立，戴笠就把她送去受训。这无疑是在为她创造出国的机会。她打心里感激他，同时也暗自庆幸自己能遇上这么个神通广大的上司。她深信，只要能博得戴笠的欢心，日后定有机会出国深造，便可了却自己多年来的读书之愿。可是，前两天她接到母亲的一封来信，信中历诉了长沙大火之后寄居乡下亲戚家中的种种烦恼和困境，大有想让她回长沙接家人到重庆的愿望。余淑恒很想求助于戴笠，但又怕引起戴笠的不悦。因为她发现戴笠最反对部属为家庭事务而分心，影响工作。她为此左右为难。今天，戴笠打电话让她来参加一个晚宴，她特意提前一小时赶到戴公馆，打算察言观色，试着向戴笠提出接母亲来渝之事。孰知，她来得太早了，戴笠还没回来，她只好在坪台上等候，欣赏嘉陵江畔的风光。可是，她一看到那滚滚的江水和江面上的点点船帆，思亲之情便又涌上了心头。万一戴笠不同意帮她把母亲、弟妹接来，她又该怎么办？母亲和弟妹又将如何安置？想到此，她的泪水禁不住涌出了眼眶。

“哟，这么大的人还哭鼻子！”不知什么时候，戴笠已来到了她的身后。

余淑恒慌忙拭去泪痕，不好意思地说：“没，没哭……戴先生什么时候回来的？”

“不！你一定有事。告诉我！”戴笠很自然地扶着她的双肩，目光温柔地轻声说道。

“真的，没什么，只是刚接到家母的一封信。有点……”余淑恒说到此又有些犹豫起来。

戴笠没等她说完，便笑着用手指刮了一下她的鼻子说：“想妈妈了，是不是？”但说到此，他又若有所悟地收敛笑容问，“对了，长沙大火后，伯母现在哪里？”

“家中房屋都烧光了。家母只好带着弟妹住到了乡下亲戚家中……”话未说完，余淑恒的泪水又涌了出来。

“你怎么不早告诉我？”戴笠嗔怪地看着她，并掏出手帕，像兄长般为她拭去泪水，又说：“放心，我马上让长沙的同志设法把你母亲和弟妹送来重庆，怎么样？”

“真的？戴先生不骗我？”余淑恒顿时破涕为笑，一把抓住戴笠的手，孩子般高兴地跳了起来。

戴笠最喜欢她这种无拘无束的举动，情不自禁地捧着她的面颊，颇有点动情地轻声说：“我什么时候骗过你！”

余淑恒不禁“腾”地红了脸，不过，她并未推开戴笠的双手，反而故作天真地搂住戴笠的脖子，踮起脚，在他脸上重重地亲了一下，笑道：“戴先生真好！”说完，她又若有所思地歪着脑袋问：“戴先生，你什么时候把夫人接来呀？”

戴笠一听，脸上的笑容顿时消失了。他轻轻地叹口气道：“她已经病了半年多了，现在还在上海住院，怕是……”他没有再说下去，只是无奈地直摇头。

原来，其妻毛秀丛半年多以前即患了子宫癌。戴笠当时正忙于监视汪精卫等事务，无法脱身，便托原在上海区担任过直属通讯员的同乡毛翠把毛秀丛接到上海住院，请名医治疗，不久又派部属王绍谦自重庆赴上海，专门照料毛秀丛，并随时向他电告治疗情况。前些日子，王绍谦来电告之：毛秀丛虽遍请名医诊治，病情却一天比一天加重，危在旦夕，医生已束手无策。尽管毛秀丛这个不识字的乡下女人，远不是戴笠理想的妻子，但“一日夫妻百日恩”，早年在乡下相濡以沫的恩爱岁月，以及赠金簪送他去投考黄埔的情景，仍令戴笠难以忘怀。如今毛秀丛性命垂危，他又何尝不想见她最后一面？可是军统局的事情千头万绪，他根本不可能脱身。更何况如今上海区出了叛逆，他的特务组织遭到严重破坏，老蒋决不会同意他去。而他自己，也向来把工作看得比亲情更加重要，自然也不会去冒此危险。

“戴先生，他们来了。”余淑恒正关切地询问时，贾金南走来通报。

“好，我马上来！”戴笠打发走贾金南，又转身对余淑恒说，“你在这里帮着活跃一下气氛，让他们大家都高高兴兴地喝个痛快。”

余淑恒会意地点点头，“戴先生，放心好啦！”说着便随戴笠走进客厅。

客厅里，军统局办公室秘书潘其武等人，正在相互逗趣说笑，唯独陈恭澍闷坐一旁，神情颇为尴尬。

陈恭澍从河内回重庆已经快半年了，戴笠竟一直未召见他，也不给他安排工作，他只好凭私人关系，住在现任军统局特务团团长的王兆槐家中。当时，他去局本部报到时，只见到了毛人凤。毛人凤已被戴笠提升为局长办公室的秘书主任，当戴笠不在重庆时，他几乎有权代替戴笠处理一切事务。陈恭澍很想把河内刺汪之事向戴笠或毛人凤做个详细的汇报，但毛人凤却只字不提，仅问了问他的生活。更令其费解的是，他知道戴笠一直都在重庆，有一次躲警报时，还在防空洞里遇见了他，与他只相隔四五个人，彼此都看见了对方，可是戴笠只看了他一眼就转过头去，不再看他，而且空袭解除后，便随着人群扬长而去，仿佛根本不认识他似的。甚至跟在戴笠身边的好几个老熟人，当时也如同路人一般，不搭理他。河内失手，他自觉愧疚，也不好意思上前主动搭话，然而这种无人理睬、没着没落的日子，真比被戴笠臭骂一顿或让他去坐牢更加难挨。好歹过了两个来月，戴笠总算派人送给他一封信，让他任军统局第三处代理处长。

所谓第三处，名义上是负责司法、行动等行政事务，实际上当时只是个空架子，既无部属，也无什么业务，每天只有两三份公文，看一看也就完事。这项工作对陈恭澍这个专搞外勤行动的人来说，实在是味同嚼蜡，苦不堪言。干了一个多月，他就想写请调报告。就在这时，他接到了去中央党政训练班受训的通知。这对他来说，倒是一种解脱，不过戴笠一直不肯跟他照面，这就不能不让他心神不定，忐忑不安。

其实，戴笠这几个月的日子也很不好过。河内刺汪未遂，老蒋气得把他叫去臭骂一顿。汪精卫潜往上海的消息传来，国内又是一片哗然。汪派的宣传工具《华南日报》，乘机大肆宣扬说，汪精卫原本准备去法国养病，但曾仲鸣的死，促使他改变主意，投靠了日本人。国内许多不明真相的知名人士，也纷纷指责他们，把汪精卫的投日归罪于河内暗杀行动。戴笠有口难辩，一肚子的火，直想冲陈恭澍、余乐醒等人发作。可是，有了前几次的教训，戴笠意识到，对陈恭澍、余乐醒这样的老部下，决不能仅用一顿臭骂或一个处分来解决问题。当他正在考虑如何处罚陈恭澍等人之际，上海方面传来了赴上海继续追杀汪精卫的王鲁翘被捕的消息。更让他头疼的是，据上海区督察长毛万里汇报，王鲁翘的被捕与王天木有关。因为王天木在香港跟戴笠大吵一顿，调往华北区任特派员之后，就十分反常，行踪飘忽不定，常常在北平、天津、青岛、上海等地来回转悠，不知他在搞什么名堂。王鲁翘在上海曾迷恋上了王天木的二女儿王蝉绿，而他是在一次接到王蝉绿的电话，前去赴约途中被捕的，因此大家都怀疑王天木已投靠了日本人。

王天木之事进一步给戴笠敲了警钟，他知道，处理王天木、陈恭澍这样资历深、专门搞行动的部属，一定要慎而又慎，否则后果不堪设想。但是完全不惩罚一下陈恭澍，戴笠心中的火气又很难平息。于是，他决定来个"冷处理"，让时间冲淡自己心头的怒火，也让陈恭澍坐在"冷板凳"上好好反省一下，这滋味并不比挨骂或坐几个月牢好受，而且不至于伤害感情，使矛盾激化。所以，他把陈恭澍"晾"了好几个月。

前不久，上海区第四行动总队队长万里浪因与副队长意见不合，竟然公开投入了日本人扶持的敌伪特工总部李士群的怀抱，并带着敌伪特工总部的喽啰四处捕捉上海区的潜伏特务，许多特务因此而被捕入狱。上海区特务组织遭到严重破坏。上海区代理区长赵理君、书记长郑修元、督察长毛万里等14个负责人，都上了敌伪特工总部的黑名单，不得不东躲西藏，上海区的工作几乎完全瘫痪。于是，戴笠决定再次起用陈恭澍，派他去重整上海秘密组织。为了让陈彻底忘掉河内刺汪之后的不愉快，他特意在其党政训练班结业之日，请陈到戴公馆吃饭，并请余淑恒、潘其武等作陪，以使陈恭澍消消心中的郁闷之气，好心情愉快地去上海赴任。

"恭澍兄来啦！快，大家请入座吧！"戴笠满脸堆笑地走进客厅，径直走到陈恭澍身边，紧紧地握了握他的手，热情地请大家入席。陈恭澍尴尬的神情顿时消失了一半。席间，戴笠和众人谈笑风生，余淑恒劝酒布菜，讲笑话，气氛极为活跃。几杯酒下肚，陈恭澍紧张的心情已完全松弛了下来，在余淑恒的怂恿下，他也禁不住扯开嗓子，吼了几句京剧《长坂坡》，半年多的疑虑和不安，早已融化在酒液之中，随着这几句高亢的京腔飞到了九霄云外。

酒宴散后，客人们纷纷告辞，戴笠却拉住陈恭澍，把他请进书房。陈恭澍虽已有几分醉意，但脑子还很清醒。他默默地等着戴笠开口，准备接受戴笠对自己的批评指责。可是，戴笠请他坐下之后，却不忙于开口，而是习惯地抿着嘴，歪着脑袋，若有所思地沉默片刻，才目光炯炯地盯着陈恭澍说："我们在上海的组织已经遭受到敌伪破坏。而且，我们至今未把全部情况摸清，情况仍在恶化之中。我决定请你去处理这个问题。你要排除障碍，使工作得以继续进行，打击破坏组织的叛徒。希望你明天就出发，我随时会跟你保持联络。"

陈恭澍一听，高兴得几乎跳了起来。因为几个月前，他就得知自己的妻儿老小已由天津迁到了上海。这就是说，他很快就将与家人团聚了。可是，他一看到戴笠那双具有威慑力的目光，就没有说任何话，只是默默地点点头，听戴笠继续下达指示。

“你要继续河内未了的工作，进行对汪的制裁。你到上海后，可以与毛万里兄联络，希望你们能合作得好。”戴笠面色凝重地说到此，突然重重地叹口气，颇有点伤感地说，“王天木的事你知不知道？”见陈恭澍默默地点点头，便又接着说，“王天木这么做，太出乎常情，估不透他的动机何在。你这次去，务必要彻底了解清楚，尽一切可能劝他回头。我可以保证，绝对维护他的安全。”

接着，戴笠又把王天木的反常举动及王鲁翘的被捕经过详细地告诉了陈恭澍。陈亦信誓旦旦地表示，要尽全力搞好上海区的工作，以弥补河内行动的过失。两人谈得很投机，直至午夜方分手。

陈恭澍赴上海不久，戴笠便接到了其妻毛秀丛去世的噩耗。他的心情异常沉痛，毕竟是几十年的夫妻啊！妻子活着的时候，他常不把她放在眼里，而如今她死了，不能去送葬奔丧，这又使他于心不安。于是，他只好电令其子，从江山赶到上海去料理后事，将她的灵柩运回江山安葬。而他自己，只好对着毛秀丛在南京时照的唯一的一张照片，焚香祭奠，寄托哀思。

这天，他正在公馆内独自对着其妻的遗照出神，贾金南进来报告说：“刘戈青从香港赶来，有急事求见。”

戴笠连忙把照片收好，走进客厅，见刘戈青风尘仆仆的样子，忙问：“你怎么来啦？出了什么事？”

原来，刘戈青暗杀了陈箓之后，日本人和敌伪特工总部仍在四处通缉他。戴笠怕他遭到毒手，便把他留在香港工作，连他的家眷也接到了香港。尽管刘戈青为报戴笠的知遇之恩，多次请求重返上海，协助王鲁翘等行刺汪精卫，但都被戴笠拒绝。

刘戈青一见戴笠，顾不得寒暄问候，就从怀里掏出一封信递了过去，说：“戴先生，王天木公开表示要投靠敌伪啦！”

戴笠慌忙打开信看。信是王天木亲笔写给刘戈青的。信中写道：“……兄于15日被赵理君暗杀未遂，查系老板命令。此乃太无天理是非。遂于翌日开始自由行动，弟见信速返……”

戴笠见信气得面色发青，半晌没说出话来。刘戈青在一旁着急地说：“戴先生，让我去上海劝阻他吧！他如果公开投靠敌伪，那我们上海区的同志都得暴露啊！”

“不行！你如果劝阻不了他，这一去不是白白地自投罗网？”戴笠面色铁青地说着，不停地在室内踱蹬，脚步异常沉重。以前，只是怀疑王天木有投敌倾向，并未曾得到证实。如今，他的这位多年老友，竟然公开表示要投敌，这不但使他愤怒，同时也令他心寒。实际上，他只是让赵理君等人严密监视王天木的行动，根本没想要杀掉他。

刘戈青见状，不知所措地站在那里，忍不住问道："戴先生，我们总不能听之任之啊！"

戴笠这才停住脚步，对刘戈青说："你汇报得很及时。既然来了，就先在重庆等些日子，我另派人去设法劝阻吧。"

刘戈青一走，戴笠立即提笔给王天木写了封信，但信中只字未提刘戈青之事，全篇都是在叙述他俩几十年的交情，其中有这样几句话："……余遇君素厚，因念多年患难相从，凡事皆曲予优容。人或为之不平，余则未尝改易颜色，有负于君。乃竟背余事逆，天理何在？良心何在？"

信写好后，他立即另派一名部属赶往上海，亲见王天木，劝其回头。可是没多久，派去的人回电说，王天木一口咬定说戴笠曾命赵理君暗杀他。因为他在原上海区书记长陈楚明处看到过那封电令，所以表示不肯回头。而陈恭澍则来电说，他到上海多日，不但未能见到王天木，甚至连赵理君都未见到。因为敌伪特工总部正在追捕赵理君等原上海区负责人，赵理君等不得不东藏西躲，而且上海区的好几个联络点都被敌伪特工人员搜查过，又逮走了不少潜伏人员。他自己目前也不敢回到家中，因王天木的两个女儿与其妻很熟，常常到他家去玩耍。所以，他为了不暴露自己，也只好隐居别处，根本无法开展工作。很显然，王天木的投敌，已经给上海区造成了严重损失。

就在戴笠一筹莫展、焦头烂额之际，刘戈青又一次请求前往上海。他的理由是，在上海时，王天木一直将其视为亲信，私交甚笃，他可以凭着他俩的交情，劝王天木将计就计，利用他现在投敌后的身份，设法接近汪精卫，伺机将汪暗杀，戴罪立功。

戴笠觉得刘戈青的话很有道理。如今汪精卫已到南京，并正在紧锣密鼓地筹建汉奸政权，势必防范更严，要想暗杀他，必须利用打入其内部的人。王天木若肯回心转意，自然是个最合适的人选。戴笠终于答应了刘戈青的要求，并又写一信给王天木："……汝一人投敌，或为一时失足，尚有可谅解处。今复函诱戈青附逆，是汝甘心做贼，自绝于国人矣！本应按团体纪律制裁，但念你我多年情谊，还望戴罪图功，此其时也！望勿负余意……"

与此同时，戴笠又电令陈恭澍，调赵理君、郑修元、毛万里等已暴露身份的潜伏人员，速潜离上海，另行安置。戴笠这样安排，既是为赵理君、毛万里的安全着想，同时也是想缓解王天木与赵理君的矛盾，平平王天木心中的怨气。

戴笠哪里知道，他的这番努力完全是白费心机。刘戈青到上海找到王天木，把戴笠的信交给他，并好言相劝道："戴先生说，你能打进敌伪组织，正合乎他的要求，所以让我回来，请你协助我制裁汪逆，阻止其成立伪政权。对你们投敌之事，决不追究！"

王天木一看戴笠的信，更是气不打一处来，他愤愤地说道："这能怪我吗！我现在走这一步，完全是赵理君逼出来的。戴先生反而袒护他！”

“戴先生这不是把赵理君调走了吗？”

“调走啦？便宜他了！他走啦，谁来接任上海区长？”王天木问道。

“这我可不清楚。我的任务是直接跟你联系，请你协助刺杀汪逆。”刘戈青确实也不清楚是谁接任上海区长。

“那好吧，你老弟既然回来了，一切问题慢慢商量吧！”王天木嘴上说得好听，实际上并不想按戴笠的话行事。他仍对赵理君行刺自己之事耿耿于怀，同时也觉得反正自己也已经踏进了烂泥坑，想洗也洗不净，索性破罐破摔，一沉到底。不过，他对刘戈青此时还讲一份交情，虽不想协助他刺汪，但也不愿出卖他。可是，刘戈青是个很执着的人，总是三天两头地去催王天木采取行动。王天木被催急了，便推说道：“老弟，杀汪之事我是没问题的，陈明楚现在是特工总部特务队长，他答应才行。你光催我，也是枉然。”

刘戈青听后，立即又去找陈明楚。陈明楚过去与刘戈青私交也很不错。一见刘戈青，他就满腹牢骚地说：“我是戴先生的学生，怎么会背叛他？我们是被赵理君逼得走投无路，才行此下策的。可是重庆方面不调查真相，听了一面之词就把我老家的父母姐妹都关了起来，我当汉奸我负责，关他们干什么！”

刘戈青并未听说关押陈明楚家眷之事，认为他是听信了谣言才动摇投敌的，于是立即电请戴笠将陈明楚的妹妹陈燕飞送到上海，用事实来说明真相。

不久，戴笠果真让陈燕飞到了上海，与陈明楚见了面。尽管陈燕飞跪在地上，哭求他不要再当汉奸，她也证明了家中父母并未被逮捕，然而陈明楚早已是死心塌地要当汉奸了。当初，只因赵理君坚持反对王天木提拔他当上海区书记，他便对赵恨之入骨，决心以投靠敌伪特工总部作为报复。为了拉王天木一同投敌，他故意伪造了一份戴笠的电令，并导演了一场暗杀王天木未遂的假戏。王天木信以为真，即将英、法两个租界的军统潜伏组织和成员，出卖给了敌伪特工总部。如今，他和王天木都被特工总部封了官，知道戴笠日后决不会轻饶他，所以，他铁心投敌，并不因其妹的苦劝而改变初衷。后来，他担心刘戈青的到来影响他在特工总部的地位，便索性把刘戈青骗到了特工总部，交李士群关押起来。

刘戈青的被捕，令戴笠气急败坏。他决心除掉陈明楚及不久前投敌的原忠义救国军浦东地区特派员何天风。此时，陈恭澍在上海刚刚站稳脚，戴笠不愿将其暴露，便派了一个与王天木及其部属马河图、岳清江、丁宝龄等私交甚笃的特务吴安之，潜往上海，策动他们除掉陈明楚、何天风。就在这年的圣诞节之夜，王天木带着马河图等三个亲信随陈明楚、何天风等一行人在上海公共租界一带去寻欢作乐。最后，他们在越界筑路惠尔登舞厅玩得精疲力竭，准备分手之际，马河图等三人乘机掏出手枪，将陈明楚、何天风二人击毙，然后从容逃走。

由于行刺的人是王天木的亲信，而且王天木本人竟没受一点伤，敌伪特工总部怀疑此事与王天木有关，便把王天木关了起来，为了报复，又把原先抓到的三个军统潜伏人员从监狱中拉出去枪毙了。

上海区的军统潜伏人员大量被抓被杀，戴笠心急如焚，他急于要设法营救那些被关押的部属，并欲设法使现有的组织不再遭受破坏。但陈恭澍只是干行动搞情报的材料，若让他设法营救被捕人员，搞策反工作，无异于赶着鸭子上架。思来想去，他决定再找一些适合进行策反的人选去上海，另成立一个与原上海区不发生任何关系的潜伏组织。于是他想到了同窗好友姜绍谟。

姜绍谟在武汉参加军统局之后，戴笠先后让他担任军统局情报科党政股长、科长，到重庆后，又让其出任军统局重庆特区少将区长。戴笠考虑到姜绍谟加入军统局时间短，很少有人清楚他目前的真实身份，而且他曾经毕业于北京大学，又在浙江省从事过党政工作，所以认识不少汪精卫身边的重要人物，完全可以利用这些旧关系进行策反，收集情报。

于是，戴笠照例把姜绍谟请到自家公馆内吃饭，给他布置任务，请他出任沪二区区长，并让他挑选一个能干的人去当他的书记，配合他的工作。

“那就找陈祖康吧！”姜绍谟脱口而出。

“哦！为什么要陈祖康同去？”戴笠不解地问。在他的想象中，姜绍谟这种手无缚鸡之力的文人去沦陷区，必定会挑一个勇猛有余、枪法又好的保护人，不料他却要一个诗文书画俱佳的法国留学生。

姜绍谟微微一笑道：“他法语讲得好，人又精明能干，文章、诗词都不错，让他跟我去，万一跟法租界的法国人打交道，也很方便，由他写报告，情报不是更有价值？”实际上，姜绍谟根本就瞧不起军统局那些只会耍枪弄刀、勇猛有余而智谋不足的人，在挑选部属时，他愿意尽量要文化层次高、又工于心计的。

戴笠虽然有些舍不得，但还是答应了姜绍谟的要求，并亲自召见陈祖康，征求他的意见。陈祖康虽然比戴笠小六七岁，但其资历、学识均远远超过了戴笠。早在戴笠考入黄埔军校之时，他就是军校的政治教官，并参加过北伐，黄埔军校校歌的歌词就是他撰写的。只因他1933年参加了陈铭枢等人组织的“福建人民政府”，一直郁郁不得志，最后被戴笠召进了军统，同姜绍谟一样，屈就在戴笠的手下。

当戴笠提出请他去上海二区任姜绍谟的书记时，陈祖康毫不犹豫地答应下来，但他提出了一个要求：“我愿工作到抗战胜利为止。胜利后，请戴先生给我自由，让我选择自己想做的事情。”

戴笠笑着一口应承了下来，“好！抗战胜利是我们最高的目的。你放心，我对你的承诺，一定遵守照办。”戴笠清楚，如果不是战争，陈祖康、姜绍谟这样学有所长的人，是决不肯干特务这一职业的。对他们又不能像对待陈恭澍等人那样仅是恩威并用，而是要以尊重、信任为主，以感情来结纳，以纪律约束为辅。只有这样，才能充分发挥他们的聪明才智，否则将很难驾驭他们，更谈不上利用他们为军统局卖命了。所以，戴笠在分派他们工作时，格外谦和、谨慎，除了按照惯例摆酒宴为他们饯行之外，还特意赶往机场，为他们送行，以示尊重。

沪二区成立之后，戴笠立即向老蒋做了汇报。老蒋仍不满意。他认为姜、陈二人资历、阅历还太浅，只能策动汪伪政权内的中层干部，而他却希望策动一些追随汪逆投敌的上层人士，分化汪伪组织。几个月前，戴笠倒是曾利用杜月笙的关系，把追随汪精卫投敌的高崇武、陶希圣拉了过来，并带回了汪精卫到上海后跟日本人签订的卖国秘密条约。而如今，老蒋希望的是能策反几个汪伪组织的重要人士，让他们继续留在汪伪政权内，却暗中效力于重庆政府，以便逐步实现渝、宁两个政府由秘密合作到公开合作，这自然比把汪伪的人拉回重庆更加艰巨、困难。所以按老蒋的要求，必须物色一个有相当人事关系并能在汪伪政府里站住脚的人。

戴笠思来想去，在军统局中还是找不出一个这样的人。朋友之中倒是有一个，但又不是他的权限所能调得动的。这个人必须由老蒋亲自出面，才有可能请得动。此人就是唐生智的胞弟、戴笠的好友唐生明。

唐生明由于唐生智的关系，跟汪精卫、陈公博、周佛海等都很熟悉，关系也不错，而且在国民党高级将领中，人人都知道唐生明是个讲享受爱玩乐的“花花公子”，若让他假装受不了后方的苦，前往上海、南京投靠汪精卫，汪精卫等人是会欢迎的。戴笠将自己的想法告诉老蒋，老蒋实际上也早已想到了他，便毫不犹豫地让戴笠设法把唐生明请到重庆，先做些说服工作。于是，戴笠立即电令在常德当稽查处长的沈醉，向唐生明转交他的邀请电。老蒋也亲自打电报到长沙第九战区司令部，催唐生明速赴重庆。唐生明刚刚辞去常桃警备司令职务，一接到这两份电报，便把家眷安顿在湖南老家，仅带了徐来的女秘书张素贞赶往重庆。与此同时，老蒋还派了架专机到桂林，专门去接其兄唐生智等人。

一见唐生明，戴笠非常高兴，特意抽出两天的时间，带着当时已成为他情妇的余淑恒，陪伴唐生明、张素贞游山玩水，吃喝玩乐，故意不提电催他来渝的目的。

“雨农，你到底知不知道校长为什么催我来？”在从北碚温泉回来的路上，唐生明终于忍不住问道。

戴笠故意避而不答，反而诡秘地一笑，说："季澧兄，在现在这种时候，你觉得应当做什么？又想做什么？"

"我？……"唐生明对这个问题毫无思想准备，不由一时语塞。

戴笠并不等他回答，就接着说道："你想不想干一番既能生活得舒适、合乎你的个性，又能惊天动地的大事业，一鸣惊人？"

"行啦，行啦！别跟我兜圈子好不好？什么'一鸣惊人'、'惊天动地'？我从没想过。"

戴笠仰面大笑一阵，转身拍拍身边的余淑恒说："淑恒，你说明天我们陪季澧到哪里去玩才好？"

唐生明知道他有意避而不答，也就不再追问，反过来拿戴笠和余淑恒打趣说："哟！淑恒，你什么时候成了雨农的内当家啦？"

"唐先生还不知道呀，戴先生现在快成余家的'乘龙快婿'啦！"张素贞也在一旁酸溜溜地插上一句。

余淑恒的脸稍稍红了一下，嗔笑着说："看你们，就知道拿我开玩笑！"

戴笠知道，张素贞在拿他现在的化名"余龙"两字开玩笑，他也不分辩，只是跟唐生明一道放声地哈哈大笑。实际上他用这个化名，也确实是为了讨好余淑恒。

当天晚上，四个人在曾家岩戴公馆吃罢晚饭之后，戴笠这才郑重其事地把唐生明、张素贞请进书房，面色庄重地对唐生明说："有一个很重要、很重要的特殊任务，校长对我讲过好几次，只有你能够担任。"

"什么任务这么重要？"唐生明性急地问。

"我们在上海、南京的组织，绝大部分都被敌人破坏了。那个地方的工作，校长认为比任何地方都重要，可又不容易找到一个适当的人。后来，还是校长提出了你，认为你最适宜。"

"上海、南京的事跟我有什么关系？我又不是你们军统的人！"唐生明自然不甘成为戴笠的部属。

"校长很看重你，说你很能干，遇事打得开……"戴笠一个劲儿地拣好听的说。

"算啦，别净给我戴高帽子！谁不知道我和大哥过去反对过校长，他能信得过我？"唐生明虽然被夸得飘飘然，但多少还是有顾虑。

戴笠连连摆手道："那都是过去的事嘛，校长知道你当时也是迫不得已，对你始终是很器重的。他知道你跟汪精卫、陈公博他们是老熟人。你如果假说受不了后方的苦，秘密绕道去上海，只是想生活得舒服一些，他们谁都会相信你，欢迎你的。"

“我倒不担心汪精卫他们会杀害我，我跟他们的交情都不错，可是日本人可不敢保险！这事我还得跟大哥商量一下。”唐生明虽然对上海的舒适生活非常向往，但要他去当“汉奸”，去冒生命危险，还是顾虑重重，所以想先找唐生智去商量一下。

“我看这事等定下来再跟孟公(唐生智)说吧！你放心，我前前后后都为你设想过，你去绝对没有任何危险。因为你跟别人不同，以你的身份可以公开地去，大大方方地跟他们交往，一定会受欢迎。至于日本人方面，你只要自己多加小心，决不会出任何问题。”戴笠知道，唐生智若事先知道，定会坚决反对的，所以不同意他去找唐生智商量。

唐生明仍然不肯答应，戴笠就天天缠着他谈这件事，甚至言辞恳切地说：“季澧兄，你我的交情也有多少年了，我什么时候负过你？如果没有十分的把握，我能把你往火坑里推？……”

唐生明见他把话说到这种程度，就只好答应了下来。但他郑重地提出：“这个任务我可以接受，但我只愿以朋友的身份去工作，让我做你的部下，我可不干。你也知道，如果我成了你的部下，你可就再也难找到一个像我这样能讲心里话、能玩到一起的朋友啦！”唐生明生性就不愿受任何约束，而在他看来军统的纪律又极严格，他可不愿戴上这么个枷锁。

戴笠见他终于答应了，高兴得拍着他的肩头连连说道：“当然，当然！只要你肯去，我们之间可以保持和过去一样的朋友关系。我在上海、南京的两个区，你也可以指挥，但不一定要你直接领导。因为你的任务不同，不必经常和他们往来，这样可以减少你的麻烦，也可以避免出危险。不过，我在那些地方工作的人，你都得多照顾他们。对了，我跟校长侍从室通个电话。校长让我先跟你谈好，讲清楚后再去见他。我让他们给安排时间。”

第二天上午，老蒋就亲自接见了唐生明，并请他吃饭，送给他1万元特别经费，还把一张亲自签名的他与宋美龄的合影送给唐生明的母亲，最后，他颇为含蓄地叮嘱道：“你这次去，见到过去认识的人，都可以跟他们说清楚，只要他们做的事对得起国家，于国家有益，将来都可以宽恕的。你去了以后，切不可大意，一定要与雨农保持密切联系……你准备什么时候动身？”

“校长，我们还有许多问题要具体研究，他要等一等才能走。”戴笠忙抢先答道。

老蒋这才点点头，让戴笠研究好以后及时向他汇报。

告辞出来，唐生明到了戴公馆后，才突然想起什么似的喊道；“哎呀，这说了半天，校长究竟让我到上海去干什么呀？”

在座的戴笠、张素贞和余淑恒等，看到他那副憨态，都不由得哈哈大笑起来。

戴笠边笑边指着唐生明道："季澧兄，人说糊涂就是福。我看你呀，真是糊涂得可爱！"

"怎么是我糊涂？你们光说让我去上海公开在那里住家，跟他们来往，可具体任务都没讲呀！"唐生明不服气地争辩，一副大智若愚的样子。

"是这样，我们让你去上海，先不带什么任务，只是先跟他们公开来往，等取得他们的信任之后，再逐步进行有计划的活动。首先是利用你的人事关系，设法掩护在上海、南京活动的特工人员，使其不再遭破坏，已被捕的，要设法营救出来。另外就是相机而行，传达校长对汪逆追随者的'宽大政策'，与他们进行联络，让他们暗中效力于重庆政府。最重要的一项任务，就是要尽全力帮助忠义救国军。现在江南一带除了我们的忠义救国军在敌后活动外，还有共产党的新四军，他们发展很快，敌后的大部分地区都被新四军占领了。你要运用一切手段，限制他们的发展，抓住时机打击他们……"

"这项任务可不容易完成！"唐生明本想接着说，"新四军壮大了，不是能更好地打击日本人吗？"但这念头刚一闪过，他便想起戴笠曾经对他说过的一段话："……我们真正的顽敌不是日本人，而是共产党。我们今天如果不限制共产党的发展，日后我辈将死无葬身之地……"唐生明想起此言，便改口说道："到上海后，我会尽量去办的。不过，我怎么跟你取得联系呢？"

"放心！"戴笠一摆手，歪着脑袋说，"我会在上海拨给你一部专用电台，你自己定个化名，便于联络。"

"化名？"唐生明诙谐地眨眨眼，看了看张素贞和余淑恒，笑着对戴笠说："你的化名不是叫余龙吗？那我加一个字，叫余化龙，你们看如何？"

"好！好！从此以后，你就是鱼化成龙啦！"戴笠也哈哈大笑地开着玩笑。

戴笠把唐生明留在重庆整整一个来月，让他了解南京、上海的军统组织情况，以及汪伪组织、敌伪特工总部的情况和他们的内部矛盾。同时，他还请张素贞先去上海打前站，造舆论，说唐生明受不了后方的苦，想到上海来住，为唐生明一家赴上海当"汉奸"做准备。

1940年秋，唐生明按计划从香港启程，顺利地到达了上海。戴笠也稍稍松了口气。因为此时姜绍谟、陈祖康的沪二区也在上海打开了局面，联系了些有一定地位和影响的人，在短期内说服了汪伪政府的海军部长任援道，让其秘密效力于重庆政府。沪一区也在这段时期内主动出击，暗杀了大汉奸张啸林、傅筱庵等。瘫痪一年多的军统局上海潜伏组织，终于开始恢复了活力。不过，戴笠在展开对敌伪斗争的同时，一刻也没放松特务处成立之初的主要任务——反共。

二十五　制造冤案名利双收 潜入军统志士牺牲

望着院墙门楣上那用五彩玻璃镶嵌着“漱庐”二字的横匾，以及院内那幢中西合璧的三层小楼，戴笠满意地对身边的随员笑道：“很富有诗意。这4万元钱值得。我们总算有了个像样的会客室和办公地点。”

戴笠边说边走进院子，朝楼内走去。楼下大厅约有100来平方米，精致的木质扶梯，紧贴墙边，直通二楼。戴笠环顾一下仅摆了几张半旧沙发的大厅，转身对随从指点着说：“你们要多买些花草、名画，来装饰装饰这客厅嘛！你们知不知道，会客室就是我们团体的门面。外面不少人骂我们是杀人放火的土匪、强盗，我们一定要在这些方面挽回影响，让外人一进客厅，就有一种清新、舒适的感觉。接待人员一定要仪表整洁、端庄、热情、有礼貌，让来宾感觉到我们的团体也是知书达理、有高度的文化和道德修养、热情好客的好朋友。我们外勤回来的同志，可以在二楼暂住。三楼嘛，可以作为几个处局级干部的办公室和值班室……”

戴笠边说边走出小楼的侧门，站在门前台阶上，双手叉腰，满意地俯视着楼后那一片顺着斜坡土路向下延伸的高高矮矮的简陋平房和斜坡尽头那像盆底似的大草坪，用手指画了一圈，接着说：“用围墙把这些地方圈起来，我们局本部就自成一体啦！”

原来，军统局迁到重庆后，局本部的1000多内勤人员因找不到合适的办公场所，被分割得七零八落。有的在重庆警察局的警士教练所办公，有的占用了警察局的游民习艺所，还有的索性租借民房做办公场所。一年多之后，才把位于枣子岚垭的“漱庐”，以及与其相连的罗家湾19号至中二路占地约200亩的房屋及空地买了下来，作为局本部工作人员集中办公和食宿的场所，所以戴笠显得格外高兴。

“4月1号就是我们团体成立八周年纪念日了。这草坪正好可以派上用场，在这里集合一两千人不成问题。”戴笠正在得意扬扬地大讲自己的设想规划之际，毛人凤拿着份急电匆匆赶来，把电报译文稿递给戴笠，并俯在其耳边说了几句什么。戴笠的脸色顿时变得严肃起来，他转身对随从说：“你们在一起再好好规划一下。”说完，便随毛人凤匆匆而去。

电报是军统局川康区区长张毅夫打来的。电报上说，成都发生的“饥民抢米”事件，纯系中共领导的有计划的“春荒暴动”，他们已在现场逮捕了左派报刊《时事新刊》记者、中共地下党员朱亚凡，并已由成都行辕主任贺国光、川康绥靖主任邓锡侯领衔通告，以“临场指挥春荒暴动，扰乱社会治安”的罪名，将朱亚凡判处死刑，就地正法。电报上，张毅夫还列出了20多名中共党员名单，说他们都是“春荒暴动”的煽动者和幕后操纵者，现张毅夫将其报请戴笠，请戴笠下令逮捕他们。

戴笠反复审查这些名单之后，得知这些人确属军统监视多日的中共党员和进步人士。他觉得这正是个立功邀宠的大好机会。

抗战以来，老蒋虽然口口声声高喊“联共抗日”，实际上那只不过是由于日军步步紧逼，他实在腾不出手来反共。但迁都重庆之后，日军因战线拉长，再无力大规模向国民党正面战场进攻，战事已进入了相持阶段。此时，老蒋清楚地看到，在1937年“七七事变”后的一年半的时间内，共产党在敌后领导的人民武装日益强大了起来，这着实令他深感不安。于是他曾在国民党五中全会上作了《唤醒党魂，发扬党德与巩固党基》的报告，大讲“整顿党务之要点”，提出了国民党要以“防共反共”为中心任务。于是大会根据其讲话精神，决定了抗战期间“溶共、防共、限共、反共”的方针，并设立了“防共委员会”，制定了一系列对付共产党的措施，秘密发到全国各地的国民党军政部门。其中还特别强调，要以特务手段破坏共产党在各地的秘密组织，并阻止爱国的热血青年奔赴解放区。

会后，国民党各大战区便依照大会的精神制造了一系列的反共“军事摩擦”。如胡宗南就悍然发动了对陕甘宁边区的进犯，先后侵占了解放区的五个县；山西的阎锡山突然对共产党领导的“抗日决死队”发动袭击；山东博山、河北深县、湖南平江等地，都发生了一系列的反共惨案。戴笠也让共产党的叛徒张国焘，组织了一个“特种问题研究所”，专门培训特种政治人员，分别派往华北、陕北、川北等解放区，成立特侦站、“策反站”，企图对中共组织大搞“打进去拉出来”的工作，并在通往解放区的各个关卡、路口，设检查站，阻止抗日青年奔赴解放区。

不过，这段时期由于汪精卫的出走和上海特区被破坏，搅得戴笠焦头烂额，他还没能腾出时间来亲自抓反共之事，因而经常受到老蒋的责难。如今，“饥民抢米”

事件终于给他提供了一个大肆捕杀中共党员的借口，这下他可要大显身手了。

接到电报的当天，戴笠就去晋见老蒋，将成都“春荒暴动”之事向他做了详细汇报，老蒋令其“秘密逮捕”。这是因为共产党员名单中有四个颇有影响的人物：第十八集团军驻成都办事处主任罗世文，中苏文化协会理事长车耀先，曾任四川省政府顾问、二十一军军官研究班教官兼刘湘系的“核心社”主持人郭秉毅和汪导予。若公开逮捕他们，中共肯定会出面指名道姓地要人，那么老蒋用来做假面具的“联共抗日”的旗帜，就被完全撕破了，届时，国内国际的舆论，将会给老蒋造成巨大的压力。因此，老蒋只允许戴笠等用“暗杀”和“秘密逮捕”的方式来镇压成都所谓的“春荒暴动”。

戴笠连夜将老蒋批准的命令传到成都，于是成都的特务、宪兵、警察便立即行动起来。他们在两三天时间内，就把罗世文、车耀先、郭秉毅、汪导予等11名共产党人秘密地绑架了。

事实上，所谓的“春荒暴动”，纯属栽赃陷害。成都本是个物产丰富的鱼米之乡，这年春天，发生了一点并不太严重的旱情，但奸商巨贾就乘机囤积居奇，抬高米价，人为地造成了“粮荒”，使广大平民百姓买不到米，或买不起米。连日来，米店、粮仓周围都挤满了饥肠辘辘的劳苦百姓，想买一点平价米养家糊口，但米商和粮库的警卫人员，都一口咬定没米可卖。当饿极了的百姓发现粮仓里的大米顺着门缝直往外淌的时候，就用手去捧、去抠，这时竟遭到了看守人员的殴打。于是群情激愤的饥民们，便动手抢了起来。同一天之内，成都好几处米店、粮库被抢。成都警察局局长唐毅，立即派出大批的警察、宪兵，前去驱赶、殴打和抓人。当时，成都南门外重庆银行仓库的饥民集聚得最多，警察在那里开枪打死打伤不少的饥民，被挤倒踩残、踩伤的老弱妇幼，也不计其数。

当时，成都进步刊物《时事新刊》的记者朱亚凡赶到现场采访，被警察逮捕。警察指控其为抢米现场的指挥者。唐毅和军统局川康区区长张毅夫，为了邀功，硬把朱亚凡说成是中共地下党员，诬陷这次“饥民抢米”事件是共产党领导的、有计划的“春荒暴动”。为此，唐、张二人还捏造了一份朱亚凡的假口供，说朱亚凡已承认自己是中共地下党员，承认是共产党有计划、有组织地发动了这场“春荒暴动”。他俩将此假口供呈报到军统局的同时，还呈报到四川省政府和成都行辕，请准将朱亚凡枪杀，从而在死无对证的情况下，肆无忌惮地对成都的中共党员进行一次大搜捕。

唐、张二人这一瞒天过海、栽赃陷害的阴谋，自然得到老蒋和戴笠的支持与赏识。当戴笠得知罗世文等11人被捕的消息后，便立即乘飞机赶往成都，他要亲自从罗世文等人身上挖出中共四川地下党的组织，以此来邀宠于老蒋。

可是，戴笠在成都整整待了一个星期，有时甚至亲自参加审讯，但是，罗世文、车耀先等人早已看穿了特务们的阴谋，谁也不承认与“春荒暴动”案有关，更不肯出卖其他同志。戴笠等人百般无奈，只好把在中共地位较高、有利用价值的罗世文、车耀先、汪导予、郭秉毅四人带回重庆关押，而其他七人，则命张毅夫等将他们秘密处决。

一天夜里，特务们用一辆大卡车把唐鉴予、洪希宗等七人秘密拉到成都东郊50里外的龙泉山下。这里山峦重叠，荒无人烟。特务们将唐鉴予等拖到山上，把他们的手脚捆住，然后一个个扔进事先挖好的深坑，活活地埋掉了……

罗世文、唐鉴予等人的“失踪”，在成都引起了极大的轰动。戴笠等人为了掩盖他们秘密逮捕中共党员、制造摩擦的真相，同时也是为了杜绝四川奸商巨贾囤积居奇、人为制造“米荒”的事件再度发生，于是年底查出了制造“米荒”的真凶——曾经当过成都市长的大川银行董事长杨全宇等人，并将他们公开逮捕、处死，以杀一儆百。社会上不明真相的人们还称赞戴笠干了件好事，可他们哪里知道特务们在暗中干的那些惨无人道的勾当呢！

“饥民抢米”一事，令戴笠名利双收。戴笠颇为得意。但他万万没想到的是，就在这时，军统内部却发现了一桩意想不到的“共案”，又搞得戴笠焦头烂额。

这是1941年春的一天，重庆稽查处电讯监测台的特务发现监测电台的真空管被烧坏，而值班的报务员张蔚林却不在值班室。稽查处立即派人去张蔚林居住的牛角沱寓所找他。结果人未找到，却无意中在他家抽屉里发现了一本电台的密码、军统局分布在各地的秘密电台表格和几张记载着绝密情报的便条。把这些东西带出值班室，是军统纪律决不允许的。稽查处认为这是桩严重的违纪行为，所以立即向戴笠汇报。

初听汇报，戴笠也以为是一般的违纪行为，但当他看到那张电台分布表格及几张字迹不一的便条后，便意识到情况比违纪要严重得多。他立即派人再次搜查张蔚林的住所，同时下令立即逮捕张蔚林。当他怒不可遏地打电话通知电讯处时，却意外地得知，张蔚林正在电讯处向副处长董益三检讨真空管被烧之事。戴笠即令董益三把张蔚林抓起来，先关进稽查处的看守所，待查明真相后再进行处理。

当天下午，戴笠召集电讯处和稽查处的负责人研究此案，并让他们辨认便条上的笔迹。几个负责人仔细辨认后，一致认为，这些记载着绝密情报的便条，分别是军统局电讯总台报务主任冯传庆和报务员赵力耕、杨洸、王锡珍、陈国柱几人抄写的，而情报的内容，大都是与陕甘宁边区的中共组织有关。于是，大家认定，张蔚林等人是暗藏在军统内部的中共地下党员。

这一结论惊得戴笠浑身冒冷汗，半晌没说出话来。他做梦也不曾想到共产党竟打入了军统局最核心、最机密的部门，而周围的人却毫无察觉。这真是他戴笠和军统局的奇耻大辱啊！越想他越坐立不安，此事若被老蒋知道，自己的前途和事业很可能就全毁于此了！

这时，去牛角沱搜查张蔚林住所的人赶了回来，带回了张蔚林的一本日记和成都的一封来信。从日记上似乎看不出什么问题；信是自称为“妹妹”的人寄给张蔚林的，讲的也不过是家常事。看过之后，戴笠不禁问道：“张蔚林有个妹妹？”

“好像有一个。张蔚林没搬到牛角沱之前，曾有个20来岁的姑娘到电讯处宿舍来找过他几次。那姑娘长得蛮秀气，总爱戴顶法兰绒小帽，穿一身浅咖啡色的薄呢子连衣裙。不过她讲话带有浓重的四川口音，可张蔚林是无锡人。他说那是他妹妹，叫张露萍。我们都不太相信，常开玩笑说那姑娘是他的女朋友。他也只是笑笑，从不争辩。后来他就在牛角沱租了两间房子，和那姑娘一起搬到那里去了……”一个曾与张蔚林同一宿舍的特务，滔滔不绝地向戴笠说了这许多。

“嗯，这个张露萍很值得怀疑。你马上以张蔚林的名义往成都给她发封电报，就说‘兄病重，妹速归’。然后派人日夜监视牛角沱住所，只要她一进门，就把她抓起来。”

此时天色已晚，戴笠一面令稽查处的特务在当天午夜将冯传庆等五人秘密逮捕，一面派人调来张蔚林、冯传庆的档案材料，他要亲自搞清楚他们的历史背景，看看他们中谁最有可能与共产党发生联系。可是，他看完档案之后，仍然没有找出他想了解的情况。

张蔚林刚24岁，1936年就在上海参加了特务处办的电讯训练班，毕业后一直在电讯总台当报务员，到重庆后，才调到稽查处电讯监测科任报务员。与其同案的杨洸、赵力耕等四人，与张蔚林年龄相近，也都是军统电讯班的毕业生。从他们的年龄和履历上看，似乎不可能在加入军统之前就是共产党。只有冯传庆比较特殊。他已30来岁，曾经在国民政府交通部电台工作，由于他技术精湛，被军统局硬性调了过来，任报务主任，他很可能是这几个人中间的组织者。

另一个值得怀疑的就是自称是张蔚林妹妹的张露萍，她很可能是共产党与张蔚林等人的联络员。因为张蔚林等人外出行动并不自由，特务之间常常是相互监督的，他们获得的情报很可能要由张露萍传送出去。此人一定得抓住，从她身上很可能找出破获共产党组织的重大线索……

戴笠边看档案边琢磨。就在这时，稽查处的特务来报，杨洸等四人已被扣押，关进了看守所，只有冯传庆不知去向。据说冯当时正在总台值班，可他们赶到值班室时，却不见冯的踪影。

“他跑不远。你们立即复印几张他的照片，连夜发到重庆各路卡、检查站。一定要把他抓回来！”戴笠说完，又打电话通知看守所长，让其连夜审讯张蔚林、杨洸等人，并随时向他汇报。

此时已是午夜两点多钟，戴笠仍然毫无睡意。他双手叉腰，不停地在室内来回走动着。他觉得，发生了这种事情，想瞒是瞒不过的，尽管很难堪，可还是得尽快地向老蒋汇报才是上策，倘若老蒋从别人嘴里得到消息，那后果将更不堪设想。他立即给老蒋侍从室的值班人员拨了个电话，请他们安排自己第二天上午去晋见老蒋。

天快亮的时候，稽查处方面也没审讯出任何结果。戴笠只好靠在沙发上闭目养神，以待天明。用早餐的时候，侍从室通知他，上午9时，老蒋将在上清寺官邸接见他。他便匆匆地洗了个热水澡，然后，硬着头皮去晋见老蒋。

“你们过去总是吹牛皮，说你们如何如何有办法，一定能打入共党内部。现在倒好，我不但没看到你们打入共党内部，反倒让他们钻到了我们的核心部门。我每月拨那么多经费给你们，要你们干什么？嗯！……”老蒋听完戴笠关于此案的汇报后，正气哼哼地指着戴笠大骂。垂手恭立一旁的戴笠，被骂得脸上红一阵白一阵，一句话也说不出来。

回到局本部，负责翻阅研究张蔚林日记的特务正等在他的办公室内，跟毛人凤谈着什么，见戴笠进来，立即满脸堆笑地迎上去说：“戴先生，你看，打张蔚林搬到牛角沱之后，好几次在日记中提到去四德里七号。这是不是他们的联络点？要不要派人去搜查一下？”

“嗯，这个线索很重要。你马上带人去搜查一下这个地方！我在这里等你们的消息。”戴笠打发走那特务，又转身问毛人凤，“有没有冯传庆和张露萍的消息？”

“抓张露萍的不可能这么快返回。不过，冯传庆在江北被抓住了，正往回押送呢。”说到此，毛人凤咧嘴笑道，“听说他扮成富商模样，穿着身漂亮的皮袍子，戴着顶大礼帽，可是却躺在渔民的草棚子里睡着了。渔民以为他是给日本飞机打信号弹的汉奸，就把他抓起来送交了警察局。幸亏我们昨晚就把冯的照片发到了各派出所和关卡，警察局一看就认出他了。”

“这可太好啦！我估计他很可能就是张蔚林他们的组织人，一定要从他身上打开缺口！”戴笠颇为自信地说着。他总认为冯传庆一定是在参加军统之前就与共产党发生了联系，而若他从一开始就参加了特务处的工作，是不可能再去投靠共产党的。实际上，事实与戴笠估计的并不完全一样。参加军统之前就与共产党有联系的并非冯传庆，恰恰是年纪较轻、加入军统最早的张蔚林。

张蔚林早在上海读书时就加入了共产党，毕业后因家中生活困难，四处奔波不定，就与党组织失去了联系，后又因生活所迫考入了特务处办的电讯训练班。调到军统电讯总台工作后，他常常偷着看《新华日报》和一些进步刊物，产生了离开军统再度加入中国共产党的强烈愿望。1939年8月下旬的一天，他毅然来到了中共南方局所在地曾家岩50号的周恩来公馆，要求见周恩来。当时周因手臂摔伤去苏联治疗，不在重庆，张又要求见叶剑英同志。因不摸他的底细，叶剑英同志不便出面接见，即让曾希圣与其面谈。张蔚林向曾汇报了自己的思想，要求恢复党籍，并请求介绍他去延安。

由于他来自军统，又拿不出任何曾经加入过共产党的证据，曾希圣不便深谈，只安慰了几句，让他留在军统内继续为抗战出力。这样，张蔚林第一次来联系并未取得中共党组织的信任，他仍不甘心。回电讯总台后，他发现从交通部电台硬性调来军统的冯传庆等人亦有不满情绪。当时，他们中的一个报务员，因不懂得军统的门进得出不得的规矩，擅自离职回了老家，被军统抓回打得遍体鳞伤，惨死在看守所。冯传庆等对军统更为不满。张蔚林乘机说服了冯传庆，决定一同脱离军统，投向共产党。

于是张蔚林带着冯传庆，第二次暗中来到曾家岩50号周公馆，迫切要求加入共产党，脱离军统。曾希圣询问了许多有关军统局电讯总台的组织、编制等情况，他们都以实相告，与南方局掌握的情况基本相符。曾希圣就提出，要他们继续留在军统，随时向南方局提供情报和电台密码。他俩都一一应允，于是叶剑英和曾希圣亲自介绍他俩加入了共产党。从那以后，他俩不仅及时向南方局提供情报，还在电讯总台内发展了杨洸、张力耕等四个报务员加入共产党。杨洸等四人虽是军统电讯训练班的毕业生，但他们最早是由交通部电讯台招收的学生，只不过因交通部电讯处长温毓庆与戴笠私交甚笃，故将交通部招收的电讯学员委托魏大铭主持的电讯训练班代培。由于他们学习优秀，跟冯传庆一样，便被军统硬要了过来，其实他们都是打心里不愿留在军统的人。

就在张蔚林等与南方局接上关系不久，南方局从延安来了一位年轻的姑娘黎琳。她是延安抗大毕业的学生，因其姐夫是川军少将余安民，故中共中央派她返回四川，去做川军的统战工作。叶剑英同志考虑到，军统局的情报工作比对川军的统战工作更为重要，便让她扮成张蔚林的妹妹，改名张露萍，专门负责与张蔚林联络、递送情报，以免张蔚林等送情报时，被曾家岩50号对面、专门监视周公馆的特务机关发现，暴露身份。以后，南方局又在牛角沱租了两间住房，名义上是张蔚林“兄妹”的住所，实际是他们的中间联络站，平时送情报也不再直接送到曾家岩50号，而是送到南方局设在重庆中二路四德里7号的秘密机关，再由该机关的同志转送南方局。

在南方局的周密安排下，张蔚林等工作进行得很顺利，给南方局提供不少极有价值的情报。此次事情暴露，实属张蔚林等人缺乏工作经验所致。当时，正值春节，张露萍暂去成都探亲去了。张蔚林在电台值班时，不慎烧坏了真空管，他沉不住气，慌慌张张地跑到周公馆汇报。曾希圣听后，认为这是工作事故，不会出什么事，不到万不得已，不能放弃这一阵地。于是张蔚林又返回军统……

这些情况，戴笠当然不清楚。他原以为抓住冯传庆、张露萍及四德里的有关人员后，情况便会得到进一步发展，结果却让他大失所望。稽查处方面报告说，冯传庆像张蔚林等人一样，用尽了酷刑，也不肯承认与中共有联系。去四德里抓人的特务回来报告说，四德里那家已人去楼空，听邻居说，昨天下午有个穿军服的人送去一封信后，那家人就匆匆搬走了。

戴笠一听，简直气得七窍生烟。张蔚林这一伙到底有多少人？竟然还有穿军服的？戴笠气得在办公室内搓着双手，快步地走来走去。他的脑子也在不停地转悠：张蔚林是昨日午间被捕的，他的被捕只有稽查处和看守所的少数几个人知道。可当天下午就有人给四德里送去了信，可见，此人不是稽查处的，就是看守所能接触到张蔚林的几个看守。而军统局内只有看守员和警卫连的人才穿军服……

“马上查查，看守所里昨天谁去了四德里？”戴笠停住脚步，冲愣在一旁不知所措的特务说道。

过了半个小时，特务便带着看守所所长毛烈来到了他的办公室。毛烈是戴笠江山籍小同乡，是军统局少将情报处长何芝园的妻弟。他一见戴笠就哭丧着脸说：“戴先生，我以为张蔚林只因烧坏了只真空管才被关押的，所以他送我50块钱，让我带封信到四德里，我就答应了。我不是……”

“啪！”的一声，毛烈的话未讲完，戴笠就怒不可遏地扑过去，扇了他一记大耳光，嘴里还大声骂道：“你这个混账东西，竟为了50块钱就帮共党分子送信！老子非枪毙了你不可！”

“戴先生饶命，戴先生饶命啊！我真的不知道他是共党分子，我冤枉啊……”毛烈捂着被打得红肿的胖脸，扑通一下跪在了戴笠的面前，又哭又喊。

“拖下去，先关起来！”戴笠又何尝不知道毛烈“冤枉”呢？看守所经常关押因工作失误而受处分的特务，看守们也常为这些受处分的特务送信、买东西，并不足怪。而这次毛烈放跑了中共嫌疑分子，戴笠自然不能轻饶他。后来，尽管何芝园夫妇再三为毛烈求情，戴笠还是把毛烈枪毙了。当然这是后话。

第三天上午，张露萍从成都赶回重庆，一到牛角沱，就被特务抓了起来。在四德里的线索被切断，张蔚林等六人又死不肯招供的情况下，戴笠决定在张露萍身上大做文章。他一得到张露萍被抓的消息后，却又立即命令特务向张露萍道歉，说抓错了人，当即把她放了。其目的当然是想放长线，钓大鱼。张露萍一走，戴笠立即命特务暗中监视她，无论在什么地方，只要发现有人跟张露萍讲话，或张露萍去了什么地方，就马上将对话者逮捕，或冲进她去的地方搜查。

张露萍出来之后，正如戴笠希望的那样，径直朝曾家岩50号周公馆的方向走去。

不知是张露萍识破了特务的诡计，还是她有意识要向南方局报告自己的处境，只见她走过周公馆门前，连头也不回，又径直往朝天门码头走去。就在她准备登船离去之时，跟踪的特务只好又一次逮捕了她。

戴笠从张蔚林、张露萍等人身上，找不出任何攻击、搜捕中共的借口，因而气急败坏，见谁都不顺眼。正赶上这天召开局务汇报会，这正是他乘机训人、发火、出闷气的好机会。一进会场，他的目光就扫向电讯处的正副处长。因为张蔚林等都是电讯处的人，他嘴上虽然不好把责任推给电讯处干部，但心里一直在埋怨他们未及时发现张蔚林等人的问题，便不由自主地想找碴儿骂谁一顿。他的目光突然停在了副处长董益三的头上，“你们大家看看，董益三同志的头像什么？”

大家的目光便一齐射向了董益三那凌乱不堪的头发，有的人甚至忍不住地笑出声来。董益三被说得满脸通红。因为出了张蔚林的事，他这些日子也被搞得焦头烂额，所以开会前没顾得上去理发，没想到戴笠竟借此当众给他难堪。接着，戴笠并不因他脸红而作罢，反而板着脸继续训道：“《军人读训》要大家‘整肃仪容’，像你这样的头发，居然也能来出席局务汇报会！一个人连自己的头发都整理不好，还想治国平天下吗？”

董益三一声不吭地低着头。大家也都不敢再发笑了。他们心里清楚，戴笠每感到工作上有较大的压力，或挨了老蒋的责骂之后，总要抓住某些部属发顿脾气。部属们摸出的规律是，只要不当众顶撞他，过一会儿他气消了，也就没事了。然而在他发脾气的时候，任何人都可能被他无缘无故地训斥一顿。看情形，戴笠这天的心情极坏，倒霉的绝不会是董益三一人。

“还有，你们督察室也不知道一天到晚都在干什么？团体中许多不良现象都得不到纠正。就拿打麻将这件事来说吧，禁令下了这么久啦，你们竟没抓住一个打麻将的人。可见你们督察室对工作没尽到责任……”戴笠果然话题一转，又把矛头指向了督察室。实际上，戴笠对督察室的工作也很不满意。因为督察的职责就是监督每一个特工人员的工作、生活，甚至言行、思想，可是军统局发生了张蔚林等人的事，督察室竟毫无觉察，这不能不说是督察室的失职。不过，张蔚林之事，戴笠打心里不想让更多的人知道。他认为，在军统内部出现共党分子，是他和军统局的奇耻大辱。他有一种哑巴吃黄连，有口难言之苦，只好借题发挥，找碴儿骂人。

整个局务汇报会，戴笠都阴沉着脸，训了这个训那个，吓得在座的大小特务，连头也不敢抬，直到散会，大家才算松了口气。

张蔚林一案，后来审来审去也没审出个结果，戴笠只好把他们和罗世文、车耀先等一道，转押到息烽监狱。抗战胜利前后，他们被分别杀害于息烽快活岭及重庆歌乐山下……

二十六 成立“黑室”破译日电 勾结英美扩大武装

一场空袭过后，被敌机轰炸过的地方燃起一溜冲天的大火。血红的夕阳被那浓烟烈焰所遮掩，把断壁残垣下血肉模糊的尸体和呻吟、哭号的人们，映衬得更加惨不忍睹。躲避在防空洞逃命的人们在消防人员尚未到达之前，谁也没去注意，路边石头上坐着的一个秃顶的外国老头。那老头看上去50多岁，瘦高清癯，他满身是灰，雪白的衬衫已变成了灰黑色，光秃秃的脑袋上还划了好几道血口子，显然是刚从被炸塌的废墟中爬出来。此时，他正目光迷惘地望着眼前惨不忍睹的情景，还不时地抓起身边的一个杜松子酒瓶，对嘴喝上两口。

“顾问先生，你没受伤吧？”突然，一辆黑色的福特小汽车疾驰而至，一个西服革履的年轻人跳下车，直奔那个“老外”而来。

“No，No！”“老外”被他用英文一问，才从迷惘中惊醒，颇有点幽默地用手掌摸了摸自己那划了几道血口的秃头，接着又用生硬的中国话说：“这个脑袋还算结实！只是我的收音机完蛋了！你们要赔我一个新的！”

年轻人苦笑着摇摇头，放心地嘘了口气，即招呼司机跟他一道去废墟里扒寻“老外”的衣物。

公路上的人越来越多，有的忙着救火，有的忙着抢救伤员。当年轻人和司机刚刚扒出一只盛衣物的大皮箱时，公路上又有一辆小汽车戛然而止，从车里下来一个40来岁的中年人。他虽然身体矮胖，但行动却挺敏捷。他见“老外”那狼狈样子，脸就沉了下来，直冲年轻人吼道：“林翻译，你们怎么搞的？为什么不把顾问先生请到乡下的防空洞去躲躲？他若是出了问题，你我将如何向老板交代？”

"我有什么办法？顾问先生就是不肯去防空洞嘛！"被称为林翻译的年轻人，显然被中年人那连珠炮似的质问惹怒了，毫不客气地顶撞着。

中年人被顶撞得半晌没有说话，最后他语气略微缓和地说："等下你们把顾问先生请到'豁庐'去，不能再住在外面啦！"

"No，No！""老外"显然听明白了中年人的话，他连连摆手地喊着，接着用英文对林翻译说，"告诉他，我不住办公室。我先去朋友家住几天，再找房子。"

中年人听后，久久地盯着"老外"的秃头，最后才气喘吁吁地对林翻译说："这倔老头！我找戴先生去。否则你我都担负不起这个责任。"

原来，这"倔老头"是戴笠特意从美国聘请来的日电破译顾问——亚德利。他就是美国畅销书《美国黑室》的作者。此人在第一次世界大战中，曾为美国陆军部军事情报处破译了上万份的外国电报。战后，美国国务院和陆军部为他提供了10万美元的经费，让他创立一个专门破译日本密电码和密表体制的秘密机构，即他所称的"美国黑室"。该机构当时为美国和平时期的商业贸易提供了许多颇有价值的经济情报。后来，由于美国政府颁布了一项"保障通讯秘密"的新法律，"美国黑室"因此受到各方面的抨击，终于在1929年关门大吉。而除破译外电密码之外别无所长的亚德利，只好卷起铺盖返回印第安纳州的老家，在那里著书立说。此间，他先后撰写了《美国黑室》《日本红日》《美貌出众的伯爵夫人》等以第一次世界大战情报工作为题材的纪实小说。其中《美国黑室》使其名噪一时。但是美国政府并不欢迎他的这些暴露美国战时秘史的书籍，曾多次警告他，并没收过他的文稿，他不得不改行从事房地产投机生意。

可是，他的《美国黑室》一书，却给了当时我国交通部上海国际电信局的电讯专家温毓庆以极大的启示。当时，"九一八"事件已经发生。温毓庆即刻想到，中日战争迟早会爆发，中国也应该组建一个类似"美国黑室"那样的专门破译日本密电码的机构。他将这一想法告诉了其姨表兄弟宋子文，请宋子文呈报老蒋。1934年老蒋批准了温的此项建议，不过他的态度并不太积极，亦未特别拨予经费。温毓庆只好请了两三个亲信，利用业余时间，收集一些日本电报底稿，秘密研究日电的密码。"七七事变"后，温毓庆主持的这个密电检译机构已研究出了一些眉目，但他的人力和经费都有限，只好求过去在上海国际电讯台当过报务员、当时已在特务处任通讯科长的魏大铭，请他派人协助，并代培电讯人员。于是，魏大铭将此事向戴笠汇报，并介绍戴笠与温认识。

戴笠了解此情况后，非常想与温毓庆合作，正式成立一个日电破译机构。可是，温不愿意将密码研究工作纳入特务的情报范围，便婉言拒绝了戴的建议。但戴笠并不死心。他一方面尽量与温毓庆保持友好关系，另一方面令军统局美国情报站站长肖勃，暗中寻找亚德利，以求聘请他来中国，帮军统培训日电破译人员。肖勃在美国的公开身份是中国驻美大使馆副武官，行动很自由。他很快就查找到了亚德利，并经过多次秘密磋商，终于以年薪1万美元的代价，与亚德利签订了一年的合同。1938年底，在肖勃的精心安排下，亚德利装扮成皮革商奥斯本离开美国，绕道香港，转来重庆。

由于亚德利《美国黑室》一书中揭露了日本许多见不得人的内幕，日本人视其为眼中钉。为了亚德利的生命安全和破译工作的机密，戴笠除派专人保护他外，还特地把重庆乡间、位于枇杷山上的神仙洞街94号——人称"豁庐"的一幢花园别墅，拨为亚德利的住所和密电研究组的办公室。因为"豁庐"是一幢两层楼的钢筋水泥洋楼，内有20余间住房，不仅可以容纳上百人，而且它位置偏僻，一般人不可能涉足此地，就连敌机空袭时，也不会注意到它，真是既保密，又安全。

1939年的一年期间，亚德利在"豁庐"培训了近200名破译人员，并使之基本上掌握了日本陆军密码的破译规律。于是，戴笠又以此为资本，再次提出与温毓庆合作，并以保密为由，请老蒋将交通部、中统、军统的破译研究人员统一起来，成立一个正式的密电破译机构。

正在此时，发生了亚德利险些被日本轰炸机炸死之事。戴笠闻讯，气得把负责亚德利安全的黄埔六期同学陈祖舜狠狠地骂了一顿，又在曾家岩戴公馆设宴为亚德利压惊，请余淑恒当陪客兼翻译，力劝亚德利注意安全，并希望他能与军统续签合同，在中国多留些日子，协助军统成立一个正式的"中国黑室"。亚德利欣然同意续签合同，但他却坚持不要警卫保护，也不肯住到"豁庐"办公室，戴笠对此深感头痛。这个美国"倔老头"，总是把个人的"自由"看得比自身的安全还重要。自他到重庆之后，就常常搞些恶作剧，把警卫人员甩开，独自跑到专供外国人住宿、娱乐的重庆宾馆去会女人，玩纸牌。而且他不肯居住在"豁庐"那偏僻幽静的地方，坚持要在市区内居住，敌机空袭时，他又不肯钻进空气污浊的防空洞，宁愿用两个枕头压在头部和腹部，躺在床上睡大觉。拿他自己的话说，"只要炸弹不落在你的头顶上，这两个枕头就能挡住飞来的弹片和震碎的玻璃片，使身体的重要部位不致受伤……"正因为如此，这次亚德利才险些送命。

戴笠虽然对军统的每一个成员都要求极严，但拿亚德利这个外国老头却毫无办法，只得命人加强保护。特别是在他盼望已久的"中国黑室"即将成立之时，亚德利的作用就更加重要了。因为温毓庆本身在破译技术方面就很崇拜亚德利，加之他当时因交通部的人事纠纷，处境很艰难，已经同意了戴笠的建议。两人正式议定了"中国黑室”的公开名称——军事委员会技术研究室。

不久，老蒋批准了温、戴二人的建议。1940年初，军事委员会技术研究室——“中国黑室”正式成立，由温毓庆兼办公室主任，魏大铭和老蒋的侍从室机要主任毛庆祥任副主任，主持日常工作。统一合并后的技术研究室共300余人，办公室设在重庆黄葛垭。军事委员会正式拨款300元美金，以购置器材，并规定每月拨给该室经费5万余元。不过令戴笠不满的是，该室并不由军统局领导，而是由侍从室掌管。这自然有悖于戴笠之初衷。但温毓庆和毛庆祥不仅资历比戴笠深得多，而且后台也比戴笠硬。早年戴笠在上海“跑单帮”搞情报时，毛庆祥就已经是老蒋的机要秘书了；而温毓庆那时已从美国哈佛大学获得博士学位归来，并在蒋、阎、冯中原大战中破译过不少阎、冯的密电，为蒋提供了许多可靠的情报。因此，戴笠权势再大，也无法与温、毛二人争高低。可是，该机构成立几个月后，毛、温二人意见不合，加之温毓庆身患黄疸肝炎和钩虫病，到香港治病，一去不返。老蒋即将该室划归军统局管理，终于遂了戴笠的心愿。不过，此时亚德利也因患思乡病，酗酒过度，身体日见消瘦，要求终止合同，返回美国。

这天，魏大铭正在“豁庐”探望亚德利，并转达戴笠对他的问候和感谢。贾金南突然满头大汗地跑来，气喘吁吁地冲魏大铭喊道：“魏将军快，戴先生正在‘漱庐’办公室大发脾气，叫你赶快去！”

“什么事这么着急？今天早上我还见过他嘛！”魏大铭这天早上确实去见过戴笠，因为破译人员连日来从破译的日本海军部电报中发现：日本方面准备进攻东南亚各国，除攫取物资外，还企图切断越南、缅甸通往中国的运输线，断绝国外对中国的支援，以逼迫中国政府投降。魏大铭认为这情报极为重要，便亲自去向戴笠汇报。当时戴笠非常高兴，对魏大铭及其负责的技术研究室倍加赞扬，同时也对亚德利在军统日电破译工作中的作用给予了极高的评价，让魏大铭代表自己去探望现在病中的亚德利，所以魏大铭才特意赶到“豁庐”，离开戴笠才两三个钟头。可是他哪里知道，戴笠发脾气，恰恰是他送去的那份重要情报引起的。

原来，戴笠一拿到魏大铭送去的那份重要情报，就立即请唐纵转交给老蒋。此时，唐纵已被提升为侍从室第六组少将组长，专门主管情报业务。由于他是由戴笠推荐到老蒋身边的，所以，凡是军统送去的情报，他总是及时地呈报老蒋，像这种重要情报，更是一刻也不敢耽搁。所以，老蒋一到办公室就看到了这份关于日军准备“南进”的情报。为了证实情报的可靠程度，老蒋立即打电话给戴笠，问厦门的秘密电台是否畅通，若畅通的话，就让他们派人到海边看看，海面上是否有日本军舰？有几艘？何时开到？

戴笠知道，军统局设在厦门的电台架在鼓浪屿，由技术娴熟的范某和江山小同乡姜毅英(女)负责，便毫不犹豫地告诉老蒋，厦门电台畅通，他立即让电讯总台联络，保证第二天一早给老蒋答复。孰知，戴笠一打电话给总台，得到的回答却是："厦门电台已有两天没叫通了。"戴笠命总台继续呼叫。然而两三个小时过去了，厦门电台仍然叫不通，所以戴笠在办公室大发脾气。

"你知不知道，厦门电台已经两天叫不通了！"魏大铭一进戴笠的办公室，戴笠就板着面孔质问道。

魏大铭一听，就松了口气，不紧不慢地说："我知道。厦门电台的电力弱，只有2.5瓦特，而且距这里1400多公里，不容易收到信号，联络不上是常有的事。"

他的这种从容不迫的样子，更加激怒了戴笠，他把桌子一拍，怒不可遏地吼道："你说得轻松！委员长让我们马上查清厦门海面上的敌舰情况，你却说联络不上是常有的事！今天你若叫不通厦门，我就枪毙了你，然后再自杀，以谢委员长。我不能在委员长面前失言！"

戴笠一向都很尊重魏大铭这样的技术人才，从未在他面前发过这么大的脾气。魏大铭也意识到问题的严重性，因为戴笠对老蒋允诺过的事情，如果办不到，其后果是不堪设想的。魏大铭也顾不得生气，他看看怀表，已经快到下午与厦门电台联络的时间了，就说："戴先生放心，我亲自上机联络。下午如果叫不通，晚上一定能叫通。"说完，他立即赶到附近的电讯总台。由于魏大铭发报的手法清晰，他一呼叫，厦门电台就有了回音，不到一小时，对方就查清了海面上日舰的数目及到达的时间，从而证实了日军即将"南进"情报的准确性。

戴笠圆满地答复了老蒋提出的问题之后，自觉对魏大铭的态度过于粗暴，第二天便把魏大铭请到戴公馆吃饭、道歉，并偕其一同去上清寺蒋的官邸，名为向老蒋检讨自己了解情况不确，实际上是去替魏大铭邀功请赏。不出戴笠所料，老蒋不仅没责怪戴笠，反而大大地勉励了魏大铭一番。因为技术研究室破译的这份情报实在太重要了，它使老蒋有充足的时间将囤聚在缅甸的军用物资抢运回来，并可以事先做好东南亚沦陷之后的外援物资运输、电台设置和潜伏人员的安排等工作。

魏大铭虽说险些送了性命，但戴笠的道歉，老蒋的勉励，早已使其心中的不满烟消云散了。同时，更让他兴奋的是，老蒋当即下令，要军统派得力干将去缅甸，督促军委会西南运输公司腊戍分公司抢运外援的军用物资，并将往返于滇缅公路上的1000辆军用卡车换成商业卡车牌照，同时在仰光布置下许多秘密电台，以备缅甸被日军占领后启用。这些安排，就足以证明了技术研究室所破译的日本海军部电报是何等重要。

戴笠认为事关重大，决定亲自带上10部自制小型无线电收发报机赴缅甸腊戍。当时，军统局精通电讯业务的张佛我，其公开身份是腊戍分公司的报关员。戴笠把10部电台交给他，让他在缅甸各大城市增设秘密电台。同时，戴笠又命军统局缅甸站站长潘其武雇佣大批商车抢运物资，并让其通过腊戍的“孔雀公司”，向缅甸海关及公路局申报1000张商业卡车牌照。当时，潘其武和张佛我都不明白戴笠为什么要这样做。半年之后，迫于日本的压力，英国与日本签订协议，决定封锁其殖民地——缅甸通往中国的滇缅公路，潘其武花大价钱换来的1000张商业牌照，立即派上了用场，保证了滇缅公路的畅通。同时，各地电台也发挥了巨大的作用。为此，缅甸站的人都说戴笠有眼光，未雨绸缪。可他们哪里知道，这都是“中国黑室”发挥的作用呢！

当时，重庆雾期一过，日本飞机就频繁地对重庆进行轰炸。尽管“中国黑室”侦空组对日本空军的行动了如指掌，每次空袭前都能及时发出预报，遗憾的是，中国高射炮的射程太近，总是打不着前来轰炸的敌机，因此敌机更加猖狂，每次轰炸皆如入无人之地。重庆人常常指着那一枚枚在敌机下面爆炸的炮弹说：“看喽！防空部队又给日本人放礼炮喽！”到了1941年间，技术研究室不仅能准确地破译敌机前来空袭的时间，而且能准确地得知敌机的起飞地点，飞行路线及飞行高度。是年，重庆防空指挥部决定，利用这些情报，让中国那些性能差、速度慢的飞机，事先飞到高于敌机的云层之中，隐藏起来，待敌机一到，即从上而下地进行袭击。9月的一天，防空总指挥部按照这一方案，出其不意地袭击了前来轰炸的敌机，击中三架，总算为饱受轰炸之苦的重庆市民出了口气，敌机便也再不敢轻易来犯，就连一贯瞧不起军统的航空委员会，也对其刮目相看了。

1941年底，破译机构发现，日本方面突然全部更换了电报密码。他们估计日军将有一次更大的行动，因此除将情况汇报之外，同时加紧了新密码的研究工作。由于他们早已掌握了日电密码的更改规律，很快便掌握了新密码的破译方法。不久，即从日本空军、海军的密电中得知，日本空军正准备向太平洋地区活动，有袭击美国珍珠港的迹象。戴笠向老蒋汇报之后，便通知美国站的肖勃，让其设法转告美国国防部，叫他们注意日本空军的动向。孰料，美国佬听后捧腹大笑，认为中国方面根本不可能了解日本军方的行动，甚至认为是中国有意离间美日关系。直到12月8日，日本袭击珍珠港，向美宣战之后，美国人痛定思痛，才想起中国大使馆曾向他们提出过警告，这才开始打听消息的来源。当他们知道消息来自军统的破译机构之后，立即令驻华大使馆武官迪帕斯，就近与戴笠接触，企图从军统方面得到更多的日军情报。

而在迪帕斯与戴笠接触之前，英国方面早已抢先与军统协作了，其原因也是因为军统破译日电的准确。就在日机袭击珍珠港的第三天，军统重庆侦空组破译了几份从西贡起飞的日本轰炸机发回西贡空军基地的电报。一份电报说："我机已飞临(新加坡百余海里外)×地上空。英海军舰只正向南移，我第一批轰炸机正开始向主舰威尔斯亲王号攻击，已炸中舰面。英舰高射炮火力微弱……"另一份电报说："英威尔斯亲王号锅炉被击中，引起弹药库爆炸，逐渐沉没。英'却敌'号亦被炸沉……"

戴笠得到这些情况，立即呈报老蒋。老蒋即刻让人打电话通知英国驻华大使柯尔。柯尔一听电话，连连说："不可能，不可能！"英国人比美国人还要傲慢。在他眼里，中国的破译技术是微不足道的，更何况威尔斯亲王号和却敌号是英国最新、威力最大的两艘军舰。其中威尔斯亲王号前不久还在南美的乌拉圭外海击沉了德国的俾斯麦号战舰，其排水量达5万多吨，时速30海里，舰甲板共有三层，每层有6英寸厚，护炮装甲厚10英寸；舰上还配备10门14英寸口径的大炮、16门高射炮、32挺高射机枪和4架飞机，以及1500名水手。被英国人称为"炸不沉"的军舰。柯尔说什么也不相信，他们英国人引以为自豪的威尔斯亲王号刚来到远东，就会被日机炸沉？

可是，第二天，柯尔就从英国政府的电报中证实了中国方面提供的情报，顿时感到十分震惊，连忙打电话向中国军委会致谢。

一时间，军统和戴笠简直成了香饽饽。英国方面提出与军统合作，成立中英技术合作所，美国驻华大使馆武官迪帕斯，也来拜访戴笠，并对戴笠本人大加称赞。戴笠早就想利用英美势力来充实军统的电讯器材和武装设备，以抬高自己和军统的身价。他心里虽对自己当年在香港被软禁三天之事依然耿耿于怀，但还是耐着性子与英方周旋。当时，英国大使柯尔奉命提出要求，在中国设立中英合作情报研究所和一支游击队，由中国出人，英国负担经费和武装。老蒋即将这一任务交给戴笠。戴笠也清楚，英国人的目的是为了要保护他们在远东的殖民地，而他自己则可乘机进一步扩大特务武装。于是他急命忠义救国军总指挥周伟龙，赶到重庆与英方代表谈判，并很快在重庆小龙坎成立了"中英合作情报研究所"及"军事委员会别动军司令部"，由周伟龙任司令。当时，英国远征军蒙巴顿元帅派了40名青年军官来华学习游击战术，周伟龙便举办了一个西南游干训练班，培训这批英国军官，为日后中英合组的游击队做准备工作。

不过，在与英方谈判及合作的过程中，戴笠均放手让周伟龙去干，自己很少出面。可是对于美国人，戴笠却采取了积极主动的态度。他一方面加紧与迪帕斯的联络，向他表示自己对美国政府的崇敬，另一方面密令肖勃抓紧时机在美国进行活动，促进美国军方与军统的合作。因为戴笠知道，"珍珠港事件"之后，美国不得不放弃利用中国抵抗日本，而自己不参战的企图。这意味着中、英、美、苏四国将联合抗日，日本就注定会失败。当时，老蒋已向美国建议，成立中、美、英、苏等国的军事同盟，美国总统罗斯福回电同意这一建议。后由老蒋发出邀请，中、美、英三国派代表在重庆上清寺蒋介石官邸召集联合军事会议。当时苏联因与德国作战，无暇东顾，没有参加。在这种时候，戴笠的设想和肖勃在美的活动，均得到了老蒋的首肯。

不久，美国海军部部长命海军中校梅乐斯设法尽快地在中国建立一些基地，为美国海军将来在中国沿海登陆做准备，并尽力协助美国海军，扰乱日军。为此，梅乐斯与海军部长及季威廉少将在华盛顿大饭店的客房内召见了肖勃，谈到梅乐斯到中国的任务。肖勃不敢当即表态，但答应向老蒋请示。不几天，老蒋即回电表示欢迎梅乐斯，并指定由戴笠协助他。

梅乐斯当时对戴笠一无所知，肖勃即对他说："戴笠将军是蒋委员长幕僚中的一位极重要的人物。他是个很好的人，完全可以安排你的一切。"他还告诉梅乐斯，只有在戴笠的协助下，他的任务才能轻而易举地完成。

为了进一步了解戴笠，梅乐斯特意跑到国务院和陆海军情报署去阅读有关文件，结果令他大失所望。他从当时在重庆任美国驻华大使馆武官麦克胡的报告中看到了这样一段介绍："……戴笠是一个出名的刺客，是一个'盖世太保'似的神秘组织头目，那组织在上海时被称作'蓝衣社'，他还成立了专门囚禁政敌的'集中营'。据说他非常不喜欢外国人，因此，绝少有外国人能够见到他……"

由于麦克胡曾是梅乐斯在海军军官学校时的同班同学，梅乐斯自然对其签名的报告深信不疑，因此内心非常矛盾。此后，他又接触了一些到过中国的朋友，大家都说戴笠是个声名狼藉的人，劝他到中国后，躲戴笠远远的。但从这些人的谈话中，梅乐斯也意识到，若想完成任务，还必须与戴笠合作，否则到中国之后，自己将寸步难行。1942年4月，梅乐斯只好硬着头皮独自乘飞机前往中国。

说来也巧，梅乐斯由华盛顿起飞之后，突然想先到锡兰(现为斯里兰卡)去看望在科伦坡的老友美国海军上校李末斯，便在科伦坡下了飞机。从李末斯那里，他听说美国驻华大使高思及老同学麦克胡正在印度等候飞机，前往重庆。梅乐斯立即赶到那里，与高思等同机赴渝。

戴笠从肖勃的电报中，已得知梅乐斯前往中国的时间，早就做好安排，尽管梅乐斯的行程一变再变，但戴笠安插在锡兰、印度等地的情报站，均及时地把梅乐斯的行动路线向戴笠做了汇报。但梅乐斯到重庆的准确时间，戴笠并不清楚。所以，梅乐斯下机时，没有人去迎接。他只好暂时下榻在重庆嘉陵宾馆，约好第二天由麦克胡陪同去见他的熟人——国民政府军令部二厅厅长杨宣诚，想通过杨与戴笠取得联系。其实，当天晚上，戴笠就从重庆机场航空检查组的特务那里知道了梅乐斯到渝的情况。但为了维护自身的尊严，戴笠没有亲自去拜访他，只派了一辆雪佛莱小汽车去嘉陵宾馆，供梅乐斯使用。第二天下午，戴笠才在曾家岩公馆接见了梅乐斯和麦克胡。一见面，戴笠就笑容满面地问起梅乐斯家人及沿途的情况。他虽然知道梅乐斯“七七事变”时曾在北平待过，多少会一点中文，但他还是让余淑恒在一旁做翻译。当梅乐斯谈到自己曾在科伦坡停留时，戴笠不悦地问：“你去那里的目的是什么？”

“为了会晤美国海军上校李末斯，看他那里日后是否能做我的物资转运站和无线电播音站。”梅乐斯发现戴笠有不悦之色，便连忙如实回答。戴笠听后，满意地点点头，立即转换话题问：“中校先生愿住在城里，还是乡下？”

“哪里都没关系。因为我希望能到处旅行。”梅乐斯试探性地说着，因为他的任务是要摸清中国沿海的情况。从戴笠的几句问话中，他已经觉察到，在印度、锡兰都有戴笠的耳目，在中国就更不用说了。如果不征得戴笠的同意，他去沿海视察的愿望就很难实现。

不料，戴笠竟毫不犹豫地说：“好的，我们安排。”

第二天，戴笠让人把梅乐斯接到“豁庐”亚德利曾住过的地方，并派刘镇芳做他的翻译。当天晚上，戴笠特备酒宴为梅乐斯洗尘，还请了麦克胡及杨宣诚作陪。酒宴上梅乐斯进一步提到想去东南沿海走一趟的想法，戴笠回答得更加干脆：“当然可以！”

紧接着，戴笠又问到梅乐斯对中国的观感。梅乐斯为了进一步获得戴笠对自己的好感，便称赞地说：“我佩服中国。你们跟日本人打了这么多年，依然屹立不屈。而日本人刚刚进攻东南亚三个月，新加坡、东印度和菲律宾等国就全部沦陷了。连我们美国的强大舰队也在珍珠港遭到日军的惨重轰炸，英国的两艘战舰也被炸沉南海……”

梅乐斯的这番话，确实赢得了戴笠的好感。他觉得梅乐斯比英国合作者更有诚意，甚至比前不久来拜访过他的美国驻华武官迪帕斯更尊重自己，尊重中国。酒宴将散之际，戴笠对梅乐斯说：“梅将军，你可以跟我一道去东南沿海走一趟。我们明天出发，如何？”

“明天？好！可是明天……”梅乐斯做梦也没想到，戴笠会如此爽快，又如此性急。他疑惑地看了看麦克胡，竟不知如何回答。

其实，他哪里知道，如果不是得知他已动身来华，戴笠早就离渝赶往东南沿海一带了。主要原因是中英合作因英方要求作业控制权，同时拒绝提供军统所要求的物资、器械的援助而将告结束。老蒋批准的“军事委员会别动军司令部”成了个空牌子，周伟龙成了光杆司令。戴笠自然不愿放弃已经得到正式批准的特务武装机构。他早下令让东南各沦陷区的特务武装——便衣混城队于4月20日一同对敌采取一次袭击行动后，迅速撤离，赶到江西上饶集中，改编成别动军，使周伟龙成为有兵司令。另一个原因则是上海一区区长陈恭澍及南京区区长钱新民，均被伪敌特工总部逮捕，该两区的秘密组织几乎全部遭到破坏。所以他急于赶去处理诸项事务。他邀梅乐斯同行的目的，一是为了想与其多接触，联络感情，乘机争取美援，装备培训别动军；二是为让梅乐斯看看自己的实力，好顺利地达成合作关系。

"戴先生，明天走太仓促了。来不及准备吧！"一旁的毛人凤见梅乐斯略有犹豫的样子，立即在一旁低声说道。

"哦，是太仓促了。将军，我有急事要先走。过几天一切都准备好了，你再动身。我们在浦城会合。"戴笠经毛人凤一提醒，立即意识到梅乐斯是刚到重庆，应该让他先休息几天，而且，从重庆到东南沿海途经六七个省，其中有的省市已陷于敌手，梅乐斯的安全和宿食不能不事先安排好，故连忙改变主意。

"戴将军，我服从将军的安排。不过我想带鲁赛一起去。"鲁赛是美国大使馆的普通工作人员，中国话讲得不错，曾在上海环球无线电公司工作过，精通无线电。虽说戴笠已派刘镇芳做他的翻译，但他仍希望有一个懂得发报技术的同胞同行。戴笠听后，也毫不犹豫地答应了。

出门之后，梅乐斯高兴地对麦克胡说："戴将军是个很爽快的人，将来一定能合作得很愉快。"

"朋友，你太天真啦！外国人是没有一个人能与中国的特务机关合作的。戴将军对这一类的事，有时虽然答应得好，但决不会当真付诸行动的。"麦克胡不以为然地笑道，然后又接着说，"你知道吗？英国派来与他们合作的代表团，现在正准备返回印度啦！"

"为什么？"梅乐斯疑惑地问。

"因为戴将军不肯接受他们保持作业控制权的要求。"麦克胡解释道。

梅乐斯笑道："戴将军是对的。如果我是中国人，我也会要保持作业控制权的。"他与戴笠接触两次后，对戴笠的看法完全变了。同时，他也觉得，既然到中国来，是有求于戴笠的，那就应该尊重他，不应该摆出高人一等的傲慢样子。

戴笠离渝一星期后，军统局便准备了一辆道奇卡车，让刘镇芳带着事务员、卫士等十来个人陪同梅乐斯、鲁赛开始向东南沿海进发。经过十来天的长途旅行，梅乐斯一行终于到达福建蒲城，与戴笠会合。戴笠当时正在那里接见来自东南各沦陷区的负责人，并一一向梅乐斯做了简要的介绍。实际上，戴笠这样做的目的，是在进一步向梅乐斯显示自己的实力。

第二天，戴笠接到情报，说日机要来轰炸蒲城。他立即和梅乐斯、刘镇芳等一同驱车到城外的田间躲避。很快，果然有11架敌机飞临蒲城上空进行轰炸。梅乐斯称赞道："你们的情报很准确！"

戴笠听完刘镇芳的翻译后，笑道："告诉梅将军，他们美国希望在中国做的许多事情，像气象报告，海上飞机、军舰的指示，关于敌军的行动意向，以及作战活动情报等项作业，都需要保护。所以，我希望他给我装备，训练5万游击队。他们既可保护美军作业，又能打日本人。如果美国允许梅将军接受中国陆军任命的话，那我们就可以共同来运用这批训练人员了……"

"OK！"梅乐斯听后，认为戴笠的要求也完全符合美国人的利益，这是为美军日后在中国东南沿海登陆创造条件，因此毫不犹豫地答应下来。

"很好！"戴笠高兴地一把握住梅乐斯的手，表示一言为定。戴笠想利用外援扩建特务武装之心愿，总算有了实现的可能，因此格外高兴。此后，戴笠因公赶回重庆，派赵世瑞等陪同梅乐斯在沿海地区继续视察。梅乐斯实地勘察了该地区的地形、水文、气象，还拍了不少地形照片，意外地得到了如此满意的资料，非常高兴。他深切地认识到，在中国，只有跟戴笠密切合作，才能顺利地完成海军部下达的任务。

二十七　雨农巧计喜得胡蝶　志英痴情身陷囹圄

“哟，准备这么多好吃的！今天又请谁呀？”余淑恒步履轻盈地走进戴公馆的客厅，一见那张大理石面的圆桌上摆满了热气腾腾的酒菜却只有戴笠一人，便不禁笑着问道。

“你猜猜看！”戴笠满面春风地迎过来，搂住她的腰肢，歪着脑袋，如哄小孩般地望着她。

余淑恒故作天真地眨了眨眼说：“一定是请梅乐斯，所以让我来当翻译。”

戴笠笑着摇摇头，望着她那年轻俊美、艳若桃花的面颊，柔声细语地说：“不，我今晚专请你一个人。”

“骗我！”余淑恒撒娇似的偎依在他的怀里，接着说：“你什么时候特意为我摆过酒宴？”

“不骗你！”戴笠亲吻着她的秀发，颇有点依依不舍的样子低声说，“你去美国的护照和机票都办好了。我是特地为你饯行的。”

太好啦！去美国深造，是她多年夙愿，当戴笠想方设法要与美国人合作时，她就知道，让她出国的日子不远了。戴笠早就对她说过，他要把她培养成蒋夫人宋美龄那样的“美国通”，日后好做他的“贤内助”，就像当年他把胡宗南喜爱的叶霞娣送去美国留学，如今已成为胡宗南的得力内助一样。只不过她没想到，事情来得如此之快，如此突然，内心的喜悦自不待言。可是，当她抬头看见戴笠那依恋而又有些忧郁的目光时，心头又不禁为之一颤。自1938年到如今，她从未见到过戴笠如此儿女情长的样子。她便立即把即将脱口而出的欢呼咽了回去，微皱双眉说：“只是太快了，我们连婚礼都没举行，就要分离……”说着，眼圈还有点发红。

“别说傻话了，只要你成了洋学生后，莫忘了我这个‘土包子’就行啦！”余淑恒一提到结婚，戴笠立即恢复了常态，边打着哈哈，边搂着她往餐桌边走，并亲自斟了杯酒递给她，说：“来，这杯酒祝你一路顺风！”

“等等！”余淑恒见他有意把话岔开，便按住他的手，故意嗔怪地问道：“为什么每次一提结婚，你就躲躲闪闪的？是不是又看中别的女人啦？”

“又说傻话！”戴笠夹起一块肉片，往她嘴里一喂，接着说：“你又不是不知道，抗战期间，我们团体的规定是不许结婚的。”

“可是魏大铭和毛人凤不都是抗战期间结婚的吗？你还帮他们操办，还亲自主持婚礼哪！”

“你怎么也这么讲！”戴笠略带责备地说，“他们俩在抗战前就跟他们的太太有了婚约，还是我介绍的呢！只不过因战争爆发没来得及办喜事。他们年龄都不小啦，要是等到抗战胜利再结婚，不是连儿子都耽误啦？”最后一句话，他是带着开玩笑的口气说的，说完，自己先哈哈大笑起来，边笑边举起酒杯，接着对她说，“我向你保证，等你学成归来后，我们马上结婚，好吗？”

余淑恒轻轻地点点头，不再说什么。自毛氏夫人病逝后，曾经与戴笠有染的几个女特务，都在做“老板娘”的美梦，其中有个叫周志英的女特务，与戴笠同床后，自以为戴笠相中了她，常常找到戴公馆来纠缠。戴笠被缠得没办法，就尽量躲着她，她就堵在门口硬是不走开，有时甚至又哭又闹。戴笠怕有损自己的声誉，便让人把她送到息烽监狱软禁了起来。而余淑恒却做得不温不火，永远是一派天真烂漫的样子，似乎并不在乎这些，于是，戴笠反倒越来越倾心于她。自打关起周志英之后，戴笠就明确地向余淑恒表示，抗战胜利后，就与她结婚，甚至把自己的工作化名都改为“余龙”，以示自己是余家的“乘龙快婿”。实际上，他也确实真像个女婿似的，对余母及其弟妹在生活上照顾得无微不至。然而，一辈子工于心计的戴笠，在这件事上却未能斗过小小的余淑恒，他竟然丝毫也未察觉，余淑恒本人并不像其他女特务那样想当“老板娘”，她只不过想借戴笠的权势和财力，达到出国深造的目的罢了。既然戴笠选中了她，她也只好真真假假、假假真真地周旋。而这不即不离，正合戴笠心意。聪明过人的余淑恒太清楚了，在国内，她是绝对惹不起戴笠的，只有到了国外，才有可能摆脱他。在这即将出国之前，她更得加倍小心，不能让他看出破绽，所以，此时她故意一再提到结婚的事。就这样，一向精明过人的戴笠，反而被余淑恒这个年轻得能做他女儿的女人，哄得飘飘然，不知所以了。

戴笠做梦也不曾想到，那天夜里与之海誓山盟、如胶似漆的余淑恒，出国不到一年，就在美国另交了男朋友。消息自然是来自在美国负责照顾她的肖勃。肖勃原以为戴笠得到此消息后，一定会下令停发余淑恒的生活费，或解送她回国。可是，戴笠对此消息竟毫无反应，依然发给她生活费，依然照顾她在重庆的老母、弟妹。肖勃哪里知道，戴笠此时此刻的心思，也已另有他属，完全转移到了另一个女人——电影界的“皇后”胡蝶身上了。

胡蝶确实不负“电影皇后”之美誉。她生得明眸皓齿，仪态万方，特别是她左边面颊上那个又圆又深的酒窝，更是给她平添了无尽的魅力。当时她不到40岁，正值成熟女子妩媚动人、丰腴端庄的最佳时期。早在抗战前，戴笠就是胡蝶的忠实影迷。每当工作之余，他总是爱跑到鸡鹅巷附近的白天鹅电影院，去看胡蝶主演的电影，什么《啼笑因缘》《姊妹花》《空谷幽兰》《火烧红莲寺》等影片，他都曾看了一遍又一遍，对胡蝶的演技、仪表，甚至一举一动、一颦一笑，都极为欣赏。每次看完胡蝶主演的电影，他总忍不住对别人称赞道：“胡蝶真是了不得，什么角色让她一演就演活了。她可真是我们中国特有的艺术之花，我们中国的骄傲啊！”

然而，戴笠当时只不过是一个小小的特务处长，他的名字还没有几个人知道，而胡蝶那时已是国际上都有了名的红影星。她主演的《空谷幽兰》和《姊妹花》，曾被送到欧洲参加影展。她本人和著名京剧演员梅兰芳，还曾作为中国文化团成员于1935年去苏联参加了国际影展节，并被邀游历了德国、法国、英国、意大利等国家，是中国电影史上第一位出国访问的电影明星，真可谓是声名显赫。当时的戴笠，虽然对她迷恋得神魂颠倒，却连见她本人一面都不可能，只能从银幕上去领略她的风采。抗战爆发后，戴笠就连在银幕上去欣赏她的机会也失去了。不过，他万万没想到的是，随着香港的沦陷，命运之神竟悄悄地把他垂涎已久的胡蝶，送到了他的身边。

原来，上海沦陷之后，胡蝶就随同丈夫潘有声和女儿莉莉一同迁到了香港。潘有声是从事搪瓷制造业的商人，由于他的搪瓷产品都用胡蝶头像作为商标，所以深受消费者的喜爱。可是，日本人对英美宣战，攻占香港之后，胡蝶夫妇再也无法在香港待下去了。因为日本人得知胡蝶在香港后，就多次找到她家，让她为日本人拍电影。胡蝶与当时在香港的梅兰芳一样，毅然拒绝与日本人合作。梅兰芳曾以蓄须明志，不肯登台演出。她不能如法炮制，只好和丈夫、女儿秘密潜逃，回到广东东江。临行前，她委托当年在上海曾为坚守四行仓库的“八百壮士”送旗而泅渡苏州河的女学生——杨惠敏小姐，帮助装运她的30多箱金银细软回国。岂料杨惠敏为她所雇运行李的帆船，竟于途中在东江的江心被一伙强盗用快艇拦截，抢走了。胡蝶听说自己多年积蓄的财产被掠劫一空，心急如焚，立即向广东当局报案。当时正值战乱之际，谁也顾不上去追查她的财产。胡蝶急火攻心，大病一场。几经周折，她终于找到了当年在上海结识的杨虎，求他设法追查。杨虎立即把此情况告诉了兼任水陆交通统一稽查处处长的戴笠。戴笠一听胡蝶遭此不幸，立即大包大揽地承担了此案的调查工作，并去函邀请胡蝶夫妇去重庆。他不仅为胡蝶夫妇提供由广州到重庆的飞机票，还把自己在重庆中四路151号的公馆腾出来，让胡蝶一家居住。胡蝶夫妇自然感激不尽，于1943年底举家赴渝。

胡蝶落难之际，正是戴笠春风得意、炙手可热之时。不过，胡蝶毕竟是胡蝶，她的身份、地位和声誉，都使她不可能像军统的那些女特务一样，轻易委身于戴笠。而戴笠对胡蝶的迷恋和崇拜，也使他不愿像对自己的那些部属一样，用权势去强占她。他渴望得到的并不仅仅是胡蝶的躯体，而是想真正赢得她的芳心，这自然不是光靠权势就能办到的。

戴笠为了取悦于胡蝶，真可谓是费尽了心机。胡蝶夫妇到重庆不久，正赶上1943年的除夕。这天中午，戴笠照例与局本部的特务们在大食堂聚餐，紧接着，便在晚上邀请胡蝶一家三口到曾家岩公馆吃团年饭。为了不引起胡蝶夫妇的怀疑，他还邀了只身回国述职的肖勃，以及曾任过驻法国巴黎领事馆总领事的黄天迈夫妇。

黄天迈在抗战前并不认识胡蝶，他之所以会成为戴笠的座上客，倒并不完全是因为胡蝶的缘故。而是因他在法国期间，经济上有些不清楚，珍珠港事件后，他奉命回国，一到重庆，就被军法执行总监部关进了土桥军人看守所。当时，戴笠正在与梅乐斯谈判合作条件，急需像黄天迈这样有外交经验的人才。戴笠得知后，立即派人前去探望，并各方疏通，将其保释了出来。他出狱时，已是身无分文，贫病交加。戴笠不仅给他一家安排了住房，而且派人送去钱物，多方接济。当戴笠陪梅乐斯东南巡视回渝之后，戴笠便提出请他留在军统工作。黄天迈因感激戴笠，便毅然同意了他的要求。于是，他由驻法国巴黎总领事，一下子变成了负责军统局与英、美等国合作业务的海外区区长兼机要秘书。戴笠每次跟梅乐斯谈条件，都把他带在身边，有时甚至全权交给他去办理。这次请他来，一是表示对他的尊重，但更主要的是向胡蝶显示自己的身价，企图破除社会上把军统称为“杀人放火的土匪、强盗”的说法。同时，还因为肖勃和黄天迈都在国外生活多年，见多识广，能说会道，不至于让胡蝶感到乏味。

果然不出戴笠所料，虽说都是第一次见面，但酒席宴上，觥筹交错，谈笑风生，气氛很是融洽。戴笠此时完全揭去了往日那副冷峻威严的面孔，高兴得像个天真的大孩子。酒宴之后，肖勃、黄天迈陪着胡蝶夫妇天南海北地闲聊，谈兴极浓。戴笠便带着胡蝶的小女儿及黄天迈的小女儿玩扑克牌，还故意输给孩子们，被罚得钻桌子、学猫叫狗叫，逗得孩子们哈哈大笑。新年钟声即将敲响之际，他又带着孩子们到院子里去放鞭炮，还把散落在地上未燃的花炮捡起来，一个个点燃，掷向夜空。这个除夕，客人们高兴而来，乘兴而归。戴笠自然给胡蝶留下了深刻的印象。

新年过后，戴笠一方面推荐潘有声去昆明担任财政部广东区货运处专员，一方面派情报员到湖南把杨惠敏及其未婚夫赵乐夫逮捕押解到重庆，关押在重庆石灰市看守所。待特务们问清胡蝶财产被劫的经过情况之后，戴笠便下令军统局广东各地的特务机构调查东江抢劫案。不过，戴笠也很清楚，事隔半载，若想如数追回胡蝶的财产是不可能的。为了取悦于胡蝶，他让肖勃在美国按胡蝶的失物清单，照样购回了一些胡蝶喜爱但又并不太值钱的物品，如法国香水、意大利皮鞋、丝绸睡衣等物，亲自送到胡蝶的住所。胡蝶十六七岁就进入了影艺界，对风月场中男男女女间的事情了如指掌，戴笠为她所做之种种，她都能心领神会。如今见他所归还的失物虽然与自己的大致相同，但却是全新的，并贴有美国商标，便禁不住被他的一片苦心感动得热泪盈眶。她紧抓住戴笠的双手激动地说："戴先生，你叫我怎样报答你才好？"

"瑞华，只要你高兴，身体完全康复，就是对我最好的报答！"已经不知玩弄过多少女子的戴笠，在胡蝶面前却显得极有修养，极具绅士风度。说他故擒欲纵也罢，说他假装正经也罢，总之，在这次胡蝶情不自已之际，戴笠只是拍了拍她的手背，安慰了几句，便告辞而去。因为他急于要赶到兰州，主持兰州特训班的毕业典礼，同时还要布置西北地区的防共、反共工作，其实，他这是借送东西为由，前来辞行的。

由于中美合作所已经建立，军统的摊子铺得越来越大，戴笠的兼职也越来越多，终日忙得不可开交。这次他刚到兰州不几天，就病倒了。病势来得很猛，又发热，又咯血，经医生诊断为肺结核。但戴笠却不相信自己会得肺病，硬说是水土不服，休息几天就好了。消息传到重庆，老蒋也非常关心，特意去电，批准他休假一个月，让他就医诊治，休息静养，军统和中美所的工作让郑介民代理。其实老蒋有所不知，他的这一安排，正是戴笠所最不愿的。戴笠从始至终都在提防着资历比自己深得多的郑介民，此时他当然不愿把权力交给他。于是他婉言谢绝了老蒋批准的假期，带病去兰州布置完反共工作之后，便赶回了重庆。

回到重庆后，戴笠仍然咯血，发烧。他不得不躺在床上打针、吃药、养病，同时还要发号施令，指挥军统的全盘工作。当戴笠在兰州公干之时，广东的特务在东江的一家寄卖店发现了胡蝶的一只重1.1克拉、价值5000元的钻石戒指。戴笠一到重庆就听到了这一消息，即电令东江的特务将那戒指买下，派人送给胡蝶，同时让人监视那家寄卖店，以便顺藤摸瓜。

胡蝶拿到那只戒指之后，自然大喜过望，对戴笠的才干更加钦佩不已。她一听说戴笠卧病在家，便匆匆赶到曾家岩戴公馆探视。专门侍候戴笠的贾金南在客厅悄声地告诉她："戴先生仍在发烧，医生已给他打过针了，现在正在睡觉。"

"我进去看看，不吵醒他，行吗？"胡蝶操着一口吴侬软语，细声细气地问道。

贾金南虽然憨厚不爱讲话，但戴笠对胡蝶的一片心思，他心如明镜，自然不敢将她拒之门外，便立即点点头，把她带进卧室，又忙着去给她斟茶。

戴笠的卧室陈设简单，除了一张写字台和藤椅外，只有一张镂花的老式硬木双人床。戴笠仰卧在床上，脑门上还放着一条叠得整整齐齐的湿毛巾，也许是发烧的缘故，他的脸色看上去红扑扑的，倒不像是有病的样子。胡蝶走进来时，他早已醒了，只不过是闭着眼睛在考虑事情。他听到有人轻轻地走近自己的床边，便睁开了双眼。当他看清床前站着的竟是胡蝶，而且正用温柔的目光打量自己时，他连忙一把抓下脑门上的湿毛巾，想翻身坐起来。可是他刚刚欠起身，就被胡蝶按住了，用温柔而又不容反驳的口吻说："别动，快躺下！"边说边为戴笠掖了掖被头，又顺手拿过刚才被他一把抓掉的湿毛巾，在床边的脸盆里浸湿，拧干，又重新敷在他的脑门上，说："你看你，还在发烧，千万不要再凉着！"说着，她又用手背试了试他脸颊的温度，又掖了掖他的被子，接着说："看来你的热度还不低，多喝点开水，有好处。"她正欲转身去找水杯时，戴笠一把抓住了她的手，想说什么似的，但话未出口，就突然一阵剧烈咳嗽。戴笠不得不放开她，翻身坐起，欠着身子，想往床边的痰盂里吐痰。胡蝶手疾眼快，弯腰端起痰盂让他吐，另一只手还在轻轻地为他捶背。戴笠咳嗽之后，吐了两口带血的浓痰。贾金南已赶过来，送上漱口水，端走痰盂。胡蝶抽出自己的丝绸手帕，为戴笠拭了拭嘴边的水痕，又轻轻地扶他躺下，掖好被子。

胡蝶这一系列细微的动作，做得是那样自然，那样得体，仿佛戴笠原本就是她的亲人。一向刚强自负的戴笠最初是要想方设法征服她，可此时此刻，他自己却完全被她那温柔体贴和善解人意征服了。他躺在那里直愣愣地看着她，半晌才自言自语般地说："瑞华，我就是此刻就死的话，也死而无憾了……"

打那以后，胡蝶几乎天天去曾家岩探望他，不出一个星期，戴笠的病痊愈了。他和胡蝶的感情也达到了如胶似漆、难舍难分的地步。

此时，也许是戴笠有生以来，第一次真正体验到了男女之间的那种刻骨铭心的情爱，于是他多少也理解了一点周志英曾不顾一切地追求他的那份痴情，自认为把她关进监狱的做法，实在太过分了，便让人把周志英提前放出来，重新给她安排工作。可他没想到，自己这难得的一次忏悔举动，却又引出了一场闹剧。

这天，一向云雾弥漫的山城重庆，天气格外晴朗明媚。胡蝶建议到重庆郊外的北碚温泉游览，她说戴笠病体初愈，到郊外去呼吸一下新鲜空气，洗个温泉澡，会大有好处。戴笠自然愿意从命，便打电话让沈醉带上够五个人吃一顿饭的罐头食品，随他们一道去北碚温泉。这时，年仅28岁的沈醉，已被戴笠提升为军统局少将总务处长，对戴笠吩咐的事自然不敢有丝毫懈怠，不到一个小时就全部准备就绪，而且还特意找了个小酒精炉，好为他们煮咖啡。

戴笠携胡蝶、沈醉，并带两名警卫，在上午10点来钟就驱车赶到了北碚温泉。春末夏初的北碚公园，景色格外迷人。满眼的苍松翠柏，古树虬蟠，给人清新舒适之感。而那巍峨的庙宇、飞泻的清泉，更是让人赏心悦目。身着整齐中山装的戴笠与身着银灰色旗袍的胡蝶，沿着潺潺清泉并肩缓缓而行，有说有笑。沈醉和两名警卫远远地跟在他俩身后，能看见他俩的身影，却听不清他们在说什么。只见他们走到一个小池边，胡蝶高兴地把纤纤细手伸进了池边正由一只石龙头口中飞流而出的清泉之中，随后用双手捧着清泉润了润自己的脸颊，高兴地笑道："好清凉啊！"戴笠也学着她的样子，双手掬起一捧清泉，泼到自己的脸上，然后水淋淋地望着胡蝶哈哈大笑。两人随后又到寺庙里、松林中走了一圈。大概都有点饿了，戴笠即吩咐沈醉把事先准备的军用毛毯铺在草地上，几个人席地而坐，煮咖啡，吃午餐。饭后，天气越来越暖和了，胡蝶提议去洗温泉澡，几个人收拾好东西，便往乳花洞温泉池走去。

戴笠和胡蝶刚走进乳花洞去换衣服，就见一个打扮得花枝招展的女人急急而来，嘴里还不停地喊着："戴先生，戴先生！"在门外警卫的沈醉一看，不由得倒抽了一口凉气，来人竟是被戴笠关押了一年多的周志英。

原来，周志英被提前释放之后，以为戴笠已回心转意，便打扮得漂漂亮亮地去曾家岩找戴笠。憨厚的贾金南先是不让她进门，随后又对她说："你还是回去吧，不要找麻烦了。别说戴先生已经去了北碚温泉，就是他在家，也不会见你的！"死心眼的周志英听说他去了北碚，便又找了辆车追到这里，直奔乳花洞温泉池而来。没想到她晚了一步，戴笠已进了乳花洞，所以，她急得连跑带喊。到了洞口，她就要径直闯进去，沈醉连忙将她拦住说："你快走吧，到这里来干什么！"

"沈处长，求求你，让我见见戴先生！我今天一定要见他。"周志英拉着沈醉的手哀求着。

沈醉着急地推开她说："他不在这里，你还是放明白点，赶快走吧！"

"不！他在这里，我看见他的背影啦！你让我进去，让我进去吧……"周志英急得哭喊起来。

在乳花洞内刚换好游泳裤的戴笠，就隐隐约约听到外面有吵闹的声音。但他不露声色，等胡蝶换上游泳衣，送她去游泳后，自己方又退了出来，问道："谁在这里哭闹？"

周志英见戴笠只穿着条游泳裤走了出来，便不顾一切地冲上去，紧紧地抓住他的手说："戴先生，我是志英啊，你不认识我啦？"

戴笠见她这副神情，气得一把推开她，说："你跑到这里来干什么？还不赶快回去！"

"戴先生，这一年多我天天都在想你，没有一刻忘记你，现在你该跟我结婚了吧？你还不相信我吗？"周志英眼泪汪汪地望着他，歇斯底里似的说个没完。

戴笠担心胡蝶走出来看到这一场面，恨得咬牙切齿地骂道："你真不要脸！关了你这么久，你还不明白！"转身又对沈醉等人喝道："把她拖出去！"

沈醉和警卫忙上去拉她，她却死命挣脱他们的手，扑过去紧紧地抱住戴笠的腿，哭喊道："戴先生，你不能这样，不能这样对我……"

戴笠被她紧紧抱住，急得又踢又打。周志英还是不肯放手，仍然哭喊道："你打吧，打死我，我也要跟你！我生是你的人，死是你的鬼……"

围观的游人越来越多，戴笠又急又臊，更怕胡蝶出来，急得满头大汗。他跺着脚，冲沈醉喊道："还不把她拖走，关起来！"

机灵的沈醉上前俯在戴笠耳边说了几句，又和颜悦色地对周志英说："我跟戴先生说好啦，你先到曾家岩等他。你看这么多人，闹起来多难看！"

周志英一听，这才松开戴笠，戴笠赶紧转身走进乳花洞。痴情的周志英疑惑地问沈醉："这是真的……"

"我还能骗你？他还叫我好好招待你，有话晚上再跟你讲。"

周志英神经质地破涕为笑了，高高兴兴地随沈醉走出公园，上了汽车，嘴里还不停地自言自语："这就好啦，他总算相信我啦，总算相信我啦！"

原来，戴笠当年与她交往时，正好传来老友郁达夫夫妇在南洋离婚的消息。戴笠颇有感触地对她说："想不到当年富春江上的神仙伴侣，如今竟反目为仇了。看来女人没有一个是真心，没有一个是靠得住的。"

周志英当即表白说："我对戴先生可是真心啊！"

"那也很难说！"戴笠开玩笑似的信口说了一句。岂料周志英竟当真了。为了证实自己是"真心"，她便不顾一切地纠缠他，而万万没有想到，自己的举动竟险些坏了戴笠与胡蝶的好事，戴笠岂能容她！于是，戴笠不得不再度让人把她软禁起来，而且至死也没敢再释放她。

在乳花洞门外发生这场闹剧时，胡蝶在里面也听到了吵闹声。不过，她并没有出来看热闹。因为她最不满意自己的那两条又瘦又细的腿。平时她总是穿着长裤或长长的旗袍，怕别人看见她身上唯一的不足。当时她只穿着游泳衣，自然更不愿在众人面前亮相了。事后，她问戴笠外面发生了什么事。戴笠只好谎称是个疯女人在那里闹事，胡蝶也就未再追问。此事发生后，戴笠再也不敢带胡蝶到公共场所露面了。一方面是担心再有哪个被他染指过的女人出来纠缠，另一方面则是为了胡蝶和他自己的声誉。因为胡蝶到重庆后，文艺界的人不仅常常到中四路151号去看她，而且还常邀她参加援助抗战的义演活动及拍摄电影等。胡蝶自与潘有声结婚后，就不愿再登台演出，可是文艺界同仁们的盛情难却，有时她便也去参加一两次义演，而且还接手了一部名为《建国之路》的电影，准备在该片中饰演角色。名人最重名声，戴笠亦然。考虑到自己与胡蝶的知名度，他不愿人们在背后指指点点，何况当时胡蝶并未与丈夫离婚呢！可是，让他放弃胡蝶，他也是无论如何做不到的。他觉得自己活了40多岁，总算得到了自己仰慕已久的意中人，这就决不能再失去。他决心抗战一胜利，就让胡蝶与潘有声离婚，自己再正式大办婚礼迎娶她。

为了在抗战胜利之前能与胡蝶常常厮守在一起而又不为人知，他决定把神仙洞街的一座独处的花园洋房改建一番，作为他金屋藏娇的行乐宫。

这幢洋房花园面积不大，它像“豁庐”一样，位于杨家山半山腰，是一幢带走廊的红砖平房。军统初迁重庆时，因敌机轰炸频繁，戴笠把军统局部分办公室迁到了重庆郊外的缫丝厂，这幢小洋房就成了戴笠在乡下办公时住的公馆。中美合作所成立之后，从缫丝厂一直到杨家山、歌乐山，方圆十几里的地方，全划进了中美合作所的范围。此屋藏娇之后，戴笠前来的日子就更多了。为了生活方便且安全可靠，他把从江山老家找来的几个小青年，安排在这里做他公馆的警卫。还有四个江山籍的乡下姑娘，在这里照料生活起居。公馆的总管就是当年他因投考黄埔而偷偷离家时为他拎着包袱在保安村村口送行的柴鹿鸣。戴笠坐上军统局长的宝座之后，就把柴鹿鸣找来，当了自己的副官。可是柴鹿鸣识字不多，又年迈，手脚不利索，他才把他安排到这里来管理内务。这里的上下人等，都感激戴笠把自己从偏僻的江山带到重庆陪都，都对他忠心耿耿，对他的所作所为守口如瓶，所以，戴笠便选择了此处作为自己与胡蝶同居的地方。

为了取悦胡蝶，戴笠还叫沈醉从外地找来许多奇花异木，使房前原本荒芜的花园焕然一新。他还亲自设计，把花园的小径用水泥铺成“喜”“寿”二字，周围再种上奇花异草。花园修好之后，他便把胡蝶接到这里，秘密同居起来……

二十八 争权夺利美特内讧 忧心忡忡探问风水

如果说，赢得胡蝶乃是戴笠私生活中最得意、最自豪的事情，那么中美合作所的成立，则是他事业上最得意、最自豪的顶峰了。

自戴笠陪梅乐斯第一次巡视东南之后，又经过了一年左右的谈判、磋商，几经波折，终于在1943年4月15日，在重庆缫丝厂军统乡下办事处大礼堂，正式举行了第一次合同的签订仪式。美国方面除梅乐斯外，罗斯福总统还派来了当时的海军部长诺克斯和自己的私人代表鲁斯。中国方面原定由外交部长宋子文和戴笠共同主持签订仪式，后因宋子文临时有要事，不能出席，才改派外交部常务次长胡世泽前来参加。

这天下午5点整，已被晋升为中将的戴笠衣着整洁，满面春风地陪同诺克斯、鲁斯及胡世泽等人走进会场。会场正面墙壁正中，悬挂着青天白日旗和美国的星条旗。军统局的三个副手——郑介民、唐纵、毛人凤，以及八大处处长等负责人，与美国来华人员，如中美所参谋长贝乐利、主任秘书史密司等数人，分别端坐在摆成马蹄形的会议桌两边。戴笠等人一步入会场，郑介民等全体起立鼓掌欢迎。戴笠便把郑介民、唐纵等中方人员一一向诺克斯等做了介绍。随后，戴笠、诺克斯、胡世泽等一一讲话，分别宣读了中文和英文的合同文本。合同的内容主要是确定了以军统局戴笠为主任、美国海军部军事情报署梅乐斯为副主任的中美特种技术合作所正式成立；合作的业务范围是为了战胜中美双方共同的敌人——日本帝国主义，中美双方将交换关于日本海陆空部队在中国沿海及大陆的活动情报，允许美方派人在中国沿海布雷、测量，合作双方将共同在沿海和中国的主要城市设立气象站、水文站和无线电台，同时由美方提供武器、器材和经费，帮助军统局培训由忠义救国军和别动军组成的五六万人的特务武装，以备日后协助美军在中国东南沿海登陆及骚扰日军……

双方代表在合同上签字之后，戴笠和梅乐斯心里都非常高兴，仿佛吃了定心丸。原来按戴笠和梅乐斯的意思，为了保密起见，彼此之间秘密合作就行了，无须正式签订什么合同。因为合同的内容早在梅乐斯巡视东南沿海期间及他返回重庆的几个月时间里，就已经确定下来，并付诸了行动。可是为什么要签订合同呢？这里面有一段曲折的过程。

原来，陪同梅乐斯考察东南沿海的鲁赛，不只是美国驻华大使馆的一个普通工作人员，而是美国战略业务局局长杜诺万的耳目。他随梅乐斯东南之行期间，不仅对戴笠与梅乐斯秘密达成的协议一清二楚，而且对戴笠在中国的权势、实力也像梅乐斯一样，有了充分的了解。回重庆后，他立即将自己了解到的情况详细地向杜诺万做了汇报。这一下麻烦便接踵而至。

杜诺万原为美国军方情报协调处处长。该机构实质上是美国军方负责收集海外各国军事情报的特务机构。珍珠港事件之后，该处改组为军事情报局和战略业务局，杜诺万升为战略局局长。此人不仅野心极大，而且有严重的妄自尊大的“白人至上”种族偏见。他得到鲁赛的汇报后，便一心想要把美国海军部与军统局组成的中美合作所置于战略局的指挥之下。他采取的第一个步骤就是说服海军部同意，让梅乐斯兼任战略局驻远东代表，企图借梅乐斯之手，达到由战略局控制中美所的目的；第二步则是要美国陆军方面直接与梅乐斯交涉，由陆军派教官来华协助军统局训练游击队。与此同时，他还乘美国副总统威尔基访华之机，派进一些美国特务，企图在中国西北地区另建据点，并且还私自拟订了一个什么“神龙计划”，想与戴笠合作……

然而，由于戴笠与梅乐斯有协定在先，中美合作所成立的主要目的是配合美国海军对日作战，为日后美国海军在中国东南沿海登陆做准备，而且随梅乐斯来华的海军团，只受美国太平洋舰队总司令指挥，所以，杜诺万所有的计划都分别被美国海军部、梅乐斯和戴笠否决。至于那些背着戴笠和梅乐斯来中国活动的美方特务，均因得不到军统局的支持而寸步难行，只好灰溜溜地返回美国。

杜诺万一计不成又生一计。他利用美国海军部与陆军部多年来存在的矛盾，以及美方上层人物“白人至上”的优越感，大做文章。他一方面怂恿美国陆军参谋长马歇尔及陆军中印缅战区司令史迪威，想让他们出面，把中美所的美方人员划归中印缅战区司令部管辖，不得成为独立机构；另一方面他大肆宣扬说，中美合作所的业务控制权由中国人掌握实非明智之举，言外之意则是美国人不应受中国人领导，而应该是由美国人领导一切。杜诺万的这一主张，实际上是当时美国军方绝大部分将领的思想。其中美国陆军参谋长马歇尔将军就是最有代表性的人物。

当时，戴笠和梅乐斯为了避免再度受到战略局的干扰，决定正式起草一份合作协定，交中美双方首脑签署。可是按美国在法律，凡由总统签署的涉及外国政府的文件，均需先通过参议院同意。海军部长诺克斯自然没有异议，可是到了马歇尔那里问题就来了。他不但迟迟不肯签字，而且电告中国战区参谋长、驻华美军司令官史迪威说："由于战略局的工作遍及世界各地，分别隶属各战区司令官之下，因此联合参谋本部考虑，中美合作协定内容应为：梅乐斯及其率领之美方人员归属阁下系统，戴将军及所率之华方人员仍归蒋委员长节制。静候电示。"在他看来，同意中美所的戴笠及中方人员归老蒋节制，就已经够宽宏大量的了。而驻华美军司令官史迪威，又是一个最藐视国民党的人。他的刻薄尖酸在美国人中都是出了名的。美国同僚曾送给他一个诨名——"酸性子乔"。

这个"酸性子乔"，早在1911年就曾来中国旅游。1920年，他到北京的美国军队任中文教官，并研究中国军事政治及风土人情，达四年之久。此后，他到天津，被当时驻华美军第十五团团长马歇尔任命为营长，以后逐步提升为参谋长、司令官、驻华大使馆陆军武官参赞。他先后在华十多年，懂中文，会讲中国话，而且对中国的政治、经济、军事等都有所研究，被美国人称为"中国通的中国通"。也许正因为他对中国了解得太多了，所以他最瞧不起蒋介石和国民党的高级将领。他背地里总称蒋介石为"花生"。因为老蒋总是剃个光头，头上的棱棱角角很清晰，在他看来像个花生，他还由此推而广之，称何应钦、陈诚等国民党高级将领为"一篮子花生"。珍珠港事件之后，他作为美国总统的代表，还兼驻华美军司令官、中国战区总司令、蒋介石的参谋长等职务，再度来到中国。一到中国，他就向老蒋提出：在缅甸作战的中国远征军，要由他全权指挥。他在老蒋面前只强调自己是美国总统的代表，而一句不提亦是老蒋参谋长之事。老蒋对他的傲慢无礼非常生气，但又急欲借美国人的军事和物质力量来打败日本人和共产党，所以也不敢轻易得罪他，表面上同意他提出的要求，暗地里却坐在重庆遥控中国远征军。为此事，史迪威气得大骂老蒋是个"微不足道的小人物"。

史迪威对戴笠、军统局的看法又怎样呢？他认为，蒋介石这个腐败政权，就像德国的希特勒统治一样，是一个由盖世太保式的戴笠领导的特务组织支撑的一党制政府，中国的许多事情，若得不到戴笠的首肯，就很难行得通。如果美国想通过中美合作所完成有利于美国利益的任务的话，让戴笠为主任控制作业权，倒是明智之举。他唯一不赞成的是梅乐斯帮助军统局培训特务武装，进行游击战争。适逢当时史迪威在缅甸战场上被日本人打败，缅甸失陷。美国新闻评论说："……日本在缅甸的战斗部队不过四五万人，所以缅甸失陷不过是使日本可以多调动5万人以内的部队对中国作战。但是如果中国整个失陷了，则将使100万人以上的日军可以抽出来，进攻西伯利亚、阿拉斯加、夏威夷乃至美国的太平洋海岸。5月间，仅在华东金华一地集结的日军，就多于缅甸战役日军人数的两倍……"梅乐斯拿着这篇评论去找史迪威，向他说明在中国东南沿海训练特务武装、进行游击战的重要性。史迪威听后，方才勉强同意了梅乐斯搞游击战的计划。

于是，史迪威给马歇尔发去电报说："如果按将军所言'分而治之'的话，我们将无法获得戴笠将军的合作。戴笠是个极端保守而且极端多疑的人，他决不会容许自己与梅乐斯中间再有一个第三者……"

马歇尔对史迪威一向非常信任，既然史迪威不同意"分而治之"，他也不再坚持，但他仍然坚持把中美所的美方人员及梅乐斯，作为史迪威司令部下属的一个海军组，但该海军组在中美所的活动，无须受司令部和战略局的控制。这样一来，戴笠和梅乐斯草拟的协定得到罗斯福总统的审批后，双方才正式举行第一次合同的签订仪式。戴笠和梅乐斯也才大大地松了口气。

合同签订之后，中美双方在电讯、气象、人员培训等方面的协作很快就全面展开。各类特种技术训练班相继在安徽、河南、福建、江西、浙江、广西等地成立；美方人员及武器、器材、美元等亦源源地运到了中国。戴笠多年来所纠集的5万特务武装，原本是由三教九流、帮会流氓组成的乌合之众，此时，也相继受到了由中美双方教官共同执教的正规训练；军统局曾因经费不足而遇到的种种困难，也随着美元的流入迎刃而解。中美所正式成立后的几年间，确实是戴笠事业上最得意的时期。真可谓是翻手为云，覆手为雨，运筹帷幄，心想事成。

就在戴笠得意非凡之际，国际反法西斯的战争形势发生了历史性的大转折。苏联红军实行战略大反攻，希特勒军队节节败退。苏联和英美三国首脑，在伊朗德黑兰会晤。斯大林向罗斯福和丘吉尔保证，打败德国之后，立即对日宣战。而英国人认为，苏联一参加对日战争，中国战区就失去了其重要性。为了能先于苏联抢得欧洲的胜利成果，丘吉尔决定取消曾在开罗中、苏、英、美四国首脑会议上拟定的英军在缅甸南部登陆，配合中国军队对日作战的计划，而集中海军兵力，供在法国登陆使用。罗斯福当然清楚，缅甸的日军若不消灭，势必转用于太平洋，这将对美国的太平洋攻势极为不利。可是，罗斯福无法转变丘吉尔的决定，只有电促蒋介石迅速出兵北缅，同时让中美所做好配合美军在中国东南沿海登陆的准备。戴笠和梅乐斯等便再度前往中国东南地区，召见东南的特务武装——忠义救国军头目，布置任务，并设立中美前线指挥所，准备迎接美军登陆。

在此期间，美军已占领了太平洋上的许多重要岛屿，切断了日本的海上交通线。

日本人也意识到，自己失败的命运已无法挽回。但为了最后的垂死挣扎，使日本本土免遭美军轰炸，他们急需打通从中国东北到越南的大陆交通线，救援深入南洋的日军，摧毁美军在华中、华南的轰炸机基地。于是日军集中兵力，对国民党的豫湘桂战区发动了大规模的进攻。而此时的蒋介石，看到日本人失败已成定局，为了保存实力，以便日后与共产党抗争，即对日军的大规模进攻采取了观战、避战的策略，致使豫湘桂战役中，国民党军队一触即溃，造成了国民党战场上第二次战略性的大溃败。

与其相反的是，中国共产党领导的八路军和新四军，却在敌后战区取得一次次胜利，扩大了解放区和人民武装。因此，以史迪威为代表的一些美国人认为，国民党与国民政府已日趋崩溃，共产党及其领导的人民武装，已变成了中国最有活力的力量，为了减少美国对日反攻的困难，美国方面必须同时把中国共产党也控制在手中，应给共产党提供援助，利用共产党领导的人民武装力量去抗击日本人。与此同时，史迪威还向马歇尔建议，剥夺蒋介石对中国军队的指挥权，把国民党的军队和共产党的军队全纳入他的军事计划。罗斯福对国民党的大溃败也非常恼火，他不但派副总统华莱士到中国活动，派美国军事组到解放区访问考察，准备给共产党提供援助，而且还写信要蒋介石把国民党军队交由史迪威全面负责指挥，以阻止日军最后的进攻浪潮……

戴笠在东南地区听到这一消息时，不禁为国民党、为军统局以及自己的前途感到深深的忧虑。他清楚地知道，蒋介石决不会把军队指挥权交出去，这样一来，国民党势必失去美国的援助，而共产党一旦得到美援，势必更加发展壮大。中国即使凭借国际力量把日本人打败了，而国民党也难免不败于共产党之手。另一方面，军统局虽与梅乐斯合作得十分默契，但杜诺万始终没有放弃控制中美所的企图，他怂恿史迪威在中印缅战区司令部下，又另设了一个战略处，从而攫取了东南亚地区的合作业务指挥权，还让梅乐斯兼任战略局的代表。只是由于美国海军部及梅乐斯的坚决反对，中美合作所在中国的业务才始终没让杜诺万插足。可是，梅乐斯毕竟是美国军人，以他及美国海军部的力量而言，又能与杜诺万的战略局抗衡多久呢？还有一件更让戴笠忧心的事，那就是抗日战争胜利后，军统局的出路问题。

抗战开始，老蒋把特务处扩大为军统局，提出的理由是为了适应抗战的需要。那么，一旦抗战胜利，军统局的许多机构还有什么存在的意义呢？如军统局下属的战时运输管制和交通检查机构，庞大的无线电讯机构和负责电讯监察、邮电、航空经济等方面检查的特务机构，以及多达5万之众的特务武装，都将如何处置？若取消、遣散这些机构，自己惨淡经营的军统局就将变成个空架子；若不取消它们，经费开支又从何而来？军委会不可能再拨给他那么多预算，他也不能再像抗战期间一样制造伪钞，到沦陷区去抢购物资或利用运输管制和交通检查之便，在国管区和沦陷区之间进行倒买倒卖活动。到那时，中美所也将按合同规定而宣告结束，从美国方面也不可能再得到援助。与此同时，谁又敢担保老蒋不会来个“狡兔死，走狗烹”？更何况，特务工作本身就是一种千夫指、万人骂的职业，连国民党内部的许多权贵都因个人利害冲突而记恨他。事实也确实如此。前两年，中央信托局货运处经理林世良受贿150万元，假中信局之名，帮助私营“大成公司”走私漏税，事情被军统局昆明运输统制局监察处发现。戴笠即下令将大成公司从仰光购买的3000万元货物扣押，并要追根寻源，把这桩官商勾结的大走私漏税案查个水落石出。可是，林世良当时是代理行政院长、财政部长兼中信局董事长孔祥熙的亲信，并与孔二小姐情投意合，已发展到论嫁议娶的地步。案发之后，林世良制造伪证，一口咬定货物是中信局购买的。孔祥熙也以财政部长兼中信局董事长的名义，命令军统局监察处将货物放行，交财政部处理。前去为林世良说情的人更是不计其数。可是，林世良贪污受贿案已闹得满城风雨，为维护国民政府的威信，为赢得社会人士对军统局的好感，戴笠坚持不放行货物，并设法找到了林世良弄虚作假的证据，终于把林世良送上了断头台。为此，孔祥熙对戴笠恨之入骨，撤销了戴笠财政部缉私署署长的兼职，把这一职位转给了一直在与戴笠争夺警察大权的李士珍。

在蒋、宋、孔、陈四大家族中，戴笠不仅得罪了孔祥熙，而且与陈果夫、陈立夫一直不和。就在林世良被处决不久，他的得力干将赵理君，又与CC派的豫东专员韦孝儒等发生了冲突。原来，赵理君在上海与王天木发生矛盾，被戴笠调到河南第一战区任编练专员之后，又仗着戴笠对他的宠信，竟与军统地下别动军河南纵队大队长曹银屏一道，走私海洛因。在一次贩运海洛因途中，他和曹银屏二人的十来个部属被韦孝儒的保安队抓获。因这些小特务们蛮横无理，韦孝儒下令将他们枪毙正法了。于是赵理君等怀恨在心，借韦孝儒到洛阳开会，下榻在洛阳复旦中学之机，暗中绑架了韦孝儒及其随从，并把他们扔进一口枯井，活埋了。韦孝儒等失踪之事，引起极大的轰动。河南省主席李培基和战区司令蒋鼎文决心侦破此案。不久，他们即发现与赵理君等人有关，即请人通报陈果夫、陈立夫，迫使老蒋下令侦破此案。老蒋即令戴笠主持侦破工作。戴笠亲赴洛阳，组织部属调查。他万万没想到，此事竟是他的爱将赵理君、曹银屏所为。不久，案件被军统局第一战区调统室主任负责的调查小组侦破。戴笠又急又气，也曾试图在老蒋面前为赵理君等说情，无奈陈果夫、陈立夫以及当时的副总参谋长白崇禧等，都纷纷找老蒋反映情况，要求处决赵理君等人。老蒋迫于压力，只得下令将赵理君、曹银屏等枪决。这样一来，戴笠与陈果夫、陈立夫的积怨就更深了……

基于以上种种原因，戴笠的担心自然不无道理。只是当时有梅乐斯在旁，他便只能强作欢颜，忙忙碌碌地为设立中美前线指挥所而奔前跑后。

一天，军统局负责东南区办事处工作的毛万里告诉戴笠，曾被上海敌伪特工总部逮捕的军统上海特别行动总队长毛森，已脱险回到了江山县。戴笠一听，高兴起来。他一拍毛万里的肩头说："这可太好啦！我们回江山去给他接风洗尘。他不能再回上海啦，我想让他当东南区特派员兼中美所东南区指挥官。明天你跟我一起回江山。"

自掌军统局大权之后，戴笠这是第四次回江山了。第一次在1941年间，因其子戴藏宜之妻郑锡英生一男孩，戴笠非常高兴，抽空回江山一趟。那是他腾达之后，第一次衣锦还乡，为消除自己往日在乡间的不良影响，他在家中大摆酒宴，广邀乡里头面人物，还特意请了当年在竹林打过他，后来又因被他拐骗过100元钱而让他写了《悔过书》的广渡乡乡长华春荣。可是客人都到齐之后，却迟迟不见华春荣。戴笠心里极为不快。保安乡乡长张培森告诉他说，华春荣是共产党员。戴笠听后，恨得咬牙切齿。由于当时老蒋还没有放弃"国共合作，一致抗日"的招牌，戴笠自然不敢公开把华春荣怎样。但一回到重庆，他就密电其子，授意江山县的特务队长，将华春荣暗杀了。此事曾在江山引起很大的风波。但无人抓住把柄，谁也莫奈他何。

第二次回江山，是1942年陪梅乐斯巡察东南之际。为了忠义救国军的军费问题，与驻扎江山的四十九军取得联系后，只在县城宴请了一次以县长丁琮为首的头面人物，便匆匆离去。

第三次则是在1943年间。头年夏天，因日寇曾进占江山县达两个多月之久，江山数遭日寇飞机轰炸，遍地都是断壁残垣，焦土废墟，甚至连边远的保安村和仙霞岭，也未能幸免于难。保安村的戴宅及附近的关帝庙，均毁于战火之中。年近古稀的戴母因受惊吓风寒而病倒。日寇败退不久，戴笠匆匆赶回，要接母亲去重庆。可是戴母故土难离，说什么也不肯离开江山，戴笠只好拨款重建戴宅。他自己亲自设计了宅院的建筑图纸，交其弟戴春榜督工营造。

这第四次回江山，虽说时局令人忧心忡忡，但毕竟是抗战胜利在望，毕竟是他事业上最有成就的鼎盛时期。所以，一踏上家乡的土地，一见到老母、儿孙，戴笠心中的忧郁便一扫而光。特别让他高兴的是，他又多了一个小孙女，而且他亲自设计的新宅也早已竣工，戴家老少全都迁入了新居。

新宅占地近1000平方米，位于保安村主要街道的东南侧，是一座样式极为新颖、别致的楼房。一进大门，便有一碎石小径直通二道门。小径两旁种有花草树木，还有两排供警卫人员居住的厢房。二门内亦有一笔直小径，直通第三道门。戴家的客房和账房即设在二道门内的两侧。主要的住房是在三道门内，那是一幢依地势高低而建的前两层后三层的楼房。第一层楼设有前后客厅及书房、餐室，二三层楼才是戴家老小居住的卧房、起居室及小客厅。戴笠设计此楼也颇费了一番心思，他既要把它建成一个安全、舒适的生活场所，同时还考虑到在必要的时候，把它作为军统局的秘密机关使用。所以，他在楼内设计了明、暗两道楼梯。明梯位于前厅右侧，与一般楼房无异；而暗梯则建于前后厅之间的夹墙内，为一铁板焊接而成仅能容一人上下的螺旋形窄梯。该梯从三楼直通地下室。平时，梯端在三楼的出入口处，有一门总是紧闭着，除戴家老小之外，一般人都不知有这样一个暗梯。戴笠知道，搞特务工作之后，自己树敌太多，难免有人对他及家人进行报复，更何况日伪军在东南一带活动猖獗，说不定何时又会进犯江山，万一有紧急情况，一家老小就可从三楼的暗梯直下到地下室，然后从地下室的一个秘密通道，逃到村外，避入山峦重叠的仙霞岭。与此同时，他还在主楼南侧盖了一幢较低矮的二层楼房，作为厨房及雇工佣人居住的场所。该楼内还有一个秘密牢房，必要时，这里也可以作为关押人犯的监牢。

戴笠一进家门，先拜见母亲，然后便让其弟陪同查看新宅。戴笠对新宅的质量极为满意，禁不住夸奖了其弟几句。戴春榜见他高兴，便乘机说道："大哥，你如今大权在握，好多人都随你出人头地了。你是不是也让我随你去重庆干些事情啊！"

戴春榜仅比戴笠小两岁，由于当年家境困苦，其母无力同时供两个儿子上学，戴春榜自幼就被送到江山县的杂货铺当学徒，连小学都未读完。戴笠入黄埔之后，其弟也曾投身军旅，后来戴笠任特务处处长时，也曾送他去庐山军官训练班受训，取得校级官衔。"七七事变"前后，戴笠的部属马志超出任兰州警察局长之际，为讨好戴笠，曾介绍戴春榜在西安任花捐所所长、甘肃景泰县县长等职。但戴笠深知其弟生性放荡，不学无术，担心他在外面打着他的幌子胡作非为，贻人口实，影响到自己辛辛苦苦创下的基业，便多次致函马志超，信中曾言："事业成败，全系乎用人之得失，待人处事须重理智。春榜务请兄痛责，不准其对外活动，尤望考察其生活，严稽其出入交往之人。他若不安分守己，尽忠尽职，即请撤职。否则兄非爱弟，实害弟也……"

后来，戴春榜出任景泰县县长时，戴笠怕他无力独当一面，便令马志超将其撤职，而请胡宗南保送他去中央军校高教班受训。戴笠认为，只有严格紧张的军事训练，才能改变一个人的惰性和气质。孰料，戴春榜并不体谅他一片爱护之心，在高教班仍然放荡不羁，违反校规，被开除了。戴笠恨其不争气，曾让部属将其关押禁闭多日，实想让其闭门思过，痛改前非。不久，胡宗南再次保送戴春榜去高教班受训。这次虽然顺利毕业，并留在胡宗南管区工作，但他仍倚仗戴笠的权势，招摇跋扈。戴笠怕他给自己闯祸，便委他一个忠义救国军少将参议的头衔及挂名的军统局少将专员，实际上只让他在江山侍奉老母，经管戴家的田产家业。最初，戴春榜自认为有名有利、横行乡里，倒也自得其乐。可是时间一久，他便厌烦了偏远乡间的乏味生活，见戴笠在外愈加声威显赫，便想再度外出任职。头几次戴笠回乡，他都没敢提出。这次见戴笠高兴，便将憋在心中已久的愿望说了出来。

戴笠一听，虽然心中不悦，但仍耐着性子开导道："你在家中侍奉母亲，操持家业，不是很好吗？我终年在外，只能尽忠，无力尽孝，你就权当替我尽孝嘛！"

不料这话竟勾起了戴春榜的满腹牢骚。他近似于质问般地说："你权势这么大，竟不容我在社会上立足，是何居心？难道想让我老死乡里不成？"

戴笠一听，不屑地瞪了他一眼，说："政府要用有为有守之人，不能用你这种不守规矩的。"说完，甩手就往前厅走去。

"既然如此，我只好自谋出路了！"戴春榜不甘示弱地冲着他的背影喊了一句。

"怎么？你能自谋什么出路？去投共产党吗？"戴笠停住脚步，转身厉声问道。

"你既然这样压制我，我也就不管那么多了！"其弟愤愤地反唇相讥。

"哼！你要是敢去投靠共产党，我就杀了你……"戴笠发狠地骂了起来。

两人的争吵惊动了楼内的戴母。她倚在楼门口喊道："春风，怎么一回家就跟春榜吵啊？快进来吧，万里和善森正等着你呢！"

善森即毛森，1932年毛善森从衢州八中毕业后不久，便考入了杭州警官学校，毕业后被戴笠选入南京雄镇楼特训班，正式加入特务处，改名为毛森，出任福州警察局特警组主任。南京沦陷后，毛森奉命在江山县城设立苏浙别动队第二大队队部，召集人马，成立特务武装，后被派往上海，任上海特区行动总队长。1941年，上海一区区长陈恭澍被敌伪特工总部逮捕后，他的身份也随之暴露，在一次阻击日伪的行动中被日本宪兵捕获。日本人得知毛森乃戴笠的同乡及宠爱的骨干之后，便以毛森为人质，扬言说，军统若再在上海地区暗杀日伪人员，便将毛森枪毙。戴笠只好下令暂停对日伪的阻击行动。不久前，毛森称病住进了医院，在混入敌伪的唐生明夫妇帮助下，终于逃离了上海，辗转回到江山。

戴笠一进客厅，毛万里和毛森连忙起身相迎。戴笠因与其弟争吵，心中不悦，但见到脱险归来的毛森，还是很激动地上前紧握他的双手，连声说道："你辛苦了，回来了就好，回来了就好！眼下，中美所东南地区，正缺少你这样的干将啊！"

落座之后，毛森便详细地向戴笠叙述脱险经过，谈到敌工总部对被捕军统人员所采用的种种酷刑，以及曾任沪二区区长的姜绍谟，在日军攻陷江山时，正好从上海回江山探亲，被日军砍伤头部，险些送命的情况。听到随自己加入军统的同乡及好友险些因此而送命时，戴笠不免有些伤感，回江山之前令他心烦的种种事情又涌上了他的心头。在晚上为毛森接风洗尘的酒宴上，戴笠突然伤感地对毛森及毛万里说："我们江山县在明、清两代，也曾出过毛尚书、柴总兵两个大人物。可是听说都不得善终。

我想让你们俩明天去找个算卦的先生，请他算一算，看看江山为什么人杰地灵，能出人才，却又得不到善终呢？”

毛万里和毛森不禁面面相觑。他俩怎么也不能理解，戴笠目前拥有10万部属，又处于深得老蒋和美国人的器重之际，何以会有如此的后顾之忧！但他们不便多问，只好从命。第二天一早，他俩骑马离开保安村，前往毛尚书和柴总兵的老家石门、长台。可是，兵荒马乱之时，到哪里去找占卜的先生？两人转来转去，也没打听到会占卜的人，于是索性登上石门，游山玩水起来。

游荡之际，毛森忧虑地说：“老板出的这个题目可太难了，真不知怎么才能给他交卷啊！”

毛万里只得苦笑，不知如何答对。他站在石门那陡峭的山顶，望着气势雄伟、迤逦而至的仙霞山脉，以及山间那时隐时现、蜿蜒而来的须江水，顿有所悟地说：“有啦！”

“什么有啦！”毛森不解地问道。

毛万里指着眼前连绵的山峦和如带的须江水说：“仙霞山脉北向迤逦，气势雄伟，可到了石门竟戛然而止。再看那须江水，平时积水不多，全在嶙峋乱石中流淌，但一遇天阴下雨，则从仙霞岭上一泻千里，这就是常人说的穷山涸水啊，怎么能养住大鱼？大人物出生于此，又如何能得善终？”

听了毛万里这番牵强附会的解释，毛森也只得微微一笑说：“也只好用你这种说法回去交卷了。”

回到保安村，毛万里将自己对江山地理状况的解释对戴笠说了一遍。戴笠听后，半晌才“哦！”了一声，若有所思地说：“此话不无道理。自追随委员长以来，我常常在想，如果有朝一日国民党被共产党打垮了，委员长被人打倒了，那我也会像毛尚书、柴总兵一样，不得善终了。有个占卜先生老早就说我命中缺‘水’。如果真是那样，也是命中注定，没法子的事啊！”

“戴先生，这只是我乱猜的，跟我们不会有什么关系。”毛万里见自己的话竟勾起了戴笠的心事，便连忙宽慰他。

毛森也在一旁帮腔：“是啊！那是对古人说的。戴先生是大富大贵的‘丹凤朝阳’命，我这次还不是托戴先生的洪福！不然，唐生明夫妇怎么会救我？我又怎么会遇难呈祥？”

毛森这番话倒是把戴笠说乐了。他笑着摇摇头说：“我算什么大富大贵？这十多年来从未过一天安生日子，东奔西跑，吃苦受累，还招来不少人的怨恨。要我说，真正福大命大的倒是唐生明喽……”

二十九　福将生明勾通渝宁 汉奸佛海暗中投蒋

1941年冬的一个清晨，由苏州驶往上海的客车徐徐地开进了上海北站。唐生明夫妇夹在旅客中走下列车，直向前来接他们的小汽车走去。如今，唐生明已被汪伪集团委为清乡委员会军务处处长，正在苏州区清乡办事处协助汪伪特务头子李士群搞清乡工作。前些日子，汪伪特工总部捕获了军统局沪一区区长陈恭澍，并搜查了沪一区的许多秘密据点。为此，李士群匆匆赶回了上海。李士群一走，唐生明就终日提心吊胆。因为他到上海后，曾让陈恭澍给戴笠发过几份电报，陈恭澍若叛变投敌，他的真面目就将暴露无遗了。昨天，一接到李士群让他回上海的长途电话，他就觉得不对。可是事已至此，他不得不硬着头皮回来，看看情况再说。

唐生明夫妇刚要登上自家的汽车，李士群的亲信傅也文赶了过来，按住车门，沉着脸说，“唐先生，你们上我的车吧！”

唐生明不由一愣，但他仍装出若无其事的样子笑道：“我们先回家看看，洗个澡，休息一下就去。”

“不行！李先生正在等着你们！”傅也文态度异常严肃。

唐生明明白了，陈恭澍那里一定出了问题，只好带着夫人登上傅也文的汽车。一路上，唐生明一边紧捏夫人的手，暗示她小心谨慎，一边暗自思考着对策。

汽车很快便驶进了敌伪特工总部。特工总部位于公共租界极司菲尔路76号，是一幢很大的花园洋房。大门内有几个警卫人员，出入的汽车和人都必须经过大门内那些荷枪实弹、身着无帽徽军装的特务们检查，才能放行。第二道门是一座朱柱飞檐的牌楼，蓝色的门楣上还镌有“天下为公”四个白色大字，而牌楼的两侧却有两挺机枪隐在墙后，直冲着大门。二门里正对着一个花园，正中央还有一幢带石阶的大高楼，洋房四周有许多平房和阁楼。李士群等主要特工头子，大都在高洋房内办公、会客，而日本宪兵组和警卫人员，关犯人的牢房、审讯室等，都分布在四周的平房、阁楼内。一般人走进这个地方，都有毛骨悚然之感。

以往，唐生明也曾随李士群等人来过这里，虽说也有种神秘恐怖之感，但毕竟是做客而来，倒也较为坦然。可是，今天，他一进这幢花园洋房，浑身就不由自主地直冒冷汗。下了车，傅也文一言不发地领着他们登上石阶，进入大楼的前厅，直奔楼上李士群的办公室。

办公室内，李士群正在向唐生明夫妇的女友张素贞问话。张素贞一直住在唐生明夫妇金神父路的家中，平素都是由她去跟军统上海区的特务联络。唐生明见张素贞也在这里，心里更加紧张了。但他仍强作镇静，像平时那样开玩笑地冲李士群说："士群兄，这么早就把张小姐找来干什么？"

李士群瞪着眼，瞅着嘻嘻哈哈、大模大样地往沙发上一坐的唐生明，半晌没有说话。

"嗬！你这是怎么啦？打的什么哑谜？"唐生明仍然大大咧咧的样子，好像他倒有些不耐烦了。

"你呀！"李士群这才叹口气，站起身来接着说，"你也太不够朋友了。我李士群待你老兄如何？你替戴雨农工作，瞒着我干什么？"

"谁说我替戴雨农工作啦！我跟他是朋友不假，可我从没替他工作过！"唐生明嗔怒地申辩着。他知道，无论如何不能承认这一点。

"季澧兄，你别再骗我啦！"李士群阴阳怪气地奸笑一声，转身冲喽啰喝道，"把陈恭澍带上来！"

唐生明一听，顿时凉了半截，只好硬着头皮，听天由命了。出人意料的是，陈恭澍进门之后，却一口咬定唐生明与他无任何来往。李士群见状，又好言劝道："有关系也不要紧嘛，我可以负责，保你没问题。只希望不要避着我，要把我当好朋友，事先同我谈谈……"

唐生明见陈恭澍没有把自己供出来，胆子也壮了。他态度强硬地说："你就是杀了我，我也只承认是戴雨农的朋友，不是他的部下！"

李士群见状，心里也不由得犯嘀咕。他之所以怀疑唐生明，主要是由一份电报底稿引起的。这份电报底稿是从军统沪一区的秘密电台处搜查到的，内容主要是建议戴笠，以后不要再在上海等地暗杀个别的日本官兵，因为这样做往往是得不偿失。电文中还列举了几件日本宪兵被暗杀后，日本人即杀害了几十个无辜百姓作为报复的例子。电报中说，由于暗杀行动给广大百姓带来了极大的影响，有的百姓产生了对重庆政府的不满。所以，希望重庆方面不要零零星星地去搞这些无意义的事，从而失掉沦陷区的民心。

李士群等人怎么看，也觉得这份电报不像是一般特务的口吻。经过反复研究，他们一致认为，是唐生明的，这才把张素贞和唐生明叫来盘问。唐生明刚才那句话倒也给了李士群一个启发。从电报的口吻看，确实是朋友般的建议，绝非部下对上级的汇报，而且从电报内容来看，这倒是一个有利于日伪的建议。如果因为这件事跟唐生明翻脸，似乎不太合算。所以李士群沉默良久之后，语气缓和地说："季澧兄，你的事我也做不了主。汪先生昨天有电话来，叫我把你们送到他那里去，你还是当面去跟他谈谈吧。"

这天，李士群虽让唐生明夫妇和张素贞回了家，但是仍派了人在他家门口监视，并且不让随便出入。

当天夜里，李士群亲自带人送唐生明夫妇前往南京。不过，此时他又像往常一样，对唐生明客客气气了。唐生明这时放心多了。他知道李士群并未真正抓到他的什么把柄，也就大大地松了口气。可是列车一到南京下关车站，唐生明刚刚放下的心又提到了嗓子眼。原来，月台上早就等着几个日本军官。他们一下车，日本人就迎了过来，指名道姓地要唐生明跟他们去日本派遣军司令部。更令人不解的是，连李士群好像也并不明白是为什么，他一个劲地冲日本翻译官解释，说唐是应汪精卫之邀而来南京的。翻译官冲日本人叽咕了一阵，又转身告诉李士群说，日军司令部的都甲大佐等人一定要找唐生明。李士群无可奈何地对唐生明说："你就放心地跟他们去吧，好好跟他们谈谈。嫂夫人和张小姐先去我家，我不会为难她们的。"

唐生明最怕跟日本人打交道，心想自己这一下可彻底完了。他和夫人默默地对视良久，难过得有如生离死别一般。一路上，他真是又悔又恨，后悔自己不该贪图享受答应来上海，怨恨戴笠和老蒋不该让他来冒生命危险。他到上海后，也曾几次陷入困境，被汪伪集团的人怀疑。但那些人毕竟都是他过去的熟人和老朋友，多少都讲点情面。而日本人那里，他一点关系都没有，更何况日本人完全只讲利害关系，稍不合意，便会翻脸无情，甚至开枪杀人呢！他觉得，这次被日军带走，一定是凶多吉少，即便不送命，也会被投进监狱，总之，即使无性命之忧，也会受皮肉之苦。他真不知道自己这个只知吃喝玩乐、过惯了舒适生活的"花花公子"，能不能挺过这一关。

可是，情况完全出乎唐生明的意料之外。他一到日本派遣军司令部，参谋部的都甲大佐和延原中佐、市川中佐，就非常客气地接待了他，他们像对老朋友似的，紧紧握着他的手，说："我们一直找不到与蒋介石阁下有关系的人商谈，今天找到了你，我们都非常高兴，所以特地请你来谈谈……”

唐生明还不明白他们葫芦里卖的什么药，只得一言不发地听他们讲。

“我们都很欢迎你来南京。我们今后一定尽力支持你的工作，你与重庆联系的电台完全可以由我们负责保护……”都甲大佐滔滔不绝地说了好半天。他见唐生明一脸疑惧的样子，便笑道：“唐先生，你不要害怕。我们对你发给重庆的那份电报很赞赏。你的建议很有见识，我们非常重视。”

到这个时候，唐生明才恍然大悟。原来李士群他们发现了他托陈恭澍发往重庆的那封电报底稿，而日本人派在特工总部的日本宪兵组又把这情况向司令部做了汇报，才有这两天发生的一连串麻烦。也许那份电报的内容正合日本人的口味，所以才对他这样客气。可是日本人找他来的真正目的是什么，他仍然搞不清楚，所以，依然一言不发。

“唐先生，请你跟我去见见河边正三将军。他会很高兴见到你的。”都甲见唐生明仍不相信他，便把他们的参谋长河边正三中将抬了出来。

河边一见唐生明确实表现出非常高兴的样子。他坦率地说：“我们因为找不出办法，才拉汪精卫出来。今后希望通过你，能和蒋介石阁下直接商谈中日合作方式，请你多协助我们，帮我们早点完成这个任务。”

河边的这番话使唐生明完全放心了。他清楚地意识到，太平洋战争爆发后，日本人急于想跟老蒋和谈，想尽早地结束在中国的战争，他们才能把陷在中国的几百万兵力抽出来，去对付英美。所以，当他们得知自己是重庆派来的人之后，不但不追究，反而如获至宝般地热情接待。这就如同老蒋当初派他来上海，为的就是在万不得已之时，由他出面为双方和谈牵线一样。只不过太平洋战争爆发后，老蒋清楚地看到英美参战日本必败的趋势，这才暂停了与日伪和谈的行动。不过，唐生明还非常清楚，老蒋决不愿让人知道他有过求和的动机，所以不敢贸然承认自己是重庆方面派来的。他只是婉转地说：“我在重庆方面的朋友的确很多，我愿意和你们先研究一下，再同他们商量，看他们的态度如何。”

“好吧！希望唐先生多做做工作。我们都是共同反共的嘛！为了大东亚共存共荣，我们应当很好地合作起来，一同反共……”

“对，对！我们都是共同反共的。”唐生明嘴里附和道，心里却在想，实际上我们早在“共同反共”了。

当时，在江南地区活动的新四军，经过“皖南事变”之后，不但未被消灭，而且更加迅速地发展了起来。他们活动的范围也越来越大，连日本人控制得极为严密的京沪线也常遭到新四军的袭击，给汪伪的首都南京造成了极大的威胁。为此，汪精卫在日寇指使下，决定成立一个庞大的反共军事组织——清乡委员会。日本人的目的是想利用中国人打中国人；而汪精卫则想借此建立自己的军队，一方面为消灭新四军，另一方面也是为了打击忠义救国军。该委员会成立之后，汪精卫亲自兼任该会的委员长，由李士群兼任秘书长，周佛海、陈公博分别兼任副委员长，并且还拉唐生明做军务处处长。最初，唐生明不敢贸然答应。可是当他去电给戴笠，向老蒋请示时，老蒋便通过戴笠指示他，积极参加此项工作，其任务是尽力利用日军和伪军去消灭新四军，同时，尽力保护军统的特务武装——忠义救国军，并设法使其发展壮大。

唐生明上任之后，主要负责苏州区的清乡工作。每当日伪军要前往某地清剿时，唐生明就设法通知那里的忠义救国军，让他们尽快转移。而军统及重庆方面的人得知了新四军的行踪后，戴笠便立即电告唐生明，由他把消息吹到日伪头目的耳朵里。在反共方面，军统和日伪的观点始终是一致的，就像老蒋所扬言的“日寇为疥癣之患，共党为心腹之患”，以及汪精卫所大喊的“反共建国”一样，他们始终都把共产党视为洪水猛兽，必欲灭之而后快。

那天中午，河边中将特地设宴招待了唐生明，还把他安排在专门招待外宾的招待所休息。唐生明简直不相信眼前所发生的一切。直到日本人全部告辞离去，唐生明发现自己完全可以自由行动时，才意识到自己确实平安无事。他怕妻子为他担心，便立刻赶到李士群家中，去见徐来和张素贞。她俩正在李士群家坐立不安地等候他的消息，担心他身遭不测，急得连午饭也吃不下，见他平安归来才放了心。

李士群听唐生明讲完事情经过之后，对他更加亲热起来，当即向他表示说：“你是渝方代表，在我们这里，我有责任保护你。两国相争，尚不斩来使，何况我们交情这么深，你大可放心。我保证我的部下没有任何人会来骚扰你！”

离开李家之后，张素贞忍不住笑道：“四哥的威风可不小啊，在重庆有雨农关照你，到了南京又有李士群给你当保镖。蒋先生和汪先生都没有这么神气啊！”

“嗨，我这就叫‘吉人自有天相’嘛！”唐生明自己也觉得事情挺滑稽。身份没暴露之前，汪精卫、李士群对他照顾得很周到；身份一暴露，连日本人都把他奉为上宾。他越琢磨越觉得有意思，便开玩笑地说：“你们呀，跟着我就不会有事。我总是能遇难呈祥，逢凶化吉……”

“快不要吹啦！这两天还没把我们吓死……”徐来嗔怪地瞪了他一眼。

“怎么是吹？哪次发生问题不都是一场虚惊啊！”唐生明正在兴头上，颇不以为然。事实倒也确实如此。他到上海后，也曾几次陷入困境，但都很快地被解脱出来。说起来，除暴露身份这件事外，最紧张的莫过于汪精卫第一次请他们赴宴的时候了。

那天宴会上，汪伪集团的上层人物大都在场，有汪伪政府的行政院副院长兼财政部长周佛海、陆军部长叶蓬、立法院院长陈公博，以及敌伪特工总部的两个头目李士群、丁默邨等。除李士群、丁默邨过去在国民党内的地位太低，不认识唐生明外，其他的都是唐生明的老熟人。过去，汪精卫不仅与唐生明的大哥唐生智私交不错，与唐生明也称得上是师生关系，因为汪精卫曾经担任过黄埔军校的党代表。周佛海与唐生明是湖南老乡，在抗战前，彼此关系就非常好。叶蓬与他更是堪称莫逆，叶蓬的妻子早年曾认了唐生明的母亲为干娘，唐生明到上海后，叶蓬对他简直就是关怀备至。而李士群等在汪精卫设宴之前，早已对唐生明试探过好几次，确认他真是受不了后方的苦，才溜到上海来的“花花公子”，这才把他引到南京，来见汪精卫。

酒宴之初，宾主觥筹交错，好不热闹。可是几杯酒下肚之后，汪精卫突然略带醉意地指着唐生明说：“我得到报告，听说你与戴笠的私交极好。你这次来南京，是不是打算杀我？”他说着，便站起身，冲着唐生明，拍着胸脯，径直而来。

酒兴正酣的唐生明，冷不丁地被汪精卫来了一闷棍，急不择言地喊道：“杀鸡焉用牛刀！我把一家老小都带来了，会干那种事？我又不是不怕死的人……”

他这一句“杀鸡焉用牛刀”，把坐在他身边的叶蓬、徐来吓得脸都变了色。叶蓬急得直拉他的衣袖。但他借着酒劲，仍然继续说道：“我跟戴雨农是朋友，在一起玩儿是常有的事，可我这个什么事都懒得去做的人，还会跟他去当特务？”

一时间，酒宴上的气氛异常紧张起来。汪精卫白皙的胖脸也变得通红。幸亏叶蓬、周佛海等都知道他唐生明的大少爷脾气，连忙站起来替他解围。有的说他决不会屈就在戴笠手下当特务，有的说他决不是能当杀手的人，连李士群也担保说，唐生明的情况他都了解，绝不会干那种杀人的勾当……

汪精卫见大家都在替唐生明说话，这才面带微笑地对唐生明说：“我当然不相信那些话，所以才提出来问你。我们关系不同嘛，我信得过你，你不会对我不利的。你说是不是？”

唐生明连忙答道：“是这样，是这样！”至此，一场突如其来的风波，才算平息下去……

“好啦！以前都是一场虚惊。可现在，你的身份已经让日本人知道啦，谁敢担保日后他们不会翻脸不认人？”徐来仍然不放心地提醒道。

唐生明这才收敛起笑容，沉默良久，然后说：“我估计日本人是不会轻易放弃我这个与委员长联系的桥梁的。看情况，他们很想尽早地跟重庆和谈，好抽出兵力去对付英美……”

事情果不出其所料，日本人不久就派了一个名叫松井的大尉，住到唐生明家中，专门负责联络和保护工作。当时上海的粮油及汽油供应都很困难，自松井到他家后，日军司令部按月配给他充足的粮油和汽油，甚至还命令电力公司，在唐生明住家的金神父路段不准停电，以保证唐家的电台随时都可以与重庆方面联系。总之从这时起，直到抗战胜利，凡是唐生明提出的要求，日方从未打过折扣。毛森等几十个被日军捕获的军统人员，就是在这种情况下，被唐生明保释出去而逃走的。

戴笠和老蒋得知唐生明已与日方取得联系之后，都大喜过望。但是由于英美参战后，老蒋料定日本必败，也不愿再演出一场和谈的丑剧，但他又舍不得放弃这一关系，于是便想在日本人投降之际，利用日伪军去消灭江南地区的新四军。所以，戴笠让唐生明先不要以蒋介石的名义出面，不要对日方提出的问题做具体答复，但无论如何又要保持好与日本人的关系，决不能中断。唐生明只好若即若离地跟日本人打交道。在此期间，唐生明为重庆方面做的最成功的一件事，就是拉拢汉奸，其中最突出的就是策反周佛海。

早在唐生明刚到上海不久，周佛海就向他打听从长沙到上海的最佳路线。因为周佛海打算把自己的母亲和岳父等亲属由湖南老家接到上海来。唐生明得知后，立即给戴笠做了汇报，并建议说，如果想拉拢周佛海，最好的办法就是从他的母亲和岳父身上下功夫。不久，戴笠便让人把周佛海的母亲、岳父等接到贵州，软禁在息烽监狱。周佛海一直很孝敬母亲和岳父，听到他们被戴笠软禁的消息后，非常难过。他明知是老蒋和戴笠派人干的，但是当敌伪的许多报社记者去采访他，友人去安慰他时，他却故意说："我相信这不是重庆当局直接干的，一定是地方无知者所为，相信不久可脱险。"话语之间无半点对重庆方面的责备之词。而且此事发生不久，周佛海便指使妻弟杨惺华，把军统特务程克祥，从特工总部牢房里保释出来，并发给通行证，让他回重庆。

程克祥临行之前，周佛海在家中找程克祥密谈了半个多小时，他一再对程说："我和雨农兄是好朋友，请你代表我向雨农兄说：'我很感激他对我老母和岳父的照顾与保护。今后，如果他有需要我的地方，只要我力之所及，我一定尽力而为！"

"周先生，我一定把你对我们的关照详详细细地报告戴先生！"程克祥自然懂得周佛海帮助自己的真正动机，连忙应承下来。

周佛海默默地点点头，随后便长叹一声说："我这次离开重庆，最大的错误是没有事先报告委员长。我是委员长一手提拔起来的，这种重要行动，应当事先请示，再做决定。这一点也请雨农兄代我向委员长请罪，只要他老人家有所指示，我仍然奉命行事。"

周佛海确实不傻。戴笠一软禁了他的母亲，他就意识到，重庆方面是想用其母和岳父做人质，胁迫他为重庆政府效力。而他自己从根本上来说，也确实没想与重庆政府分道扬镳。当初他随汪精卫一同出去，完全是想造成既成事实，迫使蒋介石与日本人“和谈”。如今太平洋战争爆发后，他也清楚地看到了日本人必败的结局，在这种形势下，他相信老蒋不会再走“和谈”这一步了，而他已经上了贼船，欲退不能。如今戴笠以其父母为人质，胁迫他投蒋，实际上是给了他一条生路，他何乐而不为呢？

程克祥回到重庆后，详细汇报了周佛海的情况，戴笠非常高兴。因为掌握了周佛海，便无异于掌握了半个汪伪政权，他的许多计划，都可以通过周佛海去完成了。

程克祥回重庆不久，戴笠又令他返回南京，委他为京沪区区长，专门负责与周佛海的联络，对他说：“你见了佛海兄，告诉他，他的母亲就是我的母亲，叫他不必挂念。叫他拿出勇气，不必悔恨过去，只要把握未来，好好干一番。”随后，戴笠又让毛人凤把周佛海的岳父写的一封亲笔信交给程克祥，让他交给周佛海和杨惺华。信中，其岳父大讲了一通戴笠如何关照优待他们，并转达周母之言：“你不必做孝子，但要做忠臣，不要为周家祖先和子孙丢脸……”

程克祥奉命带着电台和专用密码本，乘飞机到衡阳，一路上由军统的特务武装——忠义救国军护送，一直到敌方最前沿的竹丝港，然后又由杨惺华派去的伪军接着护送到南京。

程克祥到上海与周佛海见面，转达了戴笠的话。周佛海立即严肃地说：“我的立场和处境你也清楚，上有汪先生，内有李士群那一群人，外面还有日本宪兵、特务。我们只有日本急于求和的一面可以巧妙运用。希望我们能一致利用这种情况，乘机渐进，乘虚而入，万不可急功近利、鲁莽从事啊！”

程克祥自然同意周佛海的意见，他把周的原话又电告了戴笠。戴笠知道了，李士群的存在，对周佛海，对所有在京沪的军统特务，都是一个极大的威胁。以前，他也曾想拉拢过李士群，可是这个人死心塌地地效忠日本人，而且与周佛海之间，为争夺经济和税警总团的控制权，结怨极深，表面上彼此有说有笑，骨子里却都想置对方于死地。为了日后军统与周佛海的合作能顺利进行，戴笠决定除掉李士群，于是他致电唐生明，向他询问杀李的计策。

唐生明平常与李士群的私交不错，与周佛海的交情更深，他俩的矛盾他知道得一清二楚。为了分化汉奸营垒，每当他俩闹矛盾，都来向他诉说时，他就有意地两面挑拨，以加深他们的矛盾。特别是周佛海投靠重庆方面之后，他在主观上就更加偏袒周一些。接到戴笠的电报后，他反复思考了很久，认为最好的办法就是利用汉奸内部的矛盾，或者利用日本人与李士群的矛盾，去除掉他。

戴笠一接到唐生明的建议，便让程克祥通知周佛海，设法除掉李士群。尽管这个任务非常棘手，但周佛海最终还是让他的税警总团副总团长熊剑东，想方设法地挑起了日本宪兵队冈村中佐对李士群的憎恨。1943年9月，冈村用毒药将李士群毒死。

李士群死后，戴笠和老蒋立即给周佛海下达了新的任务，让周把工作重点放在共同反共方面，积极扩建军队，准备将来在京沪杭地区配合反攻作战，控制该地区，防止被新四军占领。为此，戴笠还派老牌的军统特务周镐到南京，配合程克祥，帮助周佛海收买伪军。周佛海便把周镐安插在伪军事委员会充当科长，以了解情况、联络伪军。周镐上任之后，利用工作之便，几乎跑遍了长江以北的伪军据点，并策反了伪军的大头目孙良诚、张岚峰，直接向他们传达了老蒋对他们的“反共救国”要求。当时伪军中孙良诚的部队有3万多人，这自然是一股不可忽视的力量。所以，1944年戴笠第二次陪梅乐斯巡视东南之时，下达给周佛海的一道命令就是设法把孙良诚部从华北防区调到长江以北的扬州一带。其目的是日后配合美国海军在东南沿海登陆。然而，把3万之众的部队调到千里之外，实在不是件容易的事。但周佛海为了“将功折罪”，竟然不惜血本，花费了6000多万伪币，硬是把孙良诚部调到了扬州一带。

周佛海非常清楚，日本失败已成定局，他只有投靠老蒋，服从戴笠的指挥，才能确保一家老小平安，求得一条生路。而戴笠也非常清楚，掌握了周佛海，就等于掌握了汪伪政权的半边天，因此戴笠对其极力拉拢，甚至在周母去世时，他亲自披麻戴孝，使周更加死心塌地地为重庆政府效力。日本人未投降之前，周佛海所起的作用并不太显著，但到日本宣布投降之后，周佛海的巨大作用，才真正显现出来……

三十　竭尽全力迎接盟军　挖空心思抢夺成果

巍峨耸立的六和塔，宛如一个顶天立地的巨人，日夜俯视着脚下这座雄伟壮观而又命运多舛的钱塘江大桥。按理说，钱塘江大桥应是我们中国人的骄傲，因为它是第一座由我国自行设计、施工的近代化大桥。大桥全长1400米，共20个孔；桥面分上下两层，上层走汽车、行人，下层铺着铁轨，是杭州到宁波的唯一火车线。遗憾的是，大桥竣工不久，“八一三”抗战爆发，日军从杭州湾登陆，为了阻止日军继续南下，桥梁的设计者及施工主持人茅以升，又不得不奉命亲自将大桥炸毁。日本人占领杭州后，为打通去宁波方面的路线，于1940年开始重修此桥。目前，大桥已被修复，并成了江浙一带日军的重要交通干线。为了防范新四军、游击队和忠义救国军、别动队的破坏，日军除在大桥两端设立伪警检查处，检查来往的行人、车辆外，并筑有坚固的碉堡，还安设了许多探照灯和岗哨。白天，大桥上每隔100米就有个荷枪实弹的日本兵站岗；晚上，还要再增加流动哨，而且一个挨一个的探照灯，把整座大桥以及桥两边的滚滚江流，都映照得清清楚楚，连飞鸟都很难接近大桥。

这天凌晨，披着灰色晨雾的六和塔顶上，突然来了七八个不速之客，其中还有两个黄发碧眼的美国佬。他们站在塔顶上，用望远镜仔细地观察钱塘江大桥。当那坚实的桥墩、湍急的江流，以及大桥上的碉堡、哨兵等等一一映入他们的眼帘之后，几个人都不约而同地直摇头。

这几个人是奉戴笠之命，前来破坏钱塘江大桥的。其中领队的是忠义救国军第二纵队副团长周荣，另外还有两个中美所特训班的美国爆破专家。美国爆破专家认为，像钱塘江这样的大桥，必须有上千磅的烈性炸药集中在桥墩引爆，才能对大桥起到关键性的破坏作用。而如今日军戒备森严，不要说把上千磅炸药运到桥墩附近，即便是只身一人，也很难靠近桥墩。所以，美方人员认为，要想在日本人的鼻子底下炸毁此桥，是根本无法办到的，建议放弃这一行动计划。

忠义救国军总部将美方人员的建议和理由电告了戴笠。戴笠一看电报，就紧皱双眉，焦躁不安地在办公室内蹀躞而思，钱塘江大桥若不炸毁，一俟美军在杭州湾登陆，日军即可通过大桥，源源不断地把分布在宁波、镇海、定海、温州等地的重兵运到杭州，使登陆美军腹背受敌，这不仅会造成登陆美军的极大伤亡，而且也将影响到他和军统局日后的前途。因为梅乐斯曾私下告诉戴笠说，美国海军部对戴笠在配合美军登陆方面做的种种工作感到非常满意，海军部的将军们，准备在抗战胜利，中美技术合作所的工作结束之后，再与军统局进行一项新的合作，那就是协助中国重建海军，他们准备推荐戴笠为中国海军部长或海军总署署长，并准备将配合美军登陆的忠义救国军和别动队经过美军培训后，改为中国的海军陆战队。

梅乐斯的这个新设想，对戴笠而言，无异于一支强心剂，一颗定心丸。这一设想若能成为现实，他就用不着再担心胜利后自己和军统10万部属的出路问题了。为了进一步赢得美国海军部的好感，为日后新的合作铺平道路，戴笠决心竭尽全力搞好各方面的准备工作，以迎接美军登陆。可是现在，连具有巨大战略意义的钱塘江大桥都不能按计划将其炸毁，那又将如何确保美军安全登陆呢？戴笠越想越觉得炸桥的意义重大，必须不惜一切代价去完成此项任务。于是，他立即提笔给周荣写了封信，信中写道："……盟军为提前结束战争，才决定在中国登陆。为使登陆顺利，才决定破坏钱塘江大桥。今美方人员中途知难而退，吾人则不能因其放弃而不为。打倒日本军阀，雪耻救国，乃吾人分内责任，故仍应排除万难，完成任务。希望以不成功则成仁的决心，继续进行，以完成此一神圣使命。"

周荣见信，知道桥是非炸不可了。于是他重新组织了一个20人的爆破队，决定来个破釜沉舟的爆破办法。他们先在一艘船的船底凿上三个银元大的孔，用木塞堵上，然后装上1000多磅TNT烈性炸药及雷管，上面再盖上稻草，从钱塘江上游把船放入水中，待船靠近桥墩时再拔掉木塞，让船靠近桥墩沉入水底前，再用发火器点着雷管，引爆炸药。不过，这方面也有一定的困难，因为若不是大雾弥漫或大雪纷飞的日子，桥上的哨兵和探照灯，老远就会发现船只，不等船靠近大桥，就可能被敌人的机枪把炸药引爆，所以，他们必须等待时机，方能完成任务。

周荣等人在钱塘江上游约六里处的麦林河畔等了整整两个多月，才盼到了一个大好时机。这天，鹅毛大雪，纷纷扬扬，钱塘江大桥及周围的景物全都披上了银装。夜幕降临之后，一直下个不停的雪花，把大桥两边的探照灯包裹得严严实实，灯光照射之处，又都成了白茫茫的一片，几步之遥的地方，也都变得模糊不清。周荣等人立即抓紧时机，将装好炸药的大木船推入水中，船后又系上一只小船，以备执行任务的人逃生之用。

船只在漫天大雪和夜幕的掩护下，顺流而下。当大船触到桥墩之后，他们立即用绳索把船系在桥墩上，再拔掉木塞，在船徐徐下沉之际，打着发火器，大船上的人才转移到小船上，迅速离去。不一会儿，大桥下面“轰”的一声巨响，大桥的两个桥基被炸塌，日军的火车再也无法从桥上通过了。

消息传到重庆，戴笠欣喜若狂，他常常情不自禁地对友人夸口说：“看，美国人说不可能办到的事，我们的同志硬是办到了，而且无一伤亡！”

梅乐斯听到此消息后，其兴奋程度也不亚于戴笠。这是中美所一大功绩，无疑也是他梅乐斯的功绩啊！自从成立中美技术合作所后，由于戴笠的大力支持，中美所向美国海军提供了大量军事情报和气象、水文资料，为美国海军在太平洋上反攻日军的战斗发挥了巨大作用，梅乐斯也晋升为准将。前不久，唐生明从日本人古川口中得知，日本海军正在琉球群岛附近集中了所有的战舰，准备向美国太平洋舰队发动突然袭击。唐生明立即电告戴笠，戴笠和梅乐斯立即转告美国海军部，美海军立即集中力量，抢先向日本海军发动了猛攻。仅这一次海战，美军就击沉日舰近百艘。由于这次海战的胜利，梅乐斯又由准将晋升为少将。美国海军部还特意致函戴笠，向他表示感谢。这样一来，戴笠更是雄心勃勃地要把迎接美军登陆的工作做得尽善尽美了。为此，他又想出了一个新花招，那就是想借重他的老友杜月笙之力，请他协助，把东南地区，特别是京沪一带的帮会成员及劳工都调动起来，为配合美军登陆做准备。

自“八一三”淞沪抗战之后，戴、杜二人就结下了莫逆之交。不仅忠义救国军中的大小头目及部分成员都是杜月笙的门徒，而且在军统局遇到经费困难时，杜月笙总是慷慨解囊，常常提供无息借款。近两年来，他俩又组建了一个官商合办的通济公司，主要业务是利用杜月笙的门徒在上海收购棉、纱、布匹，由军统局掌管的货运局将货物运到西安、重庆等蒋管区，从中牟取暴利，以解决军统局浩大的经费开支问题。如今，戴笠在迎接美军登陆方面虽已做了大量的准备工作，但他认为，若能利用杜月笙在东南地区和南京、上海一带的特殊人际关系，准备工作就将做得更加完善，而且也将给杜月笙提供一个报国立功的机会。因此时身在重庆的杜月笙正被卷入一场黄金舞弊案，情绪极为低落，如若委以重任，携其离渝，便可使他免去公堂对簿之苦，于公于私都是有利的。于是戴笠在老蒋面前极力保荐杜月笙，请他参与“接应盟军登陆”的准备工作。老蒋不仅答应了戴笠的要求，而且还亲自召见了杜月笙。

杜月笙正遭厄运之际，受到戴笠和老蒋的如此抬举，自然感恩不尽。他虽年近花甲，又患有严重的气喘病，仍欣然受命，答应跟戴笠、梅乐斯一道穿越敌占区，前往东南。为此，杜月笙将自己手下的十来个得力干将，如陆京士、曹沛滋等人调到重庆，让他们去打前站，他自己也将一切准备就绪，只等戴笠、梅乐斯同行了。原定计划是1945年6月底动身，可行期一拖再拖，原因是美国海军部已接受梅乐斯提出的新的合作设想。他们认为抗日战争胜利后，仍有必要与中国进行新的局部的合作。美海军部命令梅乐斯去晋见老蒋，建议老蒋致函美总统杜鲁门，请他另派一个海军代表团来华，以策划新的合作项目；美海军部同时也向杜鲁门提出同样的建议，并明确表示新的合作将请老蒋亲自主持，希望由戴笠出任海军司令。为此，梅、戴二人又忙了好些天，直至7月中旬，梅、戴、杜三人，才在贵阳机场会合，一同乘美军C-46型运输机飞往福建长汀。

这趟东南之行，对杜月笙而言，确实是个不小的考验。军用飞机内没有舒适的座位，只有两排面对面的帆布椅。戴笠和梅乐斯等人分坐在两边的帆布椅上，唯有杜月笙一人，高高地坐在机舱通道中间的一张带扶手、靠背的藤椅上。这藤椅是临上飞机时，戴笠为照顾杜月笙，特意让人从机场办公室搬来的。飞机正在斜着向上升腾，飞机发动机的噪音震耳欲聋。坐惯了军用飞机的梅乐斯和戴笠等人神色自若，而杜月笙则面色如土，紧张地抓着扶手，直喘大气。站在他身后的两个膀大腰圆的保镖，更是紧张万分。他们一只手紧抓着机舱内的吊环，另一只手和整个身子都在死命地顶着藤椅，生怕一失手，椅子和杜月笙就会顺坡滑到机尾。好不容易飞机爬到了一定的高度，开始水平飞行，杜月笙和他的保镖才松了口气。

前往长汀的途中，飞机必须经过日军在华中地区的重要军事据点——衡阳。日军在该地区设置了威力极强的高射炮网，凡是过往的飞机，均会遭到高射炮的猛烈轰击。因此，飞机一到衡阳附近，必须飞到1万米以上高度，才不至于被击中。戴笠等人乘坐的飞机，按理说也该如此。一路上，杜月笙及其随从们还有说有笑，可是飞机一接近衡阳，机舱里的气氛又紧张起来。

“月笙兄，今天你过衡阳，东洋人早就晓得啦，他们正准备放礼炮，向你致敬呢！”戴笠为了缓和一下紧张空气，故意跟杜月笙开玩笑。

“多有抱歉，我可没炸弹回敬他们。”杜月笙为稳住部属的情绪，也故作轻松地笑答。可他哪里知道，梅乐斯临时决定，让飞机低飞，在衡阳上空盘旋三圈，好拍下衡阳地面的照片。

飞机开始在衡阳上空盘旋之后，杜月笙才发现情况不对，一打听，才知道梅乐斯在拍照，这下可把他吓得半死。尽管在这之前，梅乐斯教过大家如何跳伞，但杜月笙知道，一旦飞机被击中，自己也只有等死了。出人意料的是，飞机在衡阳上空足足低飞了三圈，日军的高射炮竟毫无反应。飞机一飞离衡阳上空，满机舱的人都情不自禁地欢呼起来。

到了长汀，杜月笙派出的打前站的陆京士等人，早已等候多日，彼此见面，自然高兴非常。这以后的路程虽然崎岖坎坷，但毕竟已进入国民党的第三战区，每到一站，都有地方官员迎来送往，盛宴款待。加上又有陆京士等人前呼后拥，杜月笙虽然劳累，但精神却异常振奋，连气喘病都很少再犯。自与陆京士等人会合之后，戴笠、梅乐斯常常离队到别处视察，杜月笙便更乐得走走停停，停停走走。当他们来到第三战区司令顾祝同的总部时，传来了美军出动1000多架轰炸机空袭日本本土，日本与中国、南洋一带的联系亦被切断的消息。大家都兴奋异常，一致认为抗战胜利指日可待。其中最兴奋的莫过于杜月笙了。他深知此次东南之行，对他日后返回上海滩，重整旗鼓，再度称雄，是何等的重要。他决心要尽最大努力完成老蒋和戴笠交给他的任务。所以，一到达目的地——忠义救国军总部，他就立即大刀阔斧地干了起来。

忠义救国军总部位于浙江淳安县城郊的西庙。西庙乃一幢雄伟庄严、雕梁画栋的大庙。四周苍松翠柏，花木扶疏，环境极为幽静。抗战以后，这里便成了军统局淳安站及忠义救国军总部办公及招待来往军统人员的场所。戴笠和梅乐斯到达之后，又是早出晚归，到方圆100多里的中美所东南各地的情报单位去视察指导。杜月笙则守在西庙，坐镇指挥他的部属陆京士等人，让他们分头活动，联络与他有关的各方人士。当时他联络的人员主要有三部分。第一部分是仍在京沪地区的青帮门徒；第二部分则是被策反的伪军中已掌了部分兵权的昔日门徒。前者因一直留在京沪，多少都与日伪有些瓜葛，为了日后不被当作汉奸处理，自然愿意聚集在杜月笙的旗帜下，听他指挥；后者主要是杜昔日的门徒马柏生、徐朴诚。他二人均是伪军的纵队队长。他们一见到杜月笙暗中派去的人，便立即表示愿意弃暗投明，听从杜月笙的指使。第三部分人马则是上海的广大劳工。由于陆京士、曹沛滋早年在上海搞劳工工会，杜月笙便让他俩利用昔日的关系，选调、接送年轻力壮的工人到安徽雄村的中美合作训练班短期受训，然后再潜回上海。

正当戴笠、杜月笙等紧锣密鼓地调兵遣将，准备迎接盟军登陆之际，却先后传来了苏军出兵东北，美军在广岛、长崎投下两枚原子弹，以及日本天皇被迫宣布投降的惊人消息。这样一来，盟军便无必要在中国沿海登陆了。中美合作所几年来培训的5万特务武装，以及戴笠、杜月笙等策反的伪军等，一下子便失去了其抗日、迎盟军的积极作用。一夜之间，他们便成了反共、抢夺胜利成果的急先锋。

1945年8月11日，从广播中听到日本天皇宣布投降之时，戴笠仍在东南地区紧张地布置任务，准备截断京沪、浙赣等交通要道，配合盟军，阻击日军。就是在得知美军投掷原子弹之时，他也没料到日本会这么快就宣布投降，因为日军当时在中国和南洋一带还有700多万兵力。胜利消息传来，戴笠既兴奋又有些茫然，尽管他非常清楚，日本一投降，中国共产党就成了国民党的主要敌人，不过，在没有接到老蒋的指令之前，他也不敢轻举妄动，只是通过电台，命令各特务武装集结待命。同时，他派出与日军少校参谋官今井武夫关系密切的亲信刘方雄，急赴南京，去见日本派遣军总司令冈村宁次，告诉他说："在我军尚未接管前，京、沪、杭等重要城市之日军，如纵容中共进入或将武器交与中共，中国政府将视为第一战犯，尽法惩治。反之，我政府将予以优待，并使其安全返国。"

戴笠之所以这样做，是因为他最了解东南地区共产党的活动情况。当时，共产党领导的新四军和游击队，在东南、华北等敌占区活动频繁，而且许多大城市都相继成立了"解放委员会"。戴笠担心共产党会就近占领京沪等重要的大城市，接受日伪军的投降，收缴日伪的枪支弹药。所以他第一件事就是让冈村宁次不要向中共缴械。

8月11日，老蒋便以军事委员会的名义向全国发出了三道命令：一是要解放区的人民武装就地待命，不得向敌伪擅自行动；二是要他的嫡系部队积极推进；三是要伪军负责维持地方治安，不得向人民武装缴械投降，以此来将功补过。与此同时，老蒋还暗中给戴笠下命令，责成他尽全力接收上海，维持京沪地区治安，整肃汉奸，处理伪军，等候中央军队到来。

戴笠清楚，国民党的中央军，当时大都集中在西南、西北一带，一时很难赶到东南地区，而共产党的新四军、游击队及地下组织，在东南地区已有相当的实力，如若不充分利用上海、南京一带的伪军、汉奸，光靠他在东南地区的特务武装和中美所训练班的学员，是很难完成任务，抢先进入南京、上海的。于是接到命令后，戴笠首先命令忠义救国军淞沪地区指挥阮清源，连夜率部队向无锡太湖一带及吴淞一带挺进；令集结在温台区的忠义救国军指挥郭履洲，率部队及军统海上行动总队以及中美所训练班的三个教导营，进占崇明、浦东；令中美所参谋长李崇诗，率部向上海市区推进；派军统京沪行动总队等向南京近郊挺进。命令发出之后，他又与杜月笙一起彻夜密商，让杜月笙命其已联系好的门徒、帮会把兄弟，以及陆京士等掌握的劳工，迅速潜回上海。同时下令孙良诚等伪军，效忠中央抵制共产党及新四军。一切安排妥当之后，戴笠便以军委会的名义颁发大批委任状给各地伪军，根据伪军人数的多寡，分别授予纵队司令和支队指挥官的头衔。与此同时，戴笠特意授予周佛海上海市行动总指挥的头衔，让周把他掌管的伪税警团、伪保安部及伪军通通集结起来，临时负责维持上海治安，阻止中共地下党在上海进行活动，保存好伪中央储备银行的全部财产。于是，在戴笠和杜月笙的指挥下，上海、南京地区，一场由特务、汉奸、帮会成员三位一体，抢夺成果，联合反共的斗争便迅速展开了。

8月11日，周佛海在上海，从电台广播中收听到老蒋命令沦陷区的日伪军，在中央受降部队没开到之前，要负责临时维持治安、将功折罪的通电，12日便收到了戴笠授予他的上海市行动总指挥头衔。他非常清楚，执行老蒋的命令，接受戴笠以军委会名义授予的头衔，是他及其随从由死求生的唯一途径。因此他立即召集亲信，积极行动起来，亲自到上海无线电广播总台，向全市民众宣布国民党军委会给他的任命，以及行动总指挥部的任务，并派人四处张贴由他和军统特务程克祥共同签署的布告，严禁民众进行聚会游行等活动。与此同时，他还下令日伪军维持社会治安，保护日伪中央储备银行等财政机构，等候中央军前来接收。

当时，南京方面传来共产党地下组织准备接受伪中央军官学校投降的消息。周佛海立即派亲信杨惺华，组织特务大队赶赴南京，听候军统特务周镐的指挥。周镐此时已被军委会委任为国民军前进指挥所总指挥。他带领周佛海的税警团，占领了南京新街口附近的伪中央储备银行，并于8月15日协同特务大队冲进伪中央军官学校，打伤了准备向中共地下党缴械投降的伪陆军部部长肖叔萱，还逮捕了许多准备投降共产党的学生，把他们作为汉奸抓了起来。

8月15日，阮清源率部赶到上海近郊。由于驻防日伪军奉周佛海之命维持治安，不准阮清源部进入上海，阮清源只好只身进入上海找周佛海，要求给他的部队解决住宿和给养问题。周佛海二话不说，当即付给他10亿元伪钞，并准备了许多印有“卫”字的臂章，让阮清源一部分部队开进市区，协助他们维持治安。

不久，阮清源得知，距上海市西30里的七宝镇，驻有新四军的一个支队，便协同伪税警总队，连夜赶往七宝镇，将新四军的支队包围。当时，新四军的支队只有二三百人，而阮清源部却去了2000多人。敌众我寡，新四军的这个支队很快便被击溃。

与此同时，郭履洲率领的特务武装亦赶到了崇明岛，并与岛上的新四军发生激战。崇明岛上的新四军有好几个团的兵力，双方激战三四天，最后郭履洲部还是依靠军统海上行动总队的增援，内外夹击，才击溃了新四军，占领了崇明岛，之后一部分部队又开到了浦东。

此后，李崇诗、毛森等率领的特务武装亦纷纷开到了上海，连中美所的许多美国人也随之驻进了上海租界。周佛海、唐生明的公馆顿时热闹起来。

坐镇淳安的戴笠、杜月笙等，8月20日便得到周佛海和唐生明的电报，知道上海已完全掌握在特务、汉奸及投降伪军手中。戴笠因要在淳安指挥其他地区的特务武装，便请杜月笙带着他的门徒先返上海，他随后赶去。杜月笙一行30多人，从淳安乘船，一路上兴高采烈，游山玩水，到9月初才到达上海。而戴笠却已先他之前两天，乘军用飞机到达了。

这天，唐生明和在上海的军统特务大小头目一起赶到机场迎接戴笠。戴笠一跳下飞机，就忘乎所以地一把抱住唐生明，“老兄，这次你跟我配合得太好啦！”随后便与拥上来的部属们一一握手，对每个人都恰如其分地勉励两句。当时，特务们早已为他准备好了几处豪华公馆，但他坚持要住在唐生明家中。

“老兄，过些日子我要让一个朋友住在你的家里！”一上汽车，戴笠便神秘地俯在唐生明耳边笑着悄声说道。

“哦！男人还是女人？我们认识吗？”唐生明惊诧地问。

戴笠故意神秘地一笑：“当然是女人。你们夫妇都认识。”

“余淑恒？”唐生明若有所思地说。

“不！她还在美国呢！你猜不着吧？是胡瑞华——胡蝶！”戴笠不无得意地说道。

唐生明一看戴笠那副得意的样子，早已明白了一半，心中暗笑，他什么时候跟胡蝶勾搭上啦？嘴里却问道：“你怎么认识她的？”

“天机不可泄露。不过，等我忙过这一阵子，就跟她在上海举行婚礼！到时候请你和嫂夫人做主婚人，怎么样？”戴笠眉飞色舞地说着。唐生明捅了戴笠一拳，哈哈大笑道：“你这个家伙！真有你的。我一定给你好好操办一下……”

一路上，俩人毫无顾忌地开着玩笑，直到晚上，戴笠才正式告诉唐生明自己到上海来的任务。可唐生明不等他说完，便笑着打断他的话说：“我到上海来的任务已经完成了。这次你搞接收和逮捕汉奸的工作，我可不想参加了。”

“也好，你先休息休息吧！不过，以后你还得跟我合作哟！你知道吗？美国海军方面决定支持我重建中国海军。到时候，你当我的参谋长如何？”戴笠知道唐生明不愿搞特务工作，但海军参谋长这个职位，一定不会拒绝。

“这个工作倒可以干一干！”唐生明果然一口应承下来。

戴笠一听就笑了，“你一直不肯当我的部下，这么一来，你可就不能不当喽！”

“你这个家伙，总是想方设法要高我一头！”唐生明指着他笑骂道。

戴笠只是哈哈一笑，并不否认唐生明的话。

不久，老蒋派出的接收大员纷纷飞到了上海。戴笠便让周佛海及其部属将伪税警团、伪军及伪中央储备银行的全部黄金、白银、美元等明面上的财物移交给了接收大员。而南京、上海等地许多汉奸的房屋、汽车、金条、美元等，则大都成了特务们的私产。至于特务们接收的日伪公产，如日伪政治保卫局的财产、房屋和监狱，日本海军在上海的俱乐部，日本人办的东方渔业公司财产及机轮渔船，日本人办的东方经济研究所及东方图书馆，以及德国人办的宝隆医院和十几个大仓库，都被戴笠划为了军统局的财产。戴笠在上海滩上除抢收财产外，最感兴趣的还是日伪的警特机构和社会公职机关。因为他清楚，抗战结束之后，军统局势必将压缩精简机构，他手下10万左右部属的职业和出路都将是个大问题。然而，在这“五子登科”抢收胜利成果之际，其他系统的人也都想在上海这个首屈一指的要埠插上一脚，这就势必发生“撞车”现象。戴笠垂涎已久的上海警察局局长一职，被黄埔一期的宣铁吾夺得。戴笠早想插足的上海社会局局长一职，也已被新上任的上海市副市长吴绍澍掠走。

宣铁吾是老蒋指派的，戴笠心里虽耿耿于怀，但也莫奈他何。而吴绍澍最早为陈立夫的部属，后又拜杜月笙为师。抗战前夕，他借重杜月笙的力量，又向陆京士借了1000大洋，来参加国大代表的竞选，一跃而成了国大代表，然而却因他与杜月笙发生关系而失宠于陈立夫。吴绍澍便经杜月笙介绍，投奔在戴笠门下，在忠义救国军中任职。抗战前夕，吴绍澍返回重庆，通过老关系又重新博得了陈立夫的青睐，抗战一胜利，便被委为上海市副市长，同时，他又乘机捞取了三青团书记、上海社会局局长两职。吴绍澍原本就是个野心勃勃、反复无常之人，如今在上海滩掌握了党、政、团的大权之后，为进一步称霸上海滩，便决定向他的师祖——上海滩首屈一指的青帮大亨杜月笙开刀了。

当杜月笙正欢天喜地从淳安返回上海，准备重整旗鼓，大展宏图之际，吴绍澍却派人在火车北站贴满了“打倒恶势力！”“杜月笙是恶势力的代表！”“打倒杜月笙！”等标语。当杜月笙在杭州包了一节专车，带着众多门徒，准备在上海北站接受门徒及金融界老友们的热烈欢迎之时，却传来了这一意想不到的坏消息。杜月笙只好灰溜溜地在上海梵皇渡车站下车，连自己家也懒得回，径直住进了把兄弟顾嘉棠的家中，想闭门谢客，静思一下吴绍澍打击他的缘由。然而，杜月笙在上海滩的关系毕竟根深蒂固，盘根错节，很多人并未因吴绍澍对杜的攻击便避而远之，顾家反因杜的关系而门庭若市，杜月笙只好强作欢颜，迎来送往。然而此时杜月笙内心深处最盼见到的是吴绍澍，想亲自问问他。盼了好多天，吴绍澍总算是来了。不过他一脸傲气，少言寡笑，跟过去判若两人。而且不等杜月笙说话，就推说公务在身，告辞而去，当众给杜以难堪。杜氏门中人气急败坏，建议杜月笙找出吴绍澍当年的门生帖子，公布于世，找吴理论。孰料，吴绍澍早已买通杜氏门中之人，将他的门生帖子偷走了。杜月笙气得要命，表面上韬光养晦，谢绝一切公开活动，暗中却将此事告诸戴笠。

戴笠本来就对吴绍澍不满，又见他如此反目无情，便决定找碴儿整治他，以平他和杜月笙心头的恶气。戴笠一方面尽量抬举杜月笙，把军统局上海办事处设在杜月笙的杜美路豪华公馆内，并亲自帮助杜月笙收回曾被伪税警团占用的法华路正始中学校舍，使其免被当作日伪财产没收。同时，戴笠还在杜宅大摆了一次酒宴，请了30多桌客人。戴笠在酒宴上大肆赞扬杜月笙在抗战中的“功绩”“贡献”，以及胜利后在维持上海社会治安方面的作用。另一方面，戴笠又让部属调查吴绍澍在上海滩的所作所为，以便抓住其把柄，发动进攻。

不久，军统特务发现，吴绍澍曾接收了上海巨富邵式军在爱棠路的豪华住宅，并将其改为国民党上海市特别执行委员会的办公场所。据邵式军的老婆反映，她家在该住宅内有四个大保险箱，除了一个箱子装的是已失去价值的日本债券和老头票外，其他三个分别装有价值数亿的金条、美元和珠宝。她将每只保险箱的清单都开给了特务，并告诉他们说，吴绍澍曾与她丈夫有个“交换条件”，就是吴绍澍可以放邵式军逃走，但邵氏不得泄露他“劫收”财产的真相。

戴笠得知这一消息，喜出望外，连夜派毛森等带大批忠义救国军，包围搜查了爱棠路上海市特别执行委员会。毛森等人果然从该处发现了四个巨型保险箱，其中有三个已被破坏，箱内空空如也。特务们把那只完好的保险箱炸开，发现里面全是日本债券和老头票，其数目与邵氏老婆所开的清单一点不差。戴笠据此认定，其他三只箱内数亿元的财产，已全被吴绍澍窃为己有，便立即向重庆老蒋做了汇报。吴绍澍吓得天天到杜美路去求见戴笠，戴笠拒而不见。吴绍澍急得要飞重庆求人讲情，戴笠得知后，立即让部属通知各航空公司，不得售给他机票。吴绍澍只好在上海坐以待毙。不久，老蒋的电令下达，不仅免去了吴绍澍副市长职务，而且连上海市社会局局长一职亦被罢黜。戴笠和杜月笙这才算出了口恶气。

三十一 巧捕汉奸因人而异 护卫蒋宋尽心竭力

抗战胜利后的第一个中秋节，皎洁的圆月显得格外欢快明亮。她把黑沉沉的苍宇洗刷得犹如大海般青碧，把山川大地装扮得犹如仙境般缥缈，连备遭战争创伤、千疮百孔的中华大地，亦被她那银色的清辉，修饰得如梦如幻。不知有多少人合家团聚，共度这团圆佳节；也不知有多少人在赏月饮酒，庆祝抗战的胜利。但此时此刻，重庆军统局办的“四一”医院病房里，周佛海和他的妻子杨淑慧却在望月而叹，为他们一家人的性命和前途担忧。

“我看你们都被戴雨农骗啦！你们为他们干了那么多事，结果还是得被他关押起来！”杨淑慧紧锁双眉，望着斜靠在病床上的周佛海。

“唉，谁让我一步走错啊！不过，戴雨农这个人还不至于过河拆桥。怕只怕委员长不肯放过我，雨农也就难办了。只是幼海他……”周佛海苍白而疲惫的脸上，呈现出一种无以名状的迷茫。

原来，周佛海协助戴笠安定上海、南京等地的局势，把伪上海市政府、保安司令部、伪军部队、伪中央储备银行上海支行的黄金、美元，全部交给重庆飞来的接收大员之后，又亲自发函，规劝京沪地区的大小汉奸到军统上海肃奸委员会投降自首，致使上海、南京等地区的肃奸工作完成得既顺利又迅速。周佛海及其亲信罗君强、丁默邨等，以为自己总算“将功折罪”，可以苟且偷生了。不料，这天戴笠突然来到周佛海的家中，态度虽像以往一样亲热，与其称兄道弟，但说出来的话却让周佛海胆战心惊：“佛海兄，目前京沪地区的民众中谣传很多，都说我们‘翻手为云覆手为雨’。所以，委员长考虑你继续住在上海、南京都不太好，想请你和罗君强他们一同到重庆去，先休养一个时期……”

“雨农，委员长是不是顶不住舆论的压力，想……”周佛海不等戴笠把话说完，就情急地问。

戴笠连连摆手笑道：“佛海兄，放心好啦！只要有我戴雨农在，就有你周佛海。到适当的时候，我会出面为你作证的……”

周佛海见戴笠说得这样肯定，便无可奈何地说：“雨农，我一家老小的性命就交给你啦，由你安排吧！”

戴笠走后，周佛海便把自己的几个亲信找来，转达了戴笠的话。为了安定亲信们的情绪，他故意强调“休养”二字，他说这正是老蒋和戴笠为了保护他们所采取的权宜之计。罗君强、丁默邨等听了非常高兴，庆幸自己不会像陈公博、林柏生等人那样，被当作汉奸送进南京提篮桥监狱。

然而周佛海心里跟他们的想法并不一样。他知道，所谓“休养”，实际上也是软禁，只是他寄希望于法院公审之时，戴笠等人能出面替他们作证，不致因汉奸罪而送上断头台。不过，他也明白，国民党这些搞政治的人，一切都从利害关系出发，戴笠的保证又有几分价值？但事已至此，也只好“死马当活马医”，紧紧抓住戴笠这根救命绳，寄一线希望了。为此，他当天晚上让罗君强等人筹集了一些黄金、美钞，装进保险箱，以保存重要文件为借口，让人将保险箱抬到戴笠下榻的杜美路军统上海办事处，交给戴笠。原想戴笠受此重贿之后，将来定能尽力保全他们。可是，他哪里知道，戴笠刚因邵式军之事惩治了吴绍澍，自然不敢重蹈覆辙，授人把柄。所以，保险箱送去之时，戴笠竟当众让送箱人打开，登记了黄金、美钞的数目之后，又让人封了起来，说是要上交中央银行。

送箱人回来把情况一说，周佛海觉得戴笠是有意伤自己的脸面，便更加忐忑不安。不久，周佛海一行到了重庆，特务们把他们软禁在军统缫丝厂乡下办事处，周佛海心里就更加难受，到重庆的第二天，就因心脏病复发，而被送进了“四一”医院。为此，戴笠又把他的妻子和儿子周幼海送到了重庆。在护士和妻子的精心护理下，周佛海的病倒是好了，但其子及妻弟杨惺华对他的怨恨之态，不能不使他们夫妇忧心忡忡。特别是儿子周幼海，更是让他们心中不安。

周幼海一直就是反对其父投靠日本人的。此次戴笠硬是让他来重庆，周佛海听妻子说，戴笠去找他们母子时，周幼海不肯来，戴笠就板着脸孔训道：“你知道，当我要什么人干什么事的时候，是没人敢违背我的意志的！”

周幼海年轻气盛，满不在乎地顶撞道：“我又不是你的部下，没有必要执行你的命令！”

戴笠的脸拉得更长了。他厉声喝道：“你不走？今晚我就叫人送你走！”吓得杨淑慧哭了起来，哀求儿子跟她一同到重庆，周幼海这才答应。可是到了重庆不久，丁默邨等被送到白公馆软禁，周幼海也被关了进去，这无异于跟其父一样失去了人身自由，不许随便外出，不许来人探视，与外面通信必交看守转发。周幼海多次闹着不肯跟丁默邨等住在一起，但毛人凤都以“执行戴笠命令”为由，拒绝单另给他安排住处。

“今天我听看守说，戴雨农已从上海返回重庆了，听说今天中午还在罗家湾跟部下聚餐，开庆贺会呢！”杨淑慧突然想起什么似的，悄声说道。

“那好，你给我准备纸笔，我写封信给他，请他来谈谈，兴许幼海的事能解决。他到底没跟我干过什么事啊！”周佛海坐直身子，就想下地。杨淑慧一把按住他说：“你病刚好，还是明天再说吧！谁知道他现在在哪里？”

其实，此时此刻，戴笠就在距他们不远的神仙洞戴公馆，正陪着胡蝶，在花前月下卿卿我我呢。

“飞机票我已给你准备好啦，季澧夫妇会去机场接你。你先住在他家……”戴笠拥着胡蝶丰腴的玉臂，在那用水泥碎石铺成“喜”“寿”二字的花园小径上，缓缓地走着，柔声细语地说着。

“你不陪我一起去上海吗？”月光下，胡蝶脉脉含情的双眸，显得异常晶莹，妩媚。

“不行啊，瑞华！上海的肃奸工作已告一段落，可华北、广东这两个重要地区的肃奸工作却毫无进展。等送你走后，我就得赶往天津、北平。因为委员长和夫人过些日子要去北平巡视，我必须抓紧时间搞好华北地区的肃奸工作，布置好安全警卫……”戴笠神情郑重地说着。

“唉，你一走就是几个月。现在胜利了，你还是忙。我们的事到底怎么办？总不能老是这样名不正，言不顺地下去啊！”胡蝶娇嗔地说。

戴笠停住脚步，双手抚着她的肩头，含情脉脉地说：“瑞华，你以为我不想尽早跟你结婚？你知道，除工作之外，我最大的快乐就是跟你在一起。我早想好啦，等我忙完这一阵，我就去上海，请季澧和杜月笙出面，帮你办离婚手续。然后，请季澧夫妇帮忙，为我们操办一个热热闹闹的婚礼……”

“你呀！你的事情总是一件接一件，什么时候才能忙完？听说你今天中午又给你的部下布置了一堆任务……”

戴笠一听就笑了，“谁那么多嘴？我查出来一定要好好惩罚他！”

“你就知道惩罚人。对了，听说周佛海一家都被你关起来啦？你以前为他母亲披麻戴孝的时候，不是说他帮过你们不少忙吗？”胡蝶好奇地问。

“我所做的一切都是听委员长的。目前正在肃奸的风头上，让他们在重庆休养一段时期也好嘛。”戴笠即使对胡蝶，也不肯泄露老蒋令他关押周佛海等人的真正意图。他告诉胡蝶的只是一个借口，实际上，关押周佛海等，甚至连他的儿子也软禁起来的真正目的，是怕他们泄露老蒋当年想与日本人和谈的企图。

“你们准备以后把他们怎么办？”胡蝶并不了解戴笠的心思，继续问道。

“这要看委员长的意思了。”戴笠不愿跟胡蝶多谈工作，便望了望那玉盘般的明月，拥着胡蝶说，“天不早啦，我们回房吧，明天你要忙着收拾行李，我也该去探望一下周佛海了。说起来，他确实帮了我不少忙啊……”

第二天，戴笠果真去探望了周佛海等人，一再叮嘱部属要照顾好他们的生活，同时也陪周佛海聊了很久，但对周幼海想搬出去另住的要求，却含糊其词，不做正面答复，只是强调目前工作太忙，等华北、广东的肃奸工作告一段落之后，定会妥善安排他们，请他们少安毋躁……

说起华北、广东的肃奸工作，确实让戴笠挠头。华北地区是日伪的老巢，情况较为复杂，而且日本宣布投降后，华北地区，特别是平津两大城市的秩序仍然很混乱。迄今为止，特务们还没有找到一个像周佛海这样可以做内应的人。而且平津外围的绥西冀北的八路军，声势还很浩大。加上苏联红军曾一度进军到了张北，这不能不使老蒋和戴笠为平津的局势忧虑。

不久，在老蒋等人的敦请下，美国军队于9月底、10月初，先后在塘沽、青岛登陆，部分美军进驻了青岛和北平市区。此时，国共两党在重庆谈判，业已达成了“双十协定”。戴笠这才匆匆赶往平津，进行肃奸和老蒋“驻跸”的准备工作。

然而平津的局势到底不同于京沪地区，表面上看，似已安定，实际却像个火山口，随时都有爆发的危险。这一方面是由于华北地区的汉奸、伪军并不甘心俯首就擒，仍然蠢蠢欲动；另一方面则由于蒋军不顾“双十协定”，继续进犯华北的解放区，因而遭到解放区军民的猛烈反击。如国民党第十一战区的蒋军，在战区副司令马法五的率领下，曾向晋冀鲁豫解放区进犯，结果不但没占到便宜，反而被解放军全部歼灭。副司令马法五等被迫投降，副司令兼新八军军长高树勋，在邯郸前线率部起义。这些，都不能不使戴笠提心吊胆，谨慎行事。

戴笠一到北平，就由他派驻十一战区任调查室主任的张家铨陪同，拜访了十一战区司令长官孙连仲、北平行营主任李宗仁、北平警备司令陈继承等军队长官，以求得他们的支持与协助。然后，利用他的玩友——“东北四公子”之一的吴幼权，暗中说服了伪财政总长兼伪华北储备银行总裁汪时璟，让他协助自己搞好肃奸工作，以“将功折罪"。惶惶不可终日的汉奸们在这个时候能抱住戴笠的大腿，自然是求之不得，不敢不尽心尽力了。

12月6日这一天，冷落多日的西单粉子胡同汪时璟的公馆门前，顿时热闹起来。华北地区的大小汉奸们一个个乘坐小汽车接踵而至。他们都是接到汪时璟的"家宴"请柬，以为有要事相商，便欣然而来的。他们都想聚在一起商讨一下对策，寻求一条生路，连久病未愈的伪维新政府头子王克敏也硬撑着赶来。汉奸们大都是善于察言观色之徒，他们见汪时璟满面春风地站在门口接待，客厅里也摆好了十几桌丰盛的佳肴，都以为汪有好消息相告，心情都稍稍轻松了一些。几杯酒下肚之后，酒宴的气氛变得活跃起来，彼此有说有笑，觥筹交错，只等着听汪时璟讲话了。可他们谁也没想到，正在酒兴犹酣之际，身着全副戎装的戴笠，突然出现在酒宴之上。汪时璟一说军统局的戴雨农先生有事向诸位宣布时，汉奸们顿时酒意全消，再一看客厅内外，不知何时，已然站满了荷枪实弹的便衣特务，不禁各个目瞪口呆。喧闹的客厅，顿时如死一般寂静。

"现在，我代表国民政府肃奸委员会正式宣布：你们在座的诸位已经被捕啦！你们的生活，我已奉命做好了安排。希望你们安心守法，听候国法之审理……"戴笠的声音不高，浓重的江山口音亦不易听懂，但在汉奸们听来，无异于炸雷轰顶，个个魂飞魄散，面无人色。戴笠的话音未落，客厅里突然出现了一阵骚乱。原来，王克敏已当场吓得昏死过去，倒在地上，口吐白沫，奄奄一息了……

华北地区的肃奸工作进行得如此顺利，连戴笠自己也未曾料到，因此他对汪时璟格外感激。尽管表面上汪时璟也被押往了北平炮局子监狱，但没过10天，戴笠就让部下用飞机将其送往重庆软禁，像对周佛海一样，生活上给予最优惠的照顾。与汪时璟一同被送往重庆的汉奸，还有李守信，以及蒙奸德王。此二人皆为1936年"绥远事件"[①]中的罪魁祸首，但老蒋为利用他们收罗旧部，以便日后抵抗共产党，打内战，故对其格外关照。

这次逮捕的汉奸中，除以上三人外，受到戴笠格外关照的还有一个叫黄顺柏的汉奸。此人于1938年前就充任了日本侵华派遣军总司令松井石根的翻译官。"八一三"之后，黄顺柏随日军进入上海、南京等地，借日本人在京沪烧杀抢掠之机，他也大肆

①绥远事件：1936年6月，以内蒙古上层反动头子德穆楚克栋鲁布（德王）为首的蒙奸，在化德建立蒙古伪政府，打出了亲日、亲满的旗号。同年11月底，德王和他的部下李守信等率蒙古骑兵部队，一举侵入绥远。当时德王和李守信的部队以日本关东军为后盾，使用的是日制武器，并请日本人做军事顾问，后来被傅作义的部队彻底击溃。

抢劫金银财宝，大发国难财。黄顺柏捞够了钱财之后，便悄悄离开了日军，隐居到天津租界，经营房地产生意，又发了一大笔横财。按理说，对这样的经济汉奸，也应予以严惩。但黄顺柏与吴幼权私交极好，在吴幼权的游说下，戴笠竟将他释放，并从汉奸名册上删去了他的名字，其条件是由黄顺柏出钱，与杜月笙一道，共建军统北洋保商银行。

在主持平津肃奸工作的同时，广东方面的肃奸工作，也在戴笠的遥控之下，紧锣密鼓地进行着。广东的情势与沪淞、平津不同，因该地是汪精卫的故乡，是汪发迹和从政的根据地，即使在日伪时期，汪精卫也从未放弃过对广东的控制。抗战胜利之前，他不仅让其亲信死党褚民谊担任伪广东省省长，而且还让其妻陈璧君常驻广州，主持工作。抗战胜利时，汪精卫虽已病死日本，但陈璧君在广东的势力还很雄厚。她不仅掌握着广东省的财政大权，而且还有三个师的"铁杆"伪军做她的后盾。因此，她妄图以此为资本，继续顽抗，拒不投降。

为了使广东的肃奸工作不至于一片混乱，戴笠采取了极为慎重的态度。他先以老蒋的名义写信给褚民谊，请他邀陈璧君一同到重庆，共商广东善后事宜。由于戴笠的信措词委婉，语气诚恳，完全是一副不计前嫌的宽厚态度，褚民谊便有些心动，回信表示愿意去劝说陈璧君，一同赴渝。戴笠便趁热打铁，派专人去广州与褚民谊联络，并谎称中央指示，只要他们肯合作，共同磋商广东善后事宜，中央即派专机来广州迎接他们赴渝。褚民谊也清楚，失去日本人这个靠山之后，他和陈璧君便根本无法再维持下去，既然老蒋致函相邀，不如顺坡下驴，求得一线生机。由于褚民谊的规劝和戴笠派去的人"表演"得恰到好处，一向坚持要顽抗到底的陈璧君，也放弃了顽抗的念头，决定赴渝。就在陈、褚二人乘车前往机场的路上，秘密潜伏在广州的特务们早已在珠江桥两边打好了埋伏，汽车一到，持枪的便衣特务们便一拥而上，将陈、褚二人逮捕，押上了桥下早已准备好的小船，顺流而去，躲过广东伪军的视线之后，才把他俩用飞机押往了南京，与陈公博等人一道关押起来。陈、褚二巨头一被捕，广东的大小汉奸及伪军，便纷纷投降缴械，俯首就擒了。

至此，全国肃奸工作最棘手的三个地区都顺利解决了。戴笠在北平时，每提及他主持完成的这三处肃奸工作，便都会情不自禁地流露出得意之色，恨不能立即亲自去向老蒋汇报广东、北平的肃奸情况。事实上，他也知道，向老蒋表功请赏的时刻马上就要到了，因为他已得到通知，老蒋一行将于12月11日到北平。在这期间，他必须全力以赴地投入到保障老蒋安全的警卫工作中去。

事实上，戴笠10月到达平津之后，就对老蒋的安全警卫工作作了周密布置。他曾急调他的亲信干将祝维屏、倪超凡来北平，分别担任警察局副局长、警备司令部稽查处长，还特别组织了一个“贴身”警卫大队。该大队共有200多人，均为在重庆警训班受过中美所美方特务严格训练的、年轻力壮的学员。戴笠用专机把这些学员运到北平，并亲自出马考核学员的思想和特种警卫技术。考核结果，戴笠自己也非常满意，常忍不住自夸道：“我不相信明朝的锦衣卫能超过我组成的警卫大队！”但是，老蒋的到来，仍然使戴笠有些手忙脚乱。他担心，老蒋的安全万一有失，那他及他的团体十多年来所做的种种努力和“牺牲”，都将前功尽弃。为此，他除了把贴身警卫大队长、北平的宪警头目、大小特务等驱使得团团转之外，自己也事必躬亲，忙得他再度咯血，也不敢稍作休息。

当时，老蒋一行人准备下榻在交道口圆恩寺内。随老蒋同行的高级官员，有国民政府参军长商震、总务局长陈希曾、军务局长俞济时等。老蒋早就指定由俞济时和戴笠两人负责他的安全警卫，所以，俞济时一到北平，就把老蒋在北平八天的活动日程表交给了戴笠。为保密起见，戴笠除在前一天告诉严家诰老蒋第二天的活动，让他去布置警戒外，其他的警宪头目只有坐听戴笠的指挥。

老蒋到北平后的头三天，没有出圆恩寺的大门，只是发表“安民告示”，接见驻北平的高级官员李宗仁、孙连仲、熊式辉等。第四天和第五天，在怀仁堂分别举行茶话会，接见北平党政军及社会各界人士、新闻记者等人。第六天是戴笠最紧张的一天，因为老蒋要在故宫太和殿前召见全北平的大中学生，并要在此之前检阅美军驻北平的陆战队。为了保证这一天不出问题，戴笠和俞济时商量了一个通宵，决定布置四道警卫圈：第一圈警卫在老蒋演讲的讲台周围，由严家诰率警卫大队警卫，戴笠亲自指挥；第二圈警卫是北平警察局刑警大队挑出的几十名会武功、轻功的便衣刑警，他们的主要任务是隐身在故宫内三大殿的楼顶墙头，窥伺动静，以防不测；第三圈警卫则是由军统北平办事处马汉三组织的在北平的全部特务，化装后混在学生和人群之中，观察警戒；第四圈最外围的警卫，则由从驻北平的军队中挑选出来的士兵担任。

这天，老蒋检阅过美军陆战队之后，北平的市民便夹在大中学生的队伍中一齐拥进了故宫太和殿广场。尽管北平的初冬寒风刺骨，但被日伪统治了八年之久的北平民众，在此抗战胜利之际，都怀着异常激动的心情，拥到这里……

老蒋见此场面，自然非常得意。他操着江浙口音讲了一大套要恢复民族伦理，要研读《中国之命运》，要在“三民主义”旗帜下精诚团结等大道理。

此时，戴笠身着灰黑色中山服，戴着顶大礼帽，双手各握一支小型左轮手枪，插在上衣两边的衣兜里，和俞济时一道，站在老蒋能看到他们、他们也能看清老蒋的地方。可是，老蒋演说完毕，宣布散会之后，群众不由自主地向老蒋身边拥来。200名贴身警卫和戴笠等人一下子就被潮水般拥来的人群挤散，而且越挤越远。急得戴笠大喊："不要挤，不要挤！"然而他的声音完全失去了往日的威慑力。他越是想往老蒋身边挤，越是被人群挤得转了向，结果被挤出了会场，挤出了故宫，急得他围着天安门团团转。最后只好返回他下榻的什锦花园，静等消息。

可是到了住所，戴笠仍然是静不下来，独自在房内搓着双手，直打转儿。幸亏不久严家诰等赶来告诉他，老蒋已平安返回圆恩寺。戴笠这才长长地嘘了一口气，连喊几声"谢天谢地！"然后才询问老蒋离场的经过。

原来，人群拥挤之时，贴身警卫队员亦被冲散。老蒋身边只剩下李宗仁、孙连仲、黄仁霖等三四个人。他们怕人群挤着老蒋，就手拉手把老蒋护在中间。不一会儿，几十个贴身警卫队员和宪兵也奋力挤了过来，在孙连仲等人的外面又围上了一圈，这样才冲出一条路，把老蒋护送上汽车，离开故宫……

戴笠听完汇报之后，非常高兴地说："好，所有为护卫出力的人员，一律有赏……"打这以后，只要听说老蒋不出门，戴笠就暗自庆幸。可是临到老蒋一行快离开北平时，蒋氏夫妇突然心血来潮，要去游颐和园。这下又把戴笠搞得手忙脚乱，把警卫人员忙得晕头转向。

好不容易送老蒋上了飞机，戴笠这才大大地松了口气。但他一回想起老蒋在太和殿讲演后的情景，以及突然提出要逛颐和园之事，就不禁有些后怕，他打心眼里盼着不要再接受此类警卫任务。可是，戴笠没有想到，他刚从北平返回重庆不几天，老蒋又命他赶往北平，负责宋子文的警卫工作。

抗战胜利后，全国敌伪物资产业的接收工作，完全处于一片混乱状态。除京沪地区之外，其他沦陷区的接收工作，最初是由陆军总司令部负责，由陆军总长何应钦任党政接收计划委员会主任。该会成立了党团、经济、内政、财政、金融、外交六个接收小组。可是在这六个小组的接收特派员及各省市接收委员会委员进入各沦陷区之前，原沦陷区的潜伏特务等，早已勾结汉奸、伪军，暗中抢劫了大部分的金银财宝。紧接着，许多拥有交通工具的军事机关及前线部队，又以"闪电式"的速度进入沦陷区，抢劫了大量的现金、物资、房产、仓库和设备。等接收大员们正式接收之际，情况已十分混乱，以至于几个方面为争夺日伪财产而闹得乌烟瘴气，不可开交。而且，隶属于行政院的许多部门，均不愿受陆军总司令部辖制。于是，行政院长宋子文向老蒋呈文，要求把一切关于行政院范围内的接收、处理工作，通通划归行政院负责。老蒋很快就批准了这一呈文，同意由行政院负责接收有关政治、经济等方面的敌伪资产，而陆军总部仍负责接收有关军事方面的资产。

为此，行政院正式成立了一个"全国性事业接收委员会"，把全国划分为四个区，每区设立敌伪产业处理局，代行政院接管敌伪产业。当时，河北平津区的敌伪产业处理局设在北平，局长由资源委员会的孙越崎担任。可是，早已抢先劫收了敌伪产业的北平行营、十一战区司令部等军事单位，根本不把敌伪产业处理局放在眼里，反而要成立一个什么“敌伪隐匿物资清理委员会”，聘孙越崎为委员，搞得孙越崎哭笑不得。当老蒋到北平视察之际，北平行营和十一战区司令部，又正式向老蒋提出呈文，要求将他们已接收到的日用品、河北省银行的若干银钱及棉布、棉纱、麻袋等物，拨给他们，作为部队驻地的各县民众救济之用。甚至连平津的地方行政部门也呈文老蒋，要求将日本人办的工厂拨归地方经营，以便早日开工，减少失业及设备损失。这些呈文，理由均冠冕堂皇，振振有词，老蒋搞不清楚其中的奥秘，便一一批上了“可”字。这下孙越崎急了。他立即呈文老蒋，请他命各军政机关遵照行政院命令，将接收的物资交处理局统一处理，以免分散。老蒋看后，也批了个“可”字。

结果，老蒋一离开北平，军事机关的人就仗着老蒋的批文，开始准备变卖他们所接收到的物资。孙越崎不得不急电宋子文，请其亲赴平津，以扭转局势。于是宋子文于1946年春节前夕，赶到北平。戴笠也只好提前前往，执行安全警卫任务。不过，较之老蒋，对宋子文的警卫工作就要简单轻快得多了。因为宋子文毕竟不是老蒋，而且他到北平后所接触的，大都是北平党政军的头面人物，不似老蒋那样，要到民众中间去露面，讲演。更主要的是一般人中，真正认识宋子文的并不多，不像老蒋那样，无人不识。所以，戴笠除命护卫老蒋的全班人马暗中警卫外，他自己主要在宋子文的起居、休息、娱乐上下功夫，以讨宋子文高兴。

戴笠担任特务处长后，曾因其部属侦破了在上海北站行刺宋子文一案，并查找到了出卖宋子文的司机，将其逮捕归案，所以宋子文对戴笠颇有好感。打那以后，宋子文家的警卫人员大都用的是戴笠的人。宋子文家发生的任何一件小事，戴笠都了如指掌，并想方设法为其解决，甚至连宋子文的妻子、情妇发生龃龉，戴笠都会暗中为宋子文排忧解难，因此两人私交甚笃。戴笠在老蒋面前总是毕恭毕敬，不敢轻易说笑，而在宋子文面前，就轻快随便得多，常常在熟人面前戏称宋子文为“当朝一品”，而宋子文也毫不在意地直呼其“雨农”。

宋子文一到北平，戴笠就秘密地把他安置在吴幼权的公馆。因为吴幼权本身就是个贪图吃喝玩乐的花花公子，他的公馆不仅场面气派，有最好的中西厨师，有讲究的舞厅、客房，而且还有年轻美貌、极善交际应酬的小老婆。经常来往于吴公馆的达官贵人们，大都称吴公馆为“安乐寓”“香巢”。而宋子文在北平设立的行政院长临时办事处，则完全由该办事处主任坐镇，支撑门面。宋子文只在接见党政军要员及开会讨论接收事项之时，才到办事处露面。

宋子文在北平期间，正赶上1946年的春节，为了让宋子文节日快乐，戴笠特地让吴幼权在公馆内举行一个盛大的除夕舞会，请了不少“名媛闺秀”来伴舞。戴笠自己也穿上了整齐笔挺的美式将军服，搂着舞伴跳得十分开心。因为那日白天宋子文答应他，凡是军统已接收的财物，他一律不过问。而且宋子文还极力支持他与美国海军合作的设想，并告诉他说，何应钦不久将以“中国军事代表团”团长的身份，赴美访问，让他在何应钦走之前，赶回南京一趟，请何在美国多方为其游说，打通关节，以利日后戴笠与美国海军部的新合作。所以，戴笠这天格外高兴。

除夕钟声敲响之前，北平上空那除旧迎新的礼花鞭炮声，震耳欲聋，响成一片。戴笠、宋子文等去吴公馆跳舞的人们，也都欢快地跑到了院子里，争先恐后地点花放炮。跟随戴笠到吴公馆的贾金南，不知从哪里找来了几支冲天炮，由于胆小，他把花炮插在花园的土地上，把胳膊伸得长长的去点，结果点了几次都没点着。戴笠在一旁笑骂道：“看你，笨得连花炮也点不着！这种花炮要这么点嘛！”说着，他接过贾金南手中的那根香，把花炮拿在另一只手上去点。这次，花炮倒是点着了，但戴笠还没来得及脱手，花炮就在他手上炸开了，把他的两个手指炸得乌黑，痛得他龇牙咧嘴。幸亏院子里光线很暗，没人看见他那狼狈样。

这一下，戴笠欢愉的心情顿时黯然了。他觉得，这预示着他在新的一年中，凡事皆将不顺……

三十二　四面楚歌奋力挣扎　机毁人亡老蒋哀伤

1946年的春节，大年初二下午，北平东四弓弦胡同14号的大客厅内，戴笠的部属们正忙着准备鸡尾酒会，迎接美国海军第七舰队司令柯克上将。

柯克是梅乐斯的好友。抗战胜利后，梅乐斯因与美国战略局局长杜诺万发生矛盾，被杜诺万扣押在美国大使馆数小时。梅乐斯气得发昏，决定召开中外记者招待会，公布战略局及中印缅战区司令部的种种丑恶勾当，彻底与他们决裂。结果此事被美国大使馆获悉，将其软禁，并宣布其精神失常，押回美国。临走之前，戴笠赶到上海机场为其送行，梅乐斯便叮嘱他，日后要多跟柯克上将联系，请他促成美国海军部与军统的新合作。因此，戴笠第一次飞平津时，就先绕到了青岛柯克的驻地。柯克告诉他说，自己不久将回国述职，定为其尽力说项。戴笠非常高兴，邀其在返国之前到北平游玩。于是，柯克利用春节休假，同时戴笠也在北平之际，来到了北平。

为了让柯克高兴，戴笠决定效仿美国人的习惯，举办一个鸡尾酒会，并且让他的部属都穿上美式军服，佩戴上军阶、勋标，打扮得气宇轩昂，以给柯克留个好印象。他自己这天下午，也忙着刮脸整装。此时，他正在什锦花园私邸内，对着镜子，试穿特地在上海定做的美式军装。副官捧着他那为数不多的几个勋标和勋章走了过来，准备给他佩戴在军服上。

“怎么就这么几个？……”戴笠看到副官手中的勋标，不禁自嘲地直摇头。

“你不是总喊要当无名英雄吗，哪来那么多勋标！”副官憨头憨脑地笑道，还是双手不停地往他身上别勋标。

“快算了！你让马汉三帮我再找几个来用一下，免得让柯克将军笑话。”戴笠顺手将衣服脱下，有点着急地说。

副官见他那着急的样子，不禁笑道："想多挂几个还不容易，大街上就有卖的。"

"大街上有卖的？"戴笠先是一愣，但他马上接着说，"那更好，让人赶快去买一些来。"

正说着，负责安排鸡尾酒会的马汉三、黄天迈走了进来。戴笠不等他们开口，就先问道："舞伴找好了没有？"

"找好啦！"马汉三连忙答道。

"是不是精通英语的名媛闺秀？"戴笠关切地问道。

当黄天迈等肯定地答复之后，戴笠才笑着说："柯克将军很快要回美国了，我们一定要招待好他们。以他在美国海军的地位，一定能帮我们不少忙。将来我们建设海军，就得靠他来借助美国的力量了。"

黄天迈等点点头说："我们知道，请戴先生放心。宴会厅已布置好啦，请你去检查一下。"

"好，我这就去。你们打电话通知所有来参加酒会的人，一定要提前半小时到场。"戴笠说完，便走了出去。

晚上，所有的陪客都提前到达，但柯克将军却过了一个小时才在部属的陪同下姗姗而来。挂满彩色锡箔纸和彩色灯泡的大宴会厅内，顿时响起了一片掌声。一个衣着华丽、美貌大方的少女，捧着一束北国冬天难得见到的鲜花献给柯克，并用流畅的英语向他致欢迎词。戴笠举起酒杯，为柯克敬酒，简单地说了几句欢迎词之后，宴会才在音乐声中正式开始。

柯克象征性地吃了点食品，跳了两圈舞，便欲匆匆告辞，说是还有别的约会。戴笠没想到，为这个酒会，他的部属整整忙了一两天，而柯克却连一个小时也没待住就扬长而去。因此他心中老大地不痛快，情不自禁地冲着柯克离去的汽车嘟囔道："好大的架子！来得迟，走得快，是什么作风！"

话虽这么说，但戴笠哪敢得罪柯克？第二天还得赔着笑脸，按计划带着请来的名媛佳丽陪柯克去游览北平的名胜古迹。因为他认为，只有与美国海军进行新的技术合作，才能解救他和军统局目前的危机。

抗战一结束，国共两党便在重庆召开了和谈会议，国民政府还举办了一次重大的参政会和政治协商会议。在这三个会上，共产党及各民主党派的代表，均提出了"取消特务机关"的要求，甚至连国民党内的人士也喊出了"打倒特务"的口号。这些情况戴笠自然了如指掌。尽管他知道，老蒋决不会轻易取缔特务机关这一统治工具，然而他也明白，在舆论压力太大的时候，老蒋也难免不做一些表面文章，取缔或压缩一些特务机关。如果那样的话，军统这个特务多达10万之众的单位，自然首当其冲。“狡兔死，走狗烹”，古已有之，谁敢保证老蒋不会牺牲他及军统，而树立自身的威望呢？更让他忧心的是，陈立夫、陈果夫等中统特务系统，也在想方设法地排挤他，想搞垮军统。因为工作性质相同，从一开始，中统与军统之间的矛盾就很深，加上抗战胜利后，全国肃奸工作的肥缺，被军统一手包揽，而且中统垂涎已久的帮会组织，由于戴笠与杜月笙的关系，几乎全部控制在军统手中，特别是抗战期间和胜利之后，戴笠的特务武装与帮会组织一直有着千丝万缕的联系，中统根本无法插足。因此，中统与军统的矛盾日益加深。陈立夫、陈果夫仗着与老蒋的私交及本身的地位，竭力攻击军统，常常在老蒋面前告状，破坏军统在老蒋心目中的形象。诸如此类的情况，戴笠最清楚不过了。但对于二陈及中统，他又无可奈何，所以总想抱住美国海军部的大腿，创造出一个新的局面，使军统在老蒋心目中的地位更加巩固，也好为军统局数万部属谋一条出路。

柯克在北平整整游历了10天，戴笠也破天荒地陪了他整整10天。可是，戴笠哪里知道，就在他竭尽全力地讨好柯克，以求实现与美国海军部再度合作的计划时，美国国会已做出了否定海军部提出的“战后海军助华”提案的决议，只同意让少数护航舰、驱逐舰留华，协助中国复原。理由是抗战已经结束，没有必要再与中国进行新的合作。美国国会的这一决定，当时还未传到中国，戴笠和柯克都还蒙在鼓里。

柯克走了之后，戴笠原打算安顿好北平的工作，就赶到南京、上海，去见见何应钦和胡蝶，3月底再赶回重庆，去主持军统每年必办的“四一”纪念大会。孰料，3月10日之前，戴笠突然接到了毛人凤转来的一份老蒋的电令，催他火速赶回重庆，参加有关情报机构的整顿会议。电文上指定参加会议的人有：上海警察局长宣铁吾、中央警官学校教育长李士珍、北平警察局长陈焯，以及戴笠、郑介民、唐纵等八人。电报后面，毛人凤还注有“李、宣等在捣鬼，谨防端锅”等字样。

戴笠一见，火就不打一处来。因为前几天唐纵打来电报说，李士珍拟了一份“战后建警计划”，通过他的后台老板戴季陶，交到了老蒋手中，并呈请老蒋把战后建警任务交给他李士珍。而戴笠与戴季陶，虽早年在上海滩的交易所即有来往，但戴笠投靠老蒋之后，因戴季陶曾一度失宠于老蒋，戴笠也就没再去找他。加之后来戴季陶一直任考试院院长，与戴笠的工作毫无联系，故二人便再无交往。如今老蒋因戴季陶的面子，特意召见了李士珍，询问他的建警计划，使戴笠十分被动。李士珍的这种做法，在戴笠和唐纵看来，无疑是在抢军统局的饭碗，砸军统局的饭锅。因为戴笠在抗战刚一胜利之际，就曾亲自拟订过一个全国建警计划，企图把军统局精减下来的人员，安置一部分到警察系统。所以，唐纵知道李士珍的“计划”后，立即电请戴笠设法阻止其得逞。岂料没隔几天，老蒋就来电催他赶回去开什么情报机构整顿会议，还把李、宣二人的名字排在他的前面。戴笠认为，这一定是李、宣二人捣的鬼，想借三大会议提出“取消特务机关”之机，落井下石，因此他越想越恼火。

李士珍与戴笠争夺警政大权，早在复兴社特务处成立之初就开始了。李士珍也是浙江人，黄埔二期毕业。老蒋在成立复兴社之前，就曾保送他到日本学习警政教育。特务处成立不久，戴笠在南京洪公祠开办首期特训班时，老蒋曾把李士珍派到该班去当政治指导员。李士珍仗着自己资历比戴笠高，又专门留洋学过警政，自不甘居戴笠之下，总是想方设法谋取内政部警政司司长之职。正巧赶上老蒋为了加强独裁统治，决定在南京汤山建一座中国警察教育的最高学府——中央警官学校，于是老蒋便将该校的筹建任务交给了李士珍。李士珍自然非常高兴，以为这一下警政大权非他莫属了。可他哪里知道，就在他建校舍的四五年中，戴笠已被老蒋委为杭州浙江省警官学校的政治特派员。戴笠在浙江警校兼职的一二年中，又逐渐夺取了浙江警校的领导权，从校长赵龙文、教务处主任酆裕坤，到训育处主任、各队队长、政治指导员等等，几乎全成了复兴社特务处的人。其手段，不外是以复兴社特务取代其前任，或通过笼络等方式，将其吸收为特务处成员。如酆裕坤，原本不是戴笠的人，但由于戴笠力保他担任警政司长，并被获准，因而对戴笠忠心耿耿；赵龙文本来与戴笠也无任何瓜葛，但在孔祥熙为特使率代表团赴英国参加英王爱德华八世的加冕典礼时，戴笠又力荐赵龙文为代表团随员，到德、意、比等国考察警政，之后，赵龙文自然也成了戴笠的干部。

中央警官学校建成之后，老蒋命令北平警校和浙江警校合并到中央警官学校，委任李士珍为教育长。李士珍自以为大权在握，却不料戴笠棋高一着。戴笠指使赵龙文、酆裕坤等，召集对警察学理论有研究的人，组织了一个“中国警察学会”，网罗全国的警察人才，同时，还呈请老蒋在中央警校设一以戴笠为首的校务委员会，作为老蒋派去的上层机构，把特务处的人分别安置到政训处长、总队长等重要职位上，从而把李士珍完全架空起来。李士珍为此气得要命，但他除有资历外，手下无得力帮手，只好自认倒霉。

戴笠更为厉害的一着，是把抗战期间成立的几十个特训班，都冠以“中央警官学校”的名称，这既是为了对外保密，同时也是与李士珍争夺警政大权的重要手法。因为这些学员毕业后，拿的都是中央警校的毕业证，具有警官学历。尽管身为中央警校教育长的李士珍，根本不承认戴笠培养的学员是属于中央警校的，但戴笠自有他的高着。胜利后，戴笠从上海一回到重庆，第一件事就是把80多个特训班毕业的学员名单，全部造册，送交老蒋，请老蒋批准按中央警官学校学籍待遇，并重新注册，送内政部存案。老蒋念军统局于抗战胜利后，抢占上海有功，便毫不犹豫地批准了戴笠的呈请，因怕李士珍从中作梗，还特意当着戴笠的面，把名册交给李士珍，让他交到内政部存案。当时，尽管三大会议尚未召开，但戴笠早就料到，战后必得压缩、精减特务机构，所以，他未雨绸缪，准备为特训班毕业的部属谋求出路。同时他还跟唐纵、赵龙文、酆裕坤一道，拟了一份“全国建警计划”，推荐唐纵来主持此项建警工作。

至此，戴笠自以为稳操胜券了，不料李士珍又纠集自己的亲信——上海警察局长宣铁吾和南京警察厅长黄珍吾，跳出来向他反攻，并搬出了国民党元老戴季陶做后台，这不能不令他气急败坏。

一接到毛人凤转来的电报，戴笠便立即请现正在北平、新被任命为东北办事处主任的文观涛即刻来见，准备让他草拟一份复电，以表心中不满。

文观涛一到，戴笠就把电报交给他，并气冲冲地在室内来回踱步，拍着胸脯喊道：“我辛辛苦苦在外面奔波劳累，一心为国为校长，想不到会有人乘机捣鬼，落井下石，想端我的锅！在这种时候还同室操戈，实在欺人太甚！请你为我拟一复电，说我正在处理平津宁沪的肃奸案件，事关重大，无人可代理，请宽限半月，再返渝面陈一切。”说到此，他停住脚步，问文观涛说，“观涛兄，你还记得曹植那首七步诗吗？”

他见文观涛点点头，便接着说：“你一定要把这首诗抄上两句，揭穿李士珍他们的诡计。不过，措辞委婉些，不要露出与人争长短的痕迹。拟好电稿后，交我先看看，再发出去。”

文观涛深感此复电很不好措辞，但又不得不执行。他反复思考分析之后，便草拟了这样一份复电：

校座钧鉴：

电谕敬悉。本当遵谕返渝，因平津宁沪巨案，尚待亲理，本月中旬始能面聆教诲，敬乞示遵。生云天在望，唯命是从。讵料煮豆燃萁，相煎何急。生效忠钧座，敢云无一念之私。不得已而晋忠言，冒死陈词，伏乞明察。

生戴笠

复电经戴笠阅后即发了出去，让毛人凤转呈老蒋。此时，戴笠的心情稍稍平静了一些，便较冷静地问文观涛：“观涛兄，你一向对政治颇有研究，你能否根据目前的形势，谈谈我们团体今后的出路？”

文观涛与戴笠年龄相仿，黄埔四期学员。他早年曾参加共产党，“八一”南昌起义时，就已经是共产党的营级干部，后来脱党加入邓文仪主持的南昌行营调查科工作。1934年南昌行营并入特务处后，文观涛自然成了戴笠的部属，而且由于他颇有学问，头脑敏捷，所以深得戴笠赏识。抗战期间，文观涛一直在西北搞外勤工作，胜利后，戴笠任命他为东北办事处主任，把特务势力发展到被日本人统治多年的东三省。戴笠这两次到北平，都把文观涛叫来，研究东北地区的特务工作，在北平遇到其他问题时，也总爱找他商量，听听他的意见，文观涛也总是有问必答。

此时，文观涛略微思索片刻后，便胸有成竹地说："胜利后的半年之间，重庆召开的三次重大会议都高喊取消特务机关，陈立夫、陈果夫也一起凑热闹和我们作对，如今又加上李士珍他们捣乱，校长也为难。这都是我们团体的致命难关啊！"他吸了口烟，又接着分析道，"不过，话又说回来，无论形势如何严峻，只要共产党尚存，就不可能没有特务组织。'剿共'是校长的既定方针，和美国搞好关系也是校长的必行之路。所以，我们只要能闯过眼前的难关，等内战一爆发，校长自然要重新重用我们。至于目前的难关嘛，我以为有两条路可行，一是化整为零，保存实力；另一条就是以退为进，这就要委屈一下你了。"

"哦？怎么个'以退为进'？"戴笠习惯地歪着脑袋，颇感兴趣地问道。

"北伐以来，校长曾两次下野。校长下野实质上就是'以退为进'。"文观涛并不正面回答，而是引出老蒋当年下野的事来说明。

"哦！你的意思是……"戴笠性急地问道。

文观涛稍犹豫一下，接着说："我个人的看法是，你不妨以出国考察为名，暂时避避风头，让介民先生和人凤兄守摊子。等内战一爆发，你再回来。当然，对与不对，只供你参考。"

"嗯！观涛兄很有见地。对于三大会议和二陈的攻击，我都不在乎。我们团体本身就是'九一八'以后校长为'安内攘外'而特意设立的战时特别机构。现在我们要解决的是如何使团体成员公开化、合法化的问题。这个问题我已酝酿考虑了很久，早就准备等战争一结束，就把大部分同志转到警政系统和交警系统，其他的同志转到海军方面。如今，校长已批准将忠义救国军和别动队改为交警总队，负责全国铁路、公路的警卫工作。可目前还有四五万同志没有着落，与美国海军合作之事也还没有眉目。可李士珍这个阴阳怪气的东西，又跳出来想抢走警政大权，这不是要端我们的锅，置我们于死地吗？"戴笠一提到李士珍，情绪不由得又激动起来。他在室内叉着腰来回走了几步，颇有点悲愤地说："我们的同志为国家、为抗战，跟着我出生入死，如今竟落得个无路可走。不行！警政大权我决不能让给李士珍，一定要争取到手！"

"雨农兄，你别激动嘛！坐下来再想想办法。"文观涛见他那激动的样子，忙倒杯水，劝他坐下。

戴笠接过水杯，喝了两口，这才压了压心中的气愤，较冷静地说："其实，只要解决了团体几万同志的出路问题，我个人完全可以暂时引退，出国考察。这样既可以堵住那些人的嘴，为校长分忧，也可以到外面去走走，休息一下，见见世面……"

"雨农兄，你若出国的话，可别忘了把我也带出去见见世面哟！"文观涛见戴笠采纳了自己的建议，便忍不住跟他开了句玩笑。

戴笠望着他，苦笑着摇摇头，便走了出去。他嘴上虽说"暂时引退，出国考察"，然而心里却是酸溜溜的，实在有一种穷途末路的酸楚。

与文观涛谈话之后，戴笠思前想后，"暂时引退，出国考察"的想法才逐渐坚定下来。所以临离开北平之前，他在中南海怀仁堂亲自主持了最后一个总理纪念周，把在北平的几百个军统成员几乎都集中到了会场。会上，戴笠虽未明言自己将"引退"，但话语中无不在勉励部属要保持团体的作风。临离开北平的前一个晚上，他还特意跑到在北平任军调部和谈代表的郑介民在吉兆胡同的住所，除跟郑介民商讨东北方面的问题外，还特意把军统局各情报单位的财产问题做了详细的交代。郑介民一向是不愿管具体事务的人，他一听便连连摆手道："我不要同你谈这些！"

"不行，你应当弄清楚，我绝对不能再干了，准备出国。全部工作要你担负，怎么能不弄清楚这些呢！"戴笠坚决地说道。

郑介民似乎不太相信地望着他说："你就是真出国，我也未必能担负起这个责任，还是不谈好。"

戴笠也不管他听不听，还是一个劲地说："我们的全部财产除了还债，还可以余下很多。这些年，我一直在为我们抗敌死难同志遗眷的生活问题想办法。现在一切都弄好啦。就是国家不替我们负责，我们自己的财产也可以解决我们遗眷的生活问题了，希望你留意这件事……"他说话时的语气，就像是个临终之人在交代后事。郑介民见状，非常奇怪，不明白戴笠这天的举动和言谈为什么如此反常。

第二天，戴笠离开北平前往天津之前，又召集了一次北平工作干部会议。他早年的同窗好友王蒲臣，刚接任北平站少将站长的职务，这位从30年代就开始追随戴笠的少年学友，一直受到戴笠的提拔和关注，但在抗战期间，他分别在华北和西北两地工作，很少与戴笠见面，此次北平相见后，总想多接近一下戴笠。所以散会后，王蒲臣要率部随同前往机场，为戴笠送行。戴笠坚持不让。若在以往，王蒲臣也就恭敬不如从命了，可这一次，他却十分固执，非要为戴笠送行不可。戴笠见命令也无效，只好同意他们同往机场。临上飞机握别时，戴笠紧握着王蒲臣的手说："这是最后一次为我送行了，下不为例！"

王蒲臣也莫名其妙地连连应道："好！最后一次，这是最后一次！"他做梦也没想到，这真的是他“最后一次”见到戴笠，也是“最后一次”为戴笠送行了。

1946年3月16日，戴笠从天津飞往青岛，在青岛主要是会见柯克，与其商讨关于邀请美国驻青岛军舰协助老蒋往东北运送军队、给养之事。

17日上午11时，戴笠及其随从到达青岛沧口机场，准备登机飞往宁沪。此时烟雨濛濛，送行的人都劝戴笠改日再走，但他却坚决地说：“我已报告校长，18日一定赶回重庆。所以我今天必须赶到南京或上海。”当机场工作人员告诉他，“上海气候恶劣”，“南京天气还好”时，他便让机场人员多给飞机准备些汽油，万一上海无法降落，就转往南京，先去见何应钦谈公事，然后再去上海与胡蝶相会。

戴笠、龚仙舫等十来人，乘坐航空委员会所派专机D—C47型222号，就这样于当日11时45分，从青岛沧口机场起飞了。孰料到下午1时零6分最后一次与地面联络后，便再无音讯。

下午4时，上海办事处见戴笠的专机尚未到达，便向南京、重庆等地询问，并请美军飞机沿途搜寻，但均无结果。这一下重庆局本部及上海、南京等办事处的特务们都慌了神。重庆方面，毛人凤守在电信总台，让电信人员不停地与青岛、济南、天津等地联络，查询戴笠的下落。按惯例，戴笠每到一个新地点，总是先与毛人凤联系，告之行踪。可这次电台呼叫了整整一夜，也没探听到戴笠的下落。第二天一早，毛人凤就赶到上清寺老蒋官邸，向他汇报戴笠失踪的情况。老蒋一听，也着急了，他当即让秘书拨通航空委员会主任周至柔的电话，亲自询问222号专机的情况。航委员的回答是：222号飞机曾先后到达上海、南京上空，因两地均雨大云厚，无法降落，机场令其另飞别处；但222号飞机上却说，戴笠坚持要在南京机场降落，让机场做好准备；机场无奈，只好同意；但从那以后，飞机便与地面失去了联络……

老蒋听完电话后，神情变得更加凝重。他见毛人凤那副欲哭无泪的样子，便声音低沉地安慰道：“戴科长可能是被迫降落到了共党占领区，所以无法联络。我已让周至柔派飞机沿途搜寻去了。你也赶紧回去，派一名将级干部，带上电台、报务员和医生等，乘飞机到一些可能降落的共区上空寻找，一定要把戴科长找到。有了消息立即用无线电向我汇报。”

毛人凤应声出来，立即召集将级干部的紧急会议，当场宣布，戴笠飞机失踪，可能降落在共区，需派一名将级干部率队前往寻找。他的话音一落，会场上顿时鸦雀无声，竟无一人站出来表态。急得毛人凤眼泪汪汪地望着在场的人们，带着哭声说道：“你们大家怎么都不说话呀！我如果脱得开身，我一定亲自去找，也不为难大家了。”

毛人凤的话音刚落，被戴笠提升为少将总务处长的沈醉，站了起来，说：“我去！”他这两个字一出口，会场的气氛才活跃起来。毛人凤几步跨到他的面前，紧握住他的手，激动地说："养兵千日，用兵一时。想不到只有你肯去……"

军统局唯一的女少将姜毅英也站了起来，面对众人气愤地说："士为知己者死。今天才是真正考验了大家一下。我如果不是女的，我也会和沈处长一样自愿去的。即使死了，也有脸见戴先生，这比活着装假哭，要体面得多……"

毛人凤不等她把话说完，拉着沈醉就去面见老蒋。然而沈醉等人尚未成行，南京方面就传来了戴笠一行已然机毁人亡的消息。

原来，就在重庆上层人物慌慌忙忙准备派人乘飞机去寻找时，上海、南京等地的基层特务早已经行动起来。戴笠平日对他们恩威并施，使他们从心里又敬又畏。此时事关戴笠，岂有坐视之理？于是他们分头出动，乘汽车前去寻找。南京办事处主任刘启瑞，于18日率南京全体部属在南京附近搜寻，未得结果；第二天一早又兵分两路，出发寻找。刘启瑞和他的太太以及跟随戴笠多年的副官贾金南三人，乘车沿京芜公路巡查，傍晚时分，在江宁县板桥区遇一农民，才打听到前两天下午，有架飞机在左边山区撞山而坠的情形。他们立即赶到板桥区公所，从区公所工作人员在现场捡到的两支手枪和一枚图章辨认出，均为与戴笠同机的龚仙舫的物品。刘、贾二人便知戴笠凶多吉少，不由得失声哭了起来，并立即让区公所的人带路，前往现场——岱山。

此时，天色已晚。区公所的人只好点上火把，带他们沿着雨后泥泞的公路，蹒跚而行。天黑路滑，刘启瑞又是个跛子，真是一步一滑，连着摔倒好几次。贾金南和刘的太太知道，刘是非到现场不可的，只好一边一个，搀扶着他往前走。板桥至出事地点岱山，不过10华里左右，他们却整整走了两个小时。好不容易爬上山顶，刘、贾等人尚未来得及喘口气，就看到火把照映之处，全都是七零八落的飞机残骸和被烧得面目全非、不堪入目的尸首、残肢。刘、贾二人及同来者，都忍不住放声大哭起来。当天，刘启瑞连夜赶回南京向重庆汇报去了。贾金南在区公所人员陪同下，在现场守了整整一夜。第二天一早，他亲自查看每具尸体，寻找戴笠的遗骸。据当地人讲，飞机撞岱山后，爆炸起火，大火在大雨中还燃烧了一天一夜。现在，所有的人全烧成了一截截的黑炭，根本无法辨认。贾金南只好在每段"黑炭"上寻找嘴唇，然后掰开，查看里面的牙齿。因为戴笠左边臼齿上，共镶有六颗金牙。结果找来找去，最后在山腰一条被称作"困雨沟"的山沟里，才找到戴笠的遗骸。这遗骸实际上只是半截"黑炭"，因为两条小腿和一条胳膊，全都不知去向了，只有"黑炭"嘴里那六颗镶金的臼齿和左臂腋下尚存的衣裳残片，才证实这半截"黑炭"就是戴笠的遗骸。

戴笠的死讯被证实后，南京、上海等地的特务们纷纷赶往出事现场，军事委员会也派人详细调查。原来，戴笠乘坐的飞机到达上海时，正值大雨，机场不同意降落，飞机便按预定计划飞往南京。不料，南京上空亦是雷雨交加。驾驶员一再与南京机场联系，说这是军统局戴局长乘坐的飞机，戴局长坚持要在南京机场降落，让机场做好准备。南京机场只好勉强答应。可是，当时天气极为恶劣，不仅雷雨交加，而且云层极低，飞机穿云下降时，竟越过机场，飞到了江宁县。飞机先是撞在了江宁县板桥镇南面的一棵大树上，随后赶紧往上升飞，不想竟又撞到了岱山山腰。随着一声巨响，戴笠这个对老蒋忠心耿耿、不可一世的军统特务头子，转瞬之间，机毁人亡，时年49岁。

戴笠一死，其亲信、部属、亲友等等，都乱了方寸，尤其是听说戴笠暴死于“岱山”，抛尸于“困雨沟”，便更加惶惶不可终日，莫非这是对特务作恶太多的报应吗？一向城府极深的老蒋，也愁肠九转，创巨痛深。是年“四一”军统局纪念大会上，老蒋亲临大会，与各地赶回重庆参加会议的特务们一同悼念戴笠。6月12日，他又在南京亲自主祭。

这天南京依旧淫雨霏霏，老蒋身着绿色军服，偕宋子文、陈诚、陈立夫等文武官员，从南京中山路军统办事处护送戴笠灵柩到紫金山灵谷寺。当时，这支约有万余人的送葬队伍，在风雨如晦的大街上缓缓而行。老蒋赠送的挽联写着：“雄才冠群英山河澄清仗汝迹，奇祸从天降风云变幻痛予心。”此外，陈诚、汤恩伯、何应钦、顾祝同等，亦送了挽联。

公祭之时，老蒋还含泪讲读了他的一篇祭文，文中除历数戴笠的“功绩”之外，还痛切地呼道：“胡期一朝，殒此英贤；心伤天丧，五内俱煎！”此外，尚有“惟君之死，不可补偿”等哀痛之语。

是年8月，老蒋冒着酷暑，亲自来到紫金山灵谷寺，对着戴笠的遗照凝视良久，然后爬上山顶，又在山间崎岖的小路上盘桓多时，为戴笠选择墓地。最后，他选中了灵谷寺旁边老公殿附近的一块地方，并叮嘱毛人凤，一定要在子午时下葬。由此可见，老蒋对戴笠这个能量极大、且又对他忠心无二的特务头子，是何等的情深意切，关怀备至……

为了不让戴笠的老母得知戴笠的死讯，毛人凤特派交警总局局长马志超，带人前往江山，谎称戴笠已出使英国，并留下一个大队，驻扎江山，护卫戴家老小，每月伪造两封戴笠的电报，向戴母问候。1948年，戴母73岁寿辰之际，毛人凤又精心策划了一个隆重的祝寿活动，请陈诚、胡宗南、何应钦等国民党要员致贺信，送寿礼，大宴宾朋，以慰戴母思子之心。1949年5月江山解放前夕，戴母病逝，戴藏宜又为她举行一场极为隆重的葬礼。她至死都不知道，戴笠早已先她离开了人世……

后记

戴笠一死，数万人的军统局立即陷入内外交困的境地。当时，全国上下渴望和平、民主，要求撤销特务机构的呼声日益高涨。以往与军统矛盾重重的陈立夫、陈果夫等，也乘机高喊裁减、压缩军统，以加强自身的职权。尽管老蒋有心偏袒军统，但迫于各方面的压力，也不能不有所考虑。更为严重的是，戴笠暴死，军统局群龙无首，顿时陷入了一片混乱之中。

戴笠在世时，军统数万人均以戴笠为核心，无人敢拉帮结派，组织小团体。但他一死，郑介民、唐纵、毛人凤三人之间，立即展开了一场拉帮结派、争权夺利的争斗。下面的喽啰们也开始寻找新的靠山。当时，老蒋委郑介民为代理局长，毛人凤为副局长兼主任秘书，唐纵则按戴笠生前的意愿，被委为警察总署署长。他们三人表面上客客气气，暗地里却钩心斗角。下面的喽啰们也随他们分成了三派，即以郑介民为首的广东派、毛人凤为首的江浙派以及唐纵为首的湖南派。三派之间不仅为争财产、争公秘职务闹得不可开交，而且对外界所高喊的“压缩、裁减”军统的反应，也大相径庭。郑介民向来爱研究理论，不愿过问具体事务，加上他当时奉命在北平兼任军调部执行委员，正作为国民党的代表与中共谈判，根本无暇顾及军统工作，因此对压缩裁减人员并不反对。而唐纵自被委任为警察总署署长之后，只想从军统多分些财产，对其他人员的安排及部属的出路漠不关心，他甚至一再强调，没有正式警校学历者，不得参加警察工作，其目的无非是避免郑、毛两派的人挤进警察总署。只有毛人凤及其江浙派的人，仍想尽力保持戴笠所创办的这份“家业”。

戴笠死后不到两个月，郑介民匆匆从北平赶到重庆，迫于当时形势，提出了精减人员、缩小机构的建议。唐纵自然无所不可；毛人凤想提出异议，却又自知既无戴笠掌握人员的能力和威望，又无戴笠捞钱的心智和本领，最后也只好同意郑介民的建议。于是他们按郑介民的提议，决定把周伟龙为首的5万特务武装——忠义救国军、别动队，按戴笠生前制定的方案，全部移交交警总队，剩下的5万内外勤特务中，只保留抗战前就参加了特务处的“核心人员”和抗战期间正式从各特训班毕业的“基本人员”，而那些陆陆续续从其他单位吸收进来的特务，或通过私人关系介绍进来，未经特殊训练的特务，则一律裁汰。与此同时，他们还把戴笠生前念念不忘的上千个“因公殉职”的特务的遗眷，来了个一次性处理，以甩掉这个沉重的经济包袱。

就这样，军统局在短短的几个月中，对内部人员做了大量的调整精减，有的单位被撤销，有的单位被合并，未经正规特务训练的被裁汰。就连一些老牌特务，只要本人提出申请，希望另谋出路，便立即予以批准，把戴笠曾规定的“许进不许出”的原则全部推翻了。这样一来，戴笠网罗的10万之众，一下子就压缩到了两万余人。可是军统局的名声太臭，全国人民对这个特务机构非常厌恶，因此军统局虽已作了大量精简，但社会上要求取缔这个特务机构的呼声仍然很高。为此，胡宗南、宋子文等戴笠的老友，出于对戴笠的怀念，建议并支持老蒋将军统局改头换面，以其他的名义保存下来。老蒋考虑再三，决定把军统局改为国防部下属的保密局。这样既可以欺骗舆论，又能保存戴笠所创办的这个特务组织。1946年10月，军统局正式改名为保密局，局长仍由郑介民兼任，毛人凤为副局长兼主任秘书。唐纵主持的警察总署，至此，也就与保密局脱离了组织上的隶属关系，另立门户了。

保密局成立之后，唐纵基本上退出了郑、毛之间的权力之争，而郑、毛二人间的矛盾却愈演愈烈。毛人凤利用郑介民常驻北平之机，独揽保密局大权。当他得知北平办事处主任马汉三等为巴结郑介民，曾将许多私吞的日伪财产珠宝送给郑介民的老婆之后，便亲自飞往北平，以侵吞日伪财产、监守自盗、违法乱纪等罪名，将马汉三逮捕并枪杀。1947年，毛人凤又利用郑介民的50寿诞，大做文章。他一方面怂恿沈醉等人，挑动各单位大送寿礼，给郑大办寿庆，另一方面又煽动特务遗眷拖儿带女去闹寿宴，从而对郑造成极坏的影响。他便借此罗列郑的罪责，上报老蒋，终于把郑介民挤下了保密局局长的宝座，自己坐了上去。

毛人凤上台之时，也正是蒋家王朝面临崩溃之际。当时国共谈判已彻底破裂，老蒋完全撕破了和谈的假面具，悍然挑起内战，大规模向人民解放区进犯。头半年，老蒋仗着他的400多万军队，夺取了解放区的100多座城市，这样一来，国民党的地盘扩大了，战线拉长了，随之而来的却是背上了沉重的包袱，军队供给不足，兵力减少。老蒋不得不放弃全面进攻，改为向西北、山东战场重点进攻的策略。

由于人民解放军和游击队在共产党领导之下，有计划、有步骤地向国民党发起了猛烈反攻，老蒋在军事上渐渐由主动变成了被动，被迫转为防御局面。与此同时，国统区的经济发生了严重危机，人民挣扎在饥饿贫困的死亡线上，反蒋反内战的情绪日益高涨，就连国民党内部的许多元老及各党派民主人士，也毅然站到了人民一边，形成了一股有力的反蒋、反独裁、反内战的爱国民主运动，直接配合人民解放战争。在这两股强大力量的冲击下，蒋家王朝完全陷入了全面崩溃的绝境。为了挽救蒋家王朝的灭亡命运，保密局便成了反共反人民的急先锋。戴笠生前所培训的特务武装——交警总队，一批批被送往反共战场。戴笠生前所控制的帮会组织——“中国新社会事业建设协会”，也由徐亮负责，协助保密局进行反共反人民的暗杀、绑架等活动。与此同时，毛人凤还命刘启瑞、谈荣章等创立南京“大同新闻社”及《新华时报》，专门制造谣言，对中共及苏联等社会主义国家进行攻击、诬蔑，与中共创办的《新华日报》唱对台戏。

随着解放大军的节节胜利，保密局反共反人民的罪恶活动也变得更加疯狂。

1947年底，保密局破获了北平、保定、兰州、西安等地的中共秘密电台，逮捕了以国民党保定绥靖公署参谋处长谢士炎、丁行为首的几十名中共地下党员，以及冯玉祥旧部——著名的“红色牧师”余心清等参与策动的保定绥靖公署主任孙连仲起义的反蒋人士。

1948年，保密局在西南地区破坏了中共重庆市委及其创办的《挺进报》，逮捕了包括许晓轩、江竹筠在内的百余名中共地下党员和进步人士。

与此同时，特务们还在昆明大肆镇压学生运动，打死打伤30多名爱国青年，并逮捕了300多名游行的学生。

………

当时，毛人凤常常自夸地说：“我们团体近一两年内，在反共方面所做出的成绩，远远超过了以往十多年的总和。”

特别是辽沈、淮海、平津三大战役胜利，人民解放军总部发出“打倒蒋介石，解放全中国”的号召，以及“百万雄师过大江”前后，保密局的反共活动更加猖狂了。毛人凤命令分布在上海、南京、重庆、成都、长沙等大城市的特务，变本加厉地搜捕、屠杀中共地下党员、爱国民主人士及进步学生。

1949年5月，毛森奉命在上海杀害了130多名革命人士，又派毛钟新等在长沙对正在酝酿起义的程潜、唐生智、唐生明等进行暗杀，但未能得逞。

1949年9月，周养浩奉命把杨虎城将军及宋绮云夫妇和三个尚未成年的孩子骗到重庆，暗杀于杨家山松林坡。与此同时，徐远举等奉命对白公馆、渣滓洞监狱的“人犯”分批进行大屠杀。仅白公馆、渣滓洞两处，就秘密屠杀了300多中共党员和进步人士。

古人云：“多行不义必自毙。”特务们惨绝人寰的大屠杀，并未能挽救蒋家王朝的灭亡命运。1949年，南京解放前夕，保密局随国民政府迁往台湾，分布在各地的下属特务组织，也随着解放大军的挺进而纷纷解体。1949年12月，保密局在大陆的最后一个据点——以沈醉为少将站长的云南站，也随着国民党云南省主席卢汉一道起义，投向了人民。至此，戴笠创办的这个特务机构，作为组织，已在大陆彻底消亡了。而这个组织的成员，则有的投向了人民，有的被逮捕，有的逃往了台湾，只有极少数潜伏下来……

当年被戴笠罗织到军统的江山籍同乡，如毛人凤、毛万里、毛森、姜绍谟、周念行、王蒲臣及姜毅英等，大多逃往了台湾。而戴笠的独子戴藏宜、胞弟戴春榜，因忙于处理戴母的丧事，未来得及逃走，被人民政府捕获，因作恶多端及杀害中共地下党员华春荣等罪行而被镇压。戴氏一门还剩下戴笠的儿媳郑锡英及三个孙子、一个孙女。戴藏宜死后，郑锡英把女儿送给乡人，自己带着三个儿子回到衢州娘家，后又隐居到了上海。

1953年初，老蒋在台湾基本站稳脚跟之后，心血来潮，突然想起了为他竭尽愚忠数十年之久的戴笠及其遗属，这才下令让毛人凤尽全力把戴笠的后裔从大陆接到台湾。于是，毛人凤派人潜回上海，与潜伏在上海公安局的特务接上关系，找到郑锡英，并为她们母子四人办妥了去香港的出境证。1954年年初，郑锡英将次子送给别人，让前来接应的特务顶替次子之名，她带着长子、幼子，随来人一道，先到香港，然后转往台湾定居。

至于胡蝶，戴笠死后，便又回到了香港，此后拍片不多，并曾一度息影，随夫经商。直至1959年方在影坛复出，1960年因主演《后门》获第七届亚洲电影节最佳女主角奖，1975年移居加拿大，1989年病逝，终年81岁。